Robert Bosch Stiftung

Materialien und Berichte 40

Förderungsgebiet Kunst und Kultur

Förderung der sprachlichen Kultur in der Bundesrepublik Deutschland

Positionsbestimmung und Bestandsaufnahme

Hans Bickes
Annette Trabold

März 1994

herausgegeben von der
Gesellschaft für Deutsche Sprache
und der Robert Bosch Stiftung

Bleicher Verlag

Die Deutsche Bibliothek - CIP - Einheitsaufnahme

Bickes, Hans:
Förderung der sprachlichen Kultur
in der Bundesrepublik Deutschland:
Positionsbestimmung und Bestandsaufnahme/
Hans Bickes; Annette Trabold, Hrsg. von der
Gesellschaft für Deutsche Sprache und der
Robert Bosch Stiftung, Stuttgart:
Bleicher, 1994

(Materialien und Berichte / Robert Bosch Stiftung; 40:
Förderungsgebiet Kunst und Kultur
ISBN 3-922934-40-4
NE: Trabold, Annette:; Robert Bosch Stiftung <Stuttgart>:
Materialien und Berichte

Satz:
Laser Satz Thewalt
D-69257 Wiesenbach

Inhaltsverzeichnis

Vorwort

Im Jahr 1988 trat die Robert Bosch Stiftung GmbH an die Gesellschaft für deutsche Sprache mit der Bitte heran, einen Überblick über Aktivitäten, Initiativen, Institutionen und Arbeitskreise im Umkreis des Themas „Förderung der sprachlichen Kultur in der Bundesrepublik Deutschland" zu erarbeiten. Das Hauptinteresse sollte dabei Einrichtungen im außerschulischen und nichtuniversitären Bereich gelten. Dahinter stand die Absicht der Stiftung, Ansatzpunkte einer Förderung im sprachlichen Bereich zu prüfen. Auf der Grundlage einer Vorstudie entschloß sich die Robert Bosch Stiftung GmbH zur Förderung der hier vorliegenden Bestandsaufnahme. Ausschlaggebend für die Entscheidung, die gesammelten Daten zu veröffentlichen, war zum einen die überraschend große Zahl unterschiedlichster Einrichtungen, die mit dem Thema befaßt sind, und zum anderen die Erkenntnis, daß diese kaum etwas von den Bemühungen der jeweils anderen wissen und es deshalb bisher weitgehend an einer zweckmäßigen Kommunikation mangelt. Auch wurde allenthalben ein großes Informationsbedürfnis artikuliert – sei es von Privatpersonen, von Institutionen oder von Behörden und Ministerien. Eine besondere Bedeutung gewinnt die vorliegende Bestandsaufnahme als Orientierungshilfe angesichts der deutsch-deutschen Vereinigung.

Ungeachtet unserer eingegrenzten Zielsetzung wird mancher den Bereich der Schulen und Studienseminare vermissen. Unbestreitbar haben die Schulen eine, ja die herausragende Rolle beim Erwerb sprachlicher Fertigkeiten in unserer Gesellschaft. Im Rahmen der zur Verfügung stehenden Zeit wäre es jedoch unmöglich gewesen, auf die Maßnahmen zur Förderung der sprachlichen Kultur an einzelnen Schulen einzugehen. Wir hatten uns hierüber weiteren Aufschluß von der Ständigen Konferenz der Kultusminister erhofft, die sich mit dem Thema auf einer ihrer Sitzungen befassen wollte. Die KMK sah sich angesichts der durch die Vereinigung hervorgerufenen Probleme jedoch außerstande, in absehbarer Zeit eine Stellungnahme abzugeben. Es sei indes auf die im Anhang aufgeführte Literatur zu diesem Bereich verwiesen, etwa auf die Arbeit von Zabel 1987. Nicht eingehen wollten wir ferner auf den unbestritten bedeutenden Beitrag der germanistischen Abteilungen an Pädagogischen Hochschulen und an Universitäten (→ siehe jedoch S. 256). Dies gilt sowohl für den sprachwissenschaftlichen als auch für den literaturwissenschaftlichen Bereich. Auch hierzu gibt es bereits andere Orientierungshilfen.[1] Weitgehend ausgeklammert ist entsprechend in der vorliegenden Bestandsaufnahme der

---

[1] Z. B. DAAD (Hrsg.): Germanistik an deutschen Hochschulen. Verzeichnis der Hochschullehrerinnen und Hochschullehrer in der Bundesrepublik Deutschland. Bonn 1987. Eine Neuauflage ist für das Jahr 1993 geplant.

Bereich sprachbezogener Forschung an Hochschulen, da hier Dokumentationen über laufende Forschungsprojekte beim Institut für deutsche Sprache[2] und bei der Deutschen Forschungsgemeinschaft (→ siehe S. 182) vorliegen. Allein dezidiert anwendungsbezogen orientierte Einrichtungen und Programme im universitären Bereich haben Eingang in unsere Dokumentation gefunden.

Im Bereich des literarischen Schaffens und der literaturwissenschaftlichen Forschung beschränkt sich die Bestandsaufnahme auf die Dachverbände. Bei weiterem Informationsbedarf wird auf die dort erhältlichen Veröffentlichungen verwiesen. Auch das Gebiet Deutsch als Fremdsprache ist nur in Auswahl erfaßt. Hier wurden vor allem jene Verbände aufgenommen, bei denen weiterführende Informationen eingeholt werden können.

Das vorliegende Handbuch erscheint in der ersten Auflage und mußte in einer begrenzten Zeit fertiggestellt werden. Trotz unserer Bemühungen, die Umfrage weit zu streuen, sind sicherlich einige Einrichtungen unserer Aufmerksamkeit entgangen. Auch blieben viele Institutionen selbst nach mehrmaliger Rückfrage ihre zugesagte Antwort schuldig. So kann ein Anspruch auf Vollständigkeit nicht erhoben werden. Wir bitten all diejenigen um Nachsicht, die wir trotz intensiver Recherchen nicht ausfindig machen konnten, verbunden mit der Bitte, sich nachträglich für eine eventuelle Neuauflage mit der Gesellschaft für deutsche Sprache, Taunusstraße 11, 65183 Wiesbaden in Verbindung zu setzen.

Bei den Handbucheinträgen in Teil II wurde eine enge inhaltliche Abstimmung mit den einzelnen Institutionen angestrebt. Insofern spiegeln die Einträge sehr stark die Selbsteinschätzung der Institutionen hinsichtlich ihrer Rolle im Bereich der Sprachkulturförderung. Wir haben es vermieden, eigene Bewertungen vorzunehmen und ohne Einverständnis der Einrichtungen zusätzliche Hinweise einzubringen.

Unser besonderer Dank für ausführliche Gespräche, die trotz allerorts überfüllter Terminkalender möglich gemacht wurden, und für weiterführende Hinweise gilt Priv.-Doz. Dr. Bernd Ulrich Biere (Institut für deutsche Sprache, Mannheim), Alexander Botte (ehemals Stiftung Lesen, Mainz), Dr. Heinrich J. Dingeldein (Universität Marburg), Dr. Gudrun Geissler (Akademie der Künste zu Berlin [Ost]), Prof. Dr. Albrecht Greule (Universität Regensburg), Prof. Dr. Dieter Herberg (ehem. Zentralinstitut für Sprachwissenschaft, Ber-

[2] IdS (Hrsg.): Dokumentation zur Germanistischen Sprachwissenschaft. Sprachwissenschaftliche Forschungsvorhaben 1987/1988. Mannheim 1989. Auch hier ist eine Neuauflage geplant.

lin, jetzt: Institut für deutsche Sprache, Mannheim), Prof. Dr. Rudolf Hoberg (TH Darmstadt), Prof. Dr. Dieter Hopf (Max-Planck-Institut für Bildungsforschung, Berlin), Dr. phil. habil. Erika Ising (Berlin), Heinrich Kreibich (Stiftung Lesen, Mainz), Joachim Renner (Interdisziplinärer Arbeitskreis Sprache und Sprachstörungen, Frankfurt am Main), Dr. Jürgen Scharnhorst (ehem. Zentralinstitut für Sprachwissenschaft, Berlin), Dr. H. Schirm (Akademie für Öffentliches Gesundheitswesen, Düsseldorf), Dr. Rosemarie Schnerrer (ehem. Zentralinstitut für Sprachwissenschaft, Berlin, jetzt: Institut für deutsche Sprache, Mannheim), Prof. Dr. Bernd Spillner (Gesellschaft für Angewandte Linguistik e.V., Duisburg), Prof. Dr. Dieter Strauß (Goethe-Institut, München), Dr. Gerhard Voigt-Schneekloth (Berlin), Prof. Dr. med. H. v. Voss (Kinderzentrum München), Solveig Weber (Stiftung Lesen, Mainz), Prof. Dr. Harald Weinrich (Universität München), Prof. Dr. Rainer Wimmer (Institut für deutsche Sprache, Mannheim) und Prof. Dr. Hermann Zabel (Universität Dortmund) sowie den wissenschaftlichen Mitarbeitern der Gesellschaft für deutsche Sprache. Für ihre umsichtige und unermüdliche Arbeit danken wir der Projektmitarbeiterin Anja Siegler.

Angesichts anderer dringlicher Aufgaben, insbesondere in den neuen Bundesländern, wird die Robert Bosch Stiftung den Bereich „Sprachliche Kultur“ zunächst nicht in ihr Förderprogramm aufnehmen. Die Fülle der in diesem Band zusammengeführten Positionen und Informationen haben die Stiftung dennoch dazu bewogen, eine Veröffentlichung zu befürworten.

Robert Bosch Stiftung GmbH — Gesellschaft für deutsche Sprache

Teil I:

Sprachkultur – ein Begriff und seine Entwicklung in der Bundesrepublik Deutschland und in der ehemaligen DDR

Einleitung

Hans Bickes / Annette Trabold

Ein Grundpfeiler aller menschlichen Kultur ist die Sprache. Die Teilhabe am geistig-kulturellen Leben setzt den Besitz der Sprache ebenso voraus wie der Berufsalltag. Unsere kognitiven Fähigkeiten sind in komplexer Form mit unseren sprachlichen Fähigkeiten verwoben. Der Zusammenhang zwischen Sprache und Denken ist seit je ein zentrales Thema der abendländischen Philosophie. Hölderlin sprach vom „Gespräch, das wir Menschen sind". Neben der Kommunikation innerhalb eines Kulturkreises wird zunehmend das Gelingen „interkultureller" Kommunikation zwischen Mitgliedern unterschiedlicher Kulturen zu einer der Überlebensfragen der Menschheit.

Durch das Aufkommen der elektronischen Medien ist die Welt der Kommunikation in eine z. T. neue Entwicklung geraten. Vernetzte Formen der Wissensverarbeitung haben zu einer Explosion gleichzeitig verfügbarer Informationen geführt. Freilich setzt der Umgang mit der neuen Technologie in besonderem Maße die geübte Sprachkompetenz der Benutzer voraus. Es schaffen indes Technikfaszination und die vereinnahmende Präsenz des visuellen Elementes neue Rahmenbedingungen für den Erwerb, die Ausdifferenzierung und die Erhaltung sprachlicher Fähigkeiten. Daß diese Rahmenbedingungen Konsequenzen für die Welt der Kommunikation haben und auch weiterhin haben werden, ist unbestritten. Nicht vorhersehbar ist jedoch, in welche Richtung sie führen werden. Im Unterschied zu tierischen Kommunikationssystemen haben alle menschlichen Sprachen im Gebrauch Eigenschaften entwickelt, die sie in besonderer und einmaliger Weise zum Träger höherer kognitiver Prozesse werden lassen. So werden zum Beispiel die Bedeutungen sprachlicher Ausdrücke in der Praxis geschaffen und sind das Ergebnis historisch gewachsener sozialer Konventionen. Aufgrund solcher und anderer Merkmale verpflichtet die Struktur der menschlichen Sprache die Sprachteilhaber in wichtigen Bereichen nicht zu einem reaktiven und prädisponierten Gebrauch. Vielmehr gestattet sie den Sprechenden und Handelnden Entscheidungsspielräume und freies Denken. Seine Sprache entlastet den Menschen davon, auf Reize unmittelbar physisch reagieren zu müssen, und erlaubt ihm den Diskurs und das Streitgespräch auf der Ebene zivilisierter Verhandlungen. Der Eintritt in das neue, elektronische Medienzeitalter führt jedoch zu Veränderungen gerade in diesen freilassenden, genuin „demokratischen" Merkmalen menschlicher Kommunikationssysteme. Auf einem neuen, den ganzen Menschen erfassenden Niveau ist es erforderlich, den der Sprache inhärenten Freiheitsspielraum zu erhalten und seine Transformation in die Ebene der Wort-Bild-Kommunikation zu sichern.

Angesichts der massiven Förderung der Kommunikationselektronik und des fortschreitenden Ausbaus sowie der Kommerzialisierung der Massenmedien entsteht bisweilen der Eindruck, daß der Reflexion auf die außerordentlichen Charakteristika sprachlicher Fertigkeiten nicht immer die ihr angemessene Aufmerksamkeit zukommt. Sprachbezogene Studiengänge an geisteswissenschaftlichen Hochschulinstituten, die über ihren Forschungs- und Ausbildungsauftrag hinaus eine Leitfunktion bei der Sicherung einer angemessenen Sprachreflexion und eines angemessenen Sprachvermögens haben, klagen über stetigen Stellenabbau und Mittelkürzungen. Demgegenüber wird die Expansion informatikorientierter Studiengänge nachhaltig betrieben. Es drängt sich die Frage auf, ob das sprachliche Element in unserer Kultur gegenwärtig im gesellschaftlichen und politischen Leben die ihm gebührende Wertschätzung erfährt. Indikatoren hierfür sind sicherlich,

a) in welchem Umfang Initiativen, Institutionen und Aktivitäten verzeichnet werden können, die sich der Förderung des Sprachlichen widmen,
b) in welchem Umfang die finanziellen Mittel, die diesen zur Verfügung stehen, hinreichen, um die jeweiligen Ziele verfolgen zu können, und
c) in welcher Form – durch übergeordnete Strukturen – die Effizienz der Einzelinitiativen gewährleistet wird.

Die vorliegende Bestandsaufnahme, die durch die Robert Bosch Stiftung GmbH angeregt und finanziell unterstützt worden ist, hat sich die Aufgabe gestellt, diese Indikatoren in Form einer bundesweiten Umfrage zu ermitteln. Das Augenmerk wurde besonders auf Aktivitäten gerichtet, die zu einer Steigerung des Sprachbewußtseins führen, die Sprachprobleme abbauen helfen und die das Gespräch zwischen unterschiedlichen gesellschaftlichen Gruppen fördern. In unserem Standardrundschreiben zur Umfrage wurde aus guten Gründen vermieden, den Begriff der *sprachlichen Kultur* zu definieren. Zu uneinheitlich ist die Deutung dieses Begriffes in den unterschiedlichen sprachtheoretischen Positionen. So zogen wir es vor, durch Stichwörter Orientierungshilfen zu geben.

Das Rundschreiben lautete wie folgt:

> Die *Gesellschaft für deutsche Sprache,* Wiesbaden, erarbeitete im Jahr 1989 auf Initiative der Robert Bosch Stiftung (Stuttgart) innerhalb von vier Monaten eine Bestandsaufnahme über Aktivitäten, Initiativen, Institutionen oder Arbeitskreise im Umfeld „Förderung sprachlicher Kultur in der

Bundesrepublik Deutschland". Das Augenmerk wurde besonders auf Aktivitäten gerichtet, die zu einer Steigerung des Sprachbewußtseins führen, die Sprachprobleme abbauen helfen und die das Gespräch zwischen unterschiedlichen gesellschaftlichen Gruppen fördern.

Diese Bestandsaufnahme liegt als 500 Seiten umfassendes vorläufiges Arbeitsdokument vor und soll nun in einer weiteren Projektphase aktualisiert und auf den Bereich der neuen Bundesländer ausgedehnt werden. Das Ergebnis wird als Nachschlagewerk voraussichtlich Ende 1992 veröffentlicht.

Um ein möglichst vollständiges Verzeichnis verfassen zu können, sind wir auf Ihre Mitarbeit angewiesen. Wir bitten Sie daher freundlich um eine baldige Beantwortung der folgenden Fragen:

1. Welchen Beitrag leisten Sie mit Ihrer Arbeit zur Förderung der sprachlichen Kultur? In welcher Form leisten Sie diesen Beitrag? (Veranstaltungen, Preisverleihungen, Projekte, Forschung, Seminare, Sonderveröffentlichungen, Sonstiges.)

2. In welchem institutionellen Rahmen bewegt sich Ihre Arbeit? Aus welchen Quellen erfolgt überwiegend die Finanzierung? (Bei Körperschaften bitte auch die Rechtsform angeben.)

3. Welche Maßnahmen planen Sie mittelfristig, die im weitesten Sinn unter das Stichwort „Förderung der sprachlichen Kultur" fallen? (Bitte kurze Beschreibung geben.)

4. Kennen Sie andere Initiativen oder Institutionen, die in das Nachschlagewerk aufgenommen werden sollten? Bitte teilen Sie uns die Adressen mit.

5. Welche Vorschläge für einschlägige Fördermaßnahmen können Sie machen, welche zusätzlichen Initiativen könnten ergriffen werden?

Wir wären Ihnen sehr verbunden, wenn Sie Kollegen und Kolleginnen oder in Frage kommende Institutionen auf unser Vorhaben hinwiesen.

Es ist uns bewußt, daß eine inhaltliche Bestimmung des Begriffs „sprachliche Kultur" schwierig ist. Um Ihnen die Orientierung und die Selbsteinschätzung Ihrer Arbeit zu erleichtern, umreißen wir das Begriffsfeld „sprachliche Kultur" durch folgende (ungeordnete) Stichwörter:

Sprachpflege – Sprachkritik – Medienkritik – Medienerziehung – Sprache und neue Medien – gesprochene und geschriebene Sprache – sprachwissenschaftliche Forschung – Semiotik – Lexikographie – Leseförderung – Sprecherziehung – Logopädie – Sprachdidaktik – Dialektpflege – Deutsch als Zweitsprache – Deutsch für Aussiedler – Sprache und darstellende Künste (Schauspiel u.a.) – Sonder-, Fach- und Gruppensprachen – Förderung des Sprachbewußtseins – Normendiskussion – Sprache und Journalismus – Sprache in der Erwachsenenbildung – Wissenschaftsjournalismus – Sprache und Politik – Sprachenpolitik – Sprache in der Europäischen Gemeinschaft – Sprache und internationale Beziehungen – Sprachpsychologie – Sprache und Denken – Sprache und Identität – Sprache in der Literatur – Sprachreflexion – Sprachpathologie – Verwaltungs- und Gesetzessprache – Sprache vor und nach der „Wende" – Preisverleihungen im Themenbereich etc.

Da wir einer Diskussion des Begriffs „Sprachkultur" nicht grundsätzlich ausweichen wollten, wurde der Bestandsaufnahme im eigentlichen Sinn (Teil II) eine Auswahl von Aufsätzen vorangestellt, die sich aus unterschiedlichen Richtungen dem Begriff der Sprachkultur und verwandten Konzepten zu nähern versuchen. Allerdings vollzog sich während der Arbeit an der Bestandsaufnahme der Prozeß der Vereinigung Deutschlands. In dieser Phase des Umbruchs, der im wesentlichen ein Umbruch im östlichen Teil des Landes ist, war und ist es schwierig, den Bestand an Einrichtungen, Institutionen oder Initiativen in den neuen Bundesländern zu erfassen. Viele Institutionen sind bereits aufgelöst oder von Auflösung bedroht, Neuinitiativen gewinnen erst nach und nach Konturen. Bei den meisten noch bestehenden Institutionen sind die Folgen von Umstrukturierung und von wirtschaftlichem Mangel so gravierend, daß oft keine Rückmeldung auf unsere Anfrage innerhalb der zur Verfügung stehenden Zeit erfolgen konnte. So sah sich die Akademie der Künste in Ostberlin leider nicht in der Lage, einen zugesagten Artikel zum Thema „Ästhetische und schöpferische Aspekte der Sprachkultur" rechtzeitig fertigzustellen. Es ist dies insofern bedauerlich, als von dieser Einrichtung maßgebliche Impulse in Sachen Sprachpflege ausgegangen sind. Auch wurde hier seit 1957 der F.-C.-Weiskopf-Preis für Sprachpflege verliehen. Es ist bekannt, daß der Begriff der „Sprachkultur" in der Sprachwissenschaft der ehemaligen DDR eine bedeutende Rolle spielte. Zwei renommierte Sprachwissenschaftlerinnen des ehemaligen Zentralinstituts für Sprachwissenschaft bei der Akademie der Wissenschaften in Ostberlin haben sich ungeachtet der widrigen Umstände dankenswerterweise der Aufgabe gestellt, die Entwicklungslinien des Begriffsfeldes „Sprachkultur" in der DDR nachzuzeichnen und sich zu den Perspektiven dieser Begrifflichkeiten nach der „Wende" zu äußern.

Rosemarie Schnerrer (Berlin/Mannheim) legt in ihrer umfassenden Darstellung dabei den Schwerpunkt auf die Begriffs- und Foschungsgeschichte des Terminus „Sprachkultur“ in der DDR und stellt die wichtigsten Veröffentlichungen zum Thema zusammen. Erika Isings (Berlin) Beitrag ist, dem Wunsch der Herausgeber entsprechend, deutlich gefärbt durch ihre persönliche Wahrnehmung der gegenwärtigen Umbruchssituation in den neuen Bundesländern. Ising hat die Sprachkulturdiskussion in der ehemaligen DDR maßgeblich geprägt und es war unsere Bitte an die Autorin, auch Empfehlungen auszusprechen, welche Ergebnisse dieser Diskussion nach der Wende in ein vereintes Deutschland eingebracht werden könnten. Für die westliche Sichtweise der Begriffsgeschichte stehen die Beiträge von Albrecht Greule (Mainz/Regensburg), Rainer Wimmer (Mannheim) und Ulrich Püschel (Trier). Albrecht Greule faßt in seinem Aufsatz den Stand der Diskussion um die Begriffe Sprachpflege, Sprachkultur und Sprachkritik zusammen und entwirft die Umrißlinien einer allgemeinen Theorie der Sprachförderung. Daß dem Versuch, die immense Vielfalt der Programme und Aktivitäten der Sprachförderung in der Bundesrepublik Deutschland in einer einheitlichen, umfassenden Theorie zu integrieren, viel Aussicht auf Erfolg beschieden ist, stellt Rainer Wimmer in Zweifel. Wimmer, der wohl beste westdeutsche Kenner der Diskussion um Sprachkritik und Sprachkultur, setzt sich für das Recht der an Kommunikation Beteiligten ein, ihre kommunikativen Bedürfnisse und ihren „Förderungsbedarf“ selbst zu bestimmen; nachdrücklich warnt er vor einer inhaltlichen Vereinnahmung von Sprache für andere als für sprachliche, etwa für politische Interessen. Nimmt Sprachförderung ihren Ausgangspunkt bei den kommunikativen Bedürfnissen der Sprachteilnehmerinnen und Sprachteilnehmer in konkreten Situationen, ist die grundsätzliche Offenheit von Prozessen der Sprachentwicklung nicht nur natürlich, sondern zu begrüßen. Ulrich Püschel geht, unter dem Titel „Sprachkultur – eine Aufgabe für uns alle“, von der linguistischen Sprachkritik aus, wie sie auch von Wimmer vertreten wird. Er zeigt, daß sich auch auf nichtpräskriptiver Grundlage durch Aufklärung ein sprachreflexives Bewußtsein schaffen läßt. Püschel führt vor, daß eine konkrete Sprachberatung und sprachorientierte Schulungen möglich sind, die sich aus den Prämissen einer linguistischen Sprachberatung ableiten lassen, ohne den Verführungen traditioneller Sprachpflegekonzepte zu erliegen. Gleichwohl wird mit den fünf aufgenommenen Beiträgen der Bereich „Spachkultur“ keineswegs erschöpfend behandelt. Wir glauben jedoch, so wenigstens die wichtigsten Aspekte einer lange Jahre andauernden Diskussion und die wichtigsten Entwicklungen erfaßt zu haben, die sich aus dieser Diskussion in Ost und West ergeben haben. Vielleicht können die hier abgedruckten Beiträge Wissenschaftlern aus den alten und aus den neuen Bundesländern einen Anstoß geben, erneut in ein, nunmehr entspanntes, Gespräch über die Aufgaben sprachkulturellen Bemühens in einem vereinten Deutschland einzutreten.

Mit der in Teil II vorgelegten Bestandsaufnahme – die, wie im Vorwort bereits erläutert, keineswegs Anspruch auf Vollständigkeit erheben will – soll allen Sprachinteressierten Gelegenheit gegeben werden, sich einen Überblick über Fördereinrichtungen im Bereich „Sprache" und Einblicke in deren Programme zu verschaffen. Es ist zudem zu hoffen, daß durch die vorliegende Dokumentation der Austausch zwischen den mit unserer Sprache befaßten Einrichtungen gefördert wird.

Zur Geschichte der Sprachkultur in der ehemaligen DDR

Rosemarie Schnerrer

Während die praktischen Bemühungen um Sprachkultur so alt sind wie die ersten Sprachzeugnisse selbst, reichen die theoretischen Bestrebungen nach Sprachkultur[1] bis in das 17. Jahrhundert, in Ansätzen noch weiter zurück.

[1] Seit dem 17. Jahrhundert wurde Sprachkultur von Grammatikern, Wörterbuchautoren, Lehrern, Dichtern, Übersetzern und von den Sprachgesellschaften bewußt gefordert und mit unterschiedlichen Bezeichnungen umschrieben. Die Benennungen „*Kultur der Sprache*", „*Sprachkultur*", „*Pflege der Sprache*", „*Sprachpflege*" habe ich erst im 18. Jahrhundert nachweisen können. Die frühesten Belege für „*Cultur der Sprache*" fand ich in folgenden Quellen:

- Chr. Weise, Curiöse Gedancken Von Deutschen Versen. Leipzig 1692, T. 2, S. 24: „so waren sie doch um die *cultur der Sprache* wenig bekümmert."
- Brief D. E. Jablonskis an Leibniz vom 23. März 1700. (in: Leibniz, Deutsche Schriften, hrsg. v. G. E. Guhrauer, Berlin 1833-1840, Bd. 2, S. 151): „daß man auch auf die *Cultur der teutschen Sprache* bey dieser Fundation gedenken möchte".
- M. Th. Hoffmann, Anweisung zur Orthographie, Leipzig 1725, S. 4: „welches denn ein guter Anfang zur *Cultur der Mutter-Sprache* ist".
- Weitere Belege für „*Kultur der Sprache*": J. L. Frisch (1727, 1739), J. Dobrovsky (1779), J. Ch. Adelung (1781, 1788), Ch. M. Wieland (1782), J. G. Herder (1795), J. W. v. Goethe (Riemer 1818) (vgl. E. Ising, 1984, S. 196f.). Der Begriff scheint in dieser Zeit schon gefestigt zu sein und auch die heutige umfassende Bedeutung angenommen zu haben.
- K. Ph. Moritz, Grammatisches Wörterbuch der deutschen Sprache, Berlin 1800, S. 7: „Starke, lebhafte, edle, neue, reine, naive Ausdrücke gehören mit zu der ästhetischen Schönheit einer Sprache. *Gebildetheit (Cultur) der Sprache* kommt mit der ästhetischen Darstellung."
- K. W. L. Heyse, Ausführliches Lehrbuch der deutschen Sprache, Bd. 1, Hannover ^{5}1838, S. 118 f.: „ . . . ganz veraltete Wörter (Archaismen), die sich nicht mehr für den gegenwärtigen Stand der *Sprach-Cultur* passen".
- W. Linden (1931, zitiert nach H. Liebsch, 1986, S. 3): „*Sprachkultur* als einer dringenden Forderung der Gegenwart".
- In den 20er Jahren war der Terminus „Sprachkultur" sowohl in der tschechischen als auch in der sowjetischen Linguistik, vermutlich auch in der europäischen Sprachwissenschaft allgemein bekannt. Durch G. O. Vinokurs 1925 in Moskau erschienenes Buch *Kul'tura jazyka* (= Sprachkultur) angeregt, war dieser Begriff als „kul'tura jazyka" (= Sprachkultur) und „kul'tura reči" (Redekultur, Kultur der gesprochenen Sprache, auch Sprachkultur) in den Blickpunkt theoretischer Diskussionen gerückt und hatte durch den Prager Linguistenkreis seine wissenschaftliche Fundierung erfahren. Der 1926 gegründete „Cercle Linguistique de Prague" veröffentlichte 1929 die

Auch die Sprachkultur in der ehemaligen DDR ist in den Kontext gesamtdeutscher und internationaler Entwicklungen eingebunden und bestimmt durch Geschichte und Tradition.

1 Geschichte der Sprachkultur in der ehemaligen DDR im kurzen Überblick von Jahrzehnten

Im Deutschen hielt sich bis in die 50er und 60er Jahre unseres Jahrhunderts hinein in beiden deutschen Staaten die Bezeichnung „Sprachpflege“[2], obwohl sie durch ihre übertrieben puristischen Tendenzen und ihre konservativ-

---

„Thèses“, die für die Entwicklung der Sprachkultur in vielen Ländern außerordentlich bedeutsam werden sollten. In einem Vortragszyklus legten Mathesius, Havránek, Jakobson und Mukařovsky 1932 ihre theoretischen Ansichten über die Sprachkultur der Literatursprache dar, die 1936 von Mathesius und Havránek weiterentwickelt wurden (vgl. Grundlagen der Sprachkultur, T. 1, S. 12 ff.). Der Zweite Weltkrieg hatte die deutsche Germanistik von der internationalen Linguistik abgeschnitten. Erst in den 60er Jahren gewann der Begriff „Sprachkultur“ wieder zunehmend an Bedeutung, und zwar nicht nur im Deutschen, sondern auch im Tschechischen, Slowakischen, Polnischen, Russischen, Rumänischen, Ungarischen und auch in den westlichen Ländern.

[2] Die Bezeichnungen *„Pflege der Sprache“*, *„Sprachpflege“*, die in der Vergangenheit oft für die praktischen Bemühungen um Sprachkultur verwendet wurden, hält man seit dem 13. Jahrhundert für möglich, zumindest seit dem 17. Jahrhundert (vgl. Sprachgeschichte, Bd. 2, 1. Halbbd., Berlin, New York 1984, S. 266). Wir können auch dieser Wortgeschichte nicht genau nachgehen. Die frühesten Quellen, die ich nachweisen kann, sind folgende:

- Beiträge zur weiteren Ausbildung der Deutschen Sprache von einer Gesellschaft von Sprachfreunden, Bd. 1, Braunschweig 1795, S. 2: „Diese unsere *Sprache* glich ... einem mehr durch die ausnehmende Fruchtbarkeit des Bodens als durch sorgfältigen Anbau und weise *Pflege* in üppiger Geilheit wild aufgeschossenen Dickicht“. Hier hat „Pflege“ noch die konkrete Bedeutung wie in „Pflege des Bodens“, „Pflege der Pflanzen“.
- Abhandlungen des frankfurterischen Gelehrtenvereines für deutsche Sprache, 1. Stück, Frankfurt a. M. 1818, S. 38: „man kann sich daher leicht denken, daß die deutsche *Sprache*, ungeachtet der Verordnungen der Kaiser keiner großen *Pflege* genoß ... Durch die Herrschaft der Oberdeutschen waren überhaupt die rauhen Gebirgs- und Zischlaute ... so sehr ... emporgekommen, daß sie durch die *Pflege* der, spanischen Wohllaut liebenden, Kaiser aus dem Hause Oestreichs ... nur zur Hälfte wieder ausgeglichen wurden.“
- Das DWB verzeichnet als frühesten Beleg die oft zitierte Quelle: F. L. Jahn, Merke zum Deutschen Volkstum, Hildburghausen 1833, S. 206: „Doch müssen mit strengem Ernst und unerbittlicher *Sprachpflege* in Bann und Acht gethan ewig verfolgt werden: jene Wälschworte ... “
- Ein wesentlich späterer Beleg von A. Harnack, Geschichte der königlichen Preußischen Akademie der Wissenschaften zu Berlin, Berlin 1900, S. 615: „Daß selbst die *Pflege der Muttersprache* blieb ... vernachlässigt“.

nationalistische Belastung in der Vergangenheit in Verruf geraten war. Sie wird dennoch auch heute noch gebraucht.

Erst in den 60er Jahren trat in der ehemaligen DDR, vereinzelt in der ehemaligen Bundesrepublik Deutschland neben „(wissenschaftliche) Sprachpflege“ die neubelebte Benennung „Sprachkultur“[3] und gewann zunehmend an Bedeutung. Anfangs waren „Sprachpflege“ und „Sprachkultur“ weitgehend synonym, dann wurde „Sprachkultur“ besonders in der ehemaligen DDR immer häufiger als umfassendere Bezeichnung angesehen, die „Sprachpflege“ integriert.

Zu Beginn dieser Entwicklung steht die Prager „Funktionale Linguistik“.[4] J. Scharnhorst und E. Ising kommt das Verdienst zu, die Ansichten der Prager Linguisten erstmals einem größeren Leserkreis in deutscher Sprache zugänglich gemacht zu haben.[5] Die Übernahme und weitere Entfaltung der tschechoslowakischen und russischen Tradition trug wesentlich dazu bei, daß auch in der ehemaligen DDR der Begriff „Sprachkultur“ gebräuchlich wurde.

Mit der kommunikativ-pragmatischen Wende in der Sprachwissenschaft während der 70er Jahre sah man auch die Sprachkultur im Zusammenhang mit dem komplexen Gefüge der sprachlichen Kommunikation und der Gesellschaft, ja sogar als Teil der Kultur. Damit war für die Bestimmung der Sprachkultur ein weiter, umfassender Rahmen gegeben. Sprache wurde als

---

Beide Bezeichnungen, sowohl „Sprachkultur“ als auch „Sprachpflege“, blieben in der folgenden Zeit lebendig, wenn auch in sehr unterschiedlicher Tradition. Sie waren bis in die 60er Jahre hinein weitgehend synonym. Die Arbeiten V. Klemperers, F. C. Weiskopfs und H. Beckers, um nur einige zu nennen, galten in der ehemaligen DDR noch als „Sprachpflege“. In der Bundesrepublik Deutschland ist seit den 60er Jahren von „*Sprachpflege*“, daneben verstärkt auch von „*Sprachkritik*“ die Rede. Die Jahrestagungen des Instituts für deutsche Sprache 1966 und 1967 in Mannheim stehen unter dem Thema „Sprachnorm, Sprachpflege, Sprachkritik“. Auch in der ehemaligen DDR gab es vereinzelte Ansätze zur Sprachkritik und zu sprachkritischen Beiträgen. O. Nüssler, der langjährige Geschäftsführer der Gesellschaft für deutsche Sprache, Wiesbaden, plädierte für „*Sprachberatung*“ statt der Bezeichnung „Sprachpflege“ (vgl. SD, Jg. 26, 1982, H. 7-8, S. 97-104).

[3] R. Große: „Die Sprachpflege und der Unterricht können und müssen ein Sprachbewußtsein erziehen, das auf *Sprachkultur* hält“ (DaF, Jg. 1, 1964, H. 1, S. 6). Weitere frühe Belege der 60er Jahre für „Sprachkultur“ finden wir in der Zeitschrift „Sprachpflege“: K.-F. Kaden, ebenda, Jg. 13, 1964, S. 177; D. Faulseit, ebenda, S. 200.

[4] Und es ist kein Zufall, daß auf der Jahrestagung 1966/1967 des Instituts für deutsche Sprache in Mannheim Pavel Trost seinen Vortrag den „Prager Thesen über Sprachkultur“ widmete.

[5] Grundlagen der Sprachkultur. Beiträge der Prager Linguistik zur Sprachtheorie und Sprachpflege. In Zusammenarbeit mit K. Horálek und J. Kuchař hrsg. v. J. Scharnhorst und E. Ising, Berlin, T. 1, 1976, T. 2, 1982.

sprachlich-kommunikative Tätigkeit verstanden. Begriffe wie gesellschaftlich bedingte Normensysteme, Wertungen, Normen der gesprochenen[6] und der geschriebenen Sprache[7] rückten in den Blickpunkt wissenschaftlicher Diskussion. G. Lerchner, G. Michel, J. Kraus und U. Fix verwiesen im Zusammenhang mit der Kulturdebatte schon damals auf das Sprachästhetische als wichtiges Merkmal der Sprachkultur. G. Lerchner erklärte das sprachästhetische Kriterium als ein den sprachlich-kommunikativen Normen „übergeordnetes Steuerungs- und Bewertungsprinzip bei der Auswahl von Sprachvarianten im Prozeß der Erzeugung einer Äußerung“[8]. Damit wurde eine Richtung in der Sprachkulturforschung angebahnt, die in unseren Tagen meines Erachtens zu einem der wichtigsten Diskussionspunkte der Theorie der Sprachkultur geworden ist. Wir kommen darauf zurück. Diese Spannweite, die heute noch international und gesamtdeutsch allgemein akzeptiert wird, ermöglichte eine theoretische Fundierung des Begriffes „*Sprachkultur*“. Dadurch löste man sich von einer Sprachpflege, die nur in der pedantischen Korrektur einzelner grammatischer und semantischer Unrichtigkeiten oder einzelner stilistischer Fehler bestand, die zwar nach wie vor notwendig ist, aber in denen sich Sprachkultur bei weitem nicht erschöpft. Wichtige Impulse erhielt die Sprachkulturforschung von der Theorie und Praxis einer kommunikativ orientierten Stilistik, die ebenfalls von den theoretischen Positionen einer in die gesellschaftliche Interaktion eingebetteten sprachlich-kommunikativen Tätigkeit ausging. Ich möchte hier nur das 1975 erschienene Hochschullehrbuch *Stilistik der deutschen Gegenwartssprache* von W. Fleischer und G. Michel[9] und den von W. Schmidt, G. Michel u. a. Anfang der 70er Jahre mit pädagogischen Zielsetzungen entwickelten Forschungsansatz zur „funktional-kommunikativen Sprachbeschreibung“[10] nennen. Für W. Schmidt ist Sprachkultur ein Merkmal der Persönlichkeit und ein Element der Allgemeinbildung,

---

[6] Die Erforschung der gesprochenen Sprache verlief in der ehemaligen DDR-Linguistik in mehreren Richtungen. Während sich die soziolinguistisch und psycholinguistisch orientierte Kommunikationslinguistik mit den Grundlagen und Grundbegriffen der sprachlichen Kommunikation befaßte, wandten sich die Mitarbeiter des Instituts für Sprechwissenschaft in Halle der Aussprache und der phonetischen Seite der mündlichen Sprache zu (vgl. Großes Wörterbuch der deutschen Aussprache, Leipzig 1982, desgleichen die Arbeiten von U. Stötzer, E. Stock, G. Meinhold, H. Krech u. a. Mit der Syntax der gesprochenen Sprache beschäftigte sich Ch. Leska (1965). Neuere Ansätze vgl. G. Richter (1987).

[7] Sprachwissenschaftliche Probleme einer Reform der deutschen Orthographie I und II (1975); D. Nerius/J. Scharnhorst (1978), D. Nerius (1979a); Beiträge zu Problemen der Orthographie (1979); D. Nerius (1985, 1986, 1987, 1990, 1991); Probleme der geschriebenen Sprache (1988); R. Baudusch (1984a, 1991).

[8] G. Lerchner (1976), S. 179.

[9] W. Fleischer/G. Michel, Stilistik, 1975, S. 356.

[10] W. Schmidt (1977); Sprache – Bildung und Erziehung (1977), S. 42 ff., 46 ff., 52, 93; Funktional-kommunikative Sprachbeschreibung (1981), S. 66; Grundfragen der Kommunikationsbefähigung (1985); G. Michel (1972, 1976, 1980, 1985, 1988, 1991).

die die Befähigung des einzelnen bzw. aller Mitglieder der Gesellschaft „zu zweckentsprechendem, angemessenem, normgerechtem und wirkungsvollem Sprachgebrauch und zu adäquater Aufnahme und sachgemäßer Beurteilung von Sprache sowie eine auf dem Wissen um die gesellschaftliche Bedeutung der sprachlichen Kommunikation fußende verantwortungsbewußte Haltung gegenüber der Sprache und ihrer Verwendung in der gesellschaftlichen Kommunikation und gegenüber dem Kommunikationspartner“[11] umfaßt. Daher hat der Mutterspachunterricht auf allen Stufen von der Vorschule bis zur Hochschule die Grundlagen für eine hohe Sprachkultur zu legen. Leider hatte die Abgrenzungspolitik der ehemaligen DDR, das Aufgeben der gesamtdeutschen und internationalen Orientierung auf dem Gebiet der Wissenschaft, Bildung und Pädagogik besonders negative Folgen. In den 70er Jahren erschien in der ehemaligen DDR eine Fülle von Publikationen zu Fragen und Aufgaben der Sprachkultur.[12] Fast jeder Germanist äußerte sich dazu. „*Sprachkultur*“ wurde zum Modewort. Die Zeitschrift *Sprachpflege* war das Forum für die ersten Diskussionen zur Theorie der Sprachkultur.[13] Von 1990 bis zu ihrer Einstellung trug sie übrigens den Titel „*Sprachpflege und Sprachkultur*“.

Am *Zentralinstitut für Sprachwissenschaft* der einstigen *Akademie der Wissenschaften* (Berlin) wurde unter der Leitung von E. Ising eine kleine Forschungsgruppe gegründet, die sich mit theoretischen und öffentlichkeitswirksamen Arbeiten zur Sprachkultur befaßte. *Sprachkultur – warum, wozu?* lautete der Titel der ersten Publikation dieser Arbeitsgruppe.[14] Zahlreiche Kolloquien

---

[11] W. Schmidt (1977), S. 131.

[12] G. Möller (1972, 1973, 1974, 1974a); W. Motsch (1972, 1974); D. Faulseit (1973, 1975a); Ch. Keßler (1973); H. Liebsch (1973); Meinungsstreit um Sprachkultur (1973); Sprachpflege-Umfrage „Welche Bedeutung messen Sie einer gepflegten Sprache im Rundfunk und im Fernsehen bei?“ (1973); Wege zur Sprachkultur (1973); W. Fleischer (1974, 1976); K. E. Heidolph/W. Motsch/W. U. Wurzel (1974); E. Ising (1974, 1974a, 1976, 1977, 1977a); W. Kirchgässner (1974); B. Techtmeier/K.-D. Ludwig (1974); U. Fix (1976); B. Haftka (1976); W. Heinemann (1976); H. Langner (1976); G. Lerchner (1976, 1977); K.-D. Ludwig (1976b, 1977); G. Michel (1976); P. Porsch (1976); D. Radtke (1976); R. Reiher (1976); W. Schmidt, H./Langner/G. Michel/L. Wilske/J. Zech (1976); H.-J. Siebert (1976, 1976a); K.-E. Sommerfeldt (1976); W. Spiewok (1976, 1976a); B. Techtmeier (1976); K. E. Tietz (1976); U. Wittich/R. Geier (1976); G. Hänse (1976, 1977); A. Kleinfeld (1977); J. Kraus (1977); Sprachkultur – warum, wozu? (1977); B. Techtmeier (1977); D. Nerius/J. Scharnhorst (1978); W. Reinhardt (1979, 1979a); R. Schnerrer (1979); G. Starke (1979).

[13] A. Kleinfeld, Der Beitrag der Zeitschrift „Sprachpflege“ zu den Bemühungen um Sprachkultur in der DDR; in: Sprachkultur – warum, wozu? Leipzig 1977, S. 128-155.

[14] Weitere Publikationen dieser Forschungsgruppe sind: E. Ising (1982b); R. Schnerrer (1982b, 1984); A. Kleinfeld (1983); E. Ising/A. Kleinfeld/R. Schnerrer (1984); E. Ising/J. Kraus/K.-D. Ludwig/R. Schnerrer, Die Sprache in unserem Leben (1988). Neben theoretischen sprachwissenschaftlichen Arbeiten entstanden in der Forschungsgruppe Übersetzungen, Rundfunkmanuskripte, populärwissenschaftliche Aufsätze. Es wurden Anfragen öffentlicher Institutionen beantwortet, Vorträge gehalten, u. a. auch zur fachlichen Weiter-

wandten sich den Fragen und Problemen der Sprachkultur zu.[15] Leider versuchte man auch, den Begriff „*Sprachkultur*" vordergründig zu ideologisieren und zu politisieren und das Adjektiv „sozialistisch" hinzuzufügen. Doch dieses Epitheton blieb letztlich nur eine leere Hülle und hat die Sprachkultur zwar zeitweilig belastet, aber nicht in Verruf bringen können. Die Einstellungen zu dieser Frage waren sehr unterschiedlich. Einige Journalisten und

---

bildung von Journalisten. Die Forschungsgruppe veranstaltete Tagungen und Kolloquien zu Fragen der Sprachkultur. Die wissenschaftliche Forschungsarbeit wurde ergänzt durch Lehrtätigkeit an Universitäten und in Sprachkursen für ausländische Wissenschaftler osteuropäischer Akademien der Wissenschaften, besonders der Polnischen Akademie der Wissenschaften (PAN), der Tschechoslowakischen Akademie der Wissenschaften (ČSAV) und der Sowjetischen Akademie der Wissenschaften (ANSSSR).

[15] Ein Kolloquium zur Sprachwirkungsforschung fand am 23.3.1973 in Halle a. d. S. statt. Das Thema lautete „Linguistische Methoden der Sprachwirkungsforschung". Eingeladen hatten dazu die Leitung und der Wissenschaftsbereich „Deutsche Sprache" der Sektion Germanistik und Kunstwissenschaften der Martin-Luther-Universität Halle-Wittenberg. (Bericht von M. Lemmer in: Sprachpflege, Jg. 22, 1973, H. 10, S. 199-203.)
– Kolloquium des Bereichs „Sprachliche Kommunikation", das vom 23. bis 25.10.1973 am ZISW der ehemaligen AdW in Berlin stattfand und dem Thema „Theoretische und empirische Probleme bei der Untersuchung der sprachlichen Kommunikation" gewidmet war. 1. Themenbereich: „Allgemeine Probleme der sprachlichen Kommunikation", 2. Themenbereich: „Sprachliche Normen und Sprachkultur". (Veröffentlicht wurden die Vorträge in LS/ZISW/A, H. 8 und 9, 1974; vgl. dazu auch K.-D. Ludwig in: Sprachpflege, Jg. 23, 1974a, S. 83f.)
– Arbeitstagung „Zur Entwicklung der Sprache unter der Bedingung der Kommunikationsbedürfnisse und -inhalte in der sozialistischen Gesellschaft vom 4. bis 5.10.1974 in Heiligendamm bei Rostock. (Die Vorträge wurden veröffentlicht in: LS/ZISW/A, H. 28, Berlin 1975.)
– „Aktuelle Fragen der Sprachkultur ... " („Aktuálné otázky jazykové kultùry ... ") vom 14. bis 17.6.1976 in Liblice. (Die Vorträge wurden veröffentlicht unter dem Titel „Aktuelle Fragen der Sprachkultur", Prag 1979; vgl. Rez. von J. Knobloch in: SD, Jg. 26, Wiesbaden 1982, H. 9-10, S. 147-149.)
– Kolloquium über „Sozialistische Sprachkultur in der DDR – Begriff und Aufgaben" vom 3. bis 5.10.1976 in Greifswald. (Die Vorträge wurden publiziert in: WZ E.-M.-Arndt-Universität, Greifswald, GSR, Jg. 26, 1976, H. 4, S. 133-262; vgl. dazu auch ZPSK, Bd. 30, 1977, H. 3, S. 335-338; Deutschunterricht, Jg. 30, 1977, H. 1, S. 56-57.)
– Kolloquium zum Thema „Publizistische und wissenschaftliche Aufgaben bei der Förderung der Sprachkultur ... ", veranstaltet von der Forschungsgruppe „Sprachkultur" des ZISW der ehemaligen AdW am 30.9.1977 in Berlin.
– Konferenz der Sektion Germanistik und Literaturwissenschaft der Universität Leipzig vom 14. bis 16.12.1977 in Leipzig über das Thema „Variabilität in Sprachsystem und Text: textlinguistische, soziolinguistische und stilistische Aspekte". (Die Vorträge wurden veröffentlicht in: LS/ZISW/A, H. 51, Berlin 1979, die Hauptreferate und Diskussionsbeiträge ausländischer Teilnehmer in: WZ Universität Leipzig, GSR, Jg. 27, Leipzig 1978, H. 5)
– Das Internationale Kolloquium „Gesellschaftliche Funktionen und Strukturen sprachlicher Kommunikation" vom 26. bis 28.11.1979 in Magdeburg. (Die Vorträge wurden veröffentlicht in: LS/ZISW/A, H. 72/I und II. Berlin 1980.)

Sprachwissenschaftler gebrauchten das Beiwort, um ihrer Aussage einen vermeintlich aktuellen politischen Anstrich zu geben. Dies war wohl auch der Grund dafür, daß Tagungen, Konferenzen und Kolloquien im Thema oder Untertitel mit „sozialistischer Sprachkultur" in Verbindung gebracht wurden.

Hin und wieder glaubte ein Linguist, „sozialistische Sprachkultur" aus ihrer gesellschaftlichen Determiniertheit als Sprachkultur für alle Gesellschaftsschichten interpretieren zu müssen, doch das hätte man anders treffender formulieren können. Es ist der Versuch, hinter dem Begriff noch eine Spur von Bedeutungsgehalt zu suchen.

Mancher Sprachwissenschaftler mußte es sich gefallen lassen, daß in der Überschrift seines Aufsatzes dem Wort „*Sprachkultur*" vom Bearbeiter oder Redakteur ein „*sozialistisch*" hinzugefügt wurde. Der Protest dagegen war meist erfolglos. Also ließ man es stehen in der Hoffnung, daß der Leser es ohnehin nicht wahrnehmen würde. Das Wort „*sozialistisch*" war längst zum Klischee geworden. Man übersah es. Wenn man heute die Literatur jener Zeit betrachtet, wird die Bedeutungsleere des Adjektivs erst wieder voll bewußt. Und das Epitheton hat leider derart auf das mit ihm verbundene Substantiv abgefärbt, daß jetzt selbst das Wort „Sprachkultur", auch wenn es nicht mit dem genannten Adjektiv verbunden ist, für manche Hörer oder Leser einen negativen Beiklang behalten hat.

Es ist zu bedauern, daß ebenso wie einst in der Vergangenheit die „Sprachpflege" so auch in der ehemaligen DDR die „Sprachkultur" in anderer Weise politisch mißbraucht wurde. Die 80er Jahre brachten für die Erforschung der Sprachkultur eine Art Sichtung und Bestandsaufnahme der bisher erarbeiteten Positionen.[16] Eine besondere Bedeutung hatten hierbei wiederum Tagungen, Konferenzen und Kolloquien.[17]

---

[16] In Auswahl seien hier nur einige Arbeiten der 80er Jahre zum Thema „Sprachkultur" angeführt: H. Langner (1980); J. Scharnhorst (1981, 1990); W. Hartung (1982, 1985, 1986, 1986a, 1991); E. Ising (1982, 1982a, 1986, 1986a); R. Schnerrer (1982b); A. Kleinfeld (1983, 1984, 1984a); U. Fix (1984); E. Ising/A. Kleinfeld/R. Schnerrer (1984); G. Lerchner (1984); B. Techtmeier (1984, 1986, 1986a, 1987, 1987b); D. Nerius (1985, 1986); J. Scharnhorst (1985); H. Harnisch (1986); H. Herrmann (1986, 1991); A. Porsch (1986); R. Röhl (1986, 1990, 1990a, 1991); E. Agricola (1987); W. Bahner (1987); K.-D. Ludwig (1980, 1987); G. Möller (1987); W. Motsch (1987); G. Michel (1988, 1991); D. Nerius (1985, 1986, 1987); W. Fleischer (1989); G. Hänse (1989); B. Techtmeier/W. U. Wurzel (1989); H. Langner (1990, 1991); G. Starke (1990,1991); Ch. Keßler (1991); O. Lang (1991); H. Schreiber (1991); K.-E. Sommerfeldt (1991).

[17] Kolloquien, Tagungen und Konferenzen zu Fragen der Sprachkultur in den 80er Jahren und zu Beginn der 90er Jahre:

– Auf der Konferenz zum Thema „Das Niederdeutsche in Geschichte und Gegenwart" am 17. und 18.4.1980 in Rostock, veranstaltet vom Wissenschaftsbereich Germanistik der

Die internationale Jahrestagung des *Instituts für deutsche Sprache* in Mannheim vom 13. bis 16.3.1984, die unter dem Thema „Sprachkultur" stand[18], eröffnete den ersten umfangreichen deutsch-deutschen Dialog über diese Fragen. Zum erstenmal durften zwei DDR-Sprachwissenschaftler offiziell an der Mannheimer Jahrestagung teilnehmen.

Die bundesdeutsche Zeitschrift „*Der Deutschunterricht*" widmete Heft 1/ 1985 dem Thema „Sprachkultur"[19] und ließ Forschungsergebnisse von Linguisten der Bundesrepublik Deutschland und anderer Länder zu Wort kommen. In diesem Heft erschien auch der erste deutsch-deutsche Vergleich der Sprachkultur in der Bundesrepublik und in der DDR.[20] Der Dialog zwischen Ost und West über Sprachkultur war angebahnt.

1984 wurden am *Zentralinstitut für Sprachwissenschaft*, Berlin, von W. Hartung, E. Ising, G. Kempcke, K.-D. Ludwig, W. Motsch, B. Techtmeier, D.

Universität Rostock, wurden Vorträge zu Sprachkultur und Mundartpflege im Norden der DDR gehalten. (Die Vorträge wurden veröffentlicht in: LS/ZISW/A, H. 75/I und II, Berlin 1981.)

– „Sprachkultur". Internationale Jahrestagung des Instituts für deutsche Sprache in Mannheim von 13. bis 16.3.1984. (Die Vorträge wurden veröffentlicht in: Sprachkultur. Jahrbuch des IdS. Hrsg. v. R. Wimmer, Düsseldorf 1985 [= Sprache der Gegenwart 63].)

– Sprachwissenschaftliche Konferenz zu dem Thema Stilistik und Poetologie vom 5. bis 6.11.1984 in Halle a. d. S. (Die Vorträge wurden unter demselben Titel veröffentlicht. Hrsg. v. W. Steinberg. Halle a. d. S. 1985 [= WB, MLU 1985, 39; F: 57].)

– „Erziehung zur Sprachkultur – Möglichkeiten und Grenzen", Konferenz am 3.10.1985 in Dresden, veranstaltet von der PH Dresden. (Die Vorträge wurden veröffentlicht in: Textlinguistik, H. 13, 1986.)

– „Untersuchungen zur Kommunikation". Internationale Arbeitstagung des Bereichs I des ZISW der AdW, Berlin. vom 3. bis 6.12.1985 in Bad Stuer. (Vorträge in: LS/ZISW/A, H. 149, Berlin 1986.)

– „Theoretische und praktische Fragen der Sprachkultur". Konferenz am 30.10.1986 in Berlin, veranstaltet vom ZISW der AdW. (Die Vorträge wurden veröffentlicht in: LS/ZISW/A, Berlin 1987, H. 170; vgl. dazu auch K.-D. Ludwig in: Sprachpflege, Jg. 36, 1987, H. 4, S. 48f.)

– „40 Jahre Sprachwissenschaft und Sprachkultur in der DDR". Konferenz vom 31.10. bis 1.11.1989 in Berlin, veranstaltet vom ZISW der AdW, Berlin. (Die Beiträge wurden veröffentlicht in: LS/ZISW/A, H. 209, Berlin 1991.)

– „Sprachwissenschaft und Sprachkultur", Konferenz am 10. und 11.5.1990 in Neubrandenburg an der Pädagogischen Hochschule. (Die Vorträge wurden unter demselben Titel veröffentlicht in Frankfurt a. M., Bern, New York, Paris 1991; vgl. dazu auch G. Starke in: Sprachpflege und Sprachkultur, Jg. 39, 1990, H. 4, S. 117.)

[18] Jahrestagung des Instituts für deutsche Sprache in Mannheim vom 13. bis 16.3.1984. (Die Vorträge wurden veröffentlicht in: Sprachkultur. Jahrbuch des IdS. Hrsg. v. R. Wimmer. Düsseldorf 1985 [= Sprache der Gegenwart, Bd. 63].)

[19] Sprachkultur. Hrsg. von G. Augst. = Der Deutschunterricht, Jg. 37, Stuttgart 1985, H. 1.

[20] P. Braun, Sprachkultur im deutsch-deutschen Vergleich, ebenda, S. 21-33.

Viehweger und W. U. Wurzel *Thesen zur Sprachkultur*[21] erarbeitet, die den bisherigen Stand der Sprachkulturforschung der DDR zusammenfassen wollten. Die vom *Zentralinstitut für Sprachwissenschaft* in Berlin am 30.10.1986 veranstaltete Tagung „Theoretische und praktische Fragen der Sprachkultur"[22] brachte einige interessante Neuansätze, besonders in den Beiträgen über sprachliche Kreativität (G. Lerchner), über das Verhältnis der sprachkulturellen Praxis zum Sprachästhetischen (U. Fix) und über die Kultur der gesprochenen Sprache (G. Richter). Eine Vielfalt neuer Forschungen zur Sprachkultur nach der Wende zeigte die Konferenz, die am 10. und 11.5.1990 in Neubrandenburg unter dem Thema „Sprachwissenschaft und Sprachkultur" stattfand.[23] Nachdem wir die großen Trends der Geschichte der Sprachkultur in der ehemaligen DDR in ihrem äußeren Erscheinungsbild in groben Umrissen von Jahrzehnten zu zeigen versucht haben, wollen wir uns im folgenden inhaltlichen Schwerpunkten der Sprachkultur-Diskussion zuwenden.

2 Zu einigen Hauptpunkten wissenschaftlicher Diskussion über Sprachkultur

2.1 Zu den Kriterien des Begriffes „Sprachkultur"

Die Diskussion über die Kriterien der Sprachkultur ist auch heute noch nicht abgeschlossen. In den 70er Jahren stand vor den Linguisten die Aufgabe, den Begriff von Grund auf neu zu bestimmen und zu fundieren. E. Isings Definitionsversuch „Sprachkultur bezeichnet das *Niveau* eines *angemessenen*, *normgerechten* und *schöpferischen Sprachgebrauchs* in bestimmten Situationen, gegenüber bestimmten Partnern und unter Berücksichtigung des Gegenstandes der Kommunikation"[24] ist eifrig umstritten, durch einige Adjektive erweitert[25], unterschiedlich interpretiert und durch manche Sichtweisen, besonders im Bezug auf Gesellschaft, Kultur modifiziert worden. Die drei

[21] Veröffentlicht in: ZfG, Jg. 5, 1984, H. 4, S. 389-400; abgedruckt in: LS/ZISW/A, H. 170, Berlin 1987, S. 1-19.

[22] Die Vorträge wurden veröffentlicht in: LS/ZISW/A, H. 170, Berlin 1987, unter dem Titel „Theoretische und praktische Fragen der Sprachkultur".

[23] Sprachwissenschaft und Sprachkultur. Tagungsband der Konferenz in Neubrandenburg am 10. und 11.5.1990. Frankfurt a. M., Bern, New York, Paris 1991 (= Sprache, System und Tätigkeit. Hrsg. v. G. Bartels, I. Pohl u. K.-E. Sommerfeldt, Bd. 1).

[24] E. Ising, Aufgaben, Wege und Ziele der Sprachkultur, in: Sprachkultur – warum, wozu?, Leipzig 1977, S. 14.

[25] Seit den 70er Jahren richtete sich das Interesse der Sprachwissenschaftler stärker auf die Wirkung, Wirksamkeit der Sprache. Es entwickelte sich die Sprachwirkungsforschung, allerdings weitgehend vordergründig ideologisiert und politisiert.

Merkmale „angemessen", „normgerecht", „schöpferisch" beziehen sich auf unterschiedliche sprachliche Normen und Wertungskriterien, auf unterschiedliche Ebenen sprachlicher Kommunikation.

„Angemessenheit" als *„kommunikative Adäquatheit"*[26] wird nach B. Techtmeier durch Normen zur Regelung der Rahmenbedingungen, der situativen Normen[27] als eine Art sprachlich-kommunikativer Normen bestimmt, die die sozialen Faktoren des Kommunikationsprozesses, die Partner, ihre gesellschaftliche Position, ihre Erwartungen, ihre sachlichen und psychischen Voraussetzungen auf Mitteilungsgegenstand, Zwecke der Information und Begleitumstände regeln. Für die Erfassung der situativen und stilistischen Normen gibt es in der Linguistik der ehemaligen DDR verschiedene Modelle (W. Hartung, W. Fleischer, G. Michel, die Potsdamer „funktional-kommunikative Sprachbeschreibung"), die zeigen, welche zahlreichen Faktoren in diesem Zusammenhang zu berücksichtigen sind. Im allgemeinen werden die stilistischen Komponenten der „kommunikativen Adäquatheit" als ihrem übergeordneten Begriff integriert. Diese Ansicht teilt weitgehend auch die russische Linguistik. V. G. Kostomarov (1979) führt in seinem Vortrag über „Fragen der Sprachkultur" die Fülle stilistischer Faktoren an, die bei einem kommunikativ adäquaten Sprachgebrauch berücksichtigt werden müssen.

Normgerechtheit hingegen richtet sich auf die Einhaltung grammatisch-semantischer Normen, die wiederum in phonetisch-phonologische, graphematische, morphologisch-syntaktische und lexikalisch-semantische Normen unterteilt werden.[28] Diese zweite Art von sprachlich-kommunikativen Normen betrifft die grammatisch-semantische Beschaffenheit der sprachlichen Äußerungen selbst, ihre grammatisch-semantische Richtigkeit. D. Nerius nennt diese Normen deshalb „Sprachsystemnormen" oder „Systemnormen" im Unterschied zu den „Verwendungsnormen"[29], die sich auf die kommunikative Adäquatheit beziehen.

Die größten Schwierigkeiten bereitet den Sprachwissenschaftlern auch heute noch die Kategorie des *schöpferischen Sprachgebrauchs.* Hier kommen W. Hartung, E. Ising, B. Techtmeier u. a. über sehr allgemeine Aussagen nicht hinaus. Zwar wird der Bezug zu den Werten der Kultur hergestellt, doch der Begriff des Schöpferischen bleibt verschwommen und unklar, das Individu-

---

[26] B. Techtmeier (1977, 1976).

[27] Typologie der sprachlich-kommunikativen Normen vgl. Normen (1977), S. 25-42 (W. Hartung, Zum Inhalt des Normbegriffs in der Linguistik); R. Große (1978); P. Suchsland (1978); R. Schnerrer (1984).

[28] R. Große (1978).

[29] D. Nerius (1973).

elle wird vernachlässigt. Die kommunikative Adäquatheit wird auf die Erreichung des kommunikativen Ziels, auf die bloße Funktionalität sprachlich-kommunikativer Tätigkeit reduziert. Dabei bleibt der Qualitätsbegriff, der in Sprachkultur ebenso wie im Kulturbegriff notwendigerweise enthalten ist, weitgehend unberücksichtigt. Das Sprachästhetische wird zur bloßen Zutat oder Zierde degradiert. In diesem Punkt war die Prager Linguistik weiter. Sie hatte eine sorgfältig ausgearbeitete Forschungsrichtung, die sich mit der sprachästhetischen Seite der Sprachkultur und mit der Sprache der Dichter befaßt hatte.[30] Allerdings wurde diese ästhetische Thematik nach 1945 bewußt ausgeklammert, erst heute gewinnt sie wieder an Bedeutung.

Diesen Fragen des *Schöpferischen* und des *Sprachästhetischen* hatten sich in der ehemaligen DDR vor allem G. Lerchner[31] und U. Fix[32] zugewandt. Sie haben damit reiche Forschungstradition begründet. Auch G. Michel[33] und J. Kraus[34] widmeten diesen Fragen bereits in den 70er Jahren ihre Aufmerksamkeit.

1984 erschien G. Lerchners Buch *Sprachform von Dichtung*[35], in dem er linguistische Analysemethoden zur Diskussion stellte und deren Möglichkeiten und Grenzen an Texten von Bobrowski, Brecht, Fühmann, H. Kant, Lessing, E. Strittmatter u. a. zeigte. Damit trug er in Zusammenarbeit mit Literaturwissenschaftlern wesentlich zur Klärung des Wirkungsaspekts von Sprach- und Textgestaltung literarischer Werke bei.

Im letzten Kapitel des Buches befaßt sich Lerchner mit der Frage, welche wesentliche Rolle die schöne Literatur für die Sprachkultur spielt. Seiner Ansicht nach geht es in der Sprachkultur nicht um das Ideal eines zeitlosen „guten Deutschs", auch nicht allein um den Maßstab der kommunikativen Adäquatheit, sondern um die ästhetische Qualität des allgemeinen Sprachgebrauchs, die in der jüngsten Sprachkultur-Diskussion zu Unrecht vernachlässigt worden ist. „Denn gerade die ästhetische Funktion der Sprachverwendung vermittelt die Wirkungszusammenhänge, die objektiv die Einflußnahme literarischer Prozesse auf die nichtkünstlerische Kommunikation und so auch auf den allgemeinen Standard der Sprachverwendung ermöglichen" (ebenda, S. 226). „Funktionelle Vermittlungsbeziehungen auf der Grundlage des Ästhetischen gilt es . . . aufzudecken, wenn Relationen zwischen Literatur und Sprachkultur

[30] J. Mukařovsky (1976).
[31] G. Lerchner (1976, 1977, 1980, 1984, 1986, 1986a, 1986b, 1987, 1987a, 1988).
[32] U. Fix (1976, 1984, 1986, 1986a, 1986b, 1987, 1987a, 1988a, 1990, 1991).
[33] G. Michel (1976, 1987).
[34] J. Kraus (1977).
[35] G. Lerchner (1984).

schlüssig nachgewiesen werden sollen“ (ebenda, S. 227). Diese Folgerungen ergeben sich notwendig aus dem Verständnis von Kultur und Sprachkultur als menschlichen Tätigkeiten.

Auch in anderen theoretischen Arbeiten (vgl. Anm. 31) betont Lerchner die Bedeutung des Ästhetischen, der ästhetischen Maximen der Sprachverwendung, der außersprachlich-ästhetischen Normen- und Bewertungssysteme für die Sprachkultur.[36] Das Ästhetische ist kein bloßer Zusatz, wie es von Linguisten oft gesehen wurde, sondern potentieller Bestandteil jeder sprachlichen Äußerung.

Lerchner[37] definiert genauer, was unter *schöpferischer Verwendung von Sprache* zu verstehen ist. Sie ist untrennbar mit den ästhetischen Normen verbunden, ist produktive menschliche Tätigkeit, die „Vergnügen bereitet“. Die Kategorien des „Spiels“, der „menschlichen Phantasie“, der „kreative Akt der Bedeutungs-Verleihung“, die psychische Fähigkeit zur Erzeugung von anschaulichen Vorstellungen, die über die Grenze vorgefundener Sachverhalte, wahrgenommener Dinge oder geläufiger Ideen hinausgehen“ (ebenda, S. 54). Lerchner verweist auf Schillers Definition des wahrhaft Schönen: „Das wahrhaft Schöne gründet sich auf die strengste Bestimmtheit, auf die genaueste Absonderung, auf die höchste innere Notwendigkeit ... Die höchste Gesetzmäßigkeit muß da sein, aber sie muß als Natur erscheinen“[38]. Alle diese Faktoren sind nach G. Lerchner in die Sprachkulturforschung einzubeziehen. Dem Spielraum individueller sprachgestalterischer Tätigkeit zwischen rational-begrifflicher Zweckmäßigkeit und der anschaulichen Vorstellung und Erfahrung[39], der Durchdringung von Rationalem und Emotionalem muß mehr Aufmerksamkeit geschenkt werden. Auch der schöpferische Rezeptionsprozeß beim „Erleben sprachlich-ästhetischer Phänomene“[40], die Reizkomponente des Sprachlichen[41], das Reizvolle, das die Rezeption zu einem ästhetischen Erlebnis macht, ist genauer zu untersuchen. Dies alles ist ein großes, nur interdisziplinär lösbares Forschungsprogramm.

---

[36] Wie M. Bierwisch (1965) sieht G. Lerchner die ästhetischen Normen als außersprachlich an, doch im Unterschied zu Bierwisch, der die Gesetzmäßigkeiten der Poetik nur auf der Grundlage linguistischer Primärstrukturen für möglich hält, vertritt er die Ansicht, daß die Kodierung eines poetischen Textes primär durch einen poetischen Kode und erst sekundär durch linguistische Strukturen, durch das Sprachsystem bestimmt ist.

[37] G. Lerchner (1987a) S. 48 ff.

[38] F. v. Schiller, Über die notwendigen Grenzen beim Gebrauch schöner Formen; Sämtliche Werke, Säkular-Ausg., Bd. 12, Stuttgart, Berlin o. J., S. 132 f.

[39] G. Lerchner (1987a), S. 55.

[40] Ebenda, S. 51.

[41] G. Lerchner (1984), S. 75.

Ebenso wie G. Lerchner fordert U. Fix[42] in ihrer Auseinandersetzung mit den „Thesen zur Sprachkultur" die Anerkennung ästhetischer Normen als Bedingung für Sprachkultur der Allgemeinsprache[43], die Einbeziehung des „Ästhetischen als Element der Rezeptionserleichterung und der Rezeptionslust" (ebenda, S. 205), die Berücksichtigung des Individuellen, die Annahme einer Skala des Niveaus des kommunikativ-adäquaten Sprachgebrauchs (ebenda, S. 204). Sie erkennt, daß die in den Thesen als zusätzlich zu den sprachlich-kommunikativen Normen hinzukommenden Kriterien für Sprachkultur, z. B. die Merkmale „variable Gestaltung", „anschauliche Gestaltung" und „schöpferischer Umgang mit geltenden sprachlich-kommunikativen Normen", sich auf ganz unterschiedliche Ebenen sprachlicher Kommunikation beziehen. Der schöpferische Sprachgebrauch führt in übergeordnete Zusammenhänge sprachlicher Kommunikation, während „variable Gestaltung" und „anschauliche Gestaltung" unklar bleiben und zu den untergeordneten Kategorien der funktionalen Stilistik gehören. U. Fix stellt Indikatoren des Ästhetischen nichtpoetischer Texte zusammen (ebenda, S. 204) und verweist auf das „Ästhetische als Element des Adäquaten ..., als notwendiges Element *aller* der Texte, die nicht am Endpunkt der Skala der Sprachkultur liegen" (ebenda, S. 207). Als Kriterien für Sprachkultur sollte man also neben „Angemessenheit" und „Normgerechtheit" als *gleichwertige* Größe den ästhetischen Anteil anerkennen, der von U. Fix[44] mit den Merkmalen der „Wohlgeformtheit, Eleganz", von G. Lerchner[45] mit der Kategorie des „sprachlichen Ideals" umschrieben wird.

2.2 Sprachkultur in ihrem Bezug auf die Literatursprache bzw. Standardsprache oder andere Existenzformen bzw. Varietäten

Ein weiterer auch heute noch von den Sprachwissenschaftlern umstrittener Diskussionspunkt ist die Frage, ob sich Bemühungen um Sprachkultur nur auf die Literatur-, Hoch-, Standard- bzw. Schriftsprache richten sollen oder auch auf (regionale) Umgangssprachen und Dialekte. Hier sind die Positionen sehr unterschiedlich.

B. Techtmeier geht im Begriff der „kommunikativen Adäquatheit" von der funktionalen und situativen Angemessenheit sprachlicher Äußerungen als Grundlage der Sprachkultur aus und bezieht neben der Standardsprache alle

[42] U. Fix (1986), S. 201-208; vgl. Anm. 32.
[43] Dies. (1986), S. 204.
[44] Dies. (1987); vgl. auch dies., ZfG, Jg. 7, 1986, H. 2, S. 201-208.
[45] G. Lerchner (1986), S. 220.

Existenzformen bzw. Varietäten als Gegenstand sprachkultureller Bemühungen ein[46], ein Standpunkt, den übrigens auch Vertreter der Sprachkritik der alten Bundesländer teilen.[47]

Demgegenüber sind mehrere Linguisten der ehemaligen DDR[48] der Ansicht, daß sich Sprachkultur vorwiegend auf die Literatur-, Schrift-, Hoch- bzw. Standardsprache beziehen sollte. Sie begründeten ihre Meinung damit, daß die Standardsprache die wichtigste Existenzform mit überregionaler Geltung sei, die vielseitige Funktionen in unterschiedlichen Kommunikationsbereichen, besonders in der öffentlichen Kommunikation, erfülle und durch ein relativ einheitliches, weitgehend kodifiziertes Normensystem geprägt sei. Nur durch eine Beherrschung der Standardsprache könnten die vielfältigen kommunikativen Aufgaben gelöst werden. Ziel der Sprachkultur sei es, darauf hinzuwirken, daß die Standardsprache zum Gemeinbesitz *aller* Angehörigen der Kommunikationsgemeinschaft werde, was gegenwärtig noch nicht der Fall sei. E. Ising entwickelt mit ihrer Forschungsgruppe Gedanken zur Theorie der Literatursprache.[49]

Beide Standpunkte haben ihre Berechtigung, denn es vollzieht sich in unserer Zeit der objektiv wirksame Prozeß, daß die Standardsprache ihren Geltungsbereich erweitert[50], daß zugleich aber auch die regionalen Varietäten der Umgangssprachen und die Dialekte ihren Geltungsbereich erweitern, indem sie zunehmend ihre sozial distinktive Rolle verlieren[51] und immer stärker zu

---

[46] Vgl. B. Techtmeier (1977, 1976). Ebenso wie B. Techtmeier möchte K.-D. Ludwig die Sprachkultur nicht auf die Literatursprache beschränken. Ludwig (1980), S. 60: „Tendenzen, die den Sprachkulturbegriff nur auf die Literatursprache ausrichten, sind u. E. eine Fiktion; sie entsprechen nicht den Realitäten und werden somit den kommunikativen Bedürfnissen in unserer Gesellschaft nicht gerecht."

[47] R. Wimmer (1984), S. 21, kritisiert eine Sprachkultur „von oben" als „normativ, sprachstandardbezogen, systembezogen, sprachkonservierend und generalisierend" und empfiehlt eine „Sprachkultivierung durch Sprachkritik, die sich als normenkritisch, varietätenbezogen, sprechbezogen, individualisierend und kommunikativ erweist" (vgl. dazu P. Braun, 1985, S. 30-31).

[48] Zum Beispiel E. Ising/W. Hartung/W. Motsch/G. Feudel/D. Nerius/J. Scharnhorst/ G. Lerchner/ U. Fix.

[49] E. Ising (1982b); R. Schnerrer (1982b); A. Kleinfeld (1983); E. Ising/A. Kleinfeld/R. Schnerrer (1984); E. Ising: Die Literatursprache, in: Kleine Enzyklopädie Deutsche Sprache, Berlin 1983, S. 415-430.

[50] Seit den 60er Jahren unseres Jahrhunderts nehmen immer mehr Menschen produktiv und rezeptiv an der (gesprochenen und geschriebenen) Standardsprache teil, damit an den sprachlich repräsentierten Kulturleistungen. Presse, Rundfunk und Fernsehen haben einen beachtlichen Anteil daran.

[51] Vgl. die Kritik an der Defizithypothese und am restringierten Kode B. Bernsteins. Ein „schichtenspezifischer Sprachgebrauch" im Sinne von sozialen „Sprachbarrieren" besonders gegenüber literatursprachlichen Geltungsbereichen ist im gegenwärtigen Deutsch ei-

funktional und situativ differenzierenden sprachlichen Mitteln *bewußter* stilistischer Variation werden. So kann sich Sprachkultur sowohl auf die Literatursprache als auch auf die Umgangssprachen und letztlich auf alle Existenzformen beziehen. Eine wichtige Funktion hat in diesem Zusammenhang die mündliche Sprache. In der spontanen Alltagskommunikation behalten (regionale) Umgangssprachen und Dialekte weiterhin ihre Gültigkeit. Mit diesem komplizierten Prozeß haben sich R. Große[52], G. Lerchner[53], W. Fleischer[54] u. a. beschäftigt. W. Hartung, H. Schönfeld[55] und ihr Kollektiv widmeten diesen Problemen einen umfangreichen Band, der den Titel *Kommunikation und Sprachvariation*[56] trägt. Ausgehend von der gesellschaftlichen Determiniertheit der Sprache, wird hier ein soziolinguistisches Modell der Sprachvariation geboten, das von der traditionellen Dreigliedrigkeit Literatursprache (Standardsprache) – Umgangssprachen – Mundarten zu einer Zweigliedrigkeit Literatursprache (Standardsprache) – Nichtliteratursprache (Nichtstandardsprache) bzw. literatursprachenahe – literaturspracheferne Ausdrucksweise kommt.

Während W. Hartung in seinem Modell der objektiven Distribution und Hierarchie der sprachlichen Varietäten unter rationalem Aspekt die gesellschaftliche Bewertung sprachlicher Mittel, und zwar unter dem Gesichtspunkt ihrer sozialen Determiniertheit, ihrer funktionalen Eignung und normativen Adäquatheit, ihrer kommunikativen Effektivität und Ökonomie untersucht und zwischen „einer Ebene des tatsächlichen Sprechens" und „einer Ebene des gesellschaftlichen Bewußtseins" unterscheidet (ebenda, S. 442f.), schlägt G. Lerchner[57] ein neben den gesellschaftlich objektiven vor allem auch die gesellschaftlich subjektiven Phänomene widerspiegelndes *Motivationsmodell der Sprachbewertung* vor, in dem der Ebene des gesellschaftlichen Bewußtseins das „*sprachliche Ideal*" als „komplexe gesellschaftliche Wertvorstellung für die Beurteilung und Regulierung sprachlicher Variantenverwendung" und das Sprachgefühl (ebenda, S. 220) gegenübergestellt werden. In das Motivationsmodell sprachlicher Bewertung gehen „emotional determinierte Be-

nes modernen europäischen Industriestaates heute in dieser Form wohl nicht mehr zu akzeptieren.

52 R. Große (1972), S. 331: „die Aufhebung der sozialen Dialekte in jedem Sprecher, dem dann mehrere Sprachschichten zur Verfügung stehen zum Einsatz an der geeigneten Stelle mit einem optimalen Kommunikationseffekt".

53 G. Lerchner (1977), S. 819: „Wechsel eines sozial determinierten Diasystems in ein funktionales Diglossiemodell".

54 W. Fleischer (1983a), S. 268f.; G. Michel (1980).

55 H. Schönfeld (1974, 1989); ders., in: Normen in der sprachlichen Kommunikation (1977), S. 168 ff.; W. Hartung, in: Normen in der sprachlichen Kommunikation (1977), S. 9-69; ders. (1985, 1986).

56 Kommunikation und Sprachvariation (1981).

57 G. Lerchner (1986).

wertungsgrundlagen, darunter vor allem über ästhetische Wertsysteme und solche der kulturellen Tradition vermittelt wirksam werdende Komponenten der individuellen wie der gesellschaftlichen Bewertung sprachlicher Varianten"(ebenda, S. 212f.) ein. Das Motivationsmodell sprachlicher Bewertung integriert auch die Vermittlungsbeziehungen zwischen Bewertungskriterien und gesellschaftlichem Sprachbewußtsein und individuellem Selektionsverhalten (ebenda, S. 213). „Die widersprüchlichen Wechselbeziehungen zwischen gesellschaftlichem und individuellem Wertungsverhalten werden durch Antinomien charakterisiert“ (ebenda, S. 221).

Wenn man Hartungs Modell der Distribution und Hierarchie der Sprachvarietäten und G. Lerchners Motivationsmodell aufeinander beziehen möchte, so bietet sich hierfür nach Lerchner der Begriff der „*Sprachsituation*“[58] an (ebenda, S. 222).

Ich bin der Meinung, daß Lerchners Motivationsmodell der Sprachbewertung gut geeignet ist für die weitere Erforschung der Sprachkultur *aller* Sprachhandlungen der an der sprachlichen Kommunikation, an Produktion und Rezeption sprachlicher Äußerungen Beteiligten und *aller* Texte, die nicht am Endpunkt der Skala der Sprachkultur liegen. Dieses Modell erklärt die Sprachkultur aus dem Zusammenhang mit der Kultur insgesamt, erfaßt das Objektive und das Subjektive bzw. Individuelle der Sprachkultur, integriert die ästhetischen Wertmaßstäbe, und es vermeidet die Grundmängel bisheriger Sprachkulturauffassungen: die Reduzierung der Sprachkultur auf sozial-funktionale Adäquatheit, auf Stilistik und sogenanntes „gutes Deutsch“ und die sich daraus ergebende stark präskriptive Tendenz. Lerchners theoretische Positionen verwandeln die Sprachkulturforschung aus einer präskriptiven Lehre in Ansätze zu einer deskriptiven Wissenschaft, die tiefer lotet als die bisherigen Versuche, die in einer Funktionalstilistik, in einer Stilistik des „guten Deutsch“ oder in einem bloßen Funktionalismus ihr Ziel fanden. Zugleich werden diese Richtungen in Lerchners Modell integriert und in einem größeren Zusammenhang bewahrt.

---

[58] Vgl. A. D. Svejcer, Sovremennaja sociolingvistika, Moskva 1977, S. 133, definiert Sprachsituation als „Modell der sozial-funktionalen Distribution und der Hierarchie der sozialkommunikativen Systeme ..., die im Rahmen einer bestimmten politisch-administrativen Einheit und eines kulturellen Rahmens während eines bestimmten Zeitabschnitts nebeneinander existieren und sich gegenseitig beeinflussen, ... zugleich als Modell der sozialen Einstellungen, welche die Mitglieder der entsprechenden Sprach- und Kommunikationskollektive zu diesen Systemen und Subsystemen haben“ (zitiert nach: LS/ZISW/A, H. 149, Berlin 1986, S. 223); zum Begriff der Sprachsituation vgl. auch C. A. Ferguson, Language Structure and Language Use, Stanford 1971; J. Scharnhorst (1978, 1979, 1980, 1980a, 1980b); A. Jedlička, Theorie der Literatursprache = Grundlagen der Sprachkultur, T. 2, Berlin 1982, S. 40-91.

2.3 Sprachbewußtsein und Sprachgefühl

Die Begriffe „Sprachbewußtsein" und „Sprachgefühl" haben in der Linguistik eine lange Tradition, der M. Disselkamp, R. Olt (1985), E. Ising (1987), H. Schmidt (1986), G. Frohne (1986, 1986a), G. Starke (1988) u. a. nachgegangen sind. In den 70er Jahren (vgl. H. Gipper, 1976; G. Helbig, 1973), besonders aber seit Mitte der 80er Jahre spielen die beiden Bezeichnungen in der Sprachwissenschaft, vor allem in der Diskussion um Sprachkritik, Sprachkultur und Sprachpflege wieder eine beachtliche Rolle. Das mag damit zusammenhängen, daß der Strukturalismus für derartige Begriffe nicht viel übrig hatte und daß auch die Kommunikationslinguistik das gesellschaftliche Bewußtsein unter dem Aspekt seiner sozialen Determiniertheit, seiner Funktionalität und kommunikativen Effektivität untersuchte und die kognitive Linguistik sich den mentalen Prozessen zugewandt hatte. Auch heute sind die Begriffe „Sprachbewußtsein" und „Sprachgefühl" noch umstritten, sie sind wohl nur in einer gesamtdeutschen interdisziplinären Forschungsarbeit zu klären. Eine detaillierte Darlegung dieser Probleme übersteigt den Rahmen dieses Aufsatzes. Wir können hier nur auf die Definitionsversuche dieser Begriffe und auf einige Forschungsansätze hinweisen. B. Techtmeier (1987a, S. 29) definiert *Sprachbewußtsein* als „mehr oder weniger entwickelte Fähigkeit, über Sprache reflektieren zu können, sprachliche Ausdrucksmittel bewußt einzusetzen und zu bewerten. Sprachbewußtsein ist vor allem bewußt gemachte Sprachfähigkeit, reflektierte Sprachfähigkeit." Dem wissenschaftlichen Sprachbewußtsein stellt die Autorin ein *Alltagssprachbewußtsein* gegenüber.

Sowohl das wissenschaftliche Sprachbewußtsein als auch das Alltagssprachbewußtsein kann als *gesellschaftliches* (und gruppenspezifisches) und als *individuelles Sprachbewußtsein* erscheinen. Jedes Sprachbewußtsein kann wie jedes Bewußtsein *unterschiedliche Grade der Bewußtheit* erreichen.

In diesen Grundpositionen stimmen B. Techtmeier (1987a, 1987), W. Hartung (1986a), E. Ising (1987), G. Frohne (1986, 1986a) im allgemeinen überein. Im Hinblick auf die Wertung und auf die Vermittlung von Wertsystemen bleibt in diesen Erläuterungen noch manche Frage offen.

G. Lerchner (1986, S. 220) erfaßt die Zusammenhänge tiefer. Er geht vom *„sprachlichen Ideal"* aus: Es „muß eine differenzierende, speziell die Bewertungsfunktion der genannten Komponenten vermittelt zusammenfassende Kategorie angenommen werden. Ich sehe sie im sprachlichen Ideal als komplexer gesellschaftlicher Wertvorstellung für die Beurteilung und Regulierung sprachlicher Variantenverwendung. Ein so verstandenes Ideal des Sprachverhaltens schließt normative Festsetzungen und historisch entstandene Leitbilder sowie in der individuellen Sprachtätigkeit u. U. durchaus unerreichbare Ziel- oder Wunschvorstellungen zusammen. Insofern deckt der Begriff einen umfassenderen Bereich als der der sprachlichen Norm. Andererseits sind soziale Ideale der Sprachverwendung wesentlich konservativer als (objektive) instrumentale Normen, zu denen sie sogar auf Grund ihrer stark emotionalen Determiniertheit in partiellen Widerspruch treten können." Das *Alltagsbewußtsein*, das nach Lerchners Ansicht (1986, S. 220) rationale und nicht-rationale Elemente, auch eine „Ästhetik des Alltags" enthält, darf nicht mit der *„öffentlichen Meinung"* gleichgesetzt werden. Einerseits korrelieren „öffentliche Meinung" und „individuelles Alltagsbewußtsein", andererseits das „sprachliche Ideal" und das „Sprachgefühl".

Der Begriff des *Sprachgefühls* ist in der Linguistik noch heftiger umstritten als das Sprachbewußtsein. Die wissenschaftliche Diskussion wird hier zum Tummelplatz widerstreitender Meinungen. B. Techtmeiers Definition in den Thesen (1987, S. 10) wirkt auch nicht gerade wesenerhellend: „das Sprachgefühl. Man könnte es beschreiben als das relativ ungenaue, isolierte, methodisch nicht kontrollierte Bewußtsein einzelner Aspekte der Sprachfähigkeit, das sich häufig in sprachlichen Konfliktsituationen vollzieht, so beim Aufeinandertreffen unterschiedlicher Varianten auf den einzelnen Sprachebenen."

Man vergleiche damit die von G. Helbig (1973) gegebene klare Definition: „Das ‚Sprachgefühl' ist vielmehr nichts anderes als die – bewußte, unbewußte und/oder unterbewußte – Beherrschung und Anwendung von Regularitäten, die der Sprache selbst innewohnen." Das *Wörterbuch der deutschen Gegenwartssprache* (Bd. 5, 1976, S. 3506) umschreibt den Begriff ähnlich: „Sinn für sprachliche Normen, für die in einer Sprache vorhandenen Möglichkeiten des Gebrauchs und der Entwicklung", das Handwörterbuch der deutschen Gegenwartssprache (Bd. 2, 1984, S. 1081) verkürzt zu: „Sinn für die Anwendung sprachlicher Normen".

G. Frohne (1986a, S. 59) versucht, den Begriff vom Standpunkt der funktional-kommunikativ orientierten Sprachbetrachtung aus in das Gesamtkonzept sprachlicher Bildungs- und Erziehungsarbeit (von der Erlernung der Muttersprache bis zum Fremdsprachenunterricht) einzuordnen: „Dieses im Sprachaneignungsprozeß bzw. bei der Vervollkommnung der Kommunikationsbefähigung herausgebildete – und durch pädagogische Steuerung bewußt herauszubildende! – hochautomatisierte, damit *unbewußte* Vermögen des effizienten Operierens mit den sprachlichen Mitteln bezeichnen wir mit dem traditionellen Terminus technicus *Sprachgefühl.* Dieses Vermögen ist stets nur individuell, ist psycholinguistische, an das kommunikativ tätige Subjekt gebundene Realität. Die Anerkennung dieser These, dieses Faktums, bedeutet logischerweise die Ablehnung eines ‚gesellschaftlichen Sprachgefühls', das z. B. noch R. Hildebrand annahm." G. Frohne (ebenda, S. 61-62) stellt eine Typologie des Sprachgefühls zur Diskussion. Dabei spielen folgende Parameter eine Rolle: 1. Nach der Genesis des Sprachgefühls unterscheidet er „ein ‚primäres' Sprachgefühl, das vorrangig intuitiv bei der Aneignung der Muttersprache im Bewußtsein herausgebildet wird", und „ein ‚sekundäres' Sprachgefühl, das beim pädagogisch gelenkten Erlernen der Muttersprache und der Fremdsprache bewußt geformt wird". 2. Nach begrifflichen Kriterien differenziert er „Sprachgefühl ‚im engeren Sinne', das auf die Einheiten der Ebenen des Sprachsystems bezogen ist" und „Sprachgefühl ‚im weiteren Sinne', das sich auf die kommunikativen und situativen Normen der sprachlichen Kommunikation bezieht". 3. Nach dem Grad der Entwicklung des Sprachgefühls unterscheidet er „partielles" Sprachgefühl vom „umfassenden, vollständig entwickelten" Sprachgefühl.

Heute neigt man in der Sprachwissenschaft dazu, das Sprachgefühl als *individuelle Fähigkeit* zur Beherrschung, Anwendung und Beurteilung sprachlicher Kommunikation anzusehen. Das Sprachbewußtsein kann u. E. gesellschaftlich, gruppenspezifisch oder individuell sein, das Sprachgefühl jedoch nur individuell.

Das Sprachgefühl kann wie das Sprachbewußtsein und wie jedes Bewußtsein *unterschiedliche Grade der Bewußtheit* (von bewußt über unbewußt bis unterbewußt) erreichen.

Man müßte m. E. auch eine *Skala des Sprachgefühls* anerkennen, die vom Nullpunkt über partielles Sprachgefühl bis zum hochausgebildeten, vollständig entwickelten Sprachgefühl reicht. Vor allem müßte das Sprachgefühl als *kreatives Prinzip* wieder stärker beachtet werden. H. Schmidt (1986) hat die Begriffsgeschichte von Sprachgefühl im Zusammenhang mit Sprachgeist, dem seit der Renaissance tradierten „Genius" der Sprache genau verfolgt (ebenda, S. 85-92). Hier bietet sich ein weites Feld für interdisziplinäre Forschungsarbeiten.

2.4 Umfassender Sprachkulturbegriff

In der Linguistik der ehemaligen DDR gab es einen weiten und einen engeren Sprachkulturbegriff. Gegenüber dem *Wörterbuch der deutschen Gegenwartssprache* (Bd. 4, 1976, S. 3507), das Sprachkultur als „Niveau des normgerechten, schöpferischen Sprachgebrauchs" definiert, hat E. Ising den Begriff Sprachkultur erweitert und in das Spannungsfeld von sprachlicher Kommunikation und Sprachsystem gestellt. Wir schließen uns dieser weiteren Fassung des Begriffes an. Dementsprechend bezeichnet Sprachkultur:

(1) „das Niveau eines angemessenen, normgerechten und schöpferischen Sprachgebrauchs in bestimmten Situationen, gegenüber bestimmten Partnern und unter Berücksichtigung des Gegenstandes der Kommunikation,

(2) das Ergebnis dieser Tätigkeit in Form von Äußerungen und Texten, die diese Qualität aufweisen, auch die Gesamtheit dieser Äußerungen und Texte,

(3) „Sprachkultur ist der Grad der Beherrschung einer Sprache durch den Sprecher", der Grad der Sprachfähigkeit und der Fähigkeit zur Bewertung sprachlicher Äußerungen,

(4) „Sprachkultur bezeichnet die *bewußte* Einflußnahme der Gesellschaft auf die Entwicklung der Sprache als System, um ihre Ausdrucksfähigkeit in allen Funktionen zu gewährleisten."[59]

Die bewußte Einflußnahme der Gesellschaft umfaßt alle Maßnahmen von Sprachwissenschaft, Bildungseinrichtungen und verschiedenen Institutionen zur Verbesserung der Qualität des Sprechens und des Schreibens, auch die Kodifizierung der Standardsprache (Literatursprache) und ihrer verschiedenen Normensysteme, ohne daß diese Normensysteme ihre elastische Stabilität einbüßen, desgleichen die Erarbeitung von Wörterbüchern und die Fülle sprachkultureller Aktivitäten und sprachpflegerischer Öffentlichkeitsarbeit.[60]

3 Perspektiven und Empfehlungen für die Zukunft

Die Vielfältigkeit der Bemühungen um Sprachkultur erschwert eine Zusammenfassung. Die wichtigste Aufgabe besteht heute darin, Bilanz zu ziehen, um die Diskussion im gesamtdeutschen Rahmen fortzusetzen. In den alten Bundesländern ist diese Arbeit bereits zu einem großen Teil geleistet[61], für die

[59] E. Ising (1974), S. 198.

[60] J. Kuchař/A. Stich, Theorie und Praxis der Sprachkultur in der Gegenwart; in: Grundlagen der Sprachkultur, T. 1, Berlin 1976, S. 332; vgl. dazu auch J. Petersen (1986).

[61] Vgl. Sprachgeschichte, hrsg. v. W. Besch/O. Reichmann/S. Sonderegger, Bd. 2, 1. Halbband, Berlin, New York 1984, S. 264-299; H. Bickes/A. Trabold, Bestandsaufnahme zur

neuen Bundesländer steht eine Gesamtübersicht trotz mehrerer Ansätze[62] noch aus und kann in diesem Rahmen auch nicht geleistet werden. Der vorliegende Aufsatz ist nur ein erster Schritt dazu. Vielleicht könnte eine gesamtdeutsche Studienbibliographie zu Problemen der Sprachkritik, Sprachkultur und Sprachpflege hier als hilfreiches Arbeitsmittel dienen.

Die Frage, was die Erforschung der Sprachkultur in der ehemaligen DDR in das vereinigte Deutschland einbringen kann, muß sehr differenziert beantwortet werden und ist sicher nur in der gemeinsamen gesamtdeutschen Diskussion zu lösen. Wir können hier nur auf einige mögliche Grundtendenzen hinweisen und einige Vorschläge für die Zukunft zur Diskussion stellen.

3.1 Wir haben noch keine Theorie der Sprachkultur, aber es sind in den alten und den neuen Bundesländern schon gute Bausteine dafür erarbeitet worden. Viele Grundbegriffe wie Sprachkultur, Sprachpflege, Sprachkritik, Sprachberatung, Sprachpolitik, Sprachlenkung sind diskutiert und einer Klärung näher gebracht. Es handelt sich bei allen Bemühungen um eine *bewußte* Einflußnahme[63] auf den Sprachgebrauch.

3.2 Die Bezeichnung *Sprachkultur* wäre u. E. gut geeignet als umfassende Benennung für alle theoretischen und praktischen Bemühungen um die Kultivierung unserer Sprache. Sprachkultur schließt Sprachkritik, Sprachpflege, Sprachlenkung, Sprachpolitik als spezifische Richtungen ein. Die Definitionen für Sprachkultur, die in den alten wie in den neuen Bundesländern bisher erarbeitet wurden, lassen sich ohne Schwierigkeiten vereinigen und im Hinblick auf Kriterien und auf den Zusammenhang mit der Kultur insgesamt präzisieren.

3.3 Die *Sprachkritik* wird zuweilen synonym bzw. in semantischer Nähe zu Sprachkultur gesehen und als „Beurteilung der Leistungsfähigkeit, der Mit-

---

Förderung der sprachlichen Kultur, im Auftrag der Gesellschaft für deutsche Sprache für die Robert-Bosch-Stiftung geschrieben. 2 Bde. 1989 (vgl. Rezension v. F. Hermanns in: SD, Jg. 34, 1990, H.1, S. 28-29), A. Greule/E. Ahlvers-Liebel (1986); C. Gnutzmann, (1985); H. Weinrich (1988).

[62] G. Lerchner (1977); W. Hartung (1985, 1991); D. Nerius (1985); B. Techtmeier (1986), dies. u. a. (1987); B. Techtmeier/W. U. Wurzel (1989).

[63] H. Weinrich (1988), S. 17, definiert Sprachkultur folgendermaßen: "Den Inbegriff eines beweglichen Sprach*bewußtseins*, das kritisch und selbstkritisch ist, das die geltenden Sprachnormen, ohne ihnen hörig zu sein, beachtet und sich in allen Zweifelsfragen des guten Sprachgebrauchs *zuerst* an der Literatur orientiert, wollen wir Sprachkultur nennen.“

tel, auch der Mängel von Sprache und Sprachverwendung“ definiert (vgl. Sprachgeschichte, Bd. 2.1, 1984, S. 264). R. Wimmer (1986, S. 148f.) setzt sich für eine Sprachkritik durch reflektierten Sprachgebrauch ein, für eine Sprachkultivierung, die „nicht nur die Sache von Experten ist, sondern jedermanns Sache, der sich der Sprache – in welcher Form auch immer – bedient“. Reflektierter Sprachgebrauch bedeutet für ihn die Bereitschaft, in relevanten Situationen seinen Sprachgebrauch zur Diskussion zu stellen. Die traditionsreiche, eigenständige Forschungsrichtung der Sprachkritik ist in den alten Bundesländern von H. J. Heringer, R. Wimmer, W. Dieckmann, P. v. Polenz, W. Holly, G. Strauß/G. Zifonun, W. Bergsdorf u. a. als *politische Sprachkritik* oder *politische Sprachkultur* in den 80er Jahren wesentlich vertieft worden[64] und verdient es, intensiv weitergeführt und entwickelt zu werden. In den neuen Bundesländern ist in diesem Zusammenhang die Arbeit von C. Gansel und Ch. Gansel *Zum Janusgesicht der Sprache. Zu Aspekten von Sprachkritik in der DDR-Literatur*[65] interessant. Die Autoren zeigen, auf welche Weise Schriftsteller der ehemaligen DDR Sprachkritik als Gesellschaftskritik zum Ausdruck brachten. In der ehemaligen DDR konnte Sprachkritik oft nur versteckt bzw. indirekt zu Wort kommen.

3.4 In der theoretischen Grundlagenforschung sind die Kriterien der Sprachkultur unter dem Aspekt der sprachlich-kommunikativen Normen, der kommunikativen Adäquatheit und des Systems der grammatisch-semantischen Normen etwas aufgehellt worden. Damit diese Begriffe aber nicht in einem bloßen Funktionalismus enden, ist eine Einbeziehung des *Ästhetischen* als übergeordnete Komponente notwendig. Wir unterstützen die Forderungen von G. Lerchner und U. Fix nach einer wissenschaftlichen Erforschung der *ästhetischen Normen* und ihres bestimmenden Anteils am Begriff Sprachkultur. Wir halten auch eine Untersuchung des *Ästhetischen* im *Rezeptionsprozeß* und in der *individuellen* Selbstverwirklichung des Sprechers im Kommunikationsprozeß für notwendig. Dabei sollte die Rolle ästhetischer Normen nicht nur in der poetischen Kommunikation, sondern auch in der sprachlichen Kommunikation insgesamt, in der Allgemeinsprache, Alltagskommunikation, fach-

---

[64] Vgl. Sprachgeschichte, a. a. O., Bd. 2, 1. Halbband 1984, S. 264, 275; H. Weinrich (1988), S. 16 ff.; C. Gnutzmann (1985), S. 356-358; H. J. Heringer (Hrsg.), Holzfeuer im hölzernen Ofen. Aufsätze zur politischen Sprachkritik. Tübingen 1982; H. J. Heringer (1982), S. 3-34; R. Wimmer (1982, 1983, 1984, 1986); W. Jochmann (1983); W. Dieckmann (1981, 1985, 1985a, 1986); W. Bergsdorf (1985); W. Holly (1985); H. Kühn (1985); G. Strauß/G. Zifonun (1985); G. Strauß (1986) P. v. Polenz (1989); Sprach-Störungen, hrsg. v. H.-M. Gauger (1986); W. Bahner (1987); K. Jacoby (1987); J. Klein (1989); D. Sternberger (1991); E. Eppler (1992).

[65] C. Gansel/Ch. Gansel (1991).

sprachlichen, wissenschaftlichen Kommunikation usw. im Blick bleiben. Bei der Erforschung der Sprachkultur müßte die präskriptive Tendenz zurücktreten zugunsten eine tiefgehenden wissenschaftlichen Analyse der Grundlagen der Sprachkultur.

3.5 In engem Zusammenhang mit diesen Problemen steht u. E. die notwendige Beschäftigung mit der Frage, welche Rolle die *schöne Literatur* für die Sprachkultur spielt.[66]

3.6 Wir unterstützen die von U. Fix vorgeschlagene Untersuchung der Sprachkultur der Allgemeinsprache und die von ihr angenommene Hypothese einer *Skala der Sprachkultur.*[67] Auch zu diesem Problemen sind weitere theoretische und praktische Arbeiten notwendig.

3.7 Ein grundlegendes Kriterium der Sprachkultur ist auch die *Verständlichkeit.* Diese Kategorie wird in der Sprachkulturforschung der ehemaligen DDR zwar oft erwähnt und vorausgesetzt, aber nicht exakt analysiert. Wissenschaftlich untersucht hat man diesen Begriff in der ehemaligen Bundesrepublik (vgl. B. U. Biere, 1991[68], G. Stickel, 1984a[69]).

3.8 Die *Erforschung der gesprochenen Sprache* verlief in der ehemaligen DDR in mehreren Richtungen. Während sich die soziolinguistisch und psycholinguistisch orientierte Kommunikationslinguistik mit den Grundlagen und Grundbegriffen der sprachlichen Kommunikation befaßte, wandten sich die Mitarbeiter des Instituts für Sprechwissenschaft in Halle der Aussprache und der phonetischen Seite der mündlichen Sprache zu. Eine der frühesten Arbeiten, die sich mit der Syntax der gesprochenen Sprache beschäftigten, war die Publikation von Ch. Leska (1965). Neuere Studien stammen von G. Richter (1987). Anders war die Situation in den alten Bundesländern. Hier wurde seit den 60er Jahren in der ehemaligen *IdS*-Forschungsstelle für gesprochene Sprache in Freiburg eine reiche Forschungstradition entwickelt. (Vgl. P. Wageners Bericht über das Deutsche Spracharchiv des *IdS* in Mannheim.) Im Hinblick

[66] G. Lerchner (1984), S. 221-231; vgl. Anm. 31; Ch. Keßler (1991).

[67] U. Fix (1986), S. 204.

[68] B. U. Biere: Auslegen und Verständlich-Machen. Habil.-Schr. TH Aachen. Aachen 1987; ders.: Verständlich-Machen. Hermeneutische Tradition – Historische Praxis – Sprachtheoretische Begründung, Tübingen 1989; vgl. auch A. Narr (1988); Unverständliche Wissenschaft (1989); in der ehemaligen DDR-Linguistik vgl. dazu A. Neubert (1975).

[69] G. Stickel (1984a).

auf die Sprachkultur der mündlichen Sprache bietet E. Oksaar (1986) einen Neuansatz zur Sprachverwendungskultur.[70] U. Fix (1990) spricht in diesem Zusammenhang von „Kommunikationskultur", „Sprachgebrauchskultur".

3.9 Ein stärkeres wissenschaftliches Interesse verdient auch die Beschäftigung und Auseinandersetzung mit der bisherigen *Tradition der Sprachkultur, Sprachkritik und Sprachpflege in Geschichte und Gegenwart.*[71] Während sich die westdeutsche Forschung bereits in den 70er Jahren mit der Geschichte der Sprachkultur in den vergangenen Jahrhunderten befaßte[72], diese Tradition in den 80er Jahren intensiv fortsetzte und Gesamtdarstellungen zur Geschichte der Sprachkultur erarbeitete[73], regte sich das historische Interesse an den Sprachkulturüberlieferungen in der ehemaligen DDR, abgesehen von wenigen Ausnahmen, erst in den 80er Jahren.

3.10 Die Sprachkultur hat auch Berührungspunkte mit der *Neologismenforschung*. Ein sorgfältiges Studium der Entwicklungstendenzen[74] erlaubt eine wissenschaftlich gut fundierte Beurteilung sprachlicher Neuerungen und die Kodifizierung sprachlicher Normen. Die Eingliederung neuer Wortbildungskonstruktionen, Neubedeutungen in die Allgemeinsprache, die Übernahme und Eindeutschung von Fremdwörtern unter dem Aspekt der Sprachkultur sind Probleme, die Tag für Tag neu gelöst werden müssen. In diesen Prozessen historisch wohlfundierte Richtlinien der Sprachkultur zur Geltung zu bringen ist eine lohnende Aufgabe.

Die Untersuchung der regelmäßigen Neubildungen und der Okkasionalismen in der Standard-, Alltagssprache einerseits und andererseits in der Dichtersprache und in den Wissenschafts- bzw. Fachsprachen und die Erschließung ihrer spezifischen Leistungen geben sicherlich Aufschluß über die Vielseitig-

---

[70] E. Oksaar (1985); G. Richter (1987); U. Fix (1991, 1991a).

[71] U.-H. Bader/E.-M. Zimmermann (1986); W. Bahner (1984); R. Baudusch (1984); W. Fleischer (1984); R. Große (1984, 1984a); W. Hartung (1986a, 1991); E. Ising (1983, 1984); G. Lerchner (1984a); H. Liebsch (1986); J. Scharnhorst (1990, 1991); J. Schildt (1984, 1989); H. Schmidt (1984, 1986); G. Starke (1991).

[72] Vgl. A. Kirkness, T. I und II. Tübingen 1975; H. Weinrich (1988); weitere Literatur s. Sprachgeschichte, Bd. 2, 1. Halbband, 1984, S. 277-281.

[73] W. Weinrich (1988); A. Greule/E. Ahlvers-Liebel (1986); Sprachgeschichte, Bd. 2, 1. Halbbd., S. 277-299.

[74] Entwicklungstendenzen in der deutschen Gegenwartssprache (1988); H. Langner (1980, 1983, 1991); Wortschatz der deutschen Sprache in der DDR (1987); D. Herberg (1988, 1991); K. Heller/D. Herberg/Ch. Lange/R. Schnerrer/D. Steffens (1988); W. Fleischer (1987, 1989); frühere Arbeiten zu den Neologismen der deutschen Sprache: G. Möller (1961); R. Große (1964); W. Braun (1975 ff.); H. Sparmann (1963 bis 1979).

keit schöpferischen Sprachgebrauchs, wobei wir „schöpferisch" im weiten Sinne des Wortes verstehen.

3.11 *Sprachkultur und Lexikographie*
Die grammatisch-semantischen, stilistischen, zum Teil auch die situativen Normen, die einem kultivierten Sprachgebrauch zugrunde liegen, werden in Wörterbüchern kodifiziert. In den alten und den neuen Bundesländern sind eine Fülle von Handbüchern, Nachschlagewerken und Wörterbüchern der deutschen Gegenwartssprache entstanden. Vor der traditionsreichen Lexikologie und Lexikographie stehen im Hinblick auf Sprachkultur folgende Aufgaben:

- Umsetzung der neuen Forschungsergebnisse der Sprachwissenschaft in die lexikographische Praxis,
- Erarbeitung von funktional bestimmten Maßstäben zur Bewertung von Wörterbüchern,
- die Verbesserung der Sprachkultur der Lexika,
- eine Anleitung zur Benutzung von Wörterbüchern,
- die Stimulierung des Dialogs zwischen den Autoren und den Benutzern von Wörterbüchern durch Befragung, um die Qualität der Wörterbücher zu verbessern und die Benutzung zu effektivieren.[75]

Auf diesem Gebiet ist in den alten und den neuen Bundesländern bereits Beachtliches geleistet worden. Es kommt jetzt darauf an, die Zusammenarbeit zwischen den alten und den neuen Bundesländern noch besser zu koordinieren und Doppelarbeit zu vermeiden, was wohl weitgehend bereits geschieht.

3.12 Alle Bemühungen um Sprachkultur bleiben wirkungslos, wenn wir keine Möglichkeiten der *praxiswirksamen Umsetzung* der theoretischen Erkenntnisse suchen. Ein wesentliches Anwendungsgebiet ist die Pädagogik.[76] In diesem Bereich wirkten sich die Ideologisierung und die Abgrenzungspolitik der ehemaligen DDR-Regierung besonders nachteilig aus. Hier konnte sich kein DDR-Bürger den Einwirkungen des totalitären Staatswesens entziehen, zumindest nicht vollständig. Daß wir auf diesem Gebiet zu einem gesamtdeutschen Gespräch der Pädagogen und vom autoritär gelenkten Unterricht zu Teamwork

---

[75] Vgl. dazu auch J. Scharnhorst (1986a).

[76] Dies war das Gebiet der PH, TU, der Universitäten und der APW, besonders der Potsdamer Linguisten.

und zu echter Zusammenarbeit kommen, ist eines der wichtigen Ergebnisse der Wende.

3.12.1 Es ist der *Muttersprachunterricht*[77] auf allen Stufen – von der Vorschule bis zur Hochschule –, der die notwendigen Grundlagen für eine hohe Sprachkultur zu legen hat. Dies war in der ehemaligen DDR das Betätigungsfeld und Forschungsgebiet der Pädagogischen Hochschulen, besonders der Potsdamer Linguisten, der Universitäten und der Akademie der Pädagogischen Wissenschaften, der Fachschulen und allgemeinbildenden Schulen. Sprachkultur als Teil der Allgemeinbildung stand zwar in allen Lehrplänen, Programmen, Richtlinien und Handbüchern, doch die Umsetzung war teils nicht so erfolgreich, wie man es sich gewünscht hätte. G. Möller[78] war in der ehemaligen DDR einer der ersten, die versuchten, allgemeinverständlich den Sprechern die Tendenzen der sprachlichen Entwicklung bewußtzumachen, sprachliche Neuerungen auf dieser Grundlage fundiert zu beurteilen und auf fehlerhaften Gebrauch aufmerksam zu machen.

Es ist zu hoffen, daß man sich im Muttersprachunterricht mehr auf die entscheidenden Kriterien der Sprachkultur besinnt. Die Schüler müssen lernen, mit der Sprache umzugehen, klar zu denken und sich dementsprechend deutlich auszudrücken. Sie müssen ihre Haltung zur Sprache ändern, was übrigens auch für die Lehrer zutrifft. Es fehlen in den neuen Bundesländern zur Zeit noch neue Lehr- und Handbücher, die Kindern und Jugendlichen, aber auch den Lehrern linguistische Erkenntnisse und Bewertungskriterien für den Sprachgebrauch vermitteln.

Besonders wichtig ist es m. E. aber auch, in den Kindern und Jugendlichen Freude an der Sprache zu wecken, wie es F. Fühmann mit seinem Buch *Die dampfenden Hälse der Pferde im Turm von Babel*[79] so trefflich gelungen

---

[77] Ich verweise hier nur auf einige Namen: W. Schmidt (1972); Anforderungen der muttersprachlichen und der fremdsprachlichen Bildung und Erziehung an die sprachwissenschaftliche Forschung (1974); W. Schmidt/H. Langner/G. Michel/L. Wilske/J. Zech (1976); W. Sommerfeldt (1976); W. Spiewok (1976) entwickelte den Gedanken einer kommunikativen Grammatik, die sich durch logisch-semantischen, intergralen und stilbezogenen Charakter auszeichnet. Statt der bisherigen Interpretationsgrammatik sollte dem Schüler eine Produktionsgrammatik in die Hände gegeben werden, um die kommunikativen Fähigkeiten der Schüler im Muttersprachunterricht anzuregen. Weitere Literatur zur Sprachkultur im Muttersprachunterricht: Grundlagen der Sprachkultur, T. 1, 1976, S. 68-70, T. 2, 1982, S. 334-348; W. Dost (1986); A. Claus-Schulze (1986); A. Kramarczyk (1986); A. Porsch (1986); I. Schäfer (1986); G. Sorgenfrei (1986); I. Petrovic (1987); H. Herrmann (1986, 1990, 1991); B. Friedrich (1986, 1987, 1991); C. Hensel (1991) u. a.

[78] G. Möller (1961, ^{3}1965, 1972, 1973, ^{5}1974, 1974a, ^{3}1980, 1983, 1987).

[79] Berlin 1978.

ist. Der Dichter verstand es ausgezeichnet, tiefe sprachwissenschaftliche Probleme leichtverständlich darzustellen und Jugendliche wie Erwachsene zum Nachdenken über die Sprache anzuregen. Auch G. Spies[80] versucht in seinem kleinen Buch *Warum die Menschen sprechen lernten* Jugendlichen Interessantes aus Geschichte und Gegenwart der Sprache zu erzählen.

3.12.2 An *Universitäten* und *Hochschulen* sollte man das Interesse für sprachliche Fragen an *allen* Fakultäten fördern und Vorlesungen über Probleme der Sprachkultur, der sprachlichen Kommunikation, Rhetorik und Stilistik an *allen* Fakultäten halten.

3.12.3 Mit Sprachkultur im Hinblick auf den *Fremdsprachenunterricht*[81] befaßte man sich in der ehemaligen DDR ebenfalls vorwiegend an den Pädagogischen Hochschulen, Universitäten und an der Akademie der Pädagogischen Wissenschaften. Angeregt und gefördert wurde die Diskussion durch die vorwiegend aus östlichen Ländern stammende Literatur zur Methodik des Fremdsprachunterrichts. Hier hätte eine stärkere Orientierung auf die interessanten Neuansätze der alten Bundesländer[82] und auf die internationale Fachliteratur insgesamt zu größeren Erfolgen führen können.

3.12.4 Das Fach *Deutsch als Fremdsprache*, das an Universitäten, Pädagogischen Hochschulen, Technischen Universitäten, Fachhochschulen und am Herder-Institut (Leipzig) als Lehrfach unterrichtet wird, ist ebenfalls eng mit Sprachkultur verbunden. Auf diesem Gebiet haben besonders G. Helbig und J. Buscha eine überaus reiche Forschungstradition entwickelt.[83] Ihnen und ihren Mitarbeiter(inne)n verdanken wir eine große Anzahl von wissenschaftlich fundierten Hand-, Lehrbüchern und Lehrmaterialien und Forschungsarbeiten

---

[80] 1978.

[81] Wir verweisen aus der Fülle der Literatur nur auf einige Titel: Theoretische Probleme der Sprachwissenschaft, Teilband 1, 1976, Kap. 1.5, S. 106-125; Grundlagen der Sprachkultur, 1976, T. 1, S. 70-73; W. Apelt (1981); V. G. Kostomarov (1979), W. Gruhn (1984); W. Reinecke (1985); Wege zu erfolgreicher Fremdsprachenaneignung (1986); S. Müller (1987); L. Wilske (1988); E. Graf/W. Vörkel (1989); W. Reinecke/J. Glou (1990) u. a.

[82] W. Hüllen/L. Jung (1979); H. Weinrich (1988) S. 195 ff.; Spracherwerb – Sprachkontakt – Sprachkonflikt (1984) u. a.

[83] Wir können im Rahmen dieses Aufsatzes nur auf einige Arbeiten hinweisen: G. Helbig (1973a, 1973, 1974, 1986); G. Helbig/J. Buscha (^{3}1980, 1981, ^{8}1984); G. Helbig/W. Schenkel (^{5}1980); G. Helbig (Hrsg.), Reihe Theorie und Praxis des Deutschunterrichts für Ausländer“, Leipzig; Theoretische Probleme der Sprachwissenschaft, Teilband 1, 1976, S. 106-125; L. Götze (1986); G. Hänse (1989); A. Bader (1991); H. Schreiber (1991).

zur Theorie und Praxis des Deutschunterrichts für Ausländer. Die *Zeitschrift Deutsch als Fremdsprache* vermittelt nicht nur die neuesten Erkenntnisse der Sprachwissenschaft auf hohem Niveau, sondern widmet sich auch unterrichtsmethodischen Problemen im weitesten Umfang und gibt den Lehrern gute praktische Unterrichtsmaterialien in die Hand. Die Fragen der Sprachkultur sind stets ein besonderes Anliegen der Zeitschrift. Ein großes Verdienst der Mitarbeiter(innen) der Zeitschrift und der genannten Hand- und Lehrbücher und der theoretischen Projekte besteht vor allem darin, daß sie auch vor der Wende stets international orientiert waren, daß sie auf hohem wissenschaftlichem Niveau und in allgemeinverständlicher Weise die Lernenden über den internationalen Forschungsstand informierten.

3.13 Die Förderung der Sprachkultur ist nicht zuletzt eine wichtige Aufgabe der *Massenmedien.* Die Journalisten tragen dazu bei durch konkrete Verwirklichung der Sprachkultur in der journalistischen Praxis, durch direkte und indirekte Spracherziehung der Menschen, denn die sprachlichen Ausdrucksmittel in Presse, Rundfunk, Fernsehen und Film werden als Vorbild empfunden und bewußt oder unbewußt nachgeahmt. Die theoretische Forschungsarbeit der Journalisten ist gleichfalls ein wichtiger Beitrag zur Sprachkultur. Bei der Lösung dieser Probleme können Sprachwissenschaftler und Journalisten zusammenarbeiten. Und es gibt gute Ansätze dazu.[84] Die gesamtdeutsche Perspektive bietet hier ungeahnte Möglichkeiten, da an eine umfangreiche Medienforschung der alten Bundesländer angeknüpft werden kann. Die Chance der freien Meinungsäußerung in Presse, Funk und Fernsehen ist ein Erfolg der Wende, denn auch in diesem Bereich wirkten sich vor der Wende die Ideologisierung, die Abgrenzungspolitik, und andere Einwirkungen des totalitären Staatswesens, das Informationen zurückhielt oder dosiert zuteilte, besonders nachteilig aus.

3.14 Einen wichtigen Anteil an der Arbeit auf dem Gebiet der Sprachkultur hatten in der ehemaligen DDR auch die *populärwissenschaftlichen Veröffentlichungen*, die einen großen Leserkreis für Sprache zu interessieren suchten.[85]

---

[84] D. Faulseit (1964); D. Lade (Hrsg.), Kultur der Sprache, Berlin 1970 ff.; vgl. Ch. Keßler (1973); W. Fleischer/G. Michel, Stilistik (1975), S. 266-267; Sprachliche Kommunikation und Gesellschaft (1976), S. 338-353, 442, 488 ff.) J. Kuchař/A. Stich (1976, S. 353f.); R. Schnerrer (1979); A. Stich (1982, S. 303-333).

[85] Solche populärwissenschaftlichen Veröffentlichungen der ehemaligen DDR waren z. B. folgende: G. Möller (1961); D. Faulseit (1975a); W. Hirte (^{5}1978); G. Möller (^{3}1980, 1983); R. Geier/H. Huth/U. Wittich (1982); H. Ludwig (1983); Sprachkultur – warum, wozu? (1977); E. Ising/J. Kraus/K.-D. Ludwig/R. Schnerrer (1988).

4 Institutionen der ehemaligen DDR, die Sprachkultur förderten

Die Situation für die Förderung der Sprachkultur war in der ehemaligen DDR seit den 50er Jahren günstig. Die Sprachwissenschaft orientierte sich damals in zunehmendem Maße auf die Erforschung der deutschen Gegenwartssprache.

Die Gründung des *Instituts für deutsche Sprache und Literatur* an der ehemaligen *Akademie der Wissenschaften zu Berlin* im Jahre 1952 mit seinen durch W. Frings, W. Steinitz und R. Klappenbach initiierten Forschungsunternehmen zur Gegenwartssprache, mit der in den folgenden Jahren einsetzenden theoretischen Grundlagenforschung auf den Gebieten der Grammatik, Kommunikationslinguistik, Sprachgeschichte, mathematischen Linguistik und Lexikologie/Lexikographie, die Tätigkeit der Sprachwissenschaftler *an den Universitäten, Technischen und Pädagogischen Hochschulen*, die Erarbeitung von germanistischen Hochschullehrbüchern, Handbüchern und Nachschlagewerken zum deutschen Sprachgebrauch[86] schufen die wichtigsten Voraussetzungen für die Bestimmung, Untersuchung und Darstellung der Normen der deutschen Gegenwartssprache als Grundlage der Sprachkultur.

Hinzu kam ein anderer auf Praxis und Theorie der Sprachkultur gerichteter Trend. Seit 1952 erschien beim Bibliographischen Institut Leipzig die Zeitschrift *Sprachpflege* (seit 1990 unter dem Titel „*Sprachpflege und Sprachkultur*"), die die Diskussion über Fragen und Aufgaben der Sprachkultur zu einer Zeit eröffnete, als die theoretische Forschung sich diesen Problemen noch gar nicht zugewandt hatte.[87] Die Redaktion der Zeitschrift stützte sich damals auf die Mitarbeit der Dudenredaktion beim Bibliographischen Institut in Leipzig und auf die Beratung des Instituts für Sprachpflege und Wortforschung der Friedrich-Schiller-Universität in Jena. Ein Gremium stand ihr zur Seite, das sich aus Sprachwissenschaftlern, Sprachpflegern und Korrektoren zusammensetzte. Die Zeitschrift *Sprachpflege* wandte sich an einen weiten Leserkreis als Ratgeber, als ein Helfer für alle, „die ihre Muttersprache hüten

[86] Für die Sprachkultur in der ehemaligen DDR waren besonders folgende Wörterbücher, Handbücher und Nachschlagewerke wichtig: Kleine Enzyklopädie Deutsche Sprache, (1983), bes. S. 371, 417; Wörterbuch der deutschen Gegenwartssprache (WDG), 6 Bde., Berlin 1964-1977; Handwörterbuch der deutschen Gegenwartssprache, 2 Bde, Berlin 1984; Der Große Duden, Leipzig 1985; Wörter und Wendungen, Leipzig ^{5}1972; Synonymwörterbuch, Leipzig 1973; Großes Wörterbuch der deutschen Aussprache, Leipzig 1982; Wörterbuch der Sprachschwierigkeiten, Leipzig 1984; W. Fleischer/G. Michel, Stilistik der deutschen Gegenwartssprache, Leipzig 1975; Deutsche Sprache, Leipzig 1978; R. Baudusch (1984a).

[87] Vgl. A. Kleinfeld (1977), S. 128-155.

und pflegen, weil sie sie lieben“ (Sprachpflege, Jg. 1, 1953, H. 1). Es ist sehr bedauerlich, daß sie jetzt ihr Erscheinen einstellen mußte.

Unmittelbar im Dienst der Sprachkultur stand auch die *Sprachberatungsstelle*[88] bei der Dudenredaktion des Bibliographischen Instituts Leipzig, die mehr als ein halbes Jahrhundert lang allen denjenigen kostenlos Sprachauskünfte erteilte, die sich um den richtigen und guten Gebrauch unserer Sprache bemühen.

Die *Deutsche Akademie der Künste* zu Berlin hat eine „Sektion Literatur und Sprachpflege“. Einem Kuratorium dieser Akademie oblag die Verteilung des F.-C.-Weiskopf-Preises, der für Verdienste um die deutsche Sprache verliehen wurde.

In den Massenmedien *Presse, Rundfunk und Fernsehen* hatte man Fragen der Sprachkultur auch zunehmend mehr Aufmerksamkeit geschenkt. Die Aktivitäten reichten von Sprachecken in Zeitungen bis zu Rundfunksendungen über sprachliche Probleme (vgl. 3.13).

Es gibt eine Fülle von Aktivitäten zur Förderung der Sprachkultur in den alten und neuen Bundesländern. Wir alle sollten Bemühungen um Sprachkultur überall da fördern, wo sie auf Verbesserung der sprachlichen Kommunikation und auf eine bessere Verständigung von Mensch zu Mensch gerichtet sind.

„Die Sprache ist . . . die Unerschöpflichkeit, an der das Leben nicht verarmt. Der Mensch lerne, ihr zu dienen!“[89]

---

[88] Sprachpflege, Jg. 8, 1959, H. 10, S. 150-153.

[89] K. Kraus, Die Sprache. In: K. Kraus, Werke, hrsg. v. H. Fischer. München 1954, Bd. 2, S. 438.

Literaturverzeichnis (Auswahl)

AGRICOLA, E.: „Beschlußumsetzung" und „Eingabebeantwortung". Beobachtungen an Wortschatz und Texten öffentlicher Kommunikation, in: LS/ZISW/A, H. 170, Berlin 1987, S. 191-207.

Aktuelle Fragen der Sprachkultur. Prag 1979.

Anforderungen der muttersprachlichen und der fremdsprachlichen Bildung und Erziehung an die sprachwissenschaftliche Forschung. Autorenkollektiv unter Leitung v. W. Schmidt = LS/ZISW/A, Sonderh. 1, Berlin 1974.

APELT, W.: Motivation und Fremdsprachenunterricht. Leipzig 1981.

BADER, A.: Zur Praxisrelevanz semantischer Analysen im Deutschunterricht für Ausländer; in: Sprachwissenschaft und Sprachkultur, 1991, S. 227-233.

BADER, U.-H. / ZIMMERMANN, E.-M.: Der Beitrag der Greifswalder „Critischen Versuche" zur Sprachkultur im 18. Jahrhundert. Gedanken zum 200. Todestag von J. C. Dähnert; in: Textlinguistik, H. 13, Dresden 1986, S. 11-15.

BAHNER,W.: Johann Christoph Adelung (1732-1806). Zum historischen Stellenwert seines wissenschaftlichen und publizistischen Wirkens; in: Sprache und Kulturentwicklung, 1984, S. 7-24.

Ders.: Zu einigen Aufgaben der Sprachkultur und Sprachkritik in unserer Zeit; in: LS/ZISW/A, H. 170, Berlin 1987, S. 20-28.

BAUDUSCH, R.: Klopstock und Adelung. Ein Beitrag zur Geschichte der Sprachwissenschaft im 18. Jahrhundert; in: Sprache und Kulturentwicklung, 1984, S. 173-179.

Dies.: Punkt, Punkt, Komma, Strich. Regeln in Zweifelsfällen der deutschen Zeichensetzung. Leipzig 1984a.

Dies.: Interpunktion und Sprachkultur; in: Sprachwissenschaft und Sprachkultur, 1991, S. 167-176.

BECKER, H.: Öffentlich reden. Leipzig 1955.

Ders.: Sieben Sprachbriefe zur Gegenwart. Halle a. d. S. 1956.

Ders.: Wissenschaftliche Sprachpflege; in: Sprachpflege, Jg. 6, 1957, H. 10, S. 145-147.

Ders.: Stilwörterbuch. Leipzig 1964-1966.

Beiträge zu Problemen der Orthographie; in: LS/ZISW/A, H. 54, Berlin 1979.

BERGSDORF, W.: Über die Schwierigkeiten des politischen Sprechens in der Demokratie; in: Sprachkultur. Jahrbuch 1984 des IdS, Düsseldorf 1985, S. 184-195.

BESCH, W.: Sprachprobleme des Bürgers. Bonn 1982.

BICKES, H. / TRABOLD, A.: Bestandsaufnahme zur Förderung der sprachlichen Kultur. 2 Bde; vgl. dazu F. Hermanns in SD, Jg. 34, 1990, H. 1, S. 28f.

BIERE, B. U.: Auslegen und Verständlich-Machen. Habil.-Schr. TH Aachen. Aachen 1987.

Ders.: Verständlich-Machen. Hermeneutische Tradition – Historische Praxis – Sprachtheoretische Begründung. Tübingen 1989 (= Reihe germanistische Linguistik 92).

Ders.: Textverstehen und Textverständlichkeit (= Studienbibliographien Sprachwissenschaft, Bd. 2), Heidelberg 1991.

BIERWISCH, M.: Poetik und Linguistik; in: Mathematik und Dichtung, hrsg. v. H. Kreuzer u. R. Gunzenhäuser. München 1965, S. 55f.

BRAUN, P.: Sprachkultur im deutsch-deutschen Vergleich; in: Der Deutschunterricht, Jg. 37, Stuttgart 1985, H. 1, S. 21-33.

BRAUN, W.: Neuwörter und Neubedeutungen in der Literatursprache der Gegenwart; in: Sprachpflege, Jg. 24, 1975, H. 7, S. 143f.; weitere Beiträge ebenda, Jg. 25 ff.

BRIEST, W.: Zur Wirksamkeit von Nachrichten des Rundfunks der DDR. Leipzig 1977 (Diss. A).

CLAUS-SCHULZE, A.: Zu einigen Problemen der Spracherziehung im Unterricht; in: Textlinguistik, H. 13, Dresden 1986, S. 127-132.

Das literarische Werk als Gegenstand linguistischer Forschung, hrsg. v. W. FLEISCHER; in: LS/ ZISW/ A; H. 50, Berlin 1978.

Der Große Duden. Wörterbuch und Leitfaden der deutschen Rechtschreibung. Leipzig 1985.

Duden. Rechtschreibung der deutschen Sprache. Mannheim, Leipzig, Wien, Zürich [20]1991.

Deutsche Orthographie. Von einem Autorenkollektiv unter Leitung von D. NERIUS. Leipzig 1987.

Deutsche Sprache. Handbuch für den Sprachgebrauch. Hrsg. v. einem Autorenkollektiv unter Leitung v. H. LIEBSCH u. H. DÖRING. Leipzig 1978.

DIECKMANN, W.: Politische Sprache, Politische Kommunikation. Heidelberg 1981.

Ders.: Vorwort: Sprachkultur und politische Kultur, in: Sprachkultur. Jahrbuch 1984 des IdS. Düsseldorf 1985, S. 182f.

Ders.: Nachwort: Das Reden der Politiker und das Problem der Glaubwürdigkeit; in: Sprachkultur. Jahrbuch 1984 des IdS. Düsseldorf 1985a, S. 223-229.

Ders.: Sprache und Kommunikation in politischen Institutionen. Politische Sprache der BRD 1975-1984. Berlin 1986.

DISSELKAMP, M. / OLT, R.: Sprachkritik und Sprachgefühl als Gegenstände der Sprachwissenschaft; in: Der Deutschunterricht, Jg. 37, Stuttgart 1985, H. 1, S. 34-45.

DÖRING, B.: Zum Anteil der sprachgeschichtlichen Ausbildung an der Erziehung der Studenten zum Sprachbewußtsein; in: Textlinguistik, H. 13, Dresden 1986, S. 107-111.

DONATH, J.: Wie spreche ich wirkungsvoll?; in: Sprachpflege, Jg. 34, 1985, H. 1, S. 4-7.

Ders.: Zur Bedeutung situativer Faktoren für die Beeinflussung der Redeweise in Gesprächen; in: DaF, Jg. 23, 1986, H. 5, S. 257-262.

DOST, W.: Erziehung zur Sprachkultur in der allgemeinbildenden Schule; in: Textlinguistik, H. 13, Dresden 1986, S. 151-154.

DÜCKERT, J.: Laßt die Verben nicht sterben; in: WP, 1989, Nr. 12, S. 3.

Ders.: Priester und Laien. Sprachkultur als Gegenstand öffentlichen Interesses; in: Sprachpflege u. Sprachkultur, Jg. 39, 1990, H. 4, S. 106-110.

Ders.: Sprachkultur als Gegenstand öffentlichen Interesses = Sprachwissenschaft und Sprachkultur, 1991, S. 67-76.

Entwicklungstendenzen in der deutschen Gegenwartssprache. Hrsg. v. K.-E. SOMMERFELDT. Autoren: W. FLEISCHER, H. HUTH, H. LANGNER, H. MEIER, G. MICHEL, P. PORSCH, M. SCHRÖDER, K.-E. SOMMERFELDT, G. STARKE, I. WIESE. Leipzig 1988.

EPPLER, E.: Kavalleriepferde beim Hornsignal. Die Krise der Politik im Spiegel der Sprache. Frankfurt a. M. 1992.

FAULSEIT, D.: Sprachpflege in der journalistischen Ausbildung = Sprachpflege, Jg. 13, 1964, H. 10, S. 199f.

Ders.: Sozialistische Sprachkultur; in: Sprachpflege, Jg. 22, 1973, H. 5, S. 99-100.

Ders.: Das Fachwort in unserem Sprachalltag. Leipzig 1975.

Ders.: Gutes und schlechtes Deutsch. Einige Kapitel praktischer Sprachpflege. Leipzig 1975a.

Ders.: / KÜHN, G.: Stilistische Mittel und Möglichkeiten der deutschen Sprache. Leipzig ^{4}1968.

FERGUSON, C. A.: Language Structure and Language Use. Stanford 1971.

FIX, U.: Gibt es gute und schlechte Wörter?; in: Sprachpflege, Jg. 25, 1976, H. 9, S. 177-180.

Dies.: Beiträge zur Entwicklung der Sprachkultur; in: Sprachpflege, Jg. 33, 1984, H. 11, S. 160-163.

Dies.: Zusatzbedingungen für Sprachkultur – der ästhetische Anteil. Anmerkungen zu B. Techtmeiers u. a. Thesen zur Sprachkultur; in: ZfG, Jg. 7, 1986, H. 2, S. 201-208.

Dies.: Anmerkungen zum Erwartungsbegriff; in: LS/ZISW/A, H. 149, Berlin 1986a, S. 201-211.

Dies.: Das Ästhetische als Eigenschaft nichtpoetischer Texte = Textlinguistik, H. 13, Dresden 1986b, S. 93-99.

Dies.: Sprachpflege als sprachkulturelle Praxis und ihr Verhältnis zum Sprachästhetischen. – Anmerkungen zu einer theoretischen Voraussetzung sprachkultureller Aktivitäten = LS/ZISW/A, H. 170, Berlin 1987, S. 60-78.

Dies.: Erwartung in der Linguistik – Anmerkungen zum Verhältnis von Erwartung, Norm und Adäquatheit; in: Beiträge, Bd. 7, Leipzig 1987a, S. 62-80.

Dies.: Die Kategorien „kommunikativ adäquat" und „stilistisch adäquat". Zur Spezifik des Stilistischen in der Kommunikation ; in: ZfG, Jg. 9, 1988a, H. 3, S. 332-337.

Dies.: Schriftsteller über Sprache. Sprach- und Kommunikationskultur oder: mit dem Pfunde wuchern; in: Sprachpflege und Sprachkultur, Jg. 39, 1990, H. 1, S. 5-8; H. 3, S. 73-75; H. 4, S. 105f.; Jg. 40, 1991, H. 3, S. 79-81.

Dies.: Sprachkultur – Kommunikationskultur. Kenntnisse, Bedürfnisse, Einstellungen; in: LS/ ZISW/ A, H. 209, Berlin 1991a, S. 13-27.

FLEISCHER, W.: Einige Bemerkungen über Ziele und Aufgaben unserer Sprachpflege; in: LS/ ZISW/ A, H. 9, Berlin 1974, S. 38-55.

Ders.: Kommunikation, Sprachkultur und Stil; in: Sprachpflege, Jg. 25, 1976, H. 5, S. 97-99.

Ders.: Die deutsche Sprache in der DDR: Grundsätzliche Überlegungen zur Sprachsituation; in: LS/ZISW/A, H. 111, Berlin 1983a, S. 258-275.

Ders.: „Allgemeine Eigenschaften“ und „besondere Arten“ des Stils. Einige Bemerkungen zu Johann Christoph Adelungs Werk „Ueber den Deutschen Styl“ (1785); in: Sprache und Kulturentwicklung, 1984, S. 180-190.

Ders.: Entwicklungstendenzen im Deutschen der DDR – der Wortschatz ; in: LS/ZISW/A, H. 170, Berlin 1987, S. 171-190.

Ders.: Zur Situation der deutschen Sprache heute. Einige Überlegungen zur Forschungsentwicklung unter dem Blickwinkel der Lexik; in: ZPSK, Bd. 42, Berlin 1989, H. 4, S. 435-442.

Ders.: / MICHEL, G.: Stilistik der deutschen Gegenwartssprache, unter Mitarbeit von R. GLÄSER, W. HEINEMANN, U. KÄNDLER, G. STARKE. Leipzig 1975. ^{3}1979.

FRIEDRICH, B.: Zur Problematik eines erweiterten sprachlich-kommunikativen Normbegriffs für die Methodik des Muttersprachunterrichts; in: Textlinguistik, H. 13, Dresden 1986, S. 113-119.

Ders.: Bemerkungen zum Beitrag der Schule zur Sprachkultur = LS/ZISW/A, H. 170, Berlin 1987, S. 220-228.

Ders.: Tendenzen der Entwicklung des Muttersprachunterrichts – dargestellt an der Lehrplanentwicklung in den Jahren 1946-1982 – und aktuelle Probleme der Kommunikationsbefähigung = LS/ZISW/A, H. 209, Berlin 1991, S. 28-38.

FROHNE, G.: Neue sowjetische Veröffentlichungen zum Problem der Sprachkultur (in Verbindung mit der Sprachnorm); in: Potsdamer Forschungen, A, H. 7, 1974, S. 84-102.

Ders.: Bemerkungen zu Sprachbewußtsein und Sprachgefühl; in: Textlinguistik, H. 13, Dresden 1986, S. 59-62.

Ders.: Sprachbewußtsein und Sprachgefühl – ein Beitrag zur Diskussion dieser Begriffe; in: WZ PH Erfurt/Mühlhausen, Jg. 23, 1986a, H. 1, S. 53-65.

FÜHMANN, F.: Die dampfenden Hälse der Pferde im Turm von Babel. (Unter Beratung von M. Bierwisch). Berlin 1978.

Funktional-kommunikative Sprachbeschreibung. Theoretisch-methodische Grundlegung. Von einem Autorenkollektiv unter Leitung v. W. SCHMIDT. Leipzig 1981.

GANSEL, C. / GANSEL, Ch.: Zum Janusgesicht der Sprache. Zu Aspekten von Sprachkritik in der DDR-Literatur; in: Sprachwissenschaft und Sprachkultur, 1991, S. 243-264.

GEIER, R. / HUTH, H. / WITTICH, U.: Verständlich und wirksam schreiben. Leipzig 1982.

GIPPER, H.: „Sprachgefühl“, „Introspektion“ und „Intuition“. Zur Rehabilitation umstrittener Begriffe in der Sprachwissenschaft; in: WW, Jg. 26, 1976, S. 240-245.

GNUTZMANN, C.: „Sprachpflege“, „Sprachkritik“, „Sprachkultur“ – eine begriffliche Überprüfung am Beispiel des Englischen = Sprachtheorie, Pragmatik, Interdisziplinäres. Tübingen 1985, Bd. 2, S. 353-363.

GÖTZE, L.: Interimsnorm und zielsprachliche Norm im Unterricht Deutsch als Fremdsprache/Deutsch als Zweitsprache; in: DaF, Jg. 23, 1986, H. 6, S. 360-366.

GRAF, E. / VÖRKEL, W.: Zur Sammlung, Beschreibung und Ordnung der Faktoren des Fremdsprachenerwerbs im Vorfeld ihrer Analyse ; in: DaF, Jg. 26, 1989, H. 3, S. 170-175.

GREULE, A. / AHLVERS-LIEBEL, E.: Germanistische Sprachpflege. Geschichte, Praxis und Zielsetzung. Darmstadt 1986.

GRIMM, H.-J.: Probleme der semantischen Beschreibung deutscher Substantive für den Fremdsprachenunterricht. Leipzig 1975.

GROSSE, R.: Entwicklungstendenzen in der deutschen Sprache der Gegenwart; in: DaF, Jg. 1, 1964, H. 1, S. 1-6; H. 2, S. 1-6.

Ders.: Die soziologischen Grundlagen von Nationalsprache und Literatursprache, Umgangssprache und Halbmundart; in: DaF, Jg. 6, 1969, H. 6, S. 401-407.

Ders.: Sprachsoziologische Schichtung im Wortschatz; in: DaF, Jg. 9, 1972, H. 6, S. 325-331.

Ders.: Zur Dialektik von Stabilität und Variabilität in der Sprache und zum Begriff der sprachlichen Norm; in: WZ Universität Leipzig, GSR, Jg. 27, 1978, H. 5, S. 523-532.

Ders.: Das wirksame Wort bei Luther und seinen Zeitgenossen = LS/ZISW/A, H. 119/I, Berlin 1984, S. 77-95.

Ders.: J. Grimm – Erforscher des Altertums und Mitgestalter seiner Zeit; in: Sprachpflege, Jg. 33, 1984a, H. 12, S. 173-176.

ders., / NEUBERT, A.: Sprachwandel in soziolinguistischer Sicht. Thesen; in: Große, R./Neubert, A.: Soziolinguistische Aspekte der Theorie des Sprachwandels. Berlin 1982, S. 5 ff. (= SB der AdW der DDR 10 G).

Großes Wörterbuch der deutschen Aussprache. Hrsg. v. d. Kollektiv E.-M. Krech, E. Kurka, H. Stelzig, E. Stock, U. Stötzer, R. Teske unter Mitwirkung von K. Jung-Alsen. Hauptverantwortlich für die Bearb.: U. Stötzer. Begründer der Arbeit des Redaktionskollektivs: H. Krech. Leipzig 1982.

GRUHN, W.: Sprachen lernen – (k)ein Problem? Leipzig, Jena, Berlin 1984.

Grundfragen der Kommunikationsbefähigung. Von einem Autorenkollektiv unter Leitung von G. Michel. Leipzig 1985.

Grundlagen der Sprachkultur. Beiträge der Prager Linguistik zur Sprachtheorie und Sprachpflege. In Zusammenarbeit mit K. Horálek und J. Kuchař hrsg. v. J. Scharnhorst und E. Ising. Berlin, T. 1, 1976; T. 2, 1982 (= Sprache und Gesellschaft 8/1 und 8/2).

Grundzüge einer deutschen Grammatik. Hrsg. v. K. E. Heidolph, W. Flämig, W. Motsch u. a. Berlin 1981.

HÄNSE, G.: Vom Erntelotsen bis zur Körnerarmada; in: Sprachpflege, Jg. 25, 1976, H. 7, S. 147-148.

Ders.: Was ist Sprachkultur?; in: Volkswacht, Gera, vom 13.4.1977, S. 6; vgl. Sprachpflege, Jg. 26, 1977, H. 7, S. 158.

Ders.: Sprachkultur und fremdsprachlicher Deutschunterricht; in: DaF, Jg. 26, 1989, H. 3, S. 142-147.

HAFTKA, B.: Vorbemerkungen zu einigen Aufgaben der Sprachkultur = WZ E.-M.-Arndt-Universität Greifswald, GSR, Jg. 25, 1976, H. 4, S. 225-229.

Handwörterbuch der deutschen Gegenwartssprache. In 2 Bden. Von einem Autorenkollektiv unter der Leitung von G. Kempcke. Berlin 1984 (= HdG).

HARNISCH, H.: Kommunikationssituation und Äußerungsweise. Zu einigen Positionen in Sprachpflege und Sprachkultur; in: Textlinguistik, H. 13, Dresden 1986, S. 53-57.

HARTUNG, W.: Die Wirkung der Sprache als Teil des pragmatischen Aspekts; in: WZ PH Potsdam, GSR, Jg. 7, 1970, H. 2, S. 487-498.

Ders.: Marxistische Sprachpragmatik als Hintergrund für die Erklärung stilistischer Phänomene; in: WZ PH Erfurt/Mühlhausen, GSR, Jg. 7, 1970a, S. 63-72.

Ders.: Zum Inhalt des Normbegriffs in der Linguistik; in: Normen in der sprachlichen Kommunikation, Berlin 1977, S. 9-69.

Ders.: Eine hohe Sprachkultur als Aufgabe in der sozialistischen Gesellschaft der DDR. Gedanken zu einer Zwischenbilanz = LS/ZISW/A, H. 89, 1982, S. 60-88.

Ders.: Sprachkultur als gesellschaftliches Problem und als linguistische Aufgabe; in: Sprachkultur. Jahrbuch 1984 des IdS. Düsseldorf 1985, S. 70-81.

Ders.: Sprachnormen: Differenzierungen und kontroverse Bewertungen ; in: Kontroversen, alte und neue, Bd. 4, Tübingen 1986, S. 3-11.

Ders.: Ideologische Aspekte des Sprachbewußtseins in Vergangenheit und Gegenwart; in: Textlinguistik, H. 13, Dresden 1986a, S. 17-23.

Ders.: Sprachpflege und ihre Begründungsprobleme. Eine kritische Betrachtung zum Verhältnis von Nationalismus, Konservativismus und dem Konzept kultureller Bildung; in: Sprachwissenschaft und Sprachkultur, 1991, S. 1-10.

HEIDOLPH, K. E. / MOTSCH, W. / WURZEL, W. U.: Arbeiterklasse und Literatursprache. Aufgaben für Linguistik und Sprachpflege = Sprachpflege, Jg. 23, 1974, H. 10, S. 203-207.

HEINEMANN, M.: Kleines Wörterbuch der Jugendsprache. Leipzig 1989.

HEINEMANN, W.: Sprachkultur und Grammatik; in: WZ E.-M.-Arndt-Universität Greifswald, GSR, Jg. 25, 1976, H. 4, S. 219-223.

HELBIG, G.: Geschichte der neueren Sprachwissenschaft. Unter dem besonderen Aspekt der Grammatik-Theorie. Leipzig 1973a.

Ders.: Grammatik oder Seiltänze?; in: Sprachpflege, Jg. 22, 1973, H. 1, S. 7-11.

Ders.: Probleme der deutschen Grammatik für Ausländer. Leipzig ^{4}1974 (= Theorie und Praxis des Deutschunterrichts für Ausländer).

Ders.: Entwicklung der Sprachwissenschaft seit 1970. Leipzig 1986.

ders. / BUSCHA, J.: Kurze deutsche Grammatik für Ausländer. Leipzig ^{3}1980.

dieselben: Deutsche Übungsgrammatik. Leipzig 1981.

dieselben: Deutsche Grammatik. Ein Handbuch für den Ausländerunterricht. Leipzig ^{8}1984.

HELBIG, G. / SCHENKEL, W.: Wörterbuch zur Valenz und Distribution deutscher Verben. Leipzig ^{5}1980.

HELBIG, G. (Hrsg.): Reihe „Zur Theorie und Praxis des Deutschunterrichts für Ausländer".

HELLER, K. / HERBERG, D. / LANGE, CH. / SCHNERRER, R. / STEFFENS, D.: Theoretische und praktische Probleme der Neologismenlexikographie; in: LS/ ZISW/ A, H. 184, Berlin 1988.

HENSEL, C.: Profilierte Schulen – junge Schüler. Aktuelle Möglichkeiten und Grenzen schulübergreifender textlinguistischer Diskussion; in: LS/ ZISW/ A, H. 209, Berlin 1991, S. 70-79.

HERBERG, D.: Stand und Aufgaben der Neologismenlexikographie des Deutschen; in: Harras, G. (Hrsg.): Das Wörterbuch – Artikel und Verweisstrukturen. IdS-Jahrbuch 1987. Düsseldorf 1988, S. 265-283 (= Sprache der Gegenwart 74).

Ders.: Neologismen – lexikologisch und lexikographisch betrachtet ; in: Sprachpflege, Jg. 37, 1988a, H. 8, S. 109-112.

Ders.: Neologismen als Forschungsgegenstand. Aktuelle Aufgaben und Ziele der Neologismenlexikographie; in: Sprachwissenschaft und Sprachkultur, 1991, S. 111-119.

HERINGER, H. J.: Sprachkritik – die Fortsetzung der Politik mit besseren Mitteln; in: Holzfeuer, 1982, S. 3-34.

HERRMANN, H.: Sprachkultur, Muttersprachunterricht, Verstehen von Sachtexten; in: Textlinguistik, H. 13, Dresden 1986, S. 121-126.

Ders.: Sprachkultur – Schule – Muttersprachunterricht; in: Pädagogische Forschung, H. 3, 1990, S. 54-59.

Ders.: Sprachkultur und Entwicklung rezeptiven sprachlichen Könnens im Muttersprachunterricht; in: Sprachwissenschaft und Sprachkultur, 1991, S. 207-215.

HERRMANN-WINTER, R.: Wortgut aus niederdeutschen Pressetexten der DDR im Urteil von Mundartsprechern; in: LS/ZISW/A, H. 75/I, Berlin 1981, S. 96-104.

Dies.: Urteile über Niederdeutsch in den Nordbezirken der DDR = ZPSK, Bd. 38, 1985, H. 3, S. 297-308.

HERMANNS, F.: Zu H. Bickes/A. Trabold, Bestandsaufnahme zur Förderung der sprachlichen Kultur; in: SD, Jg. 34, 1990, H. 1, S. 28.

HEUSINGER, S.: Die Stilform in ihrer Beziehung zur Wohlgeformtheit sprachlicher Äußerungen; in: Sprachwissenschaft und Sprachkultur, 1991, S. 77-85.

HIRTE, W.: Besser schreiben. Eine Stilkunde für jedermann. Leipzig, Jena, Berlin ^{5}1978.

HÖFNER, M.: Untersuchungen zu grundlegenden Bedingungen kommunikativer Tätigkeit im Literaturunterricht. Ein Beitrag zum Erarbeiten eines methodischen Konzepts zur Führung kommunikativer Tätigkeit bei der Aneignung literarischer Werke im pädagogisch gelenkten Prozeß. Potsdam 1989 (Diss. A).

HOFFMANN, M.: Kommunikativ orientierte linguistische Konzepte in der Stilistik seit der kommunikativ-pragmatischen Wende = ZfG, Jg. 9, 1988, H. 4, S. 321-332.

HOLLY, W.: Politische Kultur und Sprachkultur. Wie sich der Bürger politische Äußerungen verständlich machen kann; in: Sprachkultur. Jahrbuch 1984 des IdS. Düsseldorf 1985, S. 196-210.

Holzfeuer im hölzernen Ofen. Aufsätze zur politischen Sprachkritik. Hrsg. v. H. J. Heringer. Tübingen 1982.

HÜLLEN, W. / JUNG, L.: Sprachkultur und Spracherwerb. Düsseldorf, Bern, München 1979.

ISING, E.: Kriterien der Sprachkultur in der sozialistischen Gesellschaft; in: Sprachpflege, Jg. 23, 1974, H. 10, S. 197-200.

Dies.: Zu einigen Fragen des Verhältnisses von Sprachkultur, Gesellschaft und Kommunikation in der sozialistischen Gesellschaft der DDR; in: LS/ZISW/A, H. 9, Berlin 1974a, S. 66-84.

Dies.: Aufgaben der Sprachkultur in der entwickelten sozialistischen Gesellschaft; in: Sprachpflege, Jg. 25, 1976, H. 10, S. 193-195 (T. 1); Jg. 26, 1977, H. 1, S. 5-8 (T. 2).

Dies.: Aufgaben, Wege und Ziele der Sprachkultur; in: Sprachkultur – warum, wozu? Aufgaben der Sprachkultur in der DDR. Leipzig 1977a, S. 7-48.

Dies.: Sprachkultur und Sprachbenutzer als sprachwissenschaftliche Begriffe; in: LS/ ZISW/ A, H. 89, Berlin 1982, S. 141-170.

Dies.: Anglo-amerikanische Einflüsse im Sprachgebrauch der Presse ; in: ZPSK, Bd. 35, Berlin 1982a, H. 5, S. 564-569.

Dies.: Theorie der Literatursprache in der CSSR; in: Sprachwissenschaftliche Informationen, Berlin 1982b, H. 4, S. 5-72.

Dies.: Johann Christoph Adelung – Tradition und Öffnung; in: ZfG, Jg. 4, 1983, H. 4, S. 466-499.

Dies.: „Über die Beförderung gründlicher Sprachkenntniß". Johann Christoph Adelungs Beitrag zur Kultivierung der deutschen Sprache; in: Sprache und Kulturentwicklung, 1984, S. 191-204.

Dies.: Kommunikative Aspekte der Sprachkultur; in: LS/ZISW/A, H. 149, Berlin 1986, S. 186-200.

Dies.: Sprachkultur und gesellschaftliche Praxis; in: Textlinguistik, H. 13, Dresden 1986a, S. 31-37.

Dies.: Sprachgefühl und Sprachbewußtstein. Problemfindung und Begriffsentwicklung aus Denkmustern der deutschen Aufklärung ; in: LS/ZISW/A, H. 170, Berlin 1987, S. 268-290.

ISING, E. / KLEINFELD, A. / SCHNERRER, R.: Forschungen zu einer Theorie der Literatursprache und der Sprachkultur in der DDR; in: Sprachwissenschaftliche Informationen, H. 7, Berlin 1984, S. 5-159.

ISING, E. / KRAUS, J. / LUDWIG, K.-D. / SCHNERRER, R.: Die Sprache in unserem Leben. Leipzig 1988.

JACOBY, K.: Politik mit Sprache. Frankfurt a. M. 1987.

JEDLIČKA, A.: Theorie der Literatursprache; in: Grundlagen der Sprachkultur, T. 2, Berlin 1982, S. 40-91.

JOCHMANN, G.: Politische Sprachkritik. Aphorismen und Glossen, hrsg. v. U. Pörksen, Stuttgart 1983.

KADEN, E.-F.: Sprachkultur in der Schule; in: Sprachpflege, Jg. 13, 1964, H. 9, S. 177f.

KESSLER, Ch.: Wege zur Sprachkultur; in: Sprachpflege, Jg. 22, 1973, H. 1, S. 22.

Dies.: Kommunikation über poetische Texte und Sprachkultur = Sprachwissenschaft und Sprachkultur, 1991, S. 59-65.

KIRCHGÄSSNER, W.: Sprachwirkung, Sprachpflege und Sprachkultur = Sprachpflege, Jg. 23, 1974, H. 3, S. 49-51.
KIRKNESS, A.: Zur Sprachreinigung im Deutschen 1789-1871. Eine historische Dokumentation. T. I., II. Tübingen 1975.
KLEIN, J. (Hrsg.): Politische Semantik. Opladen 1989.
Kleine Enzyklopädie Deutsche Sprache. Hrsg. v. W. Fleischer/W. Hartung/J. Schildt/P. Suchsland. Leipzig 1983.
KLEINFELD, A.: Der Beitrag der Zeitschrift „Sprachpflege" zu den Bemühungen um Sprachkultur in der Deutschen Demokratischen Republik; in: Sprachkultur – warum, wozu? Leipzig 1977, S. 128-155.
Dies.: Theorie der Literatursprache in der Volksrepublik Polen = Sprachwissenschaftliche Informationen, Berlin 1983, H. 5, S. 18-46.
Dies.: Sprachkultur in der Volksrepublik Polen; in: Sprachpflege, Jg. 33, 1984, H. 3, S. 29-32.
Dies.: Theorie der Sprachkultur in der DDR; in: Sprachwissenschaftliche Informationen, H. 7, Berlin 1984a, S. 91-106.
KLEMPERER, V.: Zur gegenwärtigen Sprachsituation in Deutschland. Vortrag, gehalten im Klub der Kulturschaffenden, Berlin (auszugsweise abgedruckt in: Sprachpflege, Jg. 2, 1953, H. 3, S. 25-29).
KNOBLOCH, J.: Sprachkultur in der sozialistischen Gesellschaft. (Ein Besprechungsaufsatz zur Konferenz „Aktuelle Fragen der Sprachkultur in der sozialistischen Gesellschaft" vom 14. bis 17.6.1976 in Liblice); in: SD, Jg. 26, Wiesbaden 1982, H. 9-10, S. 147-149.
KOELWEL, E.: Wegweiser zu einem guten deutschen Stil. Leipzig ²1954.
Ders.: Überwindung des Funktionärdeutschs; in: Sprachpflege, Jg. 7, 1958, H. 5, S. 65-67.
Ders.: Zehn Jahre Spracherziehung und Sprachpflege für Werktätige in der DDR; in: Sprachpflege, Jg. 8, 1959, H. 10, S. 147-149.
ders. / LUDWIG, H.: Gepflegtes Deutsch. Leipzig ³1964.
Kommunikation und Sprachvariation. Von einem Autorenkollektiv unter der Leitung von W. Hartung und H. Schönfeld. Berlin 1981 (= Sprache und Gesellschaft 17).
Kontroversen, alte und neue, hrsg. v. A. Schöne, Bd. 4: Akten des VII. Internationalen Germanisten-Kongresses, Göttingen 1985. Sprachnormen: lösbare und unlösbare Probleme. Kontroversen um die neuere deutsche Sprachgeschichte. Dialektologie und Soziolinguistik. Die Kontroversen um die Mundartforschung. Hrsg. von P. v. Polenz/J. Erben/J. Goossens. Tübingen 1986.
KOSTOMAROV, V. G.: Voprosy kul'tury reči v podgotovke prepodavateljej-russistov; in: Teorija i praktika prepodavanija russkogo jazyka i literatury. Moskva 1979, S. 3-28 (Probleme der Sprachkultur in der Russischlehrerbildung).
KRAHL, S. / KURZ, J.: Kleines Wörterbuch der Stilkunde. Leipzig ³1975.
KRAMARCZYK, A.: Zur Einstellung von Schülern gegenüber dem Erwerb des normrichtigen Sprachgebrauchs – Befunde und Schlußfolgerungen; in: Textlinguistik, H. 13, Dresden 1986, S. 133-137.

KRAMER, G.: Warum sind saloppe Ausdrücke in öffentlicher Rede deplaziert – zu den Bedingungen und Merkmalen umgangssprachlicher Redeweise; in: LS/ZISW/A, H. 170, Berlin 1987, S. 208-219.

KRAUS, J.: Ästhetische Wirkungen und Wirkungsmittel der Sprache = Sprachkultur – warum, wozu? Leipzig 1977, S. 91-127.

Ders.: Witz und Sprachkultur; in: Sprachpflege, Jg. 26, 1977, H. 5, S. 97 ff.

KRAUS, K.: Die Sprache. In: K. Kraus, Werke, hrsg. v. H. Fischer. München 1954.

KRECH, E.-M.: Zur Normierung der deutschen Aussprache; in: Sprachpflege, Jg. 22, 1973, H. 4, S. 81-84.

KUCHAR, J. / STICH, A.: Theorie und Praxis der Sprachkultur in der Gegenwart; in: Grundlagen der Sprachkultur, T. 1, Berlin 1976, S. 330-354.

KÜHN, H.: Die Kunst der politischen Rede. Düsseldorf 1985.

Kultur der Sprache, hrsg. v. D. Lade. Berlin 1970 ff.

LANG, O.: Sprachkultur und politische Kommunikation; in: Sprachwissenschaft und Sprachkultur, 1991, S. 51-58.

LANGNER, H.: Zum Begriff der sozialistischen Sprachkultur; in: WZ E.-M.-Arndt-Universität, Greifswald, GSR, Jg. 25, 1976, H. 4, S. 141-144.

Ders.: Entwicklungstendenzen in der deutschen Sprache der Gegenwart – Überblick über wichtige Erscheinungen und Probleme = WZ PH Potsdam. GSR, Jg. 24, 1980, S. 673-694.

Ders.: Zu einigen übergreifenden Entwicklungstendenzen der deutschen Sprache im 19. und 20. Jahrhundert – Erscheinungen, Wesen, Probleme; in: LS/ZISW/A, H. 111, Berlin 1983, S. 2-19.

Ders.: Allgemeine Fragen des Sprachwandels; in: Entwicklungstendenzen in der deutschen Gegenwartssprache, 1988, S. 13-60.

Ders.: Stehende Ovationen. Einige Bemerkungen zu den Aufgaben der Sprachkritik und der Sprachpflege; in: Sprachpflege und Sprachkultur, Jg. 39, 1990, H. 2, S. 39-42.

Ders.: Sprachkultur und Entwicklungstendenzen; in: Sprachwissenschaft und Sprachkultur, 1991, S. 39-50.

LERCHNER, G.: Variabilität von Sprachnormen und Veränderung kommunikativer Bedürfnisse; in: LS/ZISW/A, H. 8, Berlin 1974, S. 133-138.

Ders.: Die Analyse funktionaler Textemkonstituenten als methodologisches Konzept der Sprachwirkungsforschung; in: ZPSK, Jg. 27, 1974b, H. 1-3, S. 105-113.

Ders.: Sprachkultur, ästhetische Zeichenfunktion und poetischer Sprachgebrauch; in: WZ E.-M.-Arndt-Universität, Greifswald, GSR, Jg. 25, 1976, H. 4, S. 179-184.

Ders.: Stand, Aufgaben und Probleme der Entwicklung einer sozialistischen Sprachkultur in der DDR; in: WZ TU Dresden, Jg. 26, 1977, H. 5, S. 817-821.

Ders.: Individualstil und gesellschaftliche Sprachtätigkeit = ZPSK, Bd. 33, 1980, S. 48-55.

Ders.: Sprachform von Dichtung. Linguistische Untersuchungen zu Funktion und Wirkung literarischer Texte. Berlin u. Weimar 1984.

Ders.: „ ... daß es die guten Schriftsteller sind, welche die wahre Schriftsprache eines Volkes bilden.“ Zur sprachgeschichtlichen Bedeutsamkeit der Auseinandersetzung zwischen Wieland und Adelung; in: Sprache und Kulturentwicklung, 1984a, S. 109-115.

Ders.: Zum Wertungsproblem in der Beschreibung von Sprachvariation ; in: LS/ ZISW/A, H. 149, Berlin 1986, S. 212-225.

Ders.: Der literarische Text als Interpretationsangebot. Möglichkeiten interdisziplinär orientierter Textanalyse für Studierende; in: Interdisziplinäres Germanistisches Praktikum. Potsdam 1986a, S. 10-40.

Ders.: Semantische Struktur, pragmatische Markiertheit und (stilistische) Gebrauchspräferenz lexisch-semantischer Einheiten; in: ZPSK, Bd. 39, 1986b, H. 2, S. 169-181.

Ders.: Literarischer Text und kommunikatives Handeln; in: Sitzungsberichte der Sächsischen AdW zu Leipzig, Phil-hist. Kl., Bd. 127, H. 6, Leipzig 1987.

Ders.: Stellen sprachliche Kreativität und Ästhetizität handhabbare Bewertungskriterien für Sprachkultur dar?; in: LS/ZISW/A, H. 170, Berlin 1987a, S. 45-59.

Ders.: Intertextualität als ästhetisches Potential: Bobrowskis „34 Sätze über meinen Großvater“; in: ZfG, Jg. 9, 1988, H. 4, S. 307-320.

LESKA, Ch.: Vergleichende Untersuchungen zur Syntax gesprochener und geschriebener deutscher Gegenwartssprache; in: BPB (Halle a. d. S.), Jg. 87, 1965, S. 427 ff.

LIEBSCH, H.: Sprachkultur ist mehr; in: Sprachpflege, Jg. 22, 1973, H. 6, S. 114-116.

Ders.: Der Beitrag des Allgemeinen Deutschen Sprachvereins zur Sprachkultur – Gedanken zum 100. Jahrestag seiner Gründung ; in: Textlinguistik, H. 13, Dresden 1986, S. 1-10.

LUDWIG, H.: Gepflegtes Deutsch. Unterhaltsame Sprach- und Stillektionen für die Alltagspraxis. Leipzig 1983.

LUDWIG, K.-D.: Arbeitsberatung über aktuelle Probleme der sprachlichen Kommunikation; in: Sprachpflege, Jg. 23, 1974a, H. 4, S. 83f.

Ders.: Theoretische und praktische Fragen der Sprachkultur am Beispiel der Sportberichterstattung; in: WZ E.-M.-Arndt-Universität, Greifswald, GSR, Jg. 25, 1976b, H. 4, S. 191-196.

Ders.: Neues zur Sprachkultur. Rez. zu Ising/Scharnhorst (Hrsg.), Grundlagen der Sprachkultur, Bd. 1; in: Sprachpflege, Jg. 1977, H. 10, S. 208f.

Ders.: Zur Problematik des Verhältnisses von Sprachkultur, kommunikativer Adäquatheit und sprachlich-kommunikativen Normen ; in: ZPSK, Bd. 33, 1980, H. 1, S. 56-62.

Ders.: Sprachkultur in der entwickelten sozialistischen Gesellschaft; in: Sprachpflege, Jg. 36, 1987, H. 4, S. 48f.

MEIER, G. F.: Wirksamkeit der Sprache; in: ZPSK, Jg. 22, 1969, S. 474-492.

MEINHOLD, G.: Deutsche Standardaussprache. Jena 1973.

ders. / STOCK, E.: Phonologie der deutschen Gegenwartssprache. Leipzig 1980.

Meinungsstreit um Sprachkultur; in: Sprachpflege, Jg. 22, 1973, H.2, S. 40f.; H. 4, S. 84; H. 6, S. 116f.; H. 9, S. 178f.

MICHEL, G.: Zur Wertung sprachlicher Varianten in der Politik; in: WZ PH Potsdam, GSR, Jg. 6, 1969, H. 2, S. 499-508.
ders. u. a. : Einführung in die Methodik der Stiluntersuchung. Berlin ²1972.
Ders.: Sprachkultur und Sprachästhetik; in: WZ E.-M.-Arndt-Universität, Greifswald, GSR, Jg. 25, 1976, H. 4, S. 175-178.
Ders.: Sprachliche Existenzformen und Funktionalstile; in: Überlegungen zur stilistischen Differenzierung der Umgangssprache = ZPSK, Bd. 33, 1980, S. 75-79.
Ders.: Positionen und Entwicklungstendenzen der Sprachstilistik in der DDR; in: Sprache und Literatur in Wissenschaft und Unterricht, H. 55, München 1985, S. 42 ff.
Ders.: Normgerecht und schöpferisch – ist beides vereinbar? = Sprachpflege, Jg. 36, 1987, H. 4, S. 45-47.
Ders.: Aktuelle Probleme der Linguostilistik; in: ZfG, Jg. 9, 1988, H. 3, S. 291-306.
Ders.: Sprachkultur und Sprachwirklichkeit; in: Sprachwissenschaft und Sprachkultur, 1991, S. 11-19.
Ders.: Probleme der Textanalyse aus funktional-kommunikativer Sicht; in: LS/ZISW/A, H. 209, Berlin 1991, S. 98-107.
MÖLLER, G.: Deutsch von heute. Leipzig 1961.
Ders.: Guter Stil im Alltag. Eine moderne Satzbauschule. Leipzig ³1965.
Ders.: Gutes Deutsch in allen Unterrichtsfächern. Ein Beitrag zur Durchsetzung des muttersprachlichen Prinzips. Berlin 1972.
Ders.: Überlegungen zu Sprachpflege und Sprachkultur; in: Sprachpflege, Jg. 22, 1973, H. 7, S. 129-132.
Ders.: Dein Weg zum guten Stil. Berlin ⁵1974.
Ders.: Stilkritische Bemerkungen zum Nominalstil in der Gebrauchssprache; in: Sprachpflege, Jg. 23, 1974a, H. 7, S. 148f.; H. 8, S. 166f.; H. 9, S. 180f.; H. 11, S. 231f.; H. 12, S. 246f.
Ders.: Praktische Stillehre. Bearb. v. U. Fix. Leipzig ³1980.
ders. unter Mitarbeit von W. MÖLLER: Warum formuliert man so? Formulierungsantriebe in der Sachprosa. Leipzig 1983.
Ders.: Sprachkultur der Allgemeinheit; in: ZfG, Jg. 8, 1987, H. 5, S. 573-576.
MOTSCH, W.: Gedanken zu einigen Fragen der Sprachkultur; in: Sprachpflege, Jg. 21, 1972, H. 7, S. 129-137.
Ders.: Sprachwissenschaft und Persönlichkeitsforschung; in: ZPSK, Bd. 27, 1974, H. 6, S. 530-542.
Ders.: Sprachkultur. Eine Herausforderung an alle; in: LS/ZISW/A, H. 170, Berlin 1987, S. 79-95.
MÜLLER, S.: Zum Verhältnis von Sprachbewußtheit in der Muttersprache und Fremdsprachigkeit; in: LS/ZISW/A, H. 170, Berlin 1987, S. 242-249.
MUKAŘOVSKY, J.: Über die Dichtersprache; in: Grundlagen der Sprachkultur, T. 1, Berlin 1976, S. 162-228.
NARR, A.: Verständlichkeit im Magazinjournalismus. Frankfurt a. M. 1988 (= Sprache in der Gesellschaft 12).

NERIUS, D.: Zur Sprachnorm im gegenwärtigen Deutschen; in: LS/ZISW/A, H. 3, Berlin 1973, S. 83-107.

Ders.: Zur Geschichte und Bedeutung des Begriffes Sprachkultur in der Linguistik der DDR; in: Sprachkultur. Jahrbuch 1984 des IdS. Düsseldorf 1985, S. 55-69.

Ders.: Sprachkultur und Orthographie; in: Kontroversen, alte und neue, Bd. 4, Tübingen 1986, S. 25-32.

Ders.: Sprachkultur und Literatursprache.; in: LS/ZISW/A, H. 170, Berlin 1987, S. 93-108.

Ders.: Wie steht es um die Rechtschreibreform?; in: Sprachpflege und Sprachkultur, Jg. 39, 1990, H. 3, S. 69-72; H. 4, S. 101-105.

Ders.: Entwicklung und Aufgaben der Orthographieforschung = LS/ZISW/A, H. 209, Berlin 1991, S. 113-125.

ders. / SCHARNHORST, J.: Sprachkultur und Orthographie; in: WZ Universität Rostock, GSR, Jg. 27, 1978, H. 1/2, S. 65-70.

NEUBERT, A.: Verständlichkeit, Verstehbarkeit, Übersetzbarkeit = A. Neubert, R. Ruzicka, Verständlichkeit, Verstehbarkeit, Übersetzbarkeit. Berlin 1975 (= Sitzungsberichte der AdW der DDR, Nr. 18, S. 5-17).

NEUMANN, W.: Sprachwandel und Sprachpflege; in: Sprachpflege, Jg. 10, 1961, H. 4, S. 69-73.

Ders.: Sprachpflege und Sprachnormen. Ein Beitrag zur Explikation der Begriffe; in: LS/ZISW/A, H. 51, Berlin 1979, S. 1-16.

Normen in der sprachlichen Kommunikation. Hrsg. v. W. Hartung. Berlin 1977 (= Sprache und Gesellschaft 11).

NÜSSLER, O.: Über die Unmöglichkeit, die Sprache zu pflegen; in: SD, Jg. 26, Wiesbaden 1982, H. 7/8, S. 97-104.

OKSAAR, E.: Sprachkultur und mündliche Kommunikation; in: Der Deutschunterricht, Jg. 37, Stuttgart 1985, H. 1, S. 6-20.

PAPE, R.: Einige Überlegungen zur mündlichen und schriftlichen Kommunikation; in: Sprachpflege, Jg. 33, 1984, H. 10, S. 146-148.

PETERSEN, J.: Sprache in der gesellschaftsorientierten Öffentlichkeitsarbeit. Frankfurt a. M. 1986.

PETROVIC, I.: Zum Sprachgebrauch in der Schule; in: LS/ZISW/A, H. 170, Berlin 1987, S. 229-241.

POLENZ, P. VON: Sprachkritik und sprachwissenschaftliche Methodik ; in: Sprachnorm, Sprachpflege, Sprachkritik, 1968, S. 159-184.

Ders.: Verdünnte Sprachkultur. Das Jenninger-Syndrom in sprachkritischer Sicht; in: Deutsche Sprache, Jg. 17, Berlin, Bielefeld, München 1989, H. 4, S. 289-316.

PORSCH, A.: Theoretisch-methodologische Grundlagen und empirische Untersuchungen zur Analyse von Texten unter kommunikativstilistischem Aspekt. Leipzig 1986a. Diss. B.

Dies.: Sprachkultur in Lehrbuchtexten der „Muttersprache“; in: Textlinguistik, H. 13, Dresden 1986, S. 145-149.

Dies.: Hochdeutsch oder Umgangssprache im Jugendradio?; in: Sprachwissenschaft und Sprachkultur, 1991, S. 157-163.

PORSCH, P.: Bemerkungen zum Verhältnis von Sprachpflege und Sprachkritik; in: WZ E.-M.-Arndt-Universität, Greifswald, GSR, Jg. 25, 1976, H. 4, S. 249-253.

Ders.: Hörerurteile als Grundlage der Modellierung eines Diasystems von Existenzformen; in: LS/ZISW/A, H. 89, Berlin 1982, S. 111-140.

Ders.: Soziolinguistische Aspekte des Zusammenhangs von soziostruktureller Differenzierung und Differenzierung im Schulerfolg in der entwickelten sozialistischen Gesellschaft; in: LS/ZISW/A, H. 149, Berlin 1986, S. 226-234.

Probleme der geschriebenen Sprache. Beiträge zur Schriftlinguistik auf dem XIV. Internationalen Linguistenkongreß 1987 in Berlin. Hrsg. D. Nerius u. G. Augst; in: LS/ZISW/A, H. 173, Berlin 1988.

RADTKE, D.: Zum Begriff der Sprachkultur (kul'tura reci) in der sowjetischen Linguistik; in: WZ E.-M.-Arndt-Universität, Greifswald, GSR, Jg. 25, 1976, H. 4, S. 145-149.

REIHER, R.: Zum Problem der Sprachkultur in der Sphäre der materiellen Produktion; in: WZ E.-M.-Arndt-Universität, Greifswald, GSR, Jg. 25, 1976, H. 4, S. 207-210.

REINECKE, W.: Zur Theorie des Fremdsprachenerwerbs – ein methodologischer Ansatz; in: DaF, Jg. 20, 1983, H. 5, S. 257-263.

Ders.: Linguodidaktik. Zur Theorie des Fremdsprachenerwerbs. Leipzig 1985.

ders. / GLOAU, H.-J.: Kommunikabilitätszuwachs – Zentral- und Zielelement des Fremdsprachenunterrichts; in: DaF, Jg. 27, 1990, H. 2, S. 98-102.

REINHARDT, W.: Institutionelle Sprachnormung und Sprachentwicklung ; in: LS/ ZISW/ A, H. 63, Berlin 1979a, S. 87-109.

Ders.: Zu einigen Fragen der sozialistischen Sprachkultur im wissenschaftlich-technischen Bereich; in: Maschinentechnik, 1979, H. 2, S. 76 ff.

RICHTER, G.: Die Sprachwirkung als eine Determinante der Sprachnorm; in: Kontroversen, alte und neue, Bd. 4, Tübingen 1986, S. 129-135.

Ders.: Kultur oder Kulturlosigkeit der gesprochenen Sprache? – Vorüberlegungen für einen linguistischen Beschreibungsansatz; in: LS/ZISW/A, H. 170, Berlin 1987, S. 129-144.

RÖHL, E.: Wörtliche Betäubung. Neudeutscher Mindestwortschatz. Beinhaltet eine breite Palette von Schlag-, Hieb- und Stichwörtern. Zielgerichtet untersetzt mit einer Vielzahl von Anwenderbeispielen, Denkanstößen undundund. Kreativ aufgelistet von E. Röhl. Berlin 1986.

Ders.: Deutsche Sprache der DDR. Nostalgischer Rückblick; in: Sprachpflege und Sprachkultur, Jg. 39, 1990, H. 3, S. 83-85.

Ders.: Deutsch in der Ex-DDR; in: Sprache und Sprachkultur, Jg. 39, 1990a, H. 4, S. 116.

Ders.: Deutsch-Deutsch. Ein satirisches Wörterbuch von Ernst Röhl aus dem Eulenspiegel-Verlag Berlin. Berlin 1991.

SCHÄFER, I.: Muttersprachunterricht und Sprachkultur; in: Textlinguistik, H. 13, Dresden 1986, S. 39-45.

SCHARNHORST, J.: Die stilistische Gliederung des deutschen Wortschatzes; in: Sprachpflege, Jg. 13, 1964, H. 4, S. 65-72.

Ders.: Zum Problem der stilistischen Kategorien; in: WZ PH Erfurt/Mühlhausen, GSR, Jg. 7, 1970, H. 2, S. 35-38.
Ders.: Stilfärbung, Stilwert und Stilschicht; in: Sprachpflege, Jg. 23, 1974, H. 1, S. 1-7; H. 4, S. 75-82.
Ders.: Zur Sprachsituation in der DDR; in: Sprachpflege, Jg. 27, 1978, H. 1, S. 1-6.
Ders.: Zur Herausbildung der gegenwärtigen Sprachsituation in der DDR; in: LS/ ZISW/ A, H. 63, Berlin 1979, S. 110-129.
Ders.: Zum Status des Begriffs Sprachsituation; in: ZPSK, Bd. 33, 1980, H. 1, S. 109-118.
Ders.: Zu einigen Grundbegriffen bei der Analyse von Sprachsituationen; in: ZPSK, Bd. 33, 1980a, H. 6, S. 655-663.
Ders.: Zur Sprachsituation in der Tschechoslowakei; in: Sprachpflege, Jg. 29, 1980b, H. 4, S. 74-76.
Ders.: Zum Wesen des Begriffs Funktionalstil; in: ZPSK, Bd. 34, 1981a, H. 3, S. 305-314.
Ders.: Die Theorie der Sprachkultur und ihre Anwendung im Norden der DDR; in: LS/ZISW/A, H. 75/I, Berlin 1981, S. 30-48
Ders.: Sprachkultur in der sowjetischen Sprachwissenschaft der 20er Jahre. Zu G. O. Vinokurs Buch „Kul'tura jazyka" = ZPSK, Bd. 38, 1985, H. 3, S. 283-296.
Ders.: Theorie der Literatursprache; in: ZPSK, Bd. 39, Berlin 1986, H. 4, S. 446-457.
Ders.: Sprachkultur und das Problem der Wissensspeicher; in: Textlinguistik, H. 13, Dresden 1986a, S. 63-67.
Ders.: Geschichte und Perspektiven der Sprachkultur. Vortrag auf einem Kolloquium am 15.2.1990 in Berlin (ungedruckt).
Ders.: Leibniz und die Sprachkultur; in: Sprachwissenschaft und Sprachkultur, 1991, S. 87-97.
SCHILDT, J.: Zum deutschen Sprachschaffen M. Luthers; in: ZfG, Jg. 5, 1984, H. 2, S. 210-214.
Ders.: Th. Müntzer und die deutsche Sprache; in: ZPSK, Bd. 42, 1989, H. 4, S. 491-498.
SCHILLER, F. v.: Über die notwendigen Grenzen beim Gebrauch schöner Formen; in: Sämtliche Werke. Säkularausgabe. Stuttgart, Berlin o. J., Bd. 12, S. 121-149.
SCHMIDT, H.: Einige Grundbegriffe von J. Ch. Adelungs Sprachkonzept; in: Sprache und Kulturentwicklung, 1984, S. 135-144.
Ders.: Die lebendige Sprache. Zur Entstehung des Organismuskonzepts, Kap. 3.4. Sprachgefühl und Sprachgeist; in: LS/ZISW/A, H. 151, Berlin 1986, S. 85-92.
SCHMIDT, W.: Deutsche Sprachkunde. Ein Handbuch für Lehrer und Studierende mit einer Einführung in die Probleme des Sprachkundeunterrichts. Berlin ^{7}1972.
Ders.: Zum Verhältnis von Sprachkultur und Allgemeinbildung in der sozialistischen Gesellschaft; in: Sprachpflege, Jg. 26, 1977, H. 7, S. 131-133.
ders. / HARNISCH, H.: Kommunikationspläne und Kommunikationsverfahren als Gegenstände der Sprachwirkungsforschung; in: WZ M.-Luther-Universität, Halle, Jg. 23, 1974, H. 5, S. 95f.

ders. / LANGNER, H. / MICHEL, G. / WILSKE, L. / ZECH, J.: Sprachkultur als Komponente der Allgemeinbildung; in: Theoretische Probleme der Sprachwissenschaft, Berlin 1976, Teilband 1, Kap. 1.1.2., S. 11-21.

SCHNERRER, R.: Publizistik und Sprachkultur; in: Sprachpflege, Jg. 28, 1979, H. 6, S. 113-116.

Dies.: Theorie der Literatursprache in der UdSSR; in: Sprachwissenschaftliche Informationen, H. 4, Berlin 1982b, S. 73-147.

Dies.: Forschungen zu einer Theorie der Literatursprache und der Sprachkultur in der DDR; in: Sprachwissenschaftliche Informationen, H. 7, Berlin 1984, S. 33-37, 52-91.

SCHÖNFELD, H.: Zur Erforschung von Literatursprache, Umgangssprache und Mundart in der DDR; in: Sprachpflege, Jg. 23, 1974, H. 10, S. 201-203.

Ders.: Gruppenspezifische Unterschiede bei der Verwendung und Bewertung des Niederdeutschen in der DDR; in: LS/ZISW/A, H. 75/ II, Berlin 1981, S. 112-120.

Ders.: Sprache und Sprachvariation in der Stadt; in: LS/ZISW/A, H. 197, Berlin 1989.

Ders.: Zur Rolle der sprachlichen Existenzformen in der sprachlichen Kommunikation; in: Normen, S. 163-208.

SCHREIBER, H.: Deutsch als Fremdsprache und Sprachkultur; in: Sprachwissenschaft und Sprachkultur, 1991, S. 217-225.

SCHWABE, F.: Über den Gebrauch von Fremdwörtern in den deutschen Fachsprachen; in: Sprachpflege, Jg. 25, 1976, H. 4, S. 71-74.

SIEBERT, H.-J.: Geht die Literaturkritik in angemessener Weise auf Sprache und Stil des Schriftstellers ein?; in: Sprachpflege, Jg. 25, 1976a, H. 4, S. 75f..

Ders.: Probleme der sozialistischen Sprachkultur und ihre Behandlung in der Lehrveranstaltung Stilistik/Sprachliches Gestalten; in: WZ E.-M.-Arndt-Universität, Greifswald, GSR, Jg. 25, 1976, H. 4, S. 255-257.

SOMMERFELDT, K.-E.: Zur Sprachkultur der Lehrer; in: WZ E.-M.-Arndt-Universität, Greifswald, GSR, Jg. 25, 1976, H. 4, S. 243-247.

Ders.: Demokratische Erneuerung und Sprachkultur; in: Sprachwissenschaft und Sprachkultur, 1991, S. 21-27.

SORGENFREI, G.: Zum Muttersprachbuch als Mittel der Erziehung zur Sprachkultur; in: Textlinguistik, H. 13, Dresden 1986, S. 139-144.

SPARMANN, H.: Neues im Wortschatz unserer Gegenwart; in: Deutschunterricht, Berlin, Jg. 16, 1963, H. 10, S. 560-563; Sprachpflege, Jg. 13, 1964, H. 8, S. 161-165 (weitere 28 Beiträge des Autors in der Zeitschrift Sprachpflege in den Jahren 1964 bis 1979).

SPIES, G.: Warum die Menschen sprechen lernten. Berlin 1978.

SPIEWOK, W.: Theoretische und methodologische Grundlagen einer Kommunikativen Grammatik; in: WZ E.-M.-Arndt-Universität, Greifswald, GSR, Jg. 25, 1976, H. 4, S. 211-217.

Ders.: Sozialistische Sprachkultur in der DDR – Begriff und Aufgben; in: WZ E.-M.-Arndt-Universität, Greifswald, GSR, Jg. 25, 1976a, H. 4, S. 133-134.

SPILLNER, B.: Sprache und Politik. Frankfurt a. M. 1990.

Sprache – Bildung und Erziehung. Von einem Autorenkollektiv unter Leitung von W. Schmidt. Leipzig 1977.

Spracherwerb – Sprachkontakt – Sprachkonflikt. Hrsg. v. E. Oksaar. Berlin 1984.

Sprachgeschichte. Ein Handbuch zur Geschichte der deutschen Sprache und ihrer Erforschung. Hrsg. v. W. Besch/O. Reichmann/St. Sonderegger, Bd. 2, 1. Halbbd. Berlin, New York 1984, S. 264-299.

Sprachkultur. Jahrbuch 1984 des IdS. Hrsg. v. R. Wimmer. Düsseldorf 1985 (= Sprache der Gegenwart 63).

Sprachkultur. Hrsg.: G. Augst; in: Der Deutschunterricht, Jg. 37, Stuttgart 1985, H. 1.

Sprachkultur – warum, wozu? Aufgaben der Sprachkultur in der DDR, hrsg. v. E. Ising. Autoren: E. Ising, A. Kleinfeld, J. Kraus, K.-D. Ludwig, D. Nerius, J. Scharnhorst. Leipzig 1977.

Sprachliche Kommunikation und Gesellschaft. Von einem Autorenkollektiv unter Leitung von W. Hartung. Berlin ^{2}1976 (= Sprache und Gesellschaft, Bd. 1).

Sprachnorm, Sprachpflege, Sprachkritik. Jahrbuch 1966/1967 des IdS. Düsseldorf 1968 (= Sprache der Gegenwart 2).

Sprachpflege in europäischen Ländern. Hrsg. v. R. Fallenstein. Bergen 1989 (= Schriften des Germanistischen Instituts der Universität Bergen 11).

„Sprachpflege"-Umfrage zum Sprachproblem Nr. 1: Ist es notwendig, ratsam oder verfehlt, Modewörter und Modewendungen zu bekämpfen?; in: Sprachpflege, Jg. 13, 1964, H. 7, S. 140f.; H. 9, S. 179f.; H. 11, S. 228f.; Jg. 14, 1965, H. 1, S. 18-20; 78-81; H. 7, S. 148f.

„Sprachpflege"-Umfrage: Welche Bedeutung messen Sie einer gepflegten Sprache im Rundfunk und im Fernsehen bei? = Sprachpflege, Jg. 22, 1973, H. 4, S. 87, 100; H. 5, S. 103; H. 6, S. 115; H. 7, S. 131; H. 8, S. 167.

Sprach-Störungen: Beiträge zur Sprachkritik. Hrsg. v. H.-M. Gauger, München 1986.

Sprachtheorie, Pragmatik, Interdisziplinäres. Akten des 19. Linguistischen Kolloquiums Vechta. 1984. Hrsg. v. W. Kürschner u. R. Vogt, Bd. 2. Tübingen 1985.

Sprachwissenschaft und Sprachkultur. Tagungsband der Konferenz in Neubrandenburg am 10. und 11. Mai 1990. Frankfurt a. M., Bern, New York, Paris 1991 (= Sprache. System und Tätigkeit. Hrsg. v. G. Bartels, I. Pohl u. K.-E. Sommerfeldt, Bd. 1).

Sprachwissenschaftliche Probleme einer Reform der deutschen Orthographie I und II; in: LS/ ZISW/ A, H. 23 und 24, Berlin 1975.

STARKE, G.: Sprachliche Kommunikation, Sprachentwicklung, Sprachkultur; in: Sprachpflege, Jg. 28, 1979, H. 12, S. 245-248.

Ders.: Das Sprachgefühl und was sich dahinter verbirgt; in: Sprachpflege, Jg. 37, 1988, H. 8, S. 116-118.

Ders.: Sprachwissenschaft und Sprachkultur (Bemerkung über die Konferenz am 10. und 11.5.1990 an der PH in Neubrandenburg) ; in: Sprachpflege und Sprachkultur, Jg. 39, 1990a, H. 4, S. 117.

Ders.: Quotendeutsch und Kommunikationskultur; in: Sprachpflege und Sprachkultur, Jg. 39, 1990, H. 4, S. 111-113.

Ders.: Tradition und Innovation in unseren Sprachkulturbestrebungen; in: Sprachwissenschaft und Sprachkultur, 1991, S. 29-37.

STEGER, H./WIMMER, R.: Kurzbericht über die Podiumsdiskussion „Sprachglossen in Zeitungen und Zeitschriften"; in: Sprachkultur. Jahrbuch 1984 des IdS. Düsseldorf 1985, S. 230-232.

STEPHAN, B.: Spracherziehung und Sprachbewußtsein in der Ausbildung von Kindergärtnerinnen; in: Textlinguistik, H. 13, Dresden 1986, S. 155-158.

STERNBERGER, D.: Sprache und Politik. Frankfurt a. M. 1991.

STICH, A.: Der Stil der Publizistik; in: Grundlagen der Sprachkultur, T. 2, 1982, S. 303-333.

STICKEL, G.: Meinungen zu Fremdwörtern am Beispiel der Anglizismen im heutigen Deutsch; in: Mitteilungen des deutschen Germanistenverbandes, Jg. 31, 1984, H. 3/4, S. 5-15.

Ders.: Zur Kultur der Rechtssprache; in: Aspekte der Sprachkultur, IdS, Mannheim 1984a.

Ders.: Vorbemerkungen über „Sprachkultur und Institutionen" = Sprachkultur. Jahrbuch 1984 des IdS. Hrsg. v. R. Wimmer. Düsseldorf 1985, S. 82-84.

STOCK, E.: Die Sprechwissenschaft in unserem Arbeiter-und-Bauern-Staat. Rückschau und Ausblick; in: Sprachpflege, Jg. 13, 1964, S. 196-198.

Ders.: Zwanzig Jahre Sprechwissenschaft in der DDR; in: Sprachpflege, Jg. 18, 1969, H. 10, S. 206-208.

Ders.: Normen der Lautung – Anspruch und Realität; in: Textlinguistik, H. 13, Dresden 1986, S. 47-52.

STÖTZER, U.: Deutsche Aussprache. Leipzig 1964.

Dies.: Redekunst. Leipzig 1964.

Strategien und Prinzipien sprachlicher Kommunikation; in: LS/ZISW/A, H. 158, Berlin 1987.

STRAUSS, G.: Der politische Wortschatz. Zur Kommunikations- und Textsortenspezifik. Tübingen 1986 (= Forschungsberichte des IdS 60).

STRAUSS, G. / ZIFONUN, G.: Sprachkultivierung als politische Aufklärung; in: Sprachkultur. Jahrbuch 1984 des IdS. Düsseldorf 1985, S. 211-222.

SUCHSLAND, P.: Bemerkungen zum Verhältnis von sprachlich-kommunikativer Tätigkeit und sozialen Normen; in: DaF, Jg. 15, 1978, H. 1, S. 1-9.

SVEJCER, A. D.: Sovremennaja sociolinguistika. Moskva 1977 (= Zeitgenössische Soziolinguistik).

Synonymwörterbuch. Sinnverwandte Ausdrücke der deutschen Sprache. Hrsg. v. H. Görner u. G. Kempcke. Leipzig 1973.

TECHTMEIER, B.: Die kommunikative Adäquatheit sprachlicher Äußerungen – ein wichtiger Maßstab für die Sprachkultur; in: WZ E.-M.-Arndt-Universität, Greifswald, GSR, Jg. 25, 1976, H. 4, S. 157-161.

Dies.: Die kommunikative Adäquatheit sprachlicher Äußerungen = Normen in der sprachlichen Kommunikation, 1977, S. 102-162.

dies. u. a. : Thesen zur Sprachkultur; in: ZfG, Jg. 5, 1984, H. 4, S. 389-400.

dies. u. a. : Thesen zur Sprachkultur; in: LS/ZISW/A, H. 170, Berlin 1987, S. 1-19 (Abdruck).

Dies.: Sprachkultur – Probleme und Aufgaben; in: Textlinguistik, H. 13, Dresden 1986, S. 25-29.

Dies.: Charakter und Typen kommunikativer Normen im Gespräch = LS/ZISW/A, H. 149, Berlin 1986a, S. 146-157.

Dies.: Sprachbewußtsein und Sprachkultur; in: LS/ZISW/A, H. 170, Berlin 1987a, S. 29-44.

dies. / LUDWIG, K.-D.: Zusammenfassung der Diskussionen zum 2. Themenkomplex „Sprachliche Normen und Sprachkultur" = LS/ZISW/A, H. 9, Berlin 1974, S. 85-95.

dies. / WURZEL, W. U.: Sprachkultur in der DDR. Probleme, Positionen, Perspektiven; in: ZPSK, Bd. 42, Berlin 1989, H. 4, S. 422-434.

Textlinguistik und Stilistik. Beiträge zu Theorie und Methode. Hrsg. v. W. Fleischer; in: LS/ZISW/A, H. 164, Berlin 1987.

Theoretische Probleme der Sprachwissenschaft. Von einem Autorenkollektiv unter der Leitung von W. Neumann. Teilband 1 u. 2. Berlin 1976 (= Sprache und Gesellschaft 9).

Theoretische und praktische Fragen der Sprachkultur. Hrsg. v. B. Techtmeier; in: LS/ZISW/A, H. 170, Berlin 1987.

Theoretische und praktische Probleme der Neologismenlexikographie ; in: LS/ZISW/A, H. 184, 1988.

Thesen zur Sprachkultur s. Techtmeier, B., u. a.

TIETZ, K.-E.: Zu einigen Aspekten der Sprachkultur in der Sportberichterstattung, insbesondere beim Gebrauch von Fremdwörtern; in: WZ E.-M.-Arndt-Universität, Greifswald, GSR, Jg. 25, 1976, H. 4, S. 197-202.

TROST, P.: Die „Prager Thesen über Sprachkultur"; in: Sprachnorm, Sprachpflege, Sprachkritik. Jahrbuch 1966/1967 des IdS. Düsseldorf 1968, S. 211-214.

Über Sprache und Stil. Studienmaterialien, hrsg. v. Deutschen Schriftstellerverband in Zusammenarbeit mit der Fakultät für Journalistik, besorgt v. W. Böttger. T. I - III. Halle a. d. S. 1961/1962.

Unverständliche Wissenschaft. Probleme und Perspektiven der Wissenschaftspublizistik. Hrsg. v. A. Bammé, E. Kotzmann, H. Reschenberg. München 1990.

Von der Schwierigkeit der Sprachkritik; in: Sprachpflege, Jg. 22, 1973, S. 181.

WAGENER, P.: Volkes Stimme, 60 Jahre Deutsches Spracharchiv = Sprachreport, H. 1, 1992, S. 1-2.

Wege zu erfolgreicher Fremdsprachenaneignung. Verfaßt von einem Autorenkollektiv unter Leitung von K. Günther. Hrsg. v. d. APW. Berlin 1986.

Wege zur Sprachkultur; in: Sprachpflege, Jg. 22, 1973, H. 1, S. 22.

WEINRICH, H.: Wege der Sprachkultur. Berlin 1988 (= dtv 4486).

WEISKOPF, F. C.: Verteidigung der deutschen Sprache. Versuche = Ges. Werke, Bd. VIII, Berlin 1960.

WESTPHAL, W.: Überlegungen zur Entwicklung eines kritischen Textverständnisses als Aufgabe der modernen Schule; in: Sprachwissenschaft und Sprachkultur, 1991, S. 235-242.

WILSKE, L.: Fremdsprachliche Kommunikation: Aufgaben, Handlungstypen, sprachliche Mittel. Leipzig 1988 (= Linguistische Studien, Leipzig).

WIMMER, R.: Überlegungen zu den Aufgaben und Methoden einer linguistisch begründeten Sprachkritik; in: Holzfeuer im hölzernen Ofen, Tübingen 1982, S. 290-313.

Ders.: Sprachkritik und reflektierter Sprachgebrauch; in: Sprache und Literatur in Wissenschaft und Unterricht, 1983, H. 14, S. 3-14.

Ders.: Sprachkultivierung durch Sprachkritik: Ein Plädoyer für reflektierten Sprachgebrauch; in: Aspekte der Sprachkultur, hrsg. v. IdS, Mannheim, 1984, S. 7-28.

Ders.: Neue Ziele und Aufgaben der Sprachkritik; in: Kontroversen, alte und neue, hrsg. v. A. Schöne, Bd. 4: Akten des VII. Internationalen Germanisten-Kongresses Göttingen 1985. Tübingen 1986, S. 146-158.

WITTICH, U. / GEIER, R.: Zum Problem der Sprachkultur in fachwissenschaftlichen Texten, dargestellt an Beispielen aus der Literaturwissenschaft; in: WZ E.-M.-Arndt-Universität, Greifswald, GSR, Jg. 25, 1976, H. 4, S. 203-206.

WODNANSKA, A.: Einige Bemerkungen zur Phonostilistik. Die deutsche Hochsprache als Realisation der deutschen Standardvarietät ; in: Textlinguistik, H. 13, Dresden 1986, S. 81-86.

Wörterbuch der deutschen Gegenwartssprache, hrsg. v. R. Klappenbach u. W. Steinitz. 6 Bde. Berlin 1964 - 1977 (WDG).

Wörterbuch der Sprachschwierigkeiten. Zweifelsfälle, Normen und Varianten im gegenwärtigen deutschen Sprachgebrauch. Hrsg. v. J. Dückert u. G. Kempcke. Leipzig 1984.

Wörter und Wendungen. Wörterbuch zum deutschen Sprachgebrauch. Hrsg. v. E. Agricola unter Mitwirkung v. H. Görner u. R. Küfner. Leipzig ^{5}1972.

Wortschatz der deutschen Sprache in der DDR. Fragen seines Aufbaus und seiner Verwendungsweise. Von einem Autorenkollektiv unter Leitung v. W. Fleischer. Leipzig 1987.

WURZEL, W. U.: Grammatische Normen und Sprachveränderung = LS/ZISW/A, H. 170, Berlin 1987, S. 145-160.

Zum öffentlichen Sprachgebrauch in der Bundesrepublik Deutschland und in der DDR. Methoden und Probleme seiner Erforschung. Aus den Referaten einer Tagung zusammengestellt von M. W. Hellmann. Düsseldorf 1973 (= Sprache der Gegenwart 18).

Folgende Abkürzungen wurden verwendet:

AdW	=	Akademie der Wissenschaften
APW	=	Akademie der Pädagogischen Wissenschaften
Beiträge	=	Beiträge zur Erforschung der deutschen Sprache. Hrsg.: W. Fleischer, R. Große, G. Lerchner, Leipzig
DaF	=	Deutsch als Fremdsprache. Hrsg.: Herder-Institut. Chefredakteur: G. Helbig, Leipzig
Der Deutschunterricht	=	Der Deutschunterricht, Stuttgart, Berlin
Deutsche Sprache	=	Deutsche Sprache, Berlin
Deutschunterricht	=	Deutschunterricht, Berlin
GSR	=	Gesellschafts- und sprachwissenschaftliche Reihe, Berlin
HdG	=	Handwörterbuch der deutschen Gegenwartssprache
IdS, IDS	=	Institut für deutsche Sprache, Mannheim
LS/ZISW/A	=	Linguistische Studien, hrsg. v. Zentralinstitut für Sprachwissenschaft, Reihe A, Berlin
BPB	=	Beiträge zur Geschichte der deutschen Sprache und Literatur, Halle a. d. S.
PH	=	Pädagogische Hochschule
SB	=	Sitzungsberichte
SD	=	Sprachdienst, hrsg. von der Gesellschaft für deutsche Sprache, Wiesbaden. Redaktion: Helmut Walther
SR	=	Sprachreport. Hrsg.: Institut für deutsche Sprache, Mannheim. Redaktion: B. U. Biere (Leitung), D. Herberg, B. Strecker, E. Teubert
TH	=	Technische Hochschule
TU	=	Technische Universität
WB, MLU	=	Wissenschaftliche Beiträge der Martin-Luther-Universität, Halle-Wittenberg
WP	=	Wochenpost, Berlin
WDG	=	Wörterbuch der deutschen Gegenwartssprache, hrsg. v. R. Klappenbach und W. Steinitz. 6 Bde. Berlin 1964-1977
WW	=	Wirkendes Wort, Düsseldorf
WZ	=	Wissenschaftliche Zeitschrift
ZfG	=	Zeitschrift für Germanistik, Leipzig
ZPSK	=	Zeitschrift für Phonetik, Sprachwissenschaft und Kommunikationsforschung, Berlin

Sprachkultur und Sprachsituation im wiedervereinigten Deutschland

Erika Ising

Inhalt

I Einleitung

Erst wenige Jahre sind vergangen, seit das Interesse der Öffentlichkeit in der Bundesrepublik Deutschland durch die Stiftung eines „Medienpreises für Sprachkultur" 1985 auf ein Phänomen gelenkt wurde, das man in der DDR bereits seit Anfang der 70er Jahre in der Presse und in Fachkreisen lebhaft diskutiert hatte. Auch die 20. Jahrestagung des Instituts für deutsche Sprache (IDS) in Mannheim 1984 behandelte das Thema Sprachkultur. War es ein Hinweis auf kommende Zeiten, daß damals zum ersten Mal auch zwei Vertreter aus der DDR über diesen die beiden deutschen Staaten verbindenden Aspekt der Sprache mit beraten konnten? Seitdem erinnerte besonders die Auszeichnung von Journalisten, die einem Millionenpublikum beiderseits der innerdeutschen Grenze durch Funk und Fernsehen vertraut waren, an die Bedeutung der deutschen Sprache als Teil unserer gemeinsamen Kultur.[1]

Was inzwischen die öffentliche Auszeichnung am Beispiel dreier prominenter Persönlichkeiten sichtbar gemacht hat, ergänzt der vorliegende Band durch seine Angaben zu einer Vielzahl von Institutionen, die heute in Deutschland an der Förderung, Entwicklung und Verbreitung der deutschen Sprache mitwirken. Er dokumentiert die Aktivitäten von Fachleuten, die in Kultur- und Bildungsstätten, Stiftungen von Parteien und kirchlichen Einrichtungen ihren Beitrag zur Kultivierung der deutschen Sprache leisten. Das persönliche wie das institutionelle Engagement vermittelt so den Eindruck, daß am Ende des 20. Jahrhunderts in der Bundesrepublik Deutschland alles Notwendige zur Bewahrung und weiteren Entfaltung des Deutschen als einer der Kultursprachen Europas getan wird.

[1] Zur Verleihung des „Medienpreises für Sprachkultur" 1992 an den Fernsehjournalisten Hanns Joachim Friedrichs am 8. Mai 1992 siehe Der Sprachdienst 4/1992, S. 105-125. Über die früheren Preisträger Klaus Jürgen Haller (Köln) und Dieter E. Zimmer (Hamburg) berichtete der Sprachdienst in Heft 3/1987 und 3-4/1990.

Diese Vorstellung muß indes zum Zeitpunkt des Erscheinens des Buches auf ihren Realitätsgehalt hin befragt werden. Inzwischen ist die politische Situation eine gänzlich andere. An die Stelle der Frage nach den Folgen der Teilung Deutschlands für die deutsche Sprache ist heute die umgekehrte Problemstellung getreten: Wie verhalten sich die Sprecher und was folgt daraus für die wieder gemeinsame Sprache auch unter dem Aspekt der sich anbahnenden Einheit Europas?

Die Herausgeber haben sich bemüht, die ursprüngliche Festlegung des Darstellungsrahmens nach der wiedergewonnenen Einheit Deutschlands durch Beiträge über die Theorie der Sprachkultur in der ehemaligen DDR und die gegenwärtige Situation in den neuen Bundesländern zu erweitern. Diese begrüßenswerte Absicht rückt indessen Probleme ins Bewußtsein, die letztlich zwar die Folge der vierzigjährigen deutschen Teilung sind, einen einfachen Vergleich der Bemühungen um die Kultur der deutschen Sprache heute aber eher schwieriger machen als zu Zeiten der DDR. Während die vorliegende Publikation die Kontinuität von linguistischer Forschung, Vermittlung und Praxis auf dem Gebiet der deutschen Sprache in den westdeutschen Bundesländern auf seinem hohen Niveau belegt, zeigt die Entwicklung im deutschen Osten gegenwärtig weitgehend regressive Tendenzen. Regressiv im doppelten Sinne: einmal im Vergleich zum Stand in den alten Bundesländern, rückläufig auch zu dem in der DDR bereits Erreichten. Zeiten des Umbruchs sind jedoch immer auch Chancen für die Zukunft. Das Bild, das hier zu zeichnen ist, ist auch von Hoffnung geprägt, wenngleich seine Konturen noch unscharf sind. Dies betrifft sowohl die Situation der deutschen Sprache als auch die Tätigkeit von Einrichtungen, die in der ehemaligen DDR mit ihrer Verbreitung und Pflege betraut waren. Ohne die Skizzierung dieses Wandels sind erste Vorstellungen über Richtung und Inhalt von Aktivitäten im geeinten Deutschland zur Förderung der deutschen Sprache mit dem Blick auf die Anforderungen der Zukunft nicht zu gewinnen.

II Land und Sprache im Umbruch

Es ist bekannt, daß die Menschen in den neuen Bundesländern zur Zeit eine Phase schneller und intensiver Umgestaltungen auf fast allen Lebensgebieten durchmachen. Dieser Umbruch ist eine Folge sowohl der Demokratisierungsbewegung der „Wende“ in der DDR im Jahre 1989 als auch ihres Beitritts zur Bundesrepublik Deutschlands am 3.10.1990. Aus beidem ergab sich die Notwendigkeit, die Institutionen des ehemaligen sozialistischen Staates der Planwirtschaft und der ideologisch geprägten geistig-kulturellen

Bereiche dem demokratischen Aufbau der föderativen Bundesrepublik sowie den Anforderungen der Marktwirtschaft und des Rechtsstaates anzugleichen. Dieser Strukturwandel hatte auch weitreichende Konsequenzen für alle jene Bereiche, die bis dahin mit Aufgaben der Sprachkultur befaßt waren. Im Bildungswesen, in der Wissenschaft, der Literatur und in den Medien bis hin zu den Verlagen kam es zu erheblichen Reduzierungen der Aufgaben, zur teilweisen „Abwicklung“ oder auch vollständigen Auflösung einst produktiver Institutionen. Diese Prozesse waren bzw. sind begleitet von der Umsetzung, der Kündigung oder vorzeitigen Berentung erfahrener Mitarbeiter, der Streichung von Forschungsprojekten bzw. ihrer Umwandlung in befristete Arbeitsbeschaffungsmaßnahmen (ABM). Andererseits tragen wohl auch die Abwanderung kompetenter ostdeutscher Linguisten an Institute und Universitäten im Westen Deutschlands sowie die Zusammenlegung oder der Verkauf von Verlagen wie etwa dem Bibliographischen Institut in Leipzig dazu bei, daß sich das Schwergewicht von Forschung und wissenschaftlicher Sprachpflege zum gegenwärtigen Zeitpunkt auf die stabilen Einrichtungen der westlichen Bundesländer verlagert. So steht der Konzentration auch auf neue Aufgaben der Sprachkultur in Mannheim und Wiesbaden die „Abwicklung“ von Einrichtungen in Ostberlin (Zentralinstitut für Sprachwissenschaft), Leipzig (Reduzierung des Sprachbuchverlags Bibliographisches Institut, Verlagerung von Aufgaben nach Mannheim; Einstellung der Zeitschrift *Sprachpflege und Sprachkultur*) und Halle (Auflösung des *Instituts für Sprechwissenschaft* an der Universität) gegenüber.

Langfristig wird damit, wie zu hoffen ist, ein natürlicher Austausch zwischen den verschiedenen Bundesländern eingeleitet, denn gegenwärtig vollziehen sich im Osten gleichzeitig der Neuaufbau eines differenzierten Schulsystems, die Erneuerung des Personals und der Bildungsinhalte an den Universitäten und Hochschulen, die Integration ausgewiesener Wissenschaftler aus Ost und West in die Hochschulen und der Austausch von Verlagsprogrammen.

Die vielgestaltigen Prozesse des Ab- und Umbaus und des Neuaufbaus an den sich reorganisierenden Instituten Ostdeutschlands erschweren zur Zeit den Überblick über vorhandene sprachkulturelle Aktivitäten beträchtlich, zumal sich diese heute unter der Kulturhoheit der einzelnen neuen Bundesländer bzw. Berlins dezentralisiert vollziehen. Generell gewinnt man den Eindruck, daß in den Bildungseinrichtungen weiterhin ein allgemeines Interesse an der deutschen Gegenwartssprache besteht, die Intensität von Forschung und Lehre aber wohl auch wegen der vielen akuten existentiellen Probleme im Vergleich zur DDR-Zeit rückläufig ist.

Die Probleme der Umstellung auf eine nun wieder ungeteilte Sprachgemeinschaft mit den Licht- und Schattenseiten ihrer Lösung demonstriert das Erscheinen der 20. Auflage des Dudenbandes *Die deutsche Rechtschreibung*. Es wurde in der deutschen Öffentlichkeit als sichtbares Symbol der Einigung empfunden, als dieses als Volkswörterbuch verbreitete Nachschlagewerk im August 1991 in neuer Auflage mit der Werbeaufschrift „Der gemeinsame DUDEN für Ost und West“herauskam. Nach fast vierzig Jahren der Trennung wurden damit die seit den 50er Jahren in Leipzig und Mannheim erscheinenden, in Umfang und Aufmachung recht unterschiedlichen elf Parallelbearbeitungen wieder in einer gemeinsam vorgelegten Ausgabe „zusammengeführt“. Das Vorwort betont: „Es wurden aber nicht nur Neuwörter erfaßt, sondern auch Wörter bewahrt, die in der DDR gebräuchlich waren und die für das Verständnis der jüngeren Vergangenheit von Bedeutung sind.“[2] Auch der Ministerpräsident von Sachsen, Prof. Dr. Kurt Biedenkopf, hob in einem Grußwort zum neuen Rechtschreibduden gerade den Aspekt des Gemeinsamen hervor, als er sagte: „. . . wir alle sind dankbar dafür, daß mit dem ersten gesamtdeutschen Duden der nützliche und wichtige Versuch unternommen worden ist, auch eine ganze Reihe von Sprachschöpfungen aus der zurückliegenden Zeit in den Duden aufzunehmen und sie damit gewissermaßen gleichberechtigt werden zu lassen. Ich glaube, daß hier ein Stück Aufarbeitung der Teilung erfolgt ist, dessen Bedeutung wir gar nicht überschätzen können.“[3]

Die Euphorie des Augenblicks war verständlich. Hinter ihr standen der starke Wunsch nach Austausch und die Hoffnung auf eine annähernde Gleichstellung im sprachlichen Miteinander. Die Wirklichkeit sah jedoch beim Erscheinen der Dudenausgabe 1991 anders aus. Die Beteiligung der Leipziger Mitarbeiter kann nur begrenzt gewesen sein, denn bereits vor der Wende enthielt der Mannheimer Duden ca. 130 DDR-typische Wörter, die auch vielen westdeutschen Bürgern geläufig waren. Sie wurden in der 20. Auflage um einige weitere Beispiele vermehrt wie *Soljanka* (russisch), *Plaste*, *Rahmenkollektivvertrag*, *Sekundärrohstoff* (Abkürzung *Sero*), *Mottschekiebchen* ('Maikäfer', landschaftlich). Andere DDR-Wörter wurden dagegen getilgt, so daß der Anteil etwa konstant geblieben sein dürfte und prozentual bei einem Gesamtumfang von ca. 115.000 Stichwörtern, unter ihnen fast 6.000 Neuaufnahmen, so gut wie gar nicht ins Gewicht fällt. Auch Einband, Umfang und Titel machen deutlich, „daß im Duden 1991 die Leipziger Variante fast spurlos in der Mannheimer auf-, ja untergegangen ist“.[4] In der Tat ist es gegenwärtig sehr schwierig, ein Urteil darüber zu treffen, welche Besonder-

[2] Duden. Rechtschreibung der deutschen Sprache. 20. Auflage (1991), S. 5.
[3] K. Biedenkopf (1991), S. 105.
[4] W. W. Sauer (1991).

heiten der deutschen Gegenwartssprache in den östlichen Bundesländern über die Phase des augenblicklichen Sprachumbruchs hinweg Geltung behalten werden und in zukünftigen Dudenauflagen zu verzeichnen sein werden. So wird die Entscheidung der Mannheimer Redaktion bis zu einem gewissen Grade verständlich: „Unsere Partner aus Leipzig hatten vielfach den Wunsch, daß viele DDR-spezifische Wörter gar nicht mit aufgenommen werden sollen.“[5]

Ursache dieses Wunsches der Leipziger Redaktionsgruppe war sicher nicht nur die Erkenntnis, daß mit dem Ende der politischen Existenz der DDR auch ein schnellerer Sprachwandel mit der Aufgabe vieler der in der DDR systemgebundenen Bezeichnungsmittel verbunden sein würde. Dahinter stand wohl auch die Tatsache, daß gerade zu dem Zeitpunkt, als sich die Dudenvertreter aus Ost und West im April 1990 über eine zukünftige Zusammenarbeit verständigten, in Leipzig das gründlich überarbeitete Manuskript für die 19. DDR-Auflage *Der große Duden. Wörterbuch und Leitfaden der deutschen Rechtschreibung* fertiggestellt war. Darin waren auf der Grundlage einer neuen Konzeption bereits vor der Vereinigung Deutschlands ideologisch bedingte Einseitigkeiten in der Stichwortauswahl und bei Bedeutungsangaben vermieden worden. Das bot die Möglichkeit, die geplante 19. Auflage in ein *Deutsches Wörterbuch mit einem Leitfaden der deutschen Rechtschreibung* umzugestalten. So konnte das Manuskript noch 1990 erscheinen, wenn auch nicht mehr unter dem Namen „Duden“ und am angestammten Verlagsort Leipzig, wo bereits 1880 Konrad Duden die erste Auflage veröffentlicht hatte. Vielmehr kam das *Deutsche Wörterbuch* im inzwischen bereits wiedervereinigten Verlag Bibliographisches Institut mit der Ortsangabe Mannheim/Leipzig heraus. Die Treuhandanstalt hatte rückwirkend zum 1.7.1990 die Geschäftsanteile des VEB Bibliographisches Institut Leipzig an die Aktiengesellschaft Bibliographisches Institut & F.A. Brockhaus AG in Mannheim übertragen. Auch eine umfassende neue Darstellung des „Leitfadens der deutschen Rechtschreibung“, die noch in der DDR-Zeit von bekannten Sprachwissenschaftlern für die 19. Leipziger Auflage erarbeitet worden war, konnte in Mannheim publiziert werden. Sie ist 1991 als Neuausgabe des Bandes 3 der DUDEN Taschenbücher unter dem Titel *Die Regeln der deutschen Rechtschreibung. Erläuterungen und Beispiele* veröffentlicht worden. Lediglich die Namen der Autoren und die in Leipzig üblichen Bezeichnungen der Regeln durch ein vorgesetztes K (Kennzahl) weisen auf den Anteil von Mitarbeitern aus den neuen Bundesländern an dieser Publikation hin.

Die Schwierigkeiten, die auf dem Wege zum ersten gesamtdeutschen Duden aufgetreten und gemeistert worden sind, tragen sowohl sprachliche als auch

[5] G. Drosdowski, in: M. Müller-Wirth (1991) S. 15.

ökonomische Züge. Sie sind daher durchaus symptomatisch und vergleichbar mit Prozessen, die auf anderen Gebieten bei der Realisierung der deutschen Vereinigung auftraten und noch heute wirken. Wichtig ist zunächst das sichtbare Ergebnis für die Millionen Menschen, die den Duden im In- und Ausland benutzen: Er ist nun wieder das *eine* verbindliche Nachschlagewerk, das Auskunft über die Schreibung eines breiten Wortschatzes der deutschen Sprache gibt. Insofern repräsentiert er die „wiedervereinigte" deutsche Sprache und ist ein „wichtiges Stück deutscher Einheit"[6]. Andererseits bietet er, abgesehen von den relativ wenigen aus dem Sprachgebrauch der DDR, Österreichs und der deutschsprachigen Schweiz aufgenommenen Stichwörtern, das Bild der Sprachverwendung in den alten Bundesländern. Um diesem Anspruch wirklich zu genügen, wird es nötig sein, nicht nur den veraltenden DDR-Wortschatz zu berücksichtigen, sondern vor allem die sprachliche Um- und Neuorientierung zu analysieren und zu dokumentieren, die sich seit der Wende in den neuen Bundesländern vollzieht. Für diese Aufgabe könnte mindestens die „neue, alte Leipziger Redaktion prädestiniert sein"[7].

III Deutsch im Zeichen der Wende in der DDR

Für die Sprachkultur einer Gesellschaft sind jedoch nicht nur Institutionen und einzelne Persönlichkeiten verantwortlich und richtungweisend. Das entscheidende Element sind natürlich die Millionen von Menschen, die diese Sprache ein Leben lang sprechend und schreibend nutzen und mitgestalten. Sie brauchen die Sprache nicht nur als Kommunikations- und Verständigungsmittel, sondern sie beobachten, vergleichen und berichtigen sich und andere beim Sprachvollzug. Deshalb sind der aktuelle Sprachgebrauch ebenso wie das Sprachbewußtsein der Deutschen triftige Indizien für alle Überlegungen und Maßnahmen, die die Kultur der deutschen Sprache im wiedervereinigten Deutschland betreffen.

Die seit den 50er Jahren umstrittene Frage nach einer Spaltung der deutschen Sprache – wie auch immer sie in Ost und West begründet wurde – schien mit dem Tag der Vereinigung geklärt zu sein: Ein Volk – ein Staat – eine Sprache. Aber die Geschichte hatte Spuren eingegraben, sowohl in differenzierte Benennungsweisen von Realien im öffentlichen und Alltagsleben als auch in der Art, wie die Menschen diese Unterschiede als Durchschnittsbürger, Politiker, Künstler oder Wissenschaftler beurteilten. Auch nach der Vereinigung sind in vierzig Jahren entstandene Differenzen in der Sprachpraxis und

[6] K. Biedenkopf (1991), S. 105.
[7] W. W. Sauer (1991).

in ihrer Bewertung nicht in kurzer Zeit auszugleichen. Sie sind auch insofern nicht einfach zu beurteilen, als in Äußerungen über die Sprache oft auch andere Elemente des öffentlichen oder individuellen Bewußtseins widergespiegelt werden wie Nationalgefühl, Gruppenidentität, regionale Bindungen, persönliche Kenntnisse und Geschmacksurteile.

In seiner Struktur hat das Deutsche die staatliche Teilung der Nation ohne Brüche überstanden. Satzbau und Grammatik, Schreibung und Aussprache der Literatursprache wurden in ihrer kodifizierten Norm beibehalten. Dennoch waren Texte Ost und Texte West für die Rezipienten der eigenen oder jeweils anderen Seite meist schnell zu identifizieren. Nicht nur in der offiziellen Kommunikation, oft auch in der Alltagssprache genügten wenige Sätze, um an Wortwahl und Stil einen Bundes- oder einen DDR-Deutschen zu identifizieren. Diese Erkennbarkeit durch die befremdend eigene Sprache war durch ihre Verwendung bedingt, ihren Gebrauch unter teilweise bis zum Gegensatz extrapolierten politischen Bedingungen. Nicht nur der Durchschnittssprecher empfand die gleichzeitige Nähe und Ferne in der Verständigung. Auch Fachgermanisten versuchten dieses Phänomen zu beschreiben. Die Beurteilung der Sprachsituation und der Entwicklungstendenzen der deutschen Gegenwartssprache wechselte und war in Ost und in West nicht frei von politisch motivierten Einschätzungen. Extreme Auffassungen, die es auf beiden Seiten gab, und die Diskussion insgesamt können hier nicht dargestellt werden. Die Differenzierungen, die im Wortschatz, bei stilistischen Merkmalen und kommunikativen Verhaltensweisen signalhaften Charakter angenommen hatten, versuchte man etwa Mitte der 80er Jahre mit dem Begriff einer „plurizentrischen" deutschen Sprachgemeinschaft zu beschreiben.[8] Durch die Einbeziehung von Unterschieden, die sich ja auch im Schweizer und im österreichischen Deutsch historisch herausgebildet haben, konnte der Gegensatz von Einheitlichkeit und Differenzierbarkeit sinnvoll mit den gemeinsamen kulturellen, geistigen und geschichtlichen Traditionen der deutschsprachigen Staaten begründet werden.

Wie immer die unterschiedliche Sprachsituation wissenschaftlich beurteilt wurde – das Ergebnis war: „Die DDR-Deutschen haben ein anderes Verhältnis zur Sprache ausgebildet, eher zwangsläufig als freiwillig, aber nichtsdestoweniger faktisch."[9] Tatsächlich hatte sich im Osten Deutschlands bereits seit 1945 eine Eigenentwicklung bei der Benennung von Einrichtungen des Staates, der Kommunen, der sozialistischen Volkswirtschaft, im Rechts- und Bildungswesen vollzogen, die sich in der damaligen Sowjetischen Besatzungszone vielfach an entsprechenden russischen Bezeichnungen orientierte. Diese

---

[8] P. v. Polenz (1988).
[9] W. Thierse (1992), Sp. 4.

Entwicklung umfaßte mit dem „Aufbau des Sozialismus“ in der DDR schließlich alle Lebensbereiche. Die fast totale Isolierung der arbeitsfähigen Bevölkerung war dann nach 1961 die Folge des Mauerbaus. In der DDR entstand eine vom direkten Sprachaustausch mit den deutschsprachigen Nachbarstaaten abgeschlossene, in sich relativ stabile Kommunikationsgemeinschaft. Erziehung und Gewöhnung sorgten in vier Jahrzehnten dafür, daß sich die Menschen besonders in der Öffentlichkeit an feste Wortverbindungen, Parolen und Textmuster gewöhnten, die den einzelnen von früh bis spät am Arbeitsplatz und in der Schule, in den zahlreichen Versammlungen wie in der Freizeit begleiteten. Parolen wie *unter Führung der Partei der Arbeiterklasse, die Hauptaufgabe in ihrer Einheit von Wirtschafts- und Sozialpolitik, im Bruderbund mit der Sowjetunion, für Frieden und Völkerfreundschaft* waren jedem Sprecher ebenso geläufig wie *die Errungenschaften der ..., in Vorbereitung des ..., feste Solidarität mit ..., beim Klassenfeind, unverbrüchliche Freundschaft* u.v.a.m.

Die Schablonenhaftigkeit der offiziellen Verlautbarungssprache, die Stefan Heym als „DDRsch“ bezeichnete[10], weckte aber auch gegenläufige Kräfte, mit denen Menschen aus allen Schichten auf kommunikativen Druck reagierten. Kritik und Zweifel lehrten, die wirklichen Probleme zwischen den Zeilen zu lesen. Die bei allen möglichen Gelegenheiten geforderte Berichterstattung über Planerfüllung und andere Aktivitäten verführte bei Schwierigkeiten und Fehlleistungen geradezu zum Umschreiben, Weglassen und Beschönigen. Auch die Kontaktaufnahme zwischen Unbekannten konnte durchaus einen politischen Akzent tragen. Saßen z. B. zwei Gäste in einem Restaurant an einem unabgedeckten Tisch, so konnte die Zustimmung zu der Bemerkung: *Schlamperei hier!* bereits ahnen lassen, daß *hier* im weiteren politischen Sinne kritisch auf die DDR bezogen wurde. Wer konstant bestimmte erwünschte und weiterhin übliche Bezeichnungen vermied wie z. B. das Kürzel *BRD* und dafür regelmäßig *Bundesrepublik* sagte oder statt von *Kohl* vom *Bundeskanzler* sprach, bezog verbal ebenso erkennbar Position wie jener, der die *Freunde* als *Sowjets* und die *SU* oder *Sowjetunion* distanziert amtlich als *UdSSR* bezeichnete.

In den späteren Jahren der DDR deutete sich in der ironisierenden Benennung führender Institutionen und Persönlichkeiten der allmähliche Schwund ihres gesellschaftlichen Ansehens an. So wurde der Generalsekretär der SED

---

[10] „Wie unfähig die SED war, hat Stefan Heym 1977 in brillanter Weise (und mit fast weltweitem Echo) demonstriert; er verordnete sich einen wochenlangen, ausschließlichen Konsum von DDR-Medien und notierte dann, was ihm auffiel: ‚Die Sprache ist Hoch-DDRsch, gepflegt bürokratisch, voll hochtönender Substantiva, die mit entsprechenden Adjektiven verbrämt werden (...). *Veränderung ist immer tiefgreifend, Gedankenaustausch umfassend, Atmosphäre schöpferisch, Anliegen vorrangig, Fundament unerschütterlich, Vertrauensverhältnis unzerstörbar, Zustimmung millionenfach*‘.“ W. Oschlies (1990), S. 30.

und Vorsitzende des Staatsrates der DDR kurzweg zu *Honni* oder *Erich*, der einst gefürchtete Staatssicherheitsdienst zum *VEB Horch & Guck* (auch *Horch & Greif*, *Horch, Guck & Petz*), die Akademie der Wissenschaften der DDR zum *VEB Wissenschaft*. Der sprichwörtliche Berliner Humor machte sich Luft in Neuprägungen oder Spitznamen wie *Sankt Walter* (Berliner Fernsehturm)[11], *UWuBu, Ulbrichts Wucherbude* (Delikatgeschäft Unter den Linden), *Freß-Ex* (Exquisitgeschäft für Lebensmittel), *Neu-Deli* (Delikateß-Ladenstraße am Alexanderplatz), *Tränenpavillon* (Ausreiseeingang am Bahnhof Friedrichstraße). Fragte ein Handwerker den Kunden freundlich lächelnd: *Forum geht's?*, so wußte dieser, daß er in „Forum-Schecks", d. h. Schecks der Staatsbank der DDR, zu zahlen hatte, die an Bürger der DDR als Äquivalent für konvertierbare Währungen zum Gebrauch in sogenannten „Intershops" ausgegeben wurden.

Die Kritik an der offiziellen Politik und Sprache war vor allem durch die „Lust am Aussprechen der Wahrheit" motiviert.[12] Dieses Bedürfnis inspirierte in besonderem Maße die nicht angepaßten Schriftsteller zur verschlüsselten oder offenen Auseinandersetzung mit den Problemen des sozialistischen Staates. Und viele Leser erfuhren durch die DDR-Literatur, besonders durch Texte Stefan Heyms, Günter Kunerts, Christoph Heins und anderer Autoren eine Ermutigung, die ihnen auch zu eigenem Identitätsbewußtsein verhalf. So haben sich die Menschen im Osten Deutschlands lange Zeit eine große „Wertschätzung für die gedruckte Literatur bewahrt, und sie haben für das gesprochene Wort eine besondere Sensibilisierung ausgebildet"[13]. Das politisch geschärfte Sprachempfinden fand entsprechenden Zündstoff auch in der satirischen Wochenschrift *Eulenspiegel*, in der sozialkritischen, durch ihre kulturpolitische Tradition herausgehobenen *Weltbühne* und den neun staatlich zugelassenen, ständig ausverkauften politischen Kabaretts. Unüberhörbar wurde die Kritik am „real existierenden Sozialismus" schließlich in den republikweit kursierenden politischen Witzen. Die Widersprüche zwischen Ideologie

---

[11] Die ironische Benennung *Sankt Walter* bezog sich auf Walter Ulbricht, in dessen Amtszeit der Fernsehturm am Alexanderplatz in Berlin gebaut wurde. Der kugelförmige Benutzerteil in luftiger Höhe des Turmes bricht bei Sonnenschein das Licht in Gestalt eines Kreuzes, mit dem der Atheist W. U. so symbolisch weithin sichtbar „bezeichnet" wurde.

[12] G. Kunert (1977), S. 118.

[13] W. Thierse (1992), Sp. 4. – Diese Tatsache wird immer wieder als bedeutsame Erfahrung bestätigt, vgl. : „Bücher hatten damals wirklich einen besonderen Stellenwert im Lande. ... Gerüchte gingen Neuerscheinungen von Volker Braun, Günter de Bruyn, Christoph Hein, Stefan Heym, Erwin Strittmatter, Christa Wolf ... voraus. Jedes dieser Bücher war ein Ereignis, und ihre Autoren umgab eine schwer zu beschreibende Aura. Die Leser hofften auf Antworten, sie fanden ein bißchen Wahrheit, sie sahen sich in ihrem Unmut bestätigt, sie glaubten den Dichtern. Die vor allem, die von der Partei kritisiert wurden, waren Autoritäten, Identifikationsfiguren." C. Geißler (1992), S. 3.

und Wirklichkeit, die sie aufs Korn nahmen, wurden zwar bis in die höchsten Kreise der „Partei- und Staatsführung" belacht, die damit signalisierten Probleme aber wurden weitgehend ignoriert.

Kritik an Mißständen schloß jedoch nicht aus, daß sich im Verlauf zweier Generationen bei vielen DDR-Bewohnern eine mehr oder weniger bewußte Anpassung an die herrschenden „gesellschaftlichen Verhältnisse" und eine entsprechende Identifikation mit der Verwendung der Sprache herausbildeten. Es entstand ein spezifisches Sprachbewußtsein für das „Deutsch in der DDR", das sowohl in Alltagssituationen wie auch in der Literatur zum Ausdruck kam. So notierte der Schriftsteller Franz Fühmann 1973 in einer Tagebuchaufzeichnung, die in Ungarn entstand: „Mit Ungarn fühlst du dich trotz der fremden Sprache verbunden, vom anderen deutschen Staat trotz der gleichen Sprache getrennt. ... Das Volk der Deutschen Demokratischen Republik ist kein Achtzig-Millionen-Volk mehr; wir sind ein kleines Volk mit der Sonderstellung einer Sprache von Weltrang. Wir tun gut, uns auf die Tradition zu besinnen, doch als Verpflichtung, nicht als Legitimation."[14]

Mit dem Winter 1988/89 führten die geistigen und wirtschaftlichen Spannungen in der DDR zu einer zunehmenden politischen Polarisation. Oppositionelle Gruppen artikulierten sich deutlich hörbar in *Diskussionen*, mit *Protestliedern*, bei *Friedensgottesdiensten* und mit der Forderung Rosa Luxemburgs *Freiheit ist immer die Freiheit des Andersdenkenden!*. Stasiterror, Ausbürgerungen und *Wahlbetrug* heizten im Frühjahr 1989 die Auseinandersetzungen an und lösten im Sommer Fluchtwellen mit Zehntausenden von *Ausreisewilligen* aus. Mit den *Massenbekenntnissen Wir wollen raus! – Wir bleiben hier!* wurde im Zeichen der 40-Jahr-Feier der DDR zugleich der Aufbruch in neue Formen der Demokratie eingeleitet. Die friedlichen *Montagsdemonstrationen* im Oktober/November 1989 und die Öffnung der Mauer in Berlin setzten in der Bevölkerung der DDR einen lange keimenden Prozeß frei, der mit unaufhaltsamer historischer Dynamik am 3. Oktober 1990 zur Vereinigung der beiden deutschen Staaten in der Bundesrepublik Deutschland führte. Der Weg zu diesem Ziel war in hohem Maße an sprachlich-kommunikative Handlungen gekoppelt. Hunderttausende erzwangen unter der Losung *Keine*

[14] F. Fühmann (1973) zitiert nach der Leipziger Ausgabe (1980), S. 128. – Im gleichen Sinne äußerte sich noch im März 1991 der ehemalige Bürgerrechtler Jens Reich in der Frankfurter Rundschau: „... unsere (osteuropäische Orientierung) war zwar unwillkommen, weil oktroyiert, und unvollständig, weil der TV-Kasten die Westjustierung sicherte, aber sie hat doch zwei Generationen so tief geprägt, daß wir uns jetzt mit einem Tschechen oder Polen über existentielle Probleme leichter verständigen können als mit vielen Westdeutschen. Wenn zu uns Besuch aus Moskau oder Prag kommt, dann finden wir sofort die gemeinsame Sprache, die das Verständnis anzeigt."

Gewalt in *Protestdemonstrationen* den *Dialog* der „Staats-und Parteiführung“ mit dem eigenen Volk. *Kritik*, *Anklage* und *Abrechnung* waren begleitet von den *Aufforderungen* zur Veränderung der gesellschaftlichen Verhältnisse, der *Forderung* nach (Reise-)Freiheit und dem *Aufruf* zur Solidarität mit den Verfolgten und Benachteiligten in der DDR. In der Befreiung von der Reglementierung des öffentlichen Sprachgebrauchs vollzog sich zugleich ein Stück der Befreiung der Sprache. Was sich als Abkehr und Abwehr vor der Wende im *Flüsterwitz* artikuliert hatte, wurde nun laut und sichtbar in den Demonstrationszügen der Bürger. In den *Demosprüchen* sind Wut und Wünsche, Sinn für Ironie und Mehrdeutigkeit – oft in der Verbindung von Wort und Bild – sinnreich montiert. „Soviel wie in diesen Wochen ist in unserem Land noch nie geredet worden, miteinander geredet worden, noch nie mit dieser Leidenschaft, mit soviel Zorn und Trauer und mit soviel Hoffnung.“[15] *Stell dir vor, es ist Sozialismus und keiner will weg. – Von unmöglicher BeKRENZtheit zu unbegrenzten Möglichkeiten ... – Zirkus Krenz: Die Vorstellung ist zu Ende!* Alte DDR-Losungen wurden sprachlich „gewendet“ und damit als Etikettenschwindel entlarvt: *So wie wir heute demonstrieren* [früher: arbeiten], *werden wir morgen leben. – Mißtrauen* [früher: Vertrauen] *ist gut, Kontrolle noch besser.* – Neben dem Ruf *Deutschland, einig Vaterland!* (aus dem Text der DDR-Hymne) erklang verhalten aber auch die Mahnung *Zusammenwachsen, nicht zusammenwuchern! Zusammenwachsen, nicht zusammennageln!*[16]

Wenn man heute nach der Rolle der Sprache und den Möglichkeiten der sprachkulturellen Entwicklung im wiedervereinigten Deutschland fragt, muß man sich vor allem der unterschiedlichen Voraussetzungen im Prozeß des Zusammenwachsens bewußt sein. Die sprachliche Annäherung verlief ebensowenig wie die politische in einem gleichgewichtigen Austausch zwischen Ost und West. In dem seit Jahrzehnten strukturell stabilen, wirtschaftlich aber enorm expandierenden Kerngebiet der alten Bundesländer bestand seit langem eine relativ ausgeglichene Sprachsituation. Sie blieb stabil, obgleich die Gegenwartssprache hier besonders im lexikalisch-semantischen und im stilistischen Bereich eine stürmische Entwicklung durchmachte. Die Allgemeinsprache reagierte jedoch flexibel auf mehrfache „Innovationsschübe“[17] aus verschiedenen Fach-, Gruppen- und Fremdsprachen, indem sie eine Vielfalt neuer Erscheinungen in den Wortschatz aufnahm und stilistisch als Wahlmöglichkeit zuließ. Außerdem erzeugten regionale und alternative Lebensformen in der alten Bundesrepublik eine weitgehende Toleranz gegenüber unterschiedlichen Formen und Normen des Sprachgebrauchs. Das Wechselspiel zwischen Sta-

[15] Christa Wolf (1989).
[16] Zu den Demosprüchen siehe E. Lang (1990).
[17] H. D. Schlosser (1989), S. 41.

bilität und Dynamik in der Sprachentwicklung zeigt sich jedoch u. a. darin, daß die gehäufte und bewußte Überschreitung der in der deutschen Sprache geltenden Normen von vielen Sprechern negativ beurteilt wird. Unverständlichkeit von Äußerungen in der öffentlichen Kommunikation, aber auch verletztes Sprachgefühl waren und sind z.B. Anlaß zur Kritik, die sich gegen den oft überzogenen Gebrauch von Anglo-Amerikanismen wendet. Die Sprachkritik gilt meist nicht dem einzelnen Fremdwort, sondern ihrer Häufung in der Sprache der Medien und der Werbung. Die Vermengung deutscher und fremdsprachiger Elemente (vgl. *Schmiergeld-Connection, Young Collections Avanti Flauschsakko*) wird ebenso beanstandet wie ganze englische Textsequenzen in Unterhaltungssendungen des Fernsehens. Verständnisschwierigkeiten gibt es immer wieder bei den zahllosen teilweise aus mehreren Sprach- und Fachkomponenten gebildeten Abkürzungen wie *Eutelsat-II-F1-Satellit.*

Unter den vielfältigen Aspekten, die die Rolle der Medien in der sprachlichen Kommunikation der Gesellschaft berühren, muß in unserem Zusammenhang ihre außerordentlich wichtige Vermittlungsfunktion während der deutschen Teilung auch auf sprachlichem Gebiet hervorgehoben werden. Sie haben über Jahrzehnte dazu beigetragen, daß sich Millionen ostdeutscher Hörer, Zuschauer und Leser mit dem aktuellen bundesdeutschen Wortschatz in Politik, Wirtschaft, Kultur, Sport und Werbung vertraut machen konnten. Diese sprachliche Informiertheit konnten sie bei Gesprächsmöglichkeiten mit westdeutschen Verwandten und Freunden dann zur Überbrückung von Verständigungsproblemen einsetzen. Über die Wechselwirkung dieses deutsch-deutschen Sprachtransfers berichtete 1986 ein Mitglied der ständigen Vertretung der Bundesrepublik Deutschland aus Ostberlin: „... wenn wir Deutsche in Ost und West, in Bundesrepublik und DDR uns trotzdem fast nahtlos verstehen können – diese Leistung wird von den Bürgern der DDR erbracht, nicht von uns. Denn die DDR-Bürger, die in ihrem Staat schon in einer gewissen Doppelheit leben zwischen öffentlicher und privater Sprache, die leben auch in der Doppelheit von Westsprache und Ostsprache, von Westbegriffen und Ostbegriffen, und die können das übersetzen, was wir manchmal gar nicht könnten."[18] Umgekehrt trugen die westdeutschen Medien durch ihre intensive Berichterstattung in der Wendezeit zur Kenntnis der in der Noch-DDR fast explosionsartig neu aufkommenden Bezeichnungen und Slogans in den Altbundesländern bei. Man möchte annehmen, daß manche dieser treffsicheren und sich mit Windeseile verbreitenden „Wendewörter" wie *DDR-Devisenbeschaffer* in westdeutschen Nachrichtenstudios geprägt wurden.

[18] M. Ackermann, Beitrag in der öffentlichen Podiumsdiskussion über „Sprachliche Normen in der DDR und in der Bundesrepublik", Universität Frankfurt a. M., 22.2.1985. In: Sprachliche Normen (1986), S. 303.

Der Fall der Mauer am 9.11.1989 in Berlin beendete die politische und sprachliche Trennung zwischen den Menschen in beiden deutschen Staaten. Der Weg zum direkten Kontakt war frei und wurde spontan von Millionen genutzt. Die Verständigung zwischen alten und neuen Bekannten funktionierte praktisch problemlos. Wörter, die man wechselseitig nicht kannte, konnten nun genau erklärt werden, spiegelte sich in ihnen doch oft ein Stück der eigenen Lebenswirklichkeit wider, wie z. B. im *Brigadier* (Leiter einer Gruppe von Produktionsarbeitern), *Bückware* (unter dem Ladentisch zurückgelegte Ware für gute Kunden), *Ferienscheck* (Berechtigungsschein für einen preisermäßigten Urlaubsplatz für Gewerkschaftsmitglieder), *Pfingsttreffen* (Festival des Jugendverbandes FDJ, das alle zwei Jahre turnusmäßig durchgeführt wurde), *auf der Warteliste stehen* (in einer Namenskartei von Antragstellern für die Zuweisung einer Wohnung bzw. den Kauf eines Autos eingetragen sein).

Die *Maueröffnung* verband nicht nur die *Mauerspechte* von der Ost- und der Westseite, sondern sie setzte auch einen *Einkaufstourismus* in Gang, der dank des *Begrüßungsgeldes* (100 DM für jeden erstmals in die Bundesrepublik Deutschland oder nach Westberlin einreisenden DDR-Bürger) zunächst in Richtung Westen, dann aber im Zuge der *Währungsumstellung* als erster Schritt zur *Wirtschafts-, Währungs- und Sozialunion* während des Sommers 1990 umgekehrt in Richtung Osten führte und dort fast einen *Ausverkauf der Noch-DDR* zur Folge hatte.

In der *Wendezeit* erwiesen sich viele der DDR-Deutschen als politisch mündige *Bürger*. In zahlreichen Orten konstituierten sich *Bürgerräte* oder *-komitees*, in denen sie ihre *Dialogbereitschaft* unter Beweis stellten. Aus oppositionellen *Basisgruppen* gründeten sich die *Bürgerbewegungen* „Neues Forum" und „Demokratie jetzt", vorwiegend aus den Reihen der evangelischen Kirchen kam der „Demokratische Aufbruch". Während der *Modrow-Zeit* berieten und stritten die Vertreter der Bürgerbewegungen, der neuen politischen Parteien *Ost-SPD*, *Ost-Grüne*, *DSU* und der Kirchen an *Runden Tischen* in Gemeinden, Städten und Kreisen bis hin zum *Zentralen Runden Tisch* in Berlin mit den *Noch-Regierenden* und nahmen so Einfluß auf den *Weg zur deutschen Einheit*. Komplizierter war die Lage der in der DDR zugelassenen, im „Demokratischen Block" zusammengefaßten Parteien. Überzeugte *Querdenker* aus ihren Reihen übernahmen einerseits verantwortungsvolle Funktionen in der *de-Maizière-Regierung*, langjährige Funktionäre wurden dagegen als *alte Blockflöten* wegen ihrer *SED-Beziehungen* abgelehnt.

Im Winter 1989/90 begannen die Strukturen und Institutionen der DDR sich allmählich aufzulösen. Mit ihnen kamen Wörter und Bezeichnungen außer

Gebrauch, die das Vergehende benannt hatten. Gleichzeitig gab es aber auch eine gegenläufige Tendenz: Was bisher nur Eingeweihten bekannt gewesen war, war plötzlich in aller Munde. Als *Bürgerinitiativen* und Medien mehr und mehr Tatsachen über die Überwachungsmethoden des Staatssicherheitsdienstes (*Stasi*) und die Lebensverhältnisse der „Spitzenfunktionäre" aufdeckten, erlebten Bezeichnungen eine regelrechte Konjunktur, die in der DDR zuvor zum Bereich der „Sicherheitskräfte" und „VVS-Beauftragten der Staatsorgane" (VVS = Vertrauliche Verschlußsache) gehört hatten. Die *Stasiauflöser* förderten *Stasiarchive* mit kilometerlangen Aktenregalen und hochspezialisierten Dateien zutage, die die *Stasileute* und *-spitzel* des *MfS* (Ministerium für Staatssicherheit) mit Hilfe ihrer *IM* (informeller Mitarbeiter), *Führungsoffiziere* und *OiBEs* (Offizier im besonderen Einsatz) angelegt hatten. Bekannt wurden nun auch die *Privilegien* der Bewohner der *Waldsiedlung Wandlitz*, ihre *Sonderjagdgebiete*, die dunklen Geschäfte der *KoKo* (Kommerzielle Koordinierung)[19] und des *DDR-Devisenbeschaffers* Schalk-Golodkowski. Der *Stasiapparat* wurde im Zuge der „demokratischen Umgestaltung" als erste DDR-Institution aufgelöst und in das *AfNS* (Amt für Nationale Sicherheit) umgewandelt. Der größte Teil der „Angehörigen" verließ seit 1989 *die Firma.*

Die bisher beschriebenen Veränderungen im Sprachgebrauch beruhten im wesentlichen auf politischen Ereignissen und Erkenntnissen, die innerhalb der DDR zustande kamen und vielfach spontan aus der Bevölkerung heraus bezeichnet wurden. Dies war der letzte Abschnitt in der Entwicklung DDR-typischer Ausdrucksmittel der deutschen Gegenwartssprache. Mit dem Entschluß der Regierung de Maizière und der Volkskammer, daß die DDR der Bundesrepublik Deutschland entsprechend Artikel 23 des Grundgesetzes beitrete, begann ein zweiter Abschnitt intensiver sprachlicher Veränderungen: die Phase des sprachlichen Zusammenwachsens.

[19] Bereich „Kommerzielle Koordinierung" im Ministerium für Außenhandel der DDR. Leiter war seit 1969 Oberstlt. des MfS Alexander Schalk-Golodkowski mit Status eines OiBE, später im Rang eines Staatssekretärs.

IV Probleme und Aufgaben des sprachlichen Zusammenwachsens

Das sprachliche Zusammenfinden der Menschen in den alten und den neuen Bundesländern war ein Vorgang, dessen Umfang und Probleme größer waren, als Politiker und Sprachwissenschaftler zunächst vermutet hatten. Es ging dabei für die ostdeutschen Bürger nicht um das Kennen und Verstehen einiger hundert im Grunde schon durch die Medien verbreiteten Wörter, sondern um die aktive Aneignung einer großen Zahl von Bezeichnungen des öffentlichen und des Alltagslebens, die die bisher gewohnten ersetzten. Es ging um ganze Benennungssysteme in der kommunalen Verwaltung des Wohnortes, auf den Gebieten Wirtschaft, Finanzen und Recht, um neue Kultur- und Bildungsinhalte, wobei Wort und Sache teilweise gleichermaßen unbekannt waren. Die Um- oder Neubenennungen berührten das Allgemein- und Fachwissen, denn viele neue Bezeichnungen tauchten mit veränderten Berufsanforderungen oder Weiterbildungsmaßnahmen auf. Umbenennungen begannen oft schon vor der eigenen Haustür: Der Straßenname, die S-Bahnstation, der Kindergarten, die Schule, der inzwischen privatisierte Lebensmittelkonsum usf. trugen ebenso andere Namen wie die Waren, die man nun nicht mehr in der „Kaufhalle“, sondern im *Mini-*, *Super-* oder auf dem *Wochenmarkt* kaufte, oder die Dienststellen des „Bezirkes“, der in Berlin nun ein *Stadtbezirk* war und statt vom „Rat“ von einem *Bezirksamt* geleitet wurde. Wenn sich alte und neue Bezeichnungen nur in Teilen des Wortes veränderten, fiel die Gewöhnung an das Neue besonders schwer, und es kam häufig zu Versprechern wie wenn der „Ortsgruppenvorsitzende“ einer Partei nun als *Ortsverbandsvorsitzender* zu bezeichnen war oder aus einem „Stadtbezirksrat“ ein *Bezirksstadtrat* wurde. Auch der in DDR-Zeiten tief ins Bewußtsein der Menschen eingeprägte Begriff „Sowjet-“, „sowjetisch“ ließ sich für viele schwer nur in *Rußland*, *russisch* und *GUS-* differenzieren.

Am *Tag/Fest der deutschen Einheit* 1990 war es für viele Ostdeutsche, die nun über Nacht selbst *Bundesbürger* geworden waren, klar, daß die staatlichen, wirtschaftlichen und militärischen Institutionen der *Ex-DDR aufzulösen* oder *umzuwandeln* waren. *Jetzt bricht zusammen, was zusammenbrechen muß*, war ein Slogan dieser ersten Monate in der erweiterten, neuen Bundesrepublik. Als sich aber nicht nur die Gesetze, sondern auch *Firmenketten*, *Grundstücksspekulanten* und *Drogenprobleme* nach Osten zu erstrecken begannen, entwickelten sich soziale Konflikte, die in diesem Umfang in der DDR unbekannt waren.

Besonders schwerwiegende Folgen hatte die *Umstrukturierung* der Großbetriebe, Kombinate und Landwirtschaftlichen Produktionsgenossenschaften der DDR durch *Privatisierung*, die weitgehend der *Treuhandanstalt*, kurz *Treu-*

hand, übertragen wurde. Der Zusammenbruch der *Ost(block)märkte*, fehlendes *Management* und teilweise nicht ausreichende Qualität der eigenen Erzeugnisse, aber auch die *Absatzstrategien* westlicher Firmen führten zu einer millionenfachen *Arbeitslosigkeit*, die teilweise durch *Kurzarbeit*, *Kurzarbeit Null* und *ABM-Maßnahmen* aufgefangen wurde. Verwaltungen des *öffentlichen Dienstes*, Akademien und Hochschulen wurden ebenso wie Kultureinrichtungen teilweise oder ganz *abgewickelt*. Die *Betroffenen* wurden von *Abwicklungsbeauftragten* oder *-teams* (umgangssprachlich *Abwicklern*) in die *Warteschleife*, den *Vorruhestand* oder die Rente entlassen, wo es möglich war, aber auch in *ABM-Projekte für Wissenschaftler/Künstler* bzw. das *WIP im HEP* (Wissenschaftler-Integrationsprogramm im Hochschulerneuerungsprogramm) integriert. Die Stellen der *Beschäftigten* unterlagen einer *pauschalen Herabgruppierung* oder wurden bei *Freiwerden* „Entlassung oder Berentung" mit dem *k.w.-Vermerk* (künftig wegfallend) versehen. Die soziale Lage der *Arbeitnehmer*, die inzwischen keine „Werktätigen" mehr waren, änderte sich nicht dadurch, daß die Treuhand *Abwicklung*, „das häßlichste Wort der Welt"[20], durch den Euphemismus *Rekonstruktion* ersetzte. Die im öffentlichen Leben anzutreffende Tendenz zum *Schönreden* löst die anstehenden Probleme ebensowenig wie umgekehrt die kritisch-negative Etikettierung der neuen Bundesbürger als *Jammerossis*, *Bewohner von Neufünfland*, die neuerdings bei manchen eine *Zonophobie* (krankhafte Angst vor der Zone)[21] auslöst und die sich als *Deutsche/Bundesbürger zweiter Klasse* eingestuft fühlen. Den Schwierigkeiten der gegenwärtigen *Talfahrt* der Wirtschaft setzen Politiker und entschlossene Bürger aus den alten und neuen Bundesländern das *Aufbauwerk Ost* und den *Solidarpakt für Deutschland* entgegen.

Ganz einseitig verlief der dargestellte Sprachaustausch in Deutschland nach der Wiedervereinigung jedoch nicht. Was bisher als Transfer in umgekehrter Richtung – von Ost nach West – lexikalisch erfaßt wurde, ist vermutlich nur ein Ausschnitt aus der Sprachwirklichkeit. So gelangten 1989/90 noch einige Wörter aus der DDR in den gesamtdeutschen Wortschatz wie *Soljanka* (russ.), *Broiler, Datsche*.

Dennoch floß der breite Strom von Wörtern in der Phase des sprachlichen Zusammenwachsens eindeutig aus den alten in die neuen Bundesländer. Hier

---

[20] Als das „häßlichste Wort der Welt" bezeichnete der Sprecher der Treuhandanstalt in Berlin, Wauschkuhn, am 10. Januar 1992 *Abwicklung*. Durch ein Preisausschreiben – der Preis war mit 1.000,– DM dotiert – wurde als Ersatzwort *Rekonstruktion* ermittelt. Vgl. Der Tagesspiegel vom 23. Januar 1992, S. 15.

[21] *Zonophobie:* Neuprägung der Schriftstellerin Monika Maron in der Wochenschrift Der Spiegel vom 24.8.1992 als Ausdruck für ihren „unüberwindlichen Ekel" gegenüber ihren „ehemaligen Staatsbürgerschaftsgefährten", S. 136, 138.

haben sich ihre Bezeichnungen zwischen 1990 und 1992 mit den übernommenen Strukturen und Institutionen im Sprachgebrauch stabilisiert und sind – mindestens im öffentlichen Leben – akzeptiert. Indes spiegeln die schnellen Veränderungen des Wortschatzes nur die Oberfläche des Austauschprozesses wider. Sie signalisieren keineswegs den Vollzug der deutschen Spracheinheit. Vielmehr zeigt die Praxis zahlreicher Begegnungen zwischen Ost- und Westdeutschen, daß es trotz eines relativ glatten Wortverständnisses zu Kommunikationsproblemen und Spannungen zwischen den Gesprächspartnern kommt. Alte und neue Bundesbürger sind an Merkmalen ihres kommunikativen Verhaltens erkenn- und unterscheidbar, die in ihrer Sozialisation in verschiedenen Gesellschaftssystemen begründet sind. Den sozialen Umgangsformen, die in der DDR rund 40 Jahre als Norm der sprachlich-kommunikativen Verständigung galten, stehen bei Westdeutschen häufig Verhaltensmuster gegenüber, die von einer spürbar anderen Mentalität geprägt sind. Eine Ostberlinerin charakterisierte diese Alltagserfahrung im Sommer 1992 so: „Ich erkenne auf den ersten Blick, wer aus dem Osten und wer aus dem Westen Berlins kommt. Wir gehen anders, wir reden anders, wir riechen anders. – Wir sind anders."[22] Bundesministerin Angela Merkel, die aus Ostdeutschland stammt, aber vorwiegend in Bonn lebt, schildert Vergleichbares: „Ich bin oft sehr traurig darüber, daß viele Menschen in den alten Bundesländern nicht begriffen haben, daß sie jetzt in einem neuen Land leben. Sie sind oft nicht neugierig, wollen nicht zuhören und glauben nicht, noch dazulernen zu können."[23] Die Erziehung zu ausgeprägter Individualität und die Notwendigkeit, sich in Auftreten und Ausdrucksweise auch sprachlich gegenüber Konkurrenten durchzusetzen, haben bei Westdeutschen ein oft auffälliges Dominanzverhalten gegenüber anderen erzeugt, das in der bitter-ironischen Bezeichnung *Besserwessi* seinen Ausdruck gefunden hat.[24] In der DDR wuchsen im Unterschied dazu bereits die Kleinkinder in Gruppen auf, in denen sie lernten, sich „ins Kollektiv einzuordnen" und sich insgesamt möglichst unauffällig, zurückhaltend und bescheiden zu betragen. Weder der Mutterspracheunterricht noch die intensive Lektüre im „Leseland DDR" förderten später das bewußt individuell geprägte freie Sprechen. Auch wer sich im öffentlichen Leben aktiv zu Wort meldete, nahm meist Rücksicht auf die Normen des kommunikativen Verhaltens und die weitgehend schablonenhaften Sprachmuster der Angepaßten.

[22] K. Sühl (1992), S. 9.

[23] Angela Merkel (1992), S. 2.

[24] Sabine Ylönen (1992), S. 20; *Besserwessi* ist mittlerweile – u. a. auch von der Gesellschaft für deutsche Sprache als „Wort des Jahres" 1991 auserkoren – vielfach kommentiert und kritisiert worden. Vgl. Heringer (1991), S. 107, Müller (1992), S. 3f.

Diese Unterschiede im Sprachverhalten sind neben anderen Faktoren bis heute die Ursache für die noch bestehende *Mauer in den Köpfen.* Um sie abzutragen, müssen Bürger aus beiden Teilen unseres Landes immer wieder aufeinander zugehen und in gegenseitiger Achtung, mit Toleranz und Verständnis füreinander das Gespräch suchen. Daß Sprachkultur dabei zu einem entscheidenden Element der politischen Kultur wird, machte Lothar de Maizière deutlich: „Wir werden die innere Einheit Deutschlands nur dann erlangen, wenn es uns gelingt, gemeinsam eine Kultur des Zuhörens und Verstehens wachsen zu lassen, die uns einen würdigen Umgang mit den Unterschieden und Gemeinsamkeiten unserer Geschichte und der durch sie geprägten Lebensbiographien der Menschen in Ost und West ermöglicht.“[25]

Die noch bestehenden Diskrepanzen im sprachlich-kommunikativen Verhalten werden in Ostdeutschland nicht nur negativ als soziale Kluft oder Unvereinbarkeit von Erfahrungen interpretiert. Gerade aktive Menschen sehen darin auch eine Herausforderung zur Überwindung eigener Wissensdefizite. Aus dem Wunsch nach der Erweiterung der persönlichen sprachlichen Kenntnisse und der Überwindung alter DDR-Verhaltensmuster entsteht in den neuen Bundesländern eine große Bereitschaft zur eigenen Qualifizierung. Besonders jüngere Erwachsene hoffen, durch bessere Kenntnisse in Deutsch und in Fremdsprachen den neuen Anforderungen im beruflichen und öffentlichen Leben besser zu genügen. Daher finden beispielsweise Lehrgänge für fachbezogenes Deutsch beträchtlichen Zuspruch (Wirtschaftsdeutsch, Geschäftskorrespondenz, Deutsch im Sekretariatswesen). Vielfach wird die Beherrschung von Grundregeln der Rhetorik als wichtig für das persönliche Auftreten und eigene Fortkommen angesehen. Tourismus und Freizeitgestaltung, aber auch Ansprüche an die berufliche Qualifikation haben die Nachfrage nach Lehrgängen in den modernen Fremdsprachen, besonders Englisch, aber auch Französisch, Italienisch und Spanisch belebt. Dagegen ist die Teilnehmerzahl bei osteuropäischen Sprachen rückläufig. In den Schulen kann das neu erwachte Interesse an den klassischen Sprachen Latein und Griechisch wegen Lehrermangels derzeit nicht ausreichend befriedigt werden. Sehr gefragt sind die Qualifikationsangebote für Programmiersprachen und für andere Fragen der elektronischen Datenverarbeitung (EDV).

Die Aufgaben, die heute im Sinne der Sprachkultur bei der schulischen und berufsorientierten Sprachbildung zu lösen sind, haben im Vergleich zur DDR-Zeit einen teilweise beträchtlich veränderten Hintergrund. Vor der Wiedervereinigung wurde die Erwachsenenqualifizierung auf dem Sprachsektor meist in Betriebsakademien oder an Volkshochschulen realisiert. Heute sind auf

[25] L. de Maizière (1991).

diesem Gebiet weitgehend freie Bildungsträger wie private Sprach- und Handelsschulen tätig. Der weiterführende Deutschunterricht und die Einführung in Programmiersprachen erfolgen teilweise im Rahmen von Arbeitsbeschaffungsmaßnahmen (ABM) der kommunalen Arbeitsämter als befristete Projekte, mit deren Durchführung Service-Gesellschaften oder gemeinnützige Vereine beauftragt werden. Hier sind bisher beträchtliche finanzielle Mittel aus den alten Bundesländern für sprachkulturelle Förderungsmaßnahmen in die ostdeutschen Ländern geflossen.

Eine der Voraussetzungen für wirkliche Erfolge in der sprachlichen Weiterbildung ist der Einsatz qualifizierter Lehrer und Dozenten. Solange die Reiseverbote der DDR gerade auch Pädagogen das Kennenlernen der Bundesrepublik und anderer „Staaten des nichtsozialistischen Währungssystems“ jahrzehntelang unmöglich machten, konnten Fremdsprachenlehrer ihr Unterrichtsfach praktisch nur aus zweiter und dritter Hand, d. h. durch eigene Lektüre und durch Universitätslehrer, die zum Teil ebenfalls nicht im jeweiligen Sprachgebiet gewesen waren, erlernen. Deshalb haben besonders Sprachpädagogen sehr bald nach der Wende durch private Auslandsreisen oder die Teilnahme an Ferienkursen versucht, die eigenen Kenntnisse der jeweils gesprochenen Sprache und des Landes im Umgang mit den Menschen selbst zu erweitern. Auch dabei ist durch Einladungen und Zuschüsse der alten Bundesländer und der Berufsverbände wie dem Deutschen Philologenverband, nicht zuletzt aber auch durch einzelne Persönlichkeiten konkrete Hilfe gegeben worden.

Neben den Lehrern spielen bei der Herausbildung sprachlich-kommunikativer Fähigkeiten und des Wissens über die Sprache die den Lernenden zugänglichen Lehrbücher eine wichtige Rolle. Mit ihrer Hilfe wird oft über Jahre die Beherrschung der Muttersprache oder fremder Sprachen in Wort und Schrift gefestigt und erweitert; ihre Bedeutung für die Entwicklung der Kommunikationsfähigkeit eines Menschen hat daher durchaus Gewicht. Auch auf diesem Gebiet hat sich die Situation nach der Vereinigung deutlich verändert. Ein vielfältiges Angebot an Sprachlehrbüchern verbindet heute die östlichen mit den westlichen Bundesländern. Den Schülern wird anhand gleicher Texte und Lehrinhalte ein gemeinsames Wissen über die Struktur und Verwendung des Deutschen und anderer Weltsprachen vermittelt. Allerdings dominieren einige westliche Verlage den Schulbuchvertrieb (Cornelsen, Klett-Cotta, Schöningh, Schroedel, Diederichs). Doch auch der einst volkseigene Verlag Volk und Wissen hat in den neuen Bundesländern wieder einen beachtlichen Absatz erreicht. Er bietet seine Sprachbücher nach einer grundlegenden inhaltlichen Überarbeitung unter Beibehaltung bewährter didaktischer Konzepte an. Als besonders gelungen gelten die Fibel und die Lehrbücher der russischen Sprache. Sie basieren nicht nur auf den langjährigen methodischen Erkenntnissen des Russischunterrichtes in der DDR, sondern vermitteln auch wirklichkeitsnahe Einblicke in das Alltagsleben der GUS. Diese Unterrichtsmittel könnten zweifellos auch einen wünschenswerten Beitrag zur Förderung der russischen Sprache in den westlichen Bundesländern leisten, was im Hinblick auf die Zukunft des zusammenwachsenden europäischen Kontinents notwendig ist.

Der spezifisch sprachkulturelle Beitrag von Sprachlehrbüchern besteht zunächst in ihrer Funktion, jungen Menschen in aktiven Phasen des Spracherwerbs solide Kenntnisse in der Mutter- und in Fremdsprachen von der Orthographie bis zur Beherrschung der gesprochenen und geschriebenen Sprache zu vermitteln. Sie sollten darüber hinaus aber auch das Verständnis für die gestaltende Kraft der Sprache im Leben der Gesellschaft und in der Kunst wecken. Im Unterricht bietet sich damit die Chance, der heranwachsenden Generation die Bedeutung einer gemeinsamen Sprache als Teil der Geschichte und der Kultur eines Volkes bewußt zu machen.

Ein ganz anderes Gebiet, auf dem sprachkulturelle Aktivitäten in den neuen Ländern erkennbar sind, ist die Pflege der ostdeutschen Dialekte. Von Mecklenburg-Vorpommern im Norden, der berlin-brandenburgischen regionalen Umgangssprache bis ins Obersächsische und Thüringische im mitteldeutschen Sprachgebiet ist bei vielen Menschen eine positive Einstellung zu ihrer Heimatmundart erkennbar. Die Hinwendung zur landschaftsgebundenen Sprachform setzte nach einer längeren Phase des Rückganges der Mundarten bereits in den 60er Jahren in der DDR ein. Nicht nur die Alten, sondern auch junge Leute, neben Dorfbewohnern zunehmend auch Städter, begannen damals die Mundart oder eine ihr nahe Form der Umgangssprache in der Familie, am Arbeitsplatz und im Freundeskreis wieder gern und häufiger zu sprechen. Sie empfanden dies offenbar als Zeichen ihrer Verbundenheit mit der vertrauten Heimat und ihrer bodenständigen Kultur. Für manchen mag die gemütvolle Mundart auch Ausdrucksmittel seiner Distanzierung von öffentlich geforderten „parteilich" genormten Ausdrucksweisen gewesen sein, Sprache als persönliche „Nische". Dieser inneren Einstellung entsprachen in den 70er und 80er Jahren ein spontanes Anwachsen der Mundartliteratur und eine kaum zu befriedigende Nachfrage ihrer Leser.[26]

Die Mundarten wurden jedoch auch durch kulturpolitische Maßnahmen gefördert. Sie galten als Ausdrucksformen des „nationalen Kulturerbes" des „Volkes der DDR". So fanden Mundartbeiträge in den Lokalzeitungen, ent-

[26] Vgl. H.-J. Gernentz (1980), S. 134-172; Renate Herrmann-Winter (1979), (1987); J. Gundlach (1984).

sprechende Rundfunk- und Fernsehsendungen, Kurse an den Volkshochschulen und niederdeutsche Theateraufführungen auf den Bühnen der nördlichen Bezirke der DDR ein durchaus aufnahmebereites und vielschichtiges Publikum.

Der Trend zum Gebrauch und zur Bewahrung der regionalen Sprache setzt sich auch unter den neuen Lebensbedingungen im wiedervereinigten Deutschland fort, obwohl es äußerlich stiller um die Mundart als „Kulturgut" geworden ist. Auch mag sich die Motivation für die Bindung der Sprecher – für die meisten sicher sogar unbewußt – als Folge der deutschen Einheit verändert haben. Dialekte und regionale Umgangssprachen werden eher als erfahrbare Elemente der wieder freigesetzten eigenständigen und unterschiedlichen Geschichte, Traditionen und Lebensgewohnheiten der neuen Bundesländer gesehen. Nach wie vor fühlen sich die Menschen jedoch in der Geschichte und Kultur ihrer Region verwurzelt. Hier wollen sie leben, und dies bezeugen sie auch durch den Gebrauch ihrer angestammten Sprache.

Im Zusammenhang mit den in Ostdeutschland intensiver genutzten Formen der Sprachbildung, deren Ziel die individuelle oder gruppenspezifische Förderung von Sprachfähigkeiten ist, muß der Deutschunterricht für Ausländer erwähnt werden. Selbst wenn ausländischen Zuwanderern zunächst nur elementare Deutschkenntnisse vermittelt werden, erschließen diese ihnen doch Grundlagen für die lebensnotwendige Kommunikation im neuen sozio-kulturellen Umfeld. Wünschenswert ist, daß auch die Ehefrauen von Immigranten stärker in diese Deutschlehrgänge einbezogen werden. Gerade für die meist nicht berufstätigen, auf den häuslichen Kommunikationsbereich beschränkten Frauen sind Kenntnisse in der neuen Landessprache Deutsch eine wichtige Voraussetzung für ihre behutsame Eingliederung in die Kultur des Einwanderungs- oder Zufluchtslandes.

V Ausblick

Aus der Vielzahl an Sachgebieten, auf denen heute an der Förderung der deutschen Sprache und ihrer Kenntnis in Deutschland gearbeitet wird, konnten hier nur einige kurz dargestellt werden. Als Ergebnis zeichnen sich zwei Tendenzen ab, die in einem gewissen Widerspruch zueinander stehen: Einerseits hat sich in Deutschland nach der Wiedervereinigung und beginnend bereits im Vorfeld dieser Entwicklung ein deutlicher Sprachausgleich vollzogen, der mit der Angleichung der neuen Bundesländer an die politischen und wirtschaftlichen Strukturen, Verhaltensnormen und Kommunikationsbedingungen der alten Länder von West nach Ost verlaufen ist. Andererseits stellen Deutsche aus Ost und West immer noch spürbare Unterschiede in ihrem Sprachverhalten fest, bei denen offenbar die Verschiedenartigkeit der Sozialisationsbedingungen und Sprachsituationen aus der Zeit der deutschen Teilung, aber auch gegenwärtige Problemsituationen zusammenwirken. Die Deutschen sprechen heute weitgehend wieder die gleiche Sprache, aber mit unterschiedlichen Themen und Emotionen in sozial divergierenden Zusammenhängen. Und hier geht es nicht mehr um Aufgaben der Sprachwissenschaft, sondern um politische Probleme der inneren Einheit der Deutschen. Eine der Voraussetzungen für die Bewältigung der vor uns liegenden Aufgaben ist, daß dieser Widerspruch zu einem Ausgleich gebracht wird, indem Ideen, Konzepte und die Verantwortungsbereitschaft von Menschen aus den neuen Bundesländern stärker in die gemeinsamen Gestaltungsprozesse einbezogen werden. Auf das Gebiet der Sprachkultur bezogen, bedeutet dies einen intensiven Erfahrungsaustausch über diejenigen Grundsatzfragen und Erkenntnisse, die in eineinhalb Jahrzehnten vor der Wende in der DDR erarbeitet worden sind und die heute sinnvoll auch in die Sprach- und Kulturpolitik des zusammenwachsenden Europas einbezogen werden sollten.

Was hat der Osten hier in die Waagschale zu legen? Zunächst einmal eine stattliche Reihe international geschätzter Wörterbücher und Darstellungen zur deutschen und zu anderen Sprachen der Welt, die auf der Basis umfangreicher Forschungen erarbeitet wurden. Erinnert sei nur an das sechsbändige *Wörterbuch der Gegenwartssprache* (1961-1977), die *Grundzüge einer deutschen Grammatik* (1981), zahlreiche weitere sprachwissenschaftliche Untersuchungen, u. a. *Theoretische Probleme der deutschen Orthographie* (1980), die Erkenntnisse zu einer Reform der deutschen Rechtschreibung beigebracht haben. Rückwirkend wird heute eingeschätzt, die DDR-Sprachwissenschaft war „besser als ihr Ruf“.[27]

Ein Vorzug der Arbeiten zur Theorie und Praxis der Sprachkultur war zweifellos, daß dieses Gebiet nie als spezifisch germanistische Fachrichtung, sondern als eine alle Sprachen betreffende und diese wiederum mit Kultur- und Literaturwissenschaft, Geschichte und Soziologie, Psychologie und Kommunikationsforschung verbundene Querschnittsdisziplin verstanden wurde. Ihre Fragestellungen bezogen Historie und Gegenwart ein. Die Zielrichtung verlief über Schule und Medien als Multiplikatoren in die Praxis und betraf die Kompetenz des einzelnen Sprechers wie die Gesellschaft als Träger von Kultur und Sprache. In jener Zeit förderte der intensive Gedankenaustausch mit tschechischen, slowakischen, sowjetischen, polnischen und ungarischen Partnern

[27] W. Krischke (1992).

den wechselseitigen Erkenntnisprozeß. Tagungen und gemeinsame Publikationen weiteten den Blick über die Situation in den einzelnen Nationalsprachen hinaus.[28] Dieser internationale Ansatz mit dem Streben nach gemeinsam vertretbaren Positionen könnte ein Modell auch für den Umgang mit der eigenen Sprache im wiedervereinigten Deutschland und den vielen Sprachen im Europa der Zukunft sein.

Literaturhinweise

BIEDENKOPF, Kurt (1991): Grußwort zum neuen Duden. In: Sprachpflege und Sprachkultur. Zeitschrift für gutes Deutsch. Leipzig. 40. Jg., Heft 4/1991, S. 104-108.

DUDEN (1991): Rechtschreibung der deutschen Sprache. 20., völlig neu bearbeitete und erweiterte Auflage. Hg. von der Dudenredaktion. Auf der Grundlage der amtlichen Rechtschreibregeln. DUDEN, Band 1. Dudenverlag. Mannheim/ Wien/ Zürich 1991.

Deutsches Wörterbuch (1990): Deutsches Wörterbuch mit einem Leitfaden der deutschen Rechtschreibung. Bibliographisches Institut. Mannheim/Leipzig 1990.

DUDEN (1991): Die Regeln der deutschen Rechtschreibung. Erläuterungen und Beispiele. Herausgegeben und bearbeitet von Dieter Nerius. (Autoren: Dieter Baer ...) Neuausgabe. (Die Duden-Taschenbücher; Bd. 3) Dudenverlag. Mannheim/ Leipzig/ Zürich 1991.

FÜHMANN, Franz (1973): Zweiundzwanzig Tage oder Die Hälfte des Lebens. Rostock 1973.

Dass.: Leipzig, Reclams Universal-Bibliothek Bd. 860, Leipzig 1980.

GEISSLER, Cornelia (1992): Leseland abgebrannt? Betrachtungen ... In: Berliner Zeitung, Nr. 214, 12./13. September 1992.

GERNENTZ, Hans Joachim (1980): Niederdeutsch – gestern und heute. Beiträge zur Sprachsituation in den Nordbezirken der Deutschen Demokratischen Republik in Geschichte und Gegenwart. Rostock 1980.

Grundzüge einer deutschen Grammatik (1981): Von einem Autorenkollektiv unter der Leitung von K. E. Heidolph, W. Flämig und W. Motsch. Berlin 1981.

GUNDLACH, Jürgen (1984): Von „Aant bis Zäg". Anderthalb Hundert plattdeutscher Wörter in 83 Abschnitten dargestellt ... 2. Aufl., Leipzig 1984.

HELLMANN, Manfred (1989): Zwei Gesellschaften – Zwei Sprachkulturen? Acht Thesen zur öffentlichen Sprache in der Bundesrepublik Deutschland. In: Forum für interdisziplinäre Forschung, 2/1989. S. 27-38.

HERINGER, Hans Jürgen (1991): Wörter des Jahres 1991. In: Sprache und Literatur in Wissenschaft und Unterricht. Heft 68, 2. Halbj. 1991, S. 107-115.

HERRMANN-WINTER, Renate (1979): Studien zur gesprochenen Sprache im Norden der DDR. Soziolinguistische Untersuchungen im Kreis Greifswald. Berlin 1979.

[28] Hier sei nur verwiesen auf J. Scharnhorst/E. Ising, Hgg. (1976, 1981); J. Kuchar, Hg. (1979). Einen ausführlichen Überblick über die Sprachkultur-Debatte in beiden deutschen Staaten seit den 70er Jahren gibt Rosemarie Schnerrer in diesem Band.

— (1987): Kleines plattdeutsches Wörterbuch für den mecklenburgisch-vorpommerschen Sprachraum. Rostock 1987.

KRISCHKE, Wolfgang (1992): Hinter ideologischen Nebelwerfern. Besser als ihr Ruf: die Linguistik in der DDR – und was von ihr überleben könnte. In: Frankfurter Allgemeine Zeitung, 1. April 1992.

KUCHAR, Jaroslav, Hg. (1979): Aktuelle Probleme der Sprachkultur in der sozialistischen Gesellschaft. Prag 1979 (in tschechischer Sprache).

KUNERT, Günter (1977): Offener Brief aus Ost-Berlin. In: Die Zeit, Nr. 33, 5. August 1977. – Wiederabdruck in: Günter Kunert, Literatur im Widerspruch. Mit Materialien. Auswahl ... Editionen für den Literaturunterricht. Ernst Klett. Stuttgart 1980, S. 116-121.

LANG, Ewald (1990): Wendehals und Stasi-Laus. Demo-Sprüche aus der DDR. Herausgegeben und zusammengestellt von Ewald Lang. München 1990 (= Heyne Buch 01/7829).

DE MAIZIÈRE, Lothar (1991): Erklärung anläßlich der Niederlegung seiner Funktion als Stellvertretender Vorsitzender der CDU Deutschlands. In: Der Tagesspiegel, 6. September 1991, S. 2.

MARON, Monika (1992): „Peinlich, blamabel, lächerlich": Monika Maron über das neue Opfergefühl ihrer ostdeutschen Mitmenschen. In: Der Spiegel, Nr. 35, 24. August 1992, S. 136-141.

MERKEL, Angela (1992): Eine Ministerin auf der Suche nach Maßstäben (Interview). In: Der Tagesspiegel, 1. August 1992, S. 2.

MÜLLER, Gerhard (1992): Deutsch 1991. In: Der Sprachdienst, Wiesbaden. Heft 1/1992, S. 1-26.

MÜLLER-WIRTH, Moritz (1991): Der Streit ums „Motschekiebchen" ist entschieden. Für den wiedervereinigten Duden arbeiteten Redaktionen aus Leipzig und Mannheim zusammen. In: Der Tagesspiegel, 17. August 1991, S. 15.

OSCHLIES, Wolf (1990): „Vierzig zu Null im Klassenkampf?" Sprachliche Bilanz von vier Jahrzehnten DDR (= Deutschland-Report 9). Hg. im Auftrag der Konrad-Adenauer-Stiftung e.V. Melle 1990.

POLENZ, Peter von (1988): „Binnendeutsch" oder plurizentrische Sprachkultur? Ein Plädoyer für Normalisierung in der Frage der „nationalen" Varietäten. In: Zeitschrift für germanistische Linguistik 16, 1988, S. 198-218.

REICH, Jens (1991): Ost ist Ost, und West ist West. Über die kulturellen und seelischen Konflikte in Deutschland. Eine Rede zur Verleihung der Goethe-Medaille. In: Frankfurter Rundschau, 23. März 1991, S. 7.

SAUER, Wolfgang W. (1991): Mistkerl mit Telefonsex. In: Die Welt, 24. August 1991.

SCHARNHORST, J./ISING, E., Hgg. (1976, 1981): Grundlagen der Sprachkultur. Beiträge der Prager Linguistik zur Sprachtheorie und Sprachpflege. Tl. 1 (1976), Tl. 2 (1981). Berlin.

SCHLOSSER, Horst Dieter (1989): Die Sprachentwicklung in der DDR im Vergleich zur Bundesrepublik Deutschland. In: Hättich/Pfitzer, Hgg., Nationalsprachen und europäische Gemeinschaft. Probleme am Beispiel der deutschen, französischen und englischen Sprache. München 1989, S. 36-52.

— (1990): Die deutsche Sprache in der DDR zwischen Stalinismus und Demokratie. Historische, politische und kommunikative Bedingungen. Köln 1990.

Medienpreis für Sprachkultur 1992, in: Der Sprachdienst: Wiesbaden. Heft 4/1992, S. 105-125.

Sprachliche Normen (1986): Sprachliche Normen und Normierungsfolgen in der DDR. Hgg. von Friedhelm Debus, Manfred W. Hellmann, Horst Dieter Schlosser. Mitwirkung Michael Kinne. Germanistische Linguistik 82-83 (1985). Hildesheim/Zürich/New York 1986.

SÜHL, Klaus (1992): Unterschiede – hautnah. In: Berliner Zeitung, 20. Juli 1992, S. 9.

Theoretische Probleme der deutschen Orthographie: Nerius, D./Scharnhorst, J. (Hgg.) Berlin 1980.

THIERSE, Wolfgang (1992): „Sprich, damit ich dich sehe". Ein anderes Deutsch, doch keine andere Sprache in der Vergangenheit der DDR. In: Frankfurter Allgemeine Zeitung, 7. April 1992, S. 36. Überarbeitete Fassung: Derselbe (1992): Mit eigener Sprache sprechen. München/Zürich 1992, S. 301.

Wörterbuch der deutschen Gegenwartssprache (1961-1977): Hgg. von Ruth Klappenbach und W. Steinitz. 6 Bde. Berlin 1961-77.

WOLF, Christa (1989): Rede anläßlich der Demonstration auf dem Berliner Alexanderplatz am 4. November 1989. Abdruck bei H. D. Schlosser (1990), S. 155f.

YLÖNEN, Sabine (1992): Probleme deutsch-deutscher Kommunikation. Unterschiede im kommunikativen Verhalten zwischen Alt- und Neu-Bundesbürgern. In: Sprachreport. Informationen und Meinungen zur deutschen Sprache. Hg. vom Institut für deutsche Sprache (Mannheim). Heft 2-3/1992, S. 17-20.

Zu aktuellen Fragen der Sprachkultur

Rainer Wimmer

1. Die offene Sprachgesellschaft

Die hier von Annette Trabold und Hans Bickes besorgte Dokumentation von Aktivitäten der Sprachförderung in der Bundesrepublik Deutschland zeigt in eindrucksvoller Weise die Vielfalt von Maßnahmen, die je nach gesellschaftlichem Zusammenhang für sinnvoll und notwendig gehalten werden, und den Perspektivenreichtum, mit dem die sprachlichen und kommunikativen Aufgaben in den verschiedenen Institutionen betrachtet und behandelt werden. Das Schlagwortregister und das Institutionenregister belegen diesen Eindruck. Das Bild von Vielfalt und Heterogenität mag in manchem Benutzer und Interessierten den Wunsch aufkommen lassen oder vielleicht auch Gelüste wecken – ich formuliere dies absichtlich etwas gegenläufig und provokativ – mehr Ordnung zu schaffen in der Vielfalt von Themen und Zielsetzungen, Ratschläge zu erteilen für Vereinheitlichungen und „klare Linien“ sowie Programme zu entwickeln, nach denen man die Heterogenität „in den Griff“ bekommen könnte. Solches möglicherweise auch unter der Zielsetzung, es gelte angesichts einer derartigen (vorläufigen) Bestandsaufnahme, „sprachpolitische Maßnahmen“ zu ergreifen, um wenigstens Teile der vielfältigen Aktivitäten unter einer „Theorie“ der Sprachförderung zusammenzufassen und praktisch unter einem „gemeinsamen Dach“ zu vereinigen. Es ist ja bekannt, daß unter sprachinteressierten Bürgern (vgl. Stickel 1987), unter Politikern, unter Sprachdidaktikern und -beratern, unter Sprachglossatoren und Stillehrern sowie unter all denen, die in ihrem beruflichen Alltag und in ihrer alltäglichen Kommunikation mit Sprachbildung und Sprachgestaltung zu tun haben, eine große Sensibilität für Sprachnormierungen vorhanden ist und vor allem auch ein großes Bedürfnis nach möglichst weitreichender Geltung von bestimmten Sprachnormen besteht. Nicht charakteristisch, aber meines Erachtens doch symptomatisch sind extreme Äußerungen wie etwa von Wolf Schneider 1982 (und öfter), der Duden habe kapituliert (bei der Durchsetzung von einheitlichen Sprachnormen) und übe sein „Richteramt“ über Sprache und Sprachgesellschaft nicht mehr angemessen aus (kritisch dazu: Rupp 1986). Also: Gegen Vielfalt und Heterogenität in der Sprache und entsprechend in der Sprachförderung sowie Sprachbildung stehen das Bedürfnis und der vielfach bekundete Wille nach der Etablierung und Durchsetzung möglichst einheitlicher Normen.

Annette Trabold und Hans Bickes können mit der vorliegenden Bestandsaufnahme zurecht in Anspruch nehmen, einen wichtigen Beitrag zur Herstellung eines Überblicks über die sprachkulturellen Aktivitäten in der Bundesrepublik Deutschland geleistet zu haben; ein solcher Überblick ist für viele nützlich und notwendig für alle, die auf dem weiten Feld der Sprachkulturarbeit tätig sind, Doppelarbeit vermeiden und die Beiträge anderer verarbeiten wollen. Die Bearbeiter beschränken sich aus guten Gründen auf eine Bestandsaufnahme, ohne allzusehr ordnend, klassifizierend und systematisierend in die Datensammlung einzugreifen; letzteres – in seriöser Form durchgeführt – müßte eine auf Inhalte bezogene Theorie der Sprachförderung voraussetzen, eine Theorie, die aus sprachorientierter Perspektive das Praxisfeld gliedern und ordnen helfen könnte. Eine solche Theorie ist – ich betone: aus sprachorientierter Perspektive – nicht sinnvoll, und ich möchte sogar die These vertreten, daß eine solche Theorie nicht möglich ist. Selbstverständlich können einzelne Sprecher oder Sprechergruppen ihre mehr oder weniger genauen Vorstellungen über erfolgreiches Sprachhandeln in ihrem Sinne haben und diese Vorstellungen und Ziele auch in praxisorientierten Theorien formulieren sowie darstellen; selbstverständlich vertreten gesellschaftliche Interessengruppen und Politiker ihre Ziele auch sprachpolitisch, zuweilen sogar sprachtheoretisch (z. B. Bergsdorf). Hier geht es aber darum, ob Sprachförderungsprogramme, die eben die sprachliche Kompetenz der Bürger zum Gegenstand haben, durch interessengebundene, inhaltliche Programme strukturiert und legitimiert werden können. Dieses möchte ich bestreiten und möchte vielmehr vertreten, daß Sprachförderungsprogramme, die sich nicht als (partei)politisch verstehen, aus sprachlichen Gründen heraus, d. h. sprachtheoretisch, konzipiert und legitimiert werden müssen. Darauf werde ich im folgenden noch näher eingehen. Meines Erachtens vertreten und dokumentieren die Bearbeiter der Bestandsaufnahme gut die Position des interessierten Beobachters, sowohl mit ihren Fragen an die Sprachförderer wie auch mit ihrer Kommentierung. Die Bearbeiter tun gut daran, nicht einen bestimmten Sprachkulturbegriff aus ihrer eigenen Sicht vorgeschlagen zu haben. Denn jeder Vorschlag hätte entweder eingeschränkt, vielleicht sogar partikulär bleiben müssen oder hätte in bestimmter Hinsicht politisch, vielleicht sogar parteipolitisch werden müssen. Beides wäre aus meiner Sicht schädlich gewesen.

Alle Sprachförderungsbemühungen müssen mit der prinzipiellen Offenheit der Sprachgesellschaft rechnen. Dies zu sagen heißt nicht, der Sprachförderung wiederum ein bestimmtes inhaltliches Programm bzw. eine programmatische Zielsetzung vorzugeben; vielmehr geht es darum, auf Rahmenbedingungen hinzuweisen, die sich aus den Existenzbedingungen einer Sprachgesellschaft ergeben, die durch eine natürliche Sprache besteht und lebt. Was unter der Offenheit einer Sprachgesellschaft zu verstehen ist, möchte ich durch einige Hinweise erläutern, Hinweise vor allem auf die Varietätenvielfalt einer natürlichen Sprache und auf die sog. innere Mehrsprachigkeit. Es ist eine triviale, aber wesentliche Erfahrung eines jeden Sprachteilnehmers, daß er es beim Erlernen einer Sprache, gerade auch der Muttersprache, beim Kommunizieren mit anderen im Alltag und im Berufsleben, beim Aufnehmen von sprachlichen Informationen über die verschiedenen Medien und beim Verarbeiten von Informationen niemals mit einem einzigen Sprachsystem (etwa der deutschen Standardsprache oder Hochsprache, etwa der Fachsprache des Rechts, der Medizin usw.) zu tun hat, sondern vielmehr mit einer Vielzahl von Mischformen bis hin zu individualsprachlichen Ausprägungen im Wortschatz, im Satzbau, in der Aussprache usw. Die Varietätenvielfalt einer historisch traditionsreichen und – auch je in den einzelnen funktionsbedingten Ausprägungen – elaborierten Einzelsprache wie des Deutschen ergibt sich aus regionalen (Mundarten), sozialen („Hochsprache", Standardsprache, Alltagssprache usw.), fachlich-funktionalen (Verwaltungssprache, Sprache des Rechts usw.), bildungssprachlichen (Literatursprache, Journalisten-Deutsch, Sprache der religiösen Programmatik usw.) und weiteren Differenzierungen, die alle im sozialen, wirtschaftlichen, im weitesten Sinne gesellschaftlichen Zusammenleben ihre Grundlage und auch Legitimation haben. Jede lebendige Sprache zeichnet sich – von außen nach innen betrachtet – durch eine „innere Mehrsprachigkeit" unter den genannten Differenzierungen aus (vgl. Henne 1979). Diese innere Mehrsprachigkeit stellt hohe Anforderungen an die Sprachfähigkeit des Bürgers in einer bestimmten Sprachgesellschaft (vgl. Trabold 1993); sie ist für Sprachförderer jeglicher Richtung und Zielsetzung aber auch ein Anreiz, die Sprachförderungsmaßnahmen realistischer einzuschätzen und die Partikularität je spezifisch ins Auge gefaßter Maßnahmen abzuwägen und zu begreifen.

Eine wichtige Lehre, die sich für Sprachförderer aus der inneren Mehrsprachigkeit der offenen Sprachgesellschaft ergibt, ist die Erkenntnis – und vielleicht auch Anerkennung – daß die Sprachentwicklung, wie sie durch Einzelpersonen, Gruppen, Interessengruppen, berufliche Orientierungen usw. vorangetrieben wird, unüberschaubar ist. Dies heißt konkret für den einzelnen Sprachförderer, daß er sein spezifisches Sprachförderungsprogramm nicht daran orientieren kann, wie sich die Sprache (auch in Teilbereichen) in Zukunft entwickeln wird. Kein Sprachkultivierer kann seine Programmatik damit begründen, daß er wüßte, wie sich die Sprache oder Teilsprache, mit der er befaßt ist, in Zukunft weiterentwickeln wird. Es ist ein Ergebnis langer Sprachgeschichtsforschung und Sprachwandelforschung, daß die Sprachentwicklung ein evolutionärer Prozeß ist, der (selbstverständlich) letztlich auf den Sprachhandlungen einzelner Personen und einzelner Gruppen beruht, in seinen Konsequenzen aber niemals von den handelnden Einzelpersonen und Gruppen überschaut werden kann (vgl. Keller 1990). Prognosen über die Sprachentwicklung, im Kleinen und Großen, sind kaum möglich, wenn überhaupt, dann jeweils unter einer Reihe von Vorbehalten und nur in relativ vager Form. Im Einzelfall kann man natürlich begründet Hypothesen formulieren, zum Beispiel (ein Einzelfall aus der Wortschatzentwicklung): Als seit Mitte der

70er Jahre aufgrund von Beleganalysen über Texte des öffentlichen Sprachgebrauchs in der Bundesrepublik Deutschland (West) deutlich wurde, daß der vorher verwaltungstechnisch eingeschränkte Gebrauch des Wortes Altlast nicht nur in der konkreten Wortbedeutung ‚Müllkippe' frequenter wurde, sondern auch übertragene, metaphorische Bedeutungen zeigte („die geistigen Altlasten aus der Nazi-Zeit"), die über die Medien schnell verbreitet wurden, konnte man die Hypothese haben, daß Altlast nicht nur ein zeittypisches Modewort der Ökobewegung bleiben würde, sondern in den Wörterbüchern der deutschen Gegenwartssprache auf Dauer Aufnahme finden könnte (vgl. den Eintrag Altlast in Strauß-Haß/Harras 1989). Die vorbehaltvolle Formulierung zu dem relativ einfachen Fall Altlast läßt bereits die Kompliziertheit von sprachprognostischen Versuchen erkennen. Sprachhistoriker haben Mühe, sich (für die Sprachteilnehmer natürlich unbewußt) vollziehende Sprachveränderungen zu diagnostizieren und abgeschlossenen Sprachwandel angemessen (auch unter Einbezug der Genese) zu beschreiben; umso aussichtsloser erscheinen Vorhaben, Sprachveränderungen vorauszusagen und zukünftigen Sprachwandel zu antizipieren.

Aus der Offenheit der Sprachgesellschaft, manifestiert durch die soziale, fachliche, areale (regionale) und funktionale (z. B. öffentliche Sprache im Unterschied zur privaten Sprache) Varietätenvielfalt des Deutschen und manifestiert durch die Unvorhersagbarkeit von Sprachveränderungen im Kleinen wie im Großen, ergeben sich meines Erachtens einige allgemeine, aber deshalb im einzelnen um so wichtigere Ratschläge für Sprachförderungsmaßnahmen. Stichwortartig lassen sich diese Ratschläge wie folgt charakterisieren:

- Toleranz gegenüber den abweichenden Zielen anderer Sprachförderer,
- Offenheit in bezug auf alternative sprachliche Entwicklungen,
- Vorsicht in der Prognose von Sprachveränderungen und Sprachentwicklungen,
- Skepsis in bezug auf Patentrezepte in der Beurteilung von Sprachgebrauch nach Kriterien wie richtig/falsch, angemessen/unangemessen, gut/schlecht, ästhetisch/unästhetisch, veraltet/modern usw.

Solche Hinweise und Ratschläge mögen manchen als zu allgemein erscheinen; sie sind aber gerade in ihrer Allgemeinheit notwendig. Die Allgemeinheit werde ich im folgenden noch zu begründen versuchen, in diesem Zusammenhang aber auch die Vorstellung und Zielsetzung, daß gerade diese allgemeinen Ratschläge in Einzelempfehlungen zum Sprachgebrauch und in normativen Auseinandersetzungen über alternative Sprachverwendungen direkt zum Zuge kommen müssen. Ich möchte hier ausdrücklich auf das Sprachförderungsprogramm von Greule (in diesem Band) Bezug nehmen und befürworten, daß alle Sprachförderungsmaßnahmen unter dem Titel/ dem Thema/ der Zielsetzung der Sprachberatung zusammengefaßt werden sollten. Sprachberatung ist ein großes Thema in unserer Gesellschaft, vielleicht sogar das große Thema bezüglich Sprachförderung. Wenn man aber nachschaut, auch in Greule/Ahlvers-Liebel 1986, was unter Sprachberatung im einzelnen zu verstehen ist, so findet man keine ausformulierten Programme; ich sage: Man findet solche Programme mit Recht nicht, weil eine offene Sprachgesellschaft Programme, die auf Einzelphänomene bezogen sind, nicht zuläßt, und zwar aus den oben angedeuteten Gründen. Um Mißverständnisse zu vermeiden: Gemeint sind hier natürlich Programme, die geeignet wären, von allgemeinen Aussagen über Sprach-, Kommunikationsziele und -zwecke sowie von allgemeinen Aussagen über die Sprachentwicklung bestimmte Richtlinien und Rezepte für den Sprachgebrauch im einzelnen schlüssig abzuleiten. Maßstäbe wie richtig/falsch, angemessen/unangemessen usw. müssen in verschiedenen Sprachbereichen und Sprachgebrauchssituationen unterschiedlich angewendet werden, oder besser: Sie führen zu unterschiedlichen Entscheidungen über den Sprachgebrauch. Worauf es mir ankommt, ist, darauf hinzuweisen, daß die „Vagheit" allgemeiner Sprachförderungs- und Sprachberatungsprogramme ihren Grund nicht in vermeintlichen konzeptionellen Schwächen hat, sondern eine notwendige Folge der Offenheit der Sprachgesellschaft ist. Die oben formulierten Ratschläge zur Toleranz gegenüber abweichenden Sprachverwendungen und zur Vorsicht im Umgang mit Patentrezepten sind nicht Ausfluß einer irgendwie gearteten Liberalität in bezug auf Sprachfragen, sondern Konsequenz von sprachhistorischen und linguistisch-systematischen Erkenntnissen über die Offenheit der Sprachgesellschaft. Wenn Püschel in seinem Beitrag in diesem Band unter der Überschrift „Sprachkultur als Kommunikationskultur" auf die ganz generellen Maximen „Sei informativ! Rede verstehbar! Sei wahrhaftig! Sei relevant!" (im Anschluß an H. P. Grice) hinweist, so sollten die Allgemeinheit und die Formalität dieser Maximen nicht als Mangel an Dezidiertheit in der Bestimmung von Sprachkultivierungszielen gesehen werden, sondern als Konsequenz aus der inneren Mehrsprachigkeit einer jeden Sprachgesellschaft, aus der notwendigen und tatsächlich auch gegebenen Vielfalt der sprachlichen Normen und der daraus sich ergebenden Vielfalt von Sprachgebrauchszielen.

So sehe ich die „Offenheit" der vorliegenden Bestandsaufnahme zur Sprachkultur legitimiert durch die Offenheit der lebendigen Sprachgesellschaft.

2. Gegen eine Politisierung der Sprachförderung

Sprachförderung geht immer mit bestimmten Inhalten einher; man kann nicht sprechen, schreiben, ohne irgendetwas auszudrücken, auszusagen, zu behaupten, zu entschuldigen, zu erbitten, zu befehlen usw. Wer aus bestimmten Interessen bestimmte Inhalte und damit Meinungen verbreiten und durchsetzen möchte, versucht auch, diese Mittel zu verbessern, zu elaborieren, immer mit dem Ziel, seinen inhaltlichen Vorstellungen eine größere Akzeptanz zu verschaffen. So gehen Interessenvertretung und Sprachförderung oft zusammen, am augenfälligsten in der Konsumwerbung und in der politischen Werbung. Sprachelaborierung wird in den Dienst von bestimmten Interessen gestellt; und die Sprachkritik versteht sich im Gegenzug in ihren Zielen oft als Kritik an bestimmten Inhalten und (gesellschaftlichen) Interessen.

Ich möchte für eine möglichst strikte Trennung zwischen sprachorientierten Förderungszielen und Zielen der Vertretung von inhaltlichen Interessen plädieren. Für eine solche Trennung sprechen meines Erachtens viele Gründe, u. a.: 1) Eine Vermengung beider Zieltypen führt leicht zu Manipulationen derart, daß Interessen und Meinungen, für die man keine weiteren inhaltlichen Gründe anführen kann, über die sprachliche Form der Äußerung vorgeführt und vertreten werden (z. B.: der „Begriff Bildung" könne nur so und nicht anders verstanden werden; die „Logik" einer bestimmten Aussage verlange, daß X). Es kann niemanden wundern, daß gegen solche Rechtfertigungen sogleich auch der Vorwurf der Manipulation erhoben wird. Meine Frage ist: Zu welchem Nutzen werden derartige Auseinandersetzungen geführt? 2) Wenn die „inhaltlichen" Argumente ausgehen, ist man schnell mit sprach-formalen Argumenten oder solchen, die man dafür hält, bei der Hand (z. B.: so könne man nicht argumentieren; ein „Wort" oder „Begriff" sei falsch verwendet). 3) Sprachliche Bildungsziele sind nicht nach Inhalten (nach dem, worüber man redet) partikulierbar, sondern allenfalls nach Sprachformen (danach, wie man redet). Informationen darüber zu vermitteln, wie man redet, liegt in den Zielen einer Beförderung der offenen Sprachgesellschaft, aber nicht im Zielbereich von inhaltlichen Interessenvertretungen; denn bestimmte Inhalte können sprachlich in vielfältigen Formen vertreten werden, je nach der Einschätzung der Erfolgsaussichten durch die Sprachteilnehmer. Sprachkompetenz und Inhaltskompetenz sind zwei verschiedene Dinge.

Ich möchte im folgenden kurz auf ein Beispiel einer inhaltlichen Politisierung von Sprachkultivierungszielen eingehen, ein Beispiel, das durchaus nicht unkontrovers ist. Wegen der bezeichneten Verquickungvon Sprachförderung und Interessenvertretung sind die meisten Beispiele in diesem Bereich nicht unkontrovers. Wolfgang Bergsdorf 1985, aber auch sonst öfter in seinen Schriften, hat die These vertreten, daß die zu Sprachkultivierungszwecken betriebene Sprachkritik politisch werden müsse. Aus seiner Sicht stellt sich der Begründungszusammenhang wie folgt dar; ich muß natürlich verkürzen, hoffe aber, daß ich in der Darstellung den Kern treffe. Die Demokratie verlangt – nach Bergsdorf – einen bestimmten Umgang mit der Sprache. Sprache ist zwar allgemeines Kommunikationsmittel, als solches aber den Demokratiegesetzlichkeiten (was immer das heißen mag) unterworfen. Die Demokratie verlangt von den Politikern, daß sie die Sprache im Hinblick auf ein bestimmtes Ziel, nämlich die Herstellung eines bestimmten politischen Konsenses, gebrauchen. „Konsens" ist das Schlüsselwort, das nicht nur Bergsdorfs oberstes Kommunikationsziel bezeichnet, sondern in seinen Augen auch das oberste Ziel aller sprachlichen Bemühungen darstellt. Die Begründung, die dafür gegeben wird, zeigt folgende Aspekte: 1) Politiker in einer Demokratie müssen zum Wohle der Gesellschaft handeln. Sie brauchen dafür eine Legitimation durch die Bürger, denen sie ihre Handlungen erklären müssen. Oberstes Ziel solcher Kommunikationsbemühungen ist die Herstellung von Konsenssituationen. Der Konsens legitimiert politisches Handeln. 2) Konsensherstellung verlangt – nach Bergsdorf – einen bestimmten Sprachgebrauch. Zum Beispiel: Schlüsselbegriffe wie ‚konservativ', ‚liberal', ‚Fortschritt', ‚Leistung', ‚Wertediskussion' usw. müssen so dargestellt werden, daß sie als möglichst zustimmungsfähig erscheinen. Das heißt, daß die „Begriffe" als möglichst allgemeine Konzepte beschrieben und erläutert werden; Begriffsdifferenzierungen und -präzisierungen sind nicht so sehr gefragt wie „mehrheitsfähige" Generalisierungen; „Vagheit" geht vor „Differenzierung". Bergsdorf faßt die „Kritik an der mangelnden Präzision der politischen Sprache" als „Kompliment für ihre Integrationsleistung" auf (Bergsdorf 1985, 192). 3) Aus solchen Zielvorgaben zieht Bergsdorf den Schluß, daß die Sprachkritik bezogen auf den politischen Sprachgebrauch selbst politisch werden müsse (Bergsdorf 1985, 192f.). Es wird an die Sprachkritik appelliert, sich der Kommunikationserfordernisse in einer demokratischen Gesellschaft zu vergewissern und ihre Maßstäbe entsprechend einzurichten.

Bergsdorf hat wahrscheinlich Recht mit seiner Analyse der Kommunikationsverhältnisse in einer demokratischen Gesellschaft, die wesentlich auf die Meinungsbildung über Parteien setzt. Aber kann man eine solche Analyse als Grundlage für die Formulierung von allgemeinen Zielen des Sprachgebrauchs in einer demokratischen Gesellschaft nehmen? Ich meine: Nein. Konsens ist ein wichtiges kommunikatives Ziel, und zwar nicht nur im politischen Bereich, sondern auch im privaten. Aber es ist ein partikulares Ziel inhaltlicher Art, das man weder der Sprachgesellschaft als ganzer noch dem einzelnen in jeder Situation zur Vorschrift machen kann. In vielen Situationstypen ist gerade nicht der Konsens gefragt, sondern das Offenlassen, das Aufeinander-Hören, das Verstehen ohne Zustimmung. Die Sprache läßt dies offen. Jedenfalls kann es kein allgemeines sprachorientiertes Ziel sein, Konsens zu erzeugen, vielmehr: Verstehen. Den anderen zu verstehen heißt noch nicht, ihm zuzustimmen, seine Meinungen zu übernehmen und zu akzeptieren. Verstehen ist etwas anderes als Verständigung, Konsensbildung. Verstehen schließt ein, daß man die Erwartungen des jeweils anderen mit berücksichtigt, daß man zumindest versucht, sie zu erkennen; aber Verstehen soll den jeweils anderen nicht unter den Zwang setzen, zuzustimmen. Es ist ein originär sprachorientiertes (und sprachtheoretisch zu begründendes und begründbares) Ziel, Verstehen zu fördern; Verständigung und Konsens herbeizuführen, ist ein inhaltlich-partikulares Ziel, das als solches in bestimmten Kommunikationssituationen seine Berechtigung hat, aber auch nicht mehr.

Bergsdorf befindet sich mit seinen politischen Sprachkultivierungsvorstellungen in guter Gesellschaft (vgl. Wimmer 1990). Zum Beispiel vertritt Jürgen Habermas (vgl. Habermas 1983) im Rahmen seiner Diskursethik die These, daß Konsensbildung in verständigungsbereiten Teilgesellschaften bzw. gesellschaftlichen Gruppen ein Hauptziel der Kommunikation sei. „Argumentation" wird von Habermas als das sprachliche Handlungsmuster par excellence genommen, das in der Lage sei, die Vorgaben für einen demokratischen Diskurs im Gefolge der Aufklärung zu bestimmen. Dazu kann man aus sprachorientierter Sicht sagen: Sicherlich ist das Argumentieren ein wichtiges Handlungsmuster in unserer Gesellschaft, öffentlich und privat. Aber das sprachliche Zusammenleben ist reichhaltiger, als daß es durch nur ein Handlungsmuster wie das „Argumentieren" strukturiert werden könnte, auch bezüglich der Maßstäbe und auch bezüglich des partikularen Ziels der Konsensbildungen.

Bergsdorf und Habermas sind nur Beispiele für eine politische Partikularisierung von Sprachförderungszielen. Die inhaltliche Vereinnahmung von Sprache für andere als sprachliche Interessen ist natürlich gang und gäbe. Man kann Verständnis haben dafür, daß Sprache in den Dienst von vernünftigen sprachpolitischen und sozialpsychologischen Zielen gestellt wird. Ein Mißverständnis sollte nicht aufkommen: daß ich die sprachpolitischen Ziele von Bergsdorf oder von Habermas mißbilligte; das ist nicht der Fall. Nur: Sprachförderung für die gesamte Sprachgesellschaft kann sich an solchen partikularen Zielen nicht orientieren. Dies ist meine These. Deshalb plädiere ich für:

- eine möglichst strikte Trennung zwischen politischen Zielen und Sprachförderungszielen;
- eine möglichst umfassende Bestandsaufnahme von Sprachförderungsbedürfnissen in der Gesellschaft;
- eine Gewichtung der Sprachförderungsziele nach sprachorientierten Interessen und nicht nach Interessen, die politisch vorgegeben werden;
- eine Definition der Kommunikationsbedürfnisse durch die Kommunikationsbeteiligten selbst, nicht durch Kommunikationsbeobachter, die „außen vor" stehen und nur indirekt Zugang zu den Kommunikationsbedürfnissen haben.

Rosemarie Schnerrer geht im ersten Teil ihres Beitrags in diesem Band darauf ein, wie die Spachkulturbemühungen in der DDR unter politische Ziele gestellt wurden. Die Bundesrepublik Deutschland (West) hat hier auch offiziell immer eine andere Politik, nämlich eine der Trennung von politischer Führung einerseits und Sprachkultivierungsbemühungen sowie deren Träger andererseits vertreten (vgl. z. B. Schäuble 1990) – und dies, wie ich meine, aus guten Gründen, die nicht nur Opportunitätserwägungen sind. In der DDR sollte die Sprachkulturarbeit dem Aufbau und der Förderung der sog. „sozialistischen Persönlichkeit“ dienen, was immer man sich unter einer solchen Bestimmung vorstellen mag. Schnerrer hat sicher Recht, wenn sie schreibt, daß die Bestimmung „sozialistisch“ im Zusammenhang mit Sprachkultur häufig nur als „leere Hülle“ aufgefaßt wurde, das heißt, daß viele die inhaltliche Bestimmung, die der DDR-Staat an die Sprachförderung gebunden hatte, nicht ernst nahmen. Die Offenheit der Sprachgesellschaft verlangt meines Erachtens aber noch mehr als die Zurückweisung von inhaltlichen Vorgaben durch die Politik. Es sollte meines Erachtens jede Art von autoritativer Normierung von Sprachformen und Sprachverwendungsformen zurückgewiesen werden. In einer offenen Sprachgesellschaft hat keine Sprechergruppe das prinzipielle Recht, einer anderen Sprechergruppe den Sprachgebrauch vorzuschreiben. Dies schließt aus meiner Sicht selbstverständlich mit ein, daß sich auch die Sprachwissenschaft nicht anheischig machen kann, für die gesamte Sprachgesellschaft zu „definieren“, was unter Sprachkultur zu verstehen sei. Ich stehe daher auch allen Versuchen skeptisch gegenüber, den Sprachkulturbegriff heute möglichst umfassend zu bestimmen (unter Einbezug ästhetischer und aller denkbaren Angemessenheitskriterien), wie Schnerrer es in ihrem Beitrag vorschlägt. Um noch einmal einem naheliegenden Mißverständnis im Zusammenhang mit meinem Plädoyer vorzubeugen: Die Offenheit der Sprachgesellschaft soll nicht besagen, daß jeder reden kann, wie er will; es geht nicht um ein Plädoyer für Willkür. Im Gegenteil: Jeder soll die Möglichkeit haben, in seinem Lebensbereich seine Sprachnormen zur Geltung zu bringen. Es geht aber sehr wohl um die Frage, wer unter welchen Bedingungen legitimiert sein soll, anderen einen bestimmten Sprachgebrauch vorzuschreiben.

3. Eine Anmerkung zur Rolle der Sprachwissenschaft

Ich verstehe Albrecht Greules Eintreten für „Beratung“ als oberstes Ziel der Sprachförderung (in diesem Band; aber auch Greule/Ahlvers-Liebel 1986, Greule 1992) so, daß er vermeiden möchte, durch Sprachpflege normsetzend und lenkend in das Sprachgeschehen einzugreifen; gefragt ist Beratung anstelle von Präskription. Dies ist ein Konzept im Sinne der offenen Sprachgesellschaft. Ich denke aber, daß der Beratungsbegriff in dieser Konzeption nicht zu eng gefaßt werden sollte. So sehe ich auch beispielsweise folgende Aufgaben der Sprachwissenschaft durchaus im Zusammenhang mit Sprachförderung:

- Beobachtung und Beschreibung der Sprachentwicklung in der Gegenwart;

- Untersuchung der neuesten Sprachgeschichte unter Gesichtspunkten gesellschaftlicherSchlüsselwörter (vgl. Stötzel 1993);
- Entwicklung von Konzeptionen für den Muttersprachenunterricht und für das Aufgabenfeld „Deutsch als Fremdsprache";
- Entwicklung und Herstellung von Wörterbüchern;
- Herstellung von Ratgebern für Grammatik und Rhetorik;
- Analyse von Kommunikationskonflikten in der Gesellschaft.

Freilich bezeichnet diese Auswahl an Themen bereits ein breites Spektrum an Aufgaben, das von den bestehenden Institutionen nicht so ohne weiteres bewältigt werden kann. Mir geht es darum, darauf hinzuweisen, daß Sprachberatung in einem engeren Sinne, nämlich: reagieren auf aufkommende Fragen, nicht alles sein kann.

Literatur

BERGSDORF, Wolfgang 1985: Über die Schwierigkeiten des politischen Sprechens in der Demokratie. In: Rainer Wimmer (Hg.) 1985. Düsseldorf, 184-195

DIECKMANN, Walther 1992: Sprachkritik (= Studienbibliographien Sprachwissenschaft 3). Heidelberg

GREULE, Albrecht 1992: Aufgaben und Probleme der modernen deutschen Sprachpflege. In: Lingua ac communitas Nr. 1. Warszawa, Pozna 1992, 107-117

GREULE, Albrecht/AHLVERS-LIEBEL, Elisabeth 1986: Germanistische Sprachpflege. Geschichte, Praxis und Zielsetzung. Darmstadt

HABERMAS, Jürgen 1983. Moralbewußtsein und kommunikatives Handeln. Frankfurt a.M.

HENNE, Helmut 1979: Fachidiome: Über die eigene Zeit, studiert an der Sprache. In: Wolfgang Mentrup (Hg.): Fachsprachen und Gemeinsprache. Jahrbuch 1978 des Instituts für deutsche Sprache (= Sprache der Gegenwart 46). Düsseldorf, 302-316

KELLER, Rudi 1990: Sprachwandel. Von der unsichtbaren Hand in der Sprache. Tübingen

KIRKNESS, Alan 1975: Zur Sprachreinigung im Deutschen 1789-1871. Eine historische Dokumentation. Teil I und II (= Forschungsberichte des IDS 26) Tübingen

RUPP, Heinz 1986: Über die Notwendigkeit von und das Unbehagen an Stilbüchern. In: Sprachnormen in der Diskussion. Berlin, 102-115

SCHÄUBLE, Wolfgang 1990: Sprache und Politik. In: Der Sprachdienst. 34. Jg., H.2, 39-46

Sprachnormen in der Diskussion 1986. Beiträge vorgelegt von Sprachfreunden. Berlin

STICKEL, Gerhard 1987: Was halten Sie vom heutigen Deutsch? – Ergebnisse einer Zeitungsumfrage. In: Rainer Wimmer (Hg.): Sprachtheorie – Der Sprachbegriff in Wissenschaft und Alltag. Jahrbuch 1986 des IDS. (= Sprache der Gegenwart 71) Düsseldorf, 280-318

STÖTZEL, Georg1993: Sprachgeschichte als Problemgeschichte der Gegenwart. Vorstellung eines Konzepts. In: Hans Jürgen Heringer/Georg Stötzel (Hg.): Sprachgeschichte und Sprachkritik. Festschrift für Peter von Polenz. 111-128. Berlin

STRAUSS, Gerhard/HASS, Ulrike/HARRAS, Gisela 1989: Brisante Wörter von Agitation bis Zeitgeist. Ein Lexikon zum öffentlichen Spachgebrauch. Berlin

TRABOLD, Annette 1993: Sprachpolitik, Sprachkritik und Öffentlichkeit. Anforderungen an die Sprachfähigkeit des Bürgers. Wiesbaden

WIEGAND, Herbert Ernst 1986: Von der Normativität deskriptiver Wörterbücher. Zugleich ein Versuch zur Unterscheidung von Normen und Regeln. In: Sprachnormen in der Diskussion. 72-101. Berlin

WIMMER, Rainer (Hg.) 1985: Sprachkultur. Jahrbuch 1984 des Instituts für deutsche Sprache (= Sprache der Gegenwart 63) Düsseldorf

WIMMER, Rainer 1990: Sprachliche Bildung als Erziehung zu kommunikativer Ethik. I. Maximen einer kommunikativen Ethik, ihre Begründung und ihre Verwendung in der Praxis. In: Karl Ermert (Hg.): Sprachliche Bildung und kultureller Wandel. Rehburg-Loccum (Evang. Akademie Loccum) (= Loccumer Protokolle 56/1989). 129-172

Überlegungen zu einer Theorie der Sprachförderung*

Albrecht Greule

1 Vorbemerkung

Ausgehend von der Gebrauchsgeschichte des Begriffs *Sprachpflege*, wird in der folgenden Darstellung versucht, eine allgemeine *Theorie der Sprachförderung* zu entwickeln, die zumindest für die europäischen Nationalsprachen Gültigkeit beansprucht. Eine Diskussion von Ersatzkonzepten verfolgt den Zweck, das Verhältnis von Sprachpflege zu Sprachkultur und Sprachkritik zu diskutieren sowie einen Einblick in Theorie und Praxis der Sprachpflege zu geben. Dabei lehrt die Berücksichtigung der Mundartpflege, daß Sprachpflege nicht nur mit der Standardsprache, sondern auch mit den Varietäten außerhalb der Standardsprache zu tun hat.

2 Sprachpflege – ein umstrittener Begriff

Die Geschichte des Wortes *Sprachpflege* – soweit sie bislang überhaupt erforscht ist (das folgende nach ROTH 1984: 266f.) – zeigt, daß ein Kompositum aus *Sprache* und *Pflege* seit dem 17. Jahrhundert nahelag, anscheinend aber erst 1833 in einer Schrift Friedrich Ludwig Jahns, des „Turnvaters", tatsächlich belegt ist. In den Belegen, in denen vor 1833 *pflegen* oder *Pflege* auf die deutsche Sprache bezogen sind, konnte sehr allgemein die fürsorgliche, bessernde Bemühung sowohl des Systems der Literatursprache als auch der konkreten Sprachverwendung gemeint sein. An diese Tradition schließen unbewußt die Versuche in den achtziger Jahren dieses Jahrhunderts an, Sprachpflege in Abgrenzung vom Fremdwortpurismus neu zu definieren (vgl. GREU-

* Überarbeitete und leicht geänderte Fassung eines Aufsatzes mit dem Titel „Sprachpflege, Sprachkultur, Sprachkritik"; in: Vilmos Ágel/Regina Hessky (Hgg.), Offene Fragen – offene Antworten in der Sprachgermanistik. Max Niemeyer Verlag, Tübingen 1992, S. 165-176.

LE / AHLVERS-LIEBEL 1986: 83-95, ROTH 1984: 272-274). Von Nutzen ist und war dabei die Durchsichtigkeit des Kompositums, das in einer Reihe mit zahlreichen weiteren *-pflege*-Komposita der Gegenwartssprache steht. Geläufig sind etwa die Komposita „Denkmalpflege“ und „Rechtspflege“. Otto Nüssler kommt bei der Differenzierung der Komponenten *Sprache* und *Pflege* und ihres Verhältnisses im Kompositum zu der Auffassung, daß *Sprachpflege* nicht ‘Pflege der Sprache’ bedeute, also „kein unmittelbares Handeln an der Sprache“, sondern „ein engagiertes Tun für die Sprache“ sei (NÜSSLER 1983: 32, Hervorhebungen von A. G.). Der Gegenstand der Sprachpflege sei der Mensch als Sprachträger und Sprachteilhaber. Wenn Sprachpflege überhaupt etwas pflege, dann „das Denken der Menschen, damit sie lernen, mit sprachlichen Mitteln folgerichtig, d. h. denkrichtig umzugehen“ (NÜSSLER 1983: 33).

Eine andere Tradition im Gebrauch des Wortes *Sprachpflege* beginnt allem Anschein nach in der ersten Hälfte des 19. Jahrhunderts bei F. L. Jahn. Dieser Traditionsstrang wirkt bis heute nach und macht es uns unmöglich, *Sprachpflege* undifferenziert in der oben ausgeführten, auf die positive Konnotation von *-pflege* vertrauenden Bedeutung zu verwenden. Diese Tradition ist in erster Linie verantwortlich für das konnotative Spektrum, das die Fachdiskussion über die Sprachpflege und ihre Berechtigung in der heutigen deutschen Sprachsituation beeinflußt und das Klaus-Hinrich Roth so umschreibt: „willkürlich, unseriös, pedantisch, sektiererhaft, borniert/ideologisch verzerrt, nationalistisch, nazistisch/verwaltend, museal, antiquiert/regelbesessen, normunterworfen/fremdworttilgend ... “ (ROTH1984: 265). – In der Schrift „Merke zum deutschen Volksthum“ (1833) schreibt F. L. Jahn in einem Kapitel über „Wortlehre“: „Doch müssen mit strengem Ernst und unerbittlicher Sprachpflege in Acht und Bann getan, ewig verfolgt werden: jene Welschworte, so Seelengift einschwärzen, unsere Grundansicht verdüstern, die Lebensverhältnisse verwirren und durch andersartige, sittliche, rechtliche und staatliche Begriffe das Deutschtum verunstalten, entstellen und schänden“ (zitiert nach ROTH 1984: 267). Damit wird der radikale, besonders gegen französische Wörter im Deutschen gerichtete Purismus („Entwelschung“), d.h. Tilgung der Fremdwörter und Ausbau des deutschen Wortschatzes durch Wiederbelebung alter Wörter, Lehnschöpfungen usw. (KIRKNESS 1984: 295), zur Aufgabe der Sprachpflege gemacht. Die besondere Rolle Jahns und der aggressive ideologisch-politische Kontext begünstigten die Verwendung und Verbreitung des Wortes in einem eingeengten, national-patriotischen und moralisch wertenden Sinn (ROTH 1984: 267). Daß es zu einem Synonym für den nationalistischen Fremdwortpurismus wurde, liegt im Wirken des 1885 gegründeten Allgemeinen Deutschen Sprachvereins (ADSV) begründet, in dem der Fremdwortpurismus institutionalisiert und die zur Volksbewegung gewordene Fremdwortjagd organisiert wurde (KIRKNESS 1984: 296f.). Zu den Hauptzielen des ADSV gehörten an oberster Stelle die „Reinigung der deutschen Sprache" und die Pflege der „Erhaltung und Wiederherstellung des echten Geistes und eigenthümlichen Wesens der deutschen Sprache" (GREULE / AHLVERS-LIEBEL 1986: 28ff.). Über die Rolle des Sprachvereins im „Dritten Reich" sind wir durch neueste Forschungen von Gerd Simon informiert. Zwar wurden die fremdwortpuristischen Tätigkeiten 1940 auf Anweisung Hitlers verboten; vor seiner Auflösung 1945 diskreditierte der Sprachverein aber durch seine Verstrickung in die sprachterroristische „Entwelschungs"-Kampagne im besetzten Elsaß (vgl. SIMON 1989: 77-81) das Wort *Sprachpflege*, das man mit seinen Aktivitäten verbindet, vollends.

Ist also der Begriff Sprachpflege heute und schon seit langem abgewirtschaftet, wie Claus Gnutzmann behauptet (GNUTZMANN 1988: 364)? Ja, wenn man ihn nur in der fremdwortpuristischen und nationalistischen Tradition sieht. Nein, wenn man die ganze Wortgeschichte in den Blick nimmt und erkennt, daß das Wort sich ursprünglich auf die fürsorgliche, bessernde Bemühung um die Sprache bezog. Nein, wenn man berücksichtigt, daß selbst in der Glanzzeit des ADSV, nämlich 1889 in der „Erklärung" von 41 bekannten Gelehrten und Schriftstellern, ein Unterschied zwischen Fremdwortbekämpfung und Sprachpflege mit pädagogischem, den Sprachgebrauch betreffendem Wesenszug gemacht wurde (GREULE / AHLVERS-LIEBEL 1986: 31). Nein, wenn man bedenkt, daß sich nach 1900 die Verwendung von *Sprachpflege* auf Sprachheilkunde, Sprecherziehung und Sprachpädagogik (hier nach 1945 im Sinne von ‚intensiver unterrichtlicher Bemühung um Sprache/Sprachliches bzw. um sprachliche Fähigkeiten') ausweitet (ROTH 1984: 267f.). Hinzu kommt, daß der vereinsmäßig organisierte, national-völkische Fremdwörterkampf, nachdem die Gesellschaft für deutsche Sprache, in einem gewissen Sinn die Nachfolgeorganisation des Deutschen Sprachvereins, der Fremdwortbekämpfung abgeschworen hat (s.u. 3.2), zur Bedeutungslosigkeit herabgesunken ist (vgl. jedoch KOLDE 1986: 185). Schließlich sollte auch berücksichtigt werden, daß z. B. in den skandinavischen Ländern der Sprachpflegebegriff ganz ohne die oben aufgeführten aus der fremdwortpuristischen Tradition stammenden Konnotationen gebraucht wird. – Es lohnt jedenfalls, durch die Betrachtung der Ersatzkonzepte festzustellen, ob *Sprachpflege* im ursprünglichen Sinn etwas noch heute Aktuelles und vielleicht sogar, bezogen auf Sprachgemeinschaften mit einer Standardsprache, Universelles meint, und danach eine Theorie zu entwerfen, in der Sprachpflege ein Platz zugewiesen werden kann (s.u. 5).

3 Ersatzkonzepte und neue Ansätze nach 1945

3.1 Sprachkultur

„Die Sprachpflege und die ihr zugrunde liegende linguistische Arbeit hatten nach 1945 und in den ersten Jahren der DDR im Zusammenhang mit der Überwindung der (...) nationalistischen und puristischen Hypothek vor allem zwei Aufgaben: (...) die Eliminierung des faschistischen Gedankengutes mitsamt seinen vielen sprachlichen Formen und (...) die Bestimmung, Untersuchung und Darstellung der Normen der deutschen Gegenwartssprache als Voraussetzung aller sprachpflegerischen Bemühungen" (NERIUS 1985: 55). Bei ihren Bemühungen um eine Neuorientierung der Sprachpflege in der sozialistischen Gesellschaft griffen Sprachwissenschafler der DDR Anfang der 70er Jahre Überlegungen zur Sprachkultur auf und entwickelten dieses Konzept der Prager linguistischen Schule eigenständig weiter.

Bei den Pragern ist die Sprachkultur in deren Theorien über die Standardsprache verankert. Sie wird bestimmt als die bewußte Pflege der Schriftsprache. Sprachkultur verwirklicht sich mit Hilfe theoretischer Arbeiten zur Sprache, durch den Sprachunterricht in der Schule und im Prozeß der schriftstellerischen Praxis (DANES 1988: 1698). Man operiert mit zwei Dichotomien: 1. mit dem Unterschied Sprachkultur als Zustand (hohes Qualitätsniveau) und Sprachkultivierung als Bemühungen um die Sprachkultur, 2. mit dem Unterschied Sprache (im Sinne von Saussures Langue) und Rede (im Sinne von Sprachverkehr). Bei der Kreuzung beider Dichotomien ergeben sich vier Bereiche: 1. Kultur der Sprache (= hohes Qualitätsniveau des Systems der Standardsprache), 2. Kultivierung der Sprache (= Bemühungen um eine qualitätvolle Entwicklung der Standardsprache), 3. Kultur der Rede (= Niveau der gesellschaftlichen Verständigung mittels Sprache), 4. Kultivierung der Rede (= Bemühungen um die Erhöhung des Niveaus der sprachlichen Kommunikation) (vgl. GREULE / AHLVERS-LIEBEL 1986: 73f.). Meist werden die vier Bereiche jedoch nicht auseinandergehalten, sondern unter Sprachkultur zusammengefaßt. Als Voraussetzungen einer erfolgreichen Sprachkultur werden genannt: 1. kodifizierende Wörterbücher, Grammatiken, orthographische und orthoepische Handbücher sowie funktionalstilistische Kompendien. 2. Institutionen, die die gewünschte Tätigkeit fördern, koordinieren und garantieren (Schulen, nachschulische Bildung, Schulung für Erwachsene, sachverständige Berater usw.). 3. Lehrer und Linguisten (DANES 1988: 1699). Tätigkeiten im Rahmen der Sprachkultur sind: Lehren, Erziehen, Instruieren, Informieren, Beraten, Üben und Fördern der Sprachkritik (DANES 1988: 1699). Als Mittel hierzu kommen in Frage: Lehrpläne und Lehrbücher, Sprachratgeber, populärlinguistische Zeitschriften, Sprachglossen, Vorträge, Sprachberatungsstellen (DANEŞ 1988: 1699f.). Wichtig ist schließlich, daß die Prager die Grundprinzipien der Sprachkulturtheorie – „soweit wir nach den Sprachen unseres Kulturbereichs urteilen können" (DANEŞ 1988: 1700) – für universell halten.

Die über zehn Jahre anhaltende Diskussion über die Sprachkultur unter DDR-Germanisten und -Germanistinnen (vgl. GREULE / AHLVERS-LIEBEL 1986: 74-76) gipfelte 1984 in den „Thesen zur Sprachkultur", verfaßt von Wolfdietrich HARTUNG, Erika ISING, Günther KEMPCKE, Klaus-Dieter LUDWIG, Wolfgang MOTSCH, Bärbel TECHTMEIER, Dieter VIEHWEGER und Wolfgang U. WURZEL (veröffentlicht in Zeitschrift für Germanistik 5, 1984, S. 389-400; wieder abgedruckt in TECHTMEIER 1987: 1-19). Danach ist Sprachkultur ein bestimmtes Niveau des Sprachverhaltens, das von den „sprachkulturellen Aktivitäten" (= Sprachpflege) unterschieden werden muß. Sprachkultur erfordert auf der objektiven Seite die Respektierung der grammatischen und kommunikativen Normen. Da diese allein der Sprachkultur nicht gerecht wird, kommen mindestens noch hinzu: die variable Gestaltung von Äußerungen, die anschauliche Gestaltung und der schöpferische Umgang mit den Normen. Auf der subjektiven Seite wird die Sprachkultur bestimmt durch ein entwickeltes Sprachbewußtsein (Sprachbewußtsein im Sinne von mehr oder weniger entwickelter Fähigkeit, über Sprache reflektieren zu können, sprachliche Ausdrucksmittel bewußt einzusetzen und bewerten zu können). Teilziele der sprachkulturellen Aktivitäten sind 1. die Befähigung zur Kommunikation in vielen Bereichen des gesellschaftlichen Lebens, zu einer größeren Souveränität der Sprachbeherrschung, zu differenziertem sprachlich-kommunikativem Verhalten, 2. die Herausbildung eines entwickelten Alltagssprachbewußtseins, das kompetente Urteile über zentrale Probleme sprachlich-kommunikativen Verhaltens erlaubt, 3. die Vermittlung von Einsichten in das historische Gewordensein der Sprache. Die sprachkulturellen Aktivitäten sollten vorrangig auf die öffentliche Kommunikation gerichtet sein, womit eine Schwerpunktsetzung zugunsten der Standardsprache verbunden ist. An die Sprachkultur sollen in den Institutionen der Aus- und Weiterbildung möglichst breite Sprechergruppen herangeführt werden. Dafür ist die Kodifikation der Normen und ihre Adaption an Normveränderungen eine wichtige Voraussetzung. – Aus der an die „Thesen" anschließenden heftigen Diskussion in der DDR (vgl. TECHTMEIER / WURZEL 1989) sei nur eine Meinung aufgriffen: „Wer unter *Sprachkultur* eine (...) hohe Stufe des Sprachgebrauchs versteht, (...) entfernt sich (...) von der Realität, wenn er als Bedingungen für den Erwerb solcher Qualität hohe Bewußtheit, Schöpfertum, Fähigkeit zu Variabilität u. dgl. einsetzt, also der Allgemeinheit der Sprachbenutzer etwas zumutet, was nur auf einzelne zutreffen kann" (MÖLLER 1988: 19).

Durch die Jahrestagung des Instituts für deutsche Sprache in Mannheim (IdS) 1984, die unter dem Thema „Sprachkultur" stand (vgl. WIMMER 1985), wurde der Begriff auch in der Germanistik der Bundesrepublik heimisch, aber mit neuer Akzentuierung. Im Vorfeld dieser Jahrestagung setzte sich vor allem Rainer Wimmer, einer der Direktoren des IdS, mit *Sprachkultur* auseinander (WIMMER 1984). Die „gute Konjunktur" des Begriffes sah Wimmer an erster Stelle darin begründet, daß er – dank der positiven Konnotation von *Kultur* – an die Stelle von *Sprachpflege*, mit der man Deutschtümelei und überzogene normative Ansprüche verbinde, treten konnte. Unter der Devise „Sprachkultivierung durch Sprachkritik" plädiert Wimmer für „eine verstärkte Förderung der Möglichkeiten des Einzelnen, seine Sprache angemessen zu gebrauchen und sprachlich erfolgreich zu handeln", und rückt die Förderung einer Kommunikationskultur gegenüber der Propagierung der standardsprachlichen Normen in den Vordergrund (WIMMER 1984: 10). Ausgehend von der Auffassung, daß Sprachkritik stärker in das Zentrum der Bemühungen um die Sprach- und Kommunikationskultur rücken müsse, entwickelt er ein Sprachkritik-Konzept, das bei den Normierungshandlungen von Sprechern und Sprechergruppen ansetzt (WIMMER 1984: 16) (vgl. dazu 3.3). Als Zielvorstellung schwebt ihm der möglichst reflektierte Sprachgebrauch möglichst vieler Sprecher in einer Sprachgemeinschaft vor. „Jemandes Sprachgebrauch ist reflektiert, wenn dieser Jemand in der Lage und bereit ist, in relevanten Situationen die Regeln seines eigenen Sprachgebrauchs zur Diskussion zu stellen" (WIMMER 1984: 21). Diese Vorstellung beinhaltet erstens die Fähigkeit, über den eigenen Sprachgebrauch alltagssprachliche Aussagen zu machen, und zweitens die Bereitschaft, die Regeln des eigenen Sprachgebrauchs zur Diskussion zu stellen.

Aus dem zeitlos gültigen, schon im 17. Jahrhundert gewachsenen, empirischen Leitbild der Académie Française vom gutem Sprachgebrauch (bon usage) entwickelt Weinrich sein Modell einer neuzeitlichen Sprachkultur. Er vertraut dabei dem kommunikativ gesteuerten Rückkopplungs-Mechanismus der Sprache mehr als strikt gesetzten Normen (WEINRICH 1969: 11ff., 19, 22). Ein bewegliches Sprachbewußtsein soll sich kritisch und selbstkritisch zuerst an der Literatur orientieren (WEINRICH 1985: 17).

Einen Überblick über die in der Bundesrepublik tatsächlich vorhandenen Aktivitäten im Bereich der Sprachkultivierung gibt die hier vorliegende Bestandsaufnahme zum Thema „Förderung der sprachlichen Kultur in der Bundesrepublik Deutschland" von Hans Bickes und Annette Trabold. Die ‚extensionale' Bestimmung des Begriffs „sprachliche Kultur" wurde in dem der Bestandsaufnahme zugrundeliegenden Rundbrief sehr weit gehalten und wird nebst anderen durch die folgenden Stichwörter umrissen: Sprachkritik,

Medienerziehung, sprachwissenschaftliche Forschung, Leseförderung, Sprecherziehung, Preisverleihungen, Sprachdidaktik, Deutsch als Zweitsprache, Sprache und darstellende Künste, Förderung des Sprachbewußtseins, Sprache und Journalismus, Sprache in der Erwachsenenbildung, Sprache und Politik, Sprachpsychologie, Sprache in der Literatur, Sprachreflexion, Sprachpathologie, Verwaltungs- und Gesetzessprache. In der Vorbemerkung zu einem ersten, unveröffentlichten Projektbericht geben die Verfasserin und der Verfasser zu bedenken, daß der Begriff Sprachkultur nicht weniger normierend und restriktiv verwendet wird als Sprachpflege, was auch an dem Elitären und „Höheren", das beim Kulturbegriff mitschwingt, liege (BICKES / TRABOLD 1989: 14).

3.2 Sprachberatung

Als bedeutendste Institution der Sprachpflege in der Bundesrepublik gilt die bereits 1947 gegründete Gesellschaft für deutsche Sprache (GfdS). Es handelt sich bei ihr um einen gemeinnützigen eingetragenen Verein „zur Pflege und Erforschung der deutschen Gegenwartssprache" mit Zweigvereinen im In- und Ausland und einer Geschäftsstelle in Wiesbaden (GREULE / AHLVERS-LIEBEL 1986: 58-60). Ihre anerkannte Position verdankt die GfdS unter anderem der Tatsache, daß sie sich frühzeitig von der Fremdwörterbekämpfung abwandte (vgl. GREULE / AHLVERS-LIEBEL 1986: 43) und ihre Hauptaufgabe seit langem darin sieht, „allen zu helfen, die in sprachlichen Fragen Rat brauchen", wie es in der Satzung heißt (vgl. Der Sprachdienst 22, 1978, 101). Uwe Förster, der Leiter des Sprachberatungsdienstes der GfdS, definiert, was zumindest in der Geschäftsstelle der GfdS unter Sprachpflege verstanden wird: „Sprachberatung ist praktische Sprachpflege. Sie steht im Dienste der Sprachkultur" (FÖRSTER 1989: 105).

Wie geht die Sprachberatung vor, um im Dienste der Sprachkultivierung stehende Ziele wie „das Verständnis für Wesen, Bedeutung und Leistung der Sprache wecken und fördern; die deutsche Sprachgemeinschaft anregen, sich mit der Sprache zu beschäftigen und das Sprachgefühl zu vertiefen" (so die Satzung der GfdS) zu erreichen? Wesentlich für die Sprachberatung ist der dialogische Kommunikationsmodus, d.h., ein Sprecher bzw. eine Sprecherin sucht – meist mit einer punktuellen, die Sprachverwendung betreffenden Fragestellung – brieflich oder telefonisch Rat bei einer Sprachberatungsstelle. (Nach Angaben der GfdS sind es jährlich rund 600 schriftliche und 4000 telefonische Anfragen.) Die Anfrage wird von einem Sprachberater direkt (telefonisch) beantwortet oder – bei Briefen – bearbeitet und dann beantwortet. Die GfdS betont den individuellen Charakter des Sprachberatungsdienstes:

„Jeder Anfrager erhält eine Antwort, die auf seine Person und sein Problem zugeschnitten ist." (PFLUG ET AL. 1986: 69.) Rückmeldungen gibt es allerdings fast nicht. Es ist also kaum abzuschätzen, ob die Auskünfte den Fragesteller oder die Fragestellerin befriedigen. Die Auskünfte beziehen sich auf folgende Bereiche: „was Wörter, Wendungen, Sätze und Texte bedeuten, woher sie kommen, welche Entwicklung ihr Stil, ihre Grammatik und ihr graphischer Habitus (...) genommen haben"; ferner auf die Legitimation von Logik und Unlogik in der Sprache und auf die Sprachrichtigkeit (FÖRSTER 1989: 114f.). Zur Kritik der Auskünfte, denen sachliche Fundierung und Ausgewogenheit in der Information bestätigt werden, vgl. GREULE / AHLVERS-LIEBEL 1986: 69-71 und die dort genannte Literatur.

Im Unterschied zu diesem „Sprachauskunft" genannten Bereich der Sprachberatung konzentriert sich die „Sprachhilfe" auf Textentwürfe, die der GfdS mit der Bitte vorgelegt werden, sie vor der Publikation auf Verbesserungen durchzusehen. Unter den Antragstellern sind neben Ministerien Behörden, Verbände, Firmen und Privatpersonen zu finden (vgl. GREULE / AHLVERS-LIEBEL 1986: 59, 68f.). In diese Sparte gehört auch die Arbeit des Redaktionsstabes beim Bundestag. Hier wird seit 1966 die sprachliche Prüfung der Gesetzentwürfe durch die GfdS beim Bundestag an Ort und Stelle vorgenommen (vgl. PFLUG ET AL. 1986: 76f.).

Weitere publizistische und dokumentarische Aktivitäten der Geschäftsstelle flankieren die Sprachberatung der GfdS: 1. die Herausgabe des populärwissenschaftlichen und alle zwei Monate erscheinenden Organs *Der Sprachdienst* (PFLUG ET AL. 1986: 72f.), in dem regelmäßig auch eine Auswahl aus den Anfragen an den Sprachberatungsdienst und die zugehörigen Auskünfte abgedruckt sind. So können sich die rund 2000 Mitglieder der GfdS, die den *Sprachdienst* kostenlos erhalten, passiv am Sprachberatungsprozeß beteiligen (vgl. PFLUG ET AL. 1986: 72f.). Zur aktiven Mitarbeit werden die Leserinnen und Leser durch Preisaufgaben angeregt (z. B. werden im *Sprachdienst* 33, 1989, 189f., Belege für die Wortgeschichte von *Vergangenheitsbewältigung* gesucht). 2. Den Willen der GfdS, wissenschaftlich begründete Sprachpflege zu betreiben, belegt die Herausgabe der sprachwissenschaftlichen Zeitschrift *Muttersprache*. Sie soll eine Brücke zwischen Fachwissenschaft und Öffentlichkeit schlagen. Durch die GfdS organisierte öffentliche Vorträge werden in der *Muttersprache* ebenso dokumentiert wie Arbeiten aus dem Kreis der Mitglieder und der wissenschaftlichen Mitarbeiter der GfdS (vgl. PFLUG ET AL. 1986: 71f.). 3. Mit dem Unternehmen „Dokumentation zur deutschen Gegenwartssprache" verfolgt die GfdS gleich mehrere Ziele. Seit 1977 sind die Mitglieder aufgerufen, der Geschäftsstelle auffällige „neue"

Wörter mitzuteilen, und werden dadurch angeregt, „sich mit der Sprache zu beschäftigen". Die in enger Verbindung mit der Sprachgemeinschaft zustande kommende Dokumentation ermöglicht es einerseits, den Stand und die Entwicklung der Gegenwartssprache im lexikalischen Bereich zu beobachten und durch „Jahresrückblicke" im *Sprachdienst* festzuhalten; andererseits kommt sie der Sprachberatung zugute (vgl. PFLUG ET AL. 1986: 75f.).

Lange Zeit teilten sich GfdS und Dudenredaktion die Aufgabe der Sprachberatung. Man kann die Sprachberatungsstelle der Dudenredaktion in Mannheim als die klassische Sprachberatungsinstitution bezeichnen, weil sie die mit dem Namen Konrad Dudens verbundene deutsche Rechtschreibung betreut und ihr von daher Kompetenz in sprachlichen Fragen zugestanden wird (vgl. GREULE / AHLVERS-LIEBEL 1986: 56-58, 76). Seit 1981, dem Jahr der Einrichtung des *Sprachservice-Telefons* an der Technischen Hochschule in Aachen, sehen sich die Dudenredaktionen und die GfdS auf dem Gebiet der Sprachberatung aber wachsender Konkurrenz gegenüber. Aufgrund steigender Nachfrage expandiert der Sprachberatungs-„Markt" in der Bundesrepublik, wie die Bestandsaufnahme im zweiten Teil des vorliegenden Buches zeigt. Zu den Sprachservice-Telefonen in Aachen und Düsseldorf kommt etwa ein ebensolches der Universität Dresden, die Stadt Münster leistet sich einen *kommunalen Sprachpfleger*, und die Feuilletonredaktion der Tageszeitung „Darmstädter Echo" bietet kostenlose Sprachberatung an. Der Erfolg dieser Institutionen belegt, daß „zur Zeit in der Öffentlichkeit und beim einzelnen Sprachteilhaber ein besonders starkes Bedürfnis nach orientierender Beratung in sprachlichen Zweifelsfragen" besteht, daß „die Normenunsicherheit und der Wunsch nach Normensicherheit groß" ist (KOLDE 1986: 175).

3.3 Sprachkritik

Das Institut für deutsche Sprache (IdS) in Mannheim distanzierte sich spätestens 1976, als die „Kommission für wissenschaftlich begründete Sprachpflege" in „Kommission für Fragen der Sprachentwicklung" umbenannt wurde, von der Sprachpflege. Die Sprachpflege-Kommission war 1968 eingerichtet worden, nachdem Sprachpflege auch ein Thema der Jahrestagungen des IdS 1966 und 1967 war. Ihr erster und einziger sprachpflegerischer Akt war 1970 die Beschlußfassung zu den „Empfehlungen zum Gebrauch des Konjunktivs" in der geschriebenen deutschen Hochsprache (JÄGER 1970).

25 Jahre nach der Gründung des IdS begründete Rainer Wimmer die Distanz des IdS zur Sprachpflege mit der grundsätzlichen Skepsis der (strukturalistischen) Sprachwissenschaft gegenüber einer wissenschaftlichen Begründbar-

keit der Sprachpflege. Statt dessen verpflichtete er das IdS auf die linguistisch begründete Sprachkritik, das heißt: „den aktuellen Sprachgebrauch und Sprachwandel sowie besondere Kommunikationsereignisse zu analysieren und zu kommentieren“ (WIMMER 1989). Bevor wir uns näher mit der „modernen Sprachkritik“ und ihrem Verhältnis zu Sprachpflege bzw. Sprachkultur befassen, müssen wir uns mit dem Begriff *Sprachkritik* auseinandersetzen, der semantisch nicht ganz so überfrachtet ist wie *Sprachpflege*.

Sprachkritik ist die meist negative Bewertung von Sprache mit einer Tendenz zu ihrer Verbesserung (vgl. DIECKMANN 1980: 510, KOLDE 1986: 176). Die „Kritik an Eigenschaften natürlicher Sprachen schlechthin wird seit jeher in der Sprachphilosophie von Platon über Locke zu Nietzsche, Mauthner, Russell, Wittgenstein etc. (...) und in der Dichtung von Hofmannsthal bis Karl Valentin geübt“ (KOLDE 1986: 182); dabei handelt es sich um das Phänomen einer grundsätzlichen Sprachskepsis (vgl. DEUBZER 1980: 28-30). Hiervon unterscheiden sich verschiedene Formen von Sprachkritik, die sich auf den Sprachgebrauch in einer historischen Einzelsprache oder auf deren System bzw. deren Normen beziehen. Die Unterscheidung in Sprachgebrauchs- und Sprachsystemkritik ist von Nutzen, auch wenn sie auf theoretische Bedenken stößt und von den Sprachkritikern selbst meist nicht gemacht wird (BEUTIN 1976: 15f.).

Bei der Kritik des Sprachgebrauchs, die auch Stilkritik genannt wird, spezifiziert Gottfried Kolde weiter in (1) „Kritik am intendierten Effekt einer Sprachhandlung, weil dieser moralisch verwerflich ist oder zumindest einer Kommunikationsmaxime widerspricht“ (KOLDE 1986: 179). Hierunter fällt die mit den Namen Dolf Sternberger, Leo Weisgerber und Karl Korn verbundene moralisierende Sprachkritik nach 1945 (BEUTIN 1976: 54-58, DEUBZER 1980,17-22), bei der es unter anderem um die Sprache des Nationalsozialismus („Sprache des Unmenschen"), um den „inhumanen Akkusativ“ und um die „Sprache in der verwalteten Welt“ ging. Ein neueres Beispiel für Sprachgebrauchskritik dieser Art ist die Kritik am exklusiven, Frauen nur durch maskuline Wörter mitbenennenden Sprachgebrauch. (2) „Kritik an den gewählten sprachlichen Mitteln, weil diese für die Erreichung des (nicht zu kritisierenden) intendierten Effekts nicht (optimal) geeignet sind“ (KOLDE 1986: 179), z. B. wenn eine Äußerung infolge unzureichender Situations- und Adressatenbezogenheit unverständlich ist oder die Aufmerksamkeit des Empfängers durch Abweichungen von dessen Erwartung abgelenkt wird (KOLDE 1986: 180).

Die Sprachsystemkritik, die besser „Sprachnorm(en)kritik“ genannt wird, „bezieht sich teils auf Einzelerscheinungen, vor allem im morphologischsyntaktischen und im lexikalischen Bereich, teils auf Mängel, Inkonsequenzen, Lücken in größeren Teilbereichen der Norm, schließlich auch auf Einzelsprachen als ganze“ (KOLDE 1986: 180). Als Beispiele können gelten: *brauchen* mit oder ohne *zu*, *scheinbar* oder *anscheinend*, das Fehlen geschlechtsneutraler Berufsbezeichnungen.

Die „moderne Sprachkritik“ hat es nicht mit dem abstrakten Sprachsystem zu tun, sondern ist kontextorientiert und vermeidet die Kritik kontextloser Einzelwörter und Einzelformen, das Kennzeichen „traditioneller Sprachkritik“ (POLENZ 1989: 305), die z. B. in Sprachglossen, der typischen Form journalistischer Sprachkritik, zum Ausdruck kommt und Verbreitung findet. (Näheres zu den Sprachglossen bei GREULE / AHLVERS-LIEBEL 1986: 66f.) „Moderne Sprachkritik“ beurteilt Sprache vielmehr stets in konkreten Text- und Situationszusammenhängen. Jedoch verlangt nicht jedes kommunikative Ereignis nach Kritik. „Sprachereignisse werden dadurch (...) kritikwürdig, daß sie (...) Kommunikationskonflikte darstellen oder erzeugen“ (WIMMER 1986: 149). Sprachkritik sollte „gezielt konkrete öffentliche Ereignisse untersuchen, bei denen Kommunikationskonflikte durch bestimmte typische Sprachverwendungen (mit)verursacht sind“ (POLENZ 1989: 290). Peter von Polenz demonstriert dies an der Rede Philipp Jenningers zum 10. November 1988, in der typische Mängel der Kommunikationskultur mit verhängnisvollen Folgen zusammentrafen (vgl. POLENZ 1989). – Ein weiteres Charakteristikum „moderner Sprachkritik“ ist die Ausrichtung auf ein Ziel; die Devise lautet: „Sprachkritik ist etwas für alle“. Sie ist ausgerichtet auf die Verbesserung der Fähigkeiten aller Sprachbenutzer zu reflektiertem Sprachgebrauch. (Siehe dazu die oben unter 3.1 referierte These R. Wimmers.) Ihr Ziel ist die allgemeine Sprachkritik-Kompetenz, und ihre Vertreter verstehen sie als „Teil der Sprachkultivierungsarbeit, die nicht nur Sache von Experten ist, sondern jedermanns Sache, der sich der Sprache – in welcher Form auch immer – bedient“ (WIMMER 1986: 148f.). (Die Grundsätze der 1982 beginnenden „modernen Sprachkritik“ faßt POLENZ 1989: 289f. in vier Punkten zusammen.)

Es erhebt sich hier die Frage nach dem Verhältnis von Sprachkritik und Sprachpflege bzw. Sprachkultur, zumal die Zielsetzung der „modernen Sprachkritik“ den Zielen sprachkultureller Aktivitäten (s.o. 3.1) auffällig nahesteht. Für Gottfried Kolde besteht eine Abhängigkeit der Sprachpflege von Sprachkritik in der Weise, daß Sprachpflege (= „jeder Versuch, die im Akt der Sprachkritik konstatierten sprachlichen Mängel abzustellen") Sprachkritik voraussetzt (KOLDE 1986: 176). Dies gilt nicht nur für die Sprachgebrauchskritik, sondern auch für die Sprachnorm(en)kritik. – Nach Elisabeth Ahlvers-Liebel hat Sprachkritik im Sprachpflegeprozeß jedoch zwei Orte: „Zum einen geht sie der

Sprachpflege als wissenschaftlich orientierte Sprachbewertung voraus, zum anderen ist sie ein Ziel der Sprachpflege" (GREULE / AHLVERS-LIEBEL 1986: 94). In der Auseinandersetzung mit sozialphilosophischen Theorien postuliert sie den „kommunikativ kompetenten, seinem eigenen Sprachgebrauch und dem anderer kritisch gegenüberstehenden Sprecher" als Ziel der „emanzipatorischen Sprachpflege" (GREULE / AHLVERS-LIEBEL 1986: 131). Diese Zielsetzung ist nahezu identisch mit den Vorstellungen von „moderner Sprachkritik", mit dem einen Unterschied, daß sich bei Sprachpflege und DDR-Sprachkultur Gedanken über die Umsetzung der Zielvorstellungen anschließen.

3.4 Zwischenbilanz

Die Theorie der Sprachkultur bringt zwei wichtige Klärungen in die Diskussion ein: 1. Sprachkultur hat mit Standardsprache („Literatursprache") zu tun. Sie gehört zu dem Bereich Entstehung, Herausbildung, Entfaltung und gesellschaftliches Funktionieren von Standardsprachen (DANEŞ 1988: 1697). 2. Sprachkultur ist eine auf das Niveau des Sprachsystems und des Sprachgebrauchs bezogene Zielvorstellung. Davon sind die „sprachkulturellen Aktivitäten" (Sprachkultivierung / Sprachpflege) zu unterscheiden, die auf verschiedenen Wegen (z. B. in der Schule und Erwachsenenbildung, durch Sprachberatung, durch die Massenmedien) auf einen niveauvollen, kultivierten Sprachgebrauch bei möglichst breiten Sprechergruppen hinwirken. Sprachkultur erfordert einerseits die Respektierung der Sprachnormen und den schöpferischen Umgang mit ihnen, andererseits die Fähigkeit, über Sprache zu reflektieren.

In dieser Zielvorstellung treffen Sprachkulturtheorie und die aufklärerische Orientierung der „modernen Sprachkritik" teilweise zusammen. Allerdings verwenden die Vertreter der „modernen Sprachkritik" keinen Gedanken auf das Problem, wie erreicht werden kann, daß a l l e zu einem reflektierten Sprachgebrauch kommen. Zur Sprachpflege haben sie ein distanziertes Verhältnis und sehen in ihr schon gar nicht die Summe der Aktivitäten, die die Sprecher zu reflektiertem und kritischem Sprachgebrauch befähigen.

Darüber hinaus kann das Verhältnis der „modernen Sprachkritik" zu den sprachlichen Normen kritisiert werden, was uns zu einem weiteren Problem führt. „Wenn die Bedeutung standardsprachlicher Normen heruntergespielt (...) wird, so wird durch eine solche Auffassung der Blick versperrt für die Notwendigkeit der praktischen Beherrschung der Standardsprache wie auch eines metasprachlichen Wissens als eine wesentliche Voraussetzung, um überhaupt Sprachkritik betreiben zu können" (GNUTZMANN 1988: 365). Überhaupt hatte die Diskussion um das Ziel von Sprachpflege, Sprachkultur und Sprachkritik – so notwendig und nützlich sie ist – nie die tatsächlichen, artikulierten Bedürfnisse der Sprecher und Sprecherinnen im Auge. Welche Bedürfnisse sie aber in bezug auf Sprache wirklich haben, das dokumentieren die Berichte über die Praxis der Sprachberatung (vgl. z. B. JÄGER/ STETTER/ PFEIFFER 1983). Die Verbesserung der Rechtschreibleistung ist z. B. nachweislich das Hauptmotiv für den Besuch der Sprachkurse „Deutsch für Deutsche“ an Volkshochschulen. Nicht drastischer könnte man die Kluft zwischen den Bedürfnissen der Sprecher und Sprecherinnen und der Zielformulierung in der Theorie von Sprachpflege, Sprachkultur und Sprachkritik verdeutlichen. Man muß vor diesem Hintergrund realistisch sehen, daß der zur Sprachkritik fähige Sprecher/Hörer ein Global- und Idealziel darstellt, dem eine Reihe von Teilzielen (z. B. die Befähigung zu normgerechter Schreibung, zu verständlicher Textproduktion u.a.m.) vorgeordnet ist (GREULE 1986: 209).

4 Mundartpflege

Im Rahmen der Sprachkulturtheorie ist die Sprachpflege zwar eindeutig definiert als Summe der Bemühungen um Sprachkultur, sie wird gleichzeitig aber auf die Standardsprache festgelegt. Es bleibt offen, wie man sich das Verhältnis von Sprachpflege zu den außerstandardsprachlichen Varietäten, besonders zu den Mundarten, vorzustellen hat. Insbesondere muß dieses nicht nur in der diglossalen Sprachsituation der deutschen Schweiz (vgl. GREULE / AHLVERS-LIEBEL 1986: 78-80), sondern in den meisten Regionen des deutschen Sprachgebiets relevante Phänomen der Mundartpflege Berücksichtigung finden.

Die Mundartpflege ist eine defensiv-konservative Gegenreaktion auf die vermeintliche „Bedrohung“ eines Mundartideals. Der Eindruck der Bedrohung des Mundartideals entsteht durch die Veränderung einer stabilen Dialekt-Standard-Diglossie in Form eines Abbaus der Domänenverteilung zugunsten der Standardsprache. Mundartpflege sind mithin die Aktivitäten, die zur Erhaltung der Dialektdomänen beitragen und auf die Ausweitung des Dialektgebrauchs in Domänen der Standardsprache hinwirken. Die Domänen des Dialekts gehören generell zur mündlichen Kommunikation und in den nichtöffentlich privaten Bereich. Versuche, die Mundart in standardsprachliche Bereiche eindringen zu lassen, liegen z. B. dort vor, wo Mundart in den Massenmedien, im Gottesdienst, in der Schule verwendet wird. Am eklatantesten wird die Stabilität der Dialekt-Standard-Verteilung durch die Mundartdichtung ins Wanken gebracht, indem die literarische Verschriftlichung der Mundart die Grenzen der ureigensten Domäne der Standardsprache als Schriftsprache überschreitet. (Näheres zur Mundartpflege bei GREULE 1989.)

5 Versuch zu einer Theorie der Sprachförderung

Abschließend stelle ich einen Versuch zur Diskussion, der unter der Bezeichnung *Sprachförderung* (andere Verwendung des Begriffes in GREULE 1986) eine nicht nur auf *eine* historische Einzelsprache zutreffende Rahmentheorie schaffen soll. Zu diesem Zweck werden wesentliche Bestandteile der Sprachkulturtheorie, die ursprünglich nur im Zusammenhang mit der Stabilisierung der tschechischen Literatursprache entwickelt wurde, aufgegriffen. Ich verstehe unter *Sprachförderung* alle wie auch immer gearteten Aktivitäten, den Gebrauch einer Sprache oder Sprachvarietät (darunter fallen auch Fachsprachen) zu fördern – zunächst ohne die in der Diskussion oft im Vordergrund stehende Bewertung der Zielsetzung. Sprachförderung ist weder mit Sprachkritik noch mit Sprachnormierung/-kodifizierung identisch, wiewohl es Querverbindungen zu diesen gibt. Die Spezifikation dessen, was Fördern im Zusammenhang mit Sprache heißt, ist eine von der jeweiligen Sprachsituation abhängige Variable. Am deutlichsten tritt die Sprachförderung dann zutage, wenn es in einer Konkurrenzsituation um die Durchsetzung einer historischen Einzelsprache gegen eine andere (z. B. während des 17. Jahrhunderts in Deutschland, vgl. GREULE / AHLVERS-LIEBEL 1986: 7-14) oder um die Festigung und Durchsetzung einer Standardsprache gegen nicht-standardsprachliche Varietäten geht. Umgekehrt entsteht Mundartpflege (besser: Mundartförderung) aus der Verteidigung der Mundart gegen die Standardsprache.

In der Geschichte der deutschen Sprache ist die Sprachförderung vornehmlich durch das Buchmedium dokumentiert, also durch Sprachratgeber im weitesten Sinn. Obwohl die Forschung auf diesem Gebiet noch sehr viel zu leisten hat, kann ein erster Eindruck davon vermittelt werden, was wir von den Anfängen der deutschen Sprachförderung wissen. Die ältesten Zeugnisse reichen ins 15. Jahrhundert zurück, sind also erheblich älter als die Anfänge der deutschen Schriftsprache. Es handelt sich um Interpunktionsregeln des Niclas von Wyle, des Heinrich Steinhöwel (1488) und des Friedrich Riederer (1493), um einen Briefsteller des Konrad von Kachelofen (1489) und um ein Formularbuch aus Augsburg von 1483. Es scheint dabei um berufsbezogene Sprachförderung zu gehen, insofern als die Texte von Kanzlisten für den Kanzleibedarf verfaßt wurden. – Im Bereich der Schule nahm die Förderung der deutschen Sprache nach Ausweis der Quellen wohl erst im Zusammenhang mit der Reformation ein nennenswertes Ausmaß an. Allerdings stammt eine Anleitung zum Lesenlernen von Christoph Hueber bereits aus dem Jahre 1477, und die erste deutsche Fibel wird auf circa 1486 datiert. Im 16. Jahrhundert kommen – auch außerhalb der Schule – hinzu: „Orthographien“, weitere Leselehren, die „Teutsche Grammatica“ von Valentin Ickelsamer, Rhetoriklehrbücher, Synonymiken, ein Fremdwörterbuch von Simon Rot(h) sowie Schreibmeisterbücher. Mit ihnen wird die noch immer blühende Gattung der Sprach- und Stilratgeber, Briefsteller usw. begründet (vgl. GREULE / AHLVERS-LIEBEL 1986: 61-64).

Die Schule ist durch die muttersprachliche Erziehung bis heute die wichtigste Institution der Sprachförderung geblieben, und zwar nicht nur der Förderung der Standardsprache, sondern auch außerstandardsprachlicher Varietäten (auch der Mundart). Die Einführung der allgemeinen Schulpflicht (in Deutschland im 18. Jahrhundert) trug allerdings wesentlich zur Stabilisierung und Durchsetzung der Standardsprache bei. Außerhalb der Schule können in den modernen Sprachgemeinschaften heute die verschiedensten Einrichtungen der Erwachsenenbildung Träger von Sprachförderung sein. Zu denken ist an die Volkshochschulen, Fernunterricht, Telekollegs, Seminare und Vortragsreihen. Hinzu kommen die nach dem bereits dargestellten Modus der Sprachauskunft/-hilfe (s.o. 3.2) arbeitenden Einrichtungen der Sprachberatung. Darüber hinaus stehen der Sprachförderung heute die Massenmedien offen, die jedoch, nach den Erfahrungen im deutschen Sprachgebiet zu urteilen, unterschiedlich intensiv genutzt werden (vgl. GREULE / AHLVERS-LIEBEL 1986: 61-68). Am intensivsten geschieht dies entsprechend der langen Tradition der Sprachratgeber im Medium des Buches. In der Geschichte der deutschen Sprachförderung ist schließlich die teils verhängnisvolle Organisation der Sprachförderung durch Vereine nicht unwichtig.

Im Rahmen der hier skizzierten Theorie der Sprachförderung lassen sich auch die in der Forschung gängigsten Verwendungen des Begriffes Sprachpflege folgendermaßen einordnen. Unter Sprachpflege wird verstanden:
(1) die gesamte auf die Standardsprache bezogene Sprachförderung, die, wenn Sprachkultur das Ziel ist, auch Sprachkultivierung genannt wird; (2) nur die Sprachförderung außerhalb der Schule, also im Bereich von Erwachsenenbildung, Sprachberatung und Medien; (3) nur die Sprachförderung durch Sprachberatung (Praktische Sprachpflege); (4) Sprachpflege als Synonym für den Fremdwortpurismus kann in der allgemeinen Theorie der Sprachförderung insofern einen Platz einnehmen, als damit Sprachförderung mit Betonung der engen Zielvorgabe, „Fremdwörter“ im (standardsprachlichen und mundartlichen!) Sprachgebrauch zu vermeiden, gemeint ist. Diese Art der Sprachförderung ist fast zwangsläufig von Sprachnormierungsversuchen begleitet, durch die Fremdwörter durch lexikalische Äquivalente ersetzt werden, die mit aus dem Erbwortschatz stammenden Elementen gebildet sind (z. B. *Automobil*: polnisch *samochód*, *Aquaplaning*: deutsch *Wasserglätte*). – Daß die Tatsache, daß auch solche „reinigenden“ Bestrebungen in der Theorie der Sprachförde-

rung theoretisch erfaßt und beschrieben werden können, unabhängig von deren Bewertung im Lichte kommunikativ-ethischer Gesichtspunkte und vor dem Hintergrund ihrer verhängnisvollen Geschichte zu sehen ist, sei hier vorsorglich nochmals betont.

Ob und in welchem Umfang dieser Theorie-Entwurf, der vor allem auf der vom Tschechischen ausgehenden Sprachkulturtheorie und auf Erfahrungen der deutschen Sprachförderungspraxis in Gegenwart und Geschichte beruht, tatsächlich Universalität beanspruchen kann, müßte seine Überprüfung zunächst an den historischen Einzelsprachen, deren Entwicklung zu Nationalsprachen mit der des Tschechischen oder des Deutschen vergleichbar ist, erweisen.

Literatur

BEUTIN, Wolfgang (1976): Sprachkritik – Stilkritik. Eine Einführung. Stuttgart usw.: Kohlhammer.

BICKES, Hans / TRABOLD, Annette (1989): Bestandsaufnahme zur „Förderung sprachlicher Kultur in der Bundesrepublik Deutschland". Wiesbaden: Gesellschaft für deutsche Sprache (unveröffentlichter Projektbericht).

DANEŠ, František (1988): Sprachkultur. In: U. AMMON/N. DITTMAR/K. J. MATTHEIER (Hg.): Sociolinguistics/Soziolinguistik. 2. Halbbd. Berlin/New York: de Gruyter, S. 1697-1703. (= Handbücher zur Sprach- und Kommunikationswissenschaft 3,2).

DEUBZER, Franz (1980): Methoden der Sprachkritik. München: Fink.

DIECKMANN, Walther (1980): Sprachlenkung/Sprachkritik. In: H. P. Althaus/ H. Henne/H. E. Wiegand (Hg.): Lexikon der germanistischen Linguistik. 2. Aufl. Tübingen: Niemeyer, S. 508-515.

FÖRSTER, Uwe (1989): Praktische Sprachpflege. Ein Sprachberater gibt Auskunft. In: Der Sprachdienst 33, S. 105-115.

GNUTZMANN, Claus (1988): „Sprachkultur" und sprachliche Normen. Zur linguistischen und politischen Analyse eines sprachpolitischen Zusammenhangs. In: Englisch-Amerikanische Studien 10, S. 359-371.

GREULE, Albrecht (1986): Besseres Deutsch – größere Chancen. Die Sprachförderung Erwachsener als Aufgabe der Germanistik. In: Muttersprache 96, S. 202-214.

— (1989): Mundartpflege. Erkundungen und Definitionsversuch. In: W. Putschke/W. Veith/P. Wiesinger (Hg.): Dialektgeographie und Dialektologie. G. Bellmann zum 60. Geburtstag von seinen Freunden und Schülern. Marburg: Elwert, S. 415-426.

— / AHLVERS-LIEBEL, Elisabeth (1986): Germanistische Sprachpflege. Geschichte, Praxis und Zielsetzung. Darmstadt: Wissenschaftliche Buchgesellschaft.

JÄGER, Ludwig / STETTER, Christian / PFEIFFER, Michael (1983): Das Aachener grammatische telefon. Ein erfahrungsbericht. In: Deutschunterricht 35, S. 93-103.

JÄGER, Siegfried (1970): Empfehlungen zum Gebrauch des Konjunktivs, beschlossen von der Kommission für wissenschaftlich begründete Sprachpflege des Instituts für deutsche Sprache, formuliert von S. Jäger. Düsseldorf: Schwann.

KIRKNESS, Alan (1984): Das Phänomen des Purismus in der Geschichte des Deutschen. In: W. Besch/O. Reichmann/St. Sonderegger (Hg.): Sprachgeschichte. 1. Halbbd. Berlin/New York: de Gruyter, S. 290-299. (= Handbücher zur Sprach- und Kommunikationswissenschaft 2.1).

KOLDE, Gottfried (1986): Sprachkritik, Sprachpflege und Sprachwissenschaft. In: Muttersprache 96, S. 171-189.

MÖLLER, Georg (1988): Ein Begriff zu freier Verfügung: Sprachkultur. In: Sprachpflege 37, S. 19-21.

NERIUS, Dieter (1985): Zur Geschichte und Bedeutung des Begriffes Sprachkultur in der Linguistik der DDR. In: Wimmer (1985), S. 55-69.

NÜSSLER, Otto (1983): Über die Unmöglichkeit, die Sprache zu pflegen. In: Zeitschrift für Dialektologie und Linguistik 50, S. 22-33.

PFLUG, Günther ET AL. (1986): Die Gesellschaft für deutsche Sprache. In: Der Sprachdienst 30, S. 65-77.

POLENZ, Peter von (1989): Verdünnte Sprachkultur. Das Jenninger-Syndrom in sprachkritischer Sicht. In: Deutsche Sprache 17, S. 289-316.

ROTH, Klaus-Hinrich (1984): Positionen der Sprachpflege in historischer Sicht. In: W. Besch/O. Reichmann/St. Sonderegger (Hg.): Sprachgeschichte. 1. Halbbd. Berlin/New York: de Gruyter, S. 264-281. (= Handbücher zur Sprach- und Kommunikationswissenschaft 2.1)

SIMON, Gerd (1989): Sprachpflege im „Dritten Reich“. In: K. Ehlich (Hg.): Sprache im Faschismus. Frankfurt: Suhrkamp, S. 58-86.

TECHTMEIER, Bärbel (1987): B. Techtmeier (Hg): Theoretische und praktische Fragen der Sprachkultur. Berlin: Akademie der Wissenschaften der DDR (= Linguistische Studien A 170).

— / WURZEL, Wolfgang Ullrich (1989): Sprachkultur in der DDR - Probleme, Positionen, Perspektiven. In: Zeitschrift für Phonetik, Sprachwissenschaft und Kommunikationsforschung 42, S. 422-434.

WEINRICH, Harald (1969): Kritik der linguistischen Kompetenz. In: Deutsche Akademie für Sprache und Dichtung Darmstadt, Jahrbuch 1969, S. 11-24.

— (1985): Wege der Sprachkultur. Stuttgart: Deutsche Verlagsanstalt.

WIMMER, Rainer (1984): Sprachkultivierung durch Sprachkritik: ein Plädoyer für reflektierten Sprachgebrauch. In: Mitteilungen (des Instituts für deutsche Sprache, Mannheim) 10, S. 7-25.

— (Hg.) (1985): Sprachkultur. Jahrbuch 1984 des Instituts für deutsche Sprache. Düsseldorf: Schwann (= Sprache der Gegenwart 63).
— (1986): Neue Ziele und Aufgaben der Sprachkritik. In: P. von Polenz/J. Erben/J. Goossens (Hg.): Akten des VII. Internationalen Germanisten-Kongresses, Göttingen 1985. Bd. 4. Tübingen: Niemeyer, S. 146-158.
— (1989): Sprachwissenschaft und Sprachkritik. In: Sprachreport 1/89, S. 1.

Sprachkultur – eine Aufgabe für uns alle

Ulrich Püschel

1 Sprachkultur und Sprachpflege

Obwohl wir nicht in der besten aller möglichen Welten leben, haben auch wir einen Garten zu kultivieren. Doch anders als Voltaires Candide können wir in diesem nicht einfach Früchte ernten und auf dem Markt in klingende Münze umsetzen. Denn was wir zu kultivieren haben, ist ein unveräußerliches Gut, eine vitale Voraussetzung unseres gesellschaftlichen Zusammenlebens, ja unserer menschlichen Existenz: die Kommunikation. Deshalb geht Sprachkultur uns alle an (vgl. Wimmer 1986, 148 f.), und zwar nicht nur weil wir alle irgendwie von ihr betroffen sind, sondern auch weil jeder von uns zu ihr beiträgt – auch dann, wenn einzelne dieser Beiträge vielen von uns nicht willkommen sind. Wir können uns die Sprachkultur nicht nach Belieben modeln, sondern müssen sie zunächst nehmen, wie sie ist. Deshalb nützt die Klage wenig, daß bei einem notwendigerweise offenen und neutralen Begriff von Sprachkultur[1] auch „menschenverachtende faschistische Texte zur deutschen Sprachkultur" zu zählen seien (Gnutzmann 1986, 368). Die Sprachkultur manifestiert sich in unserer gesamten sprachliche Realität; sie bildet keinen hortus conclusus oder gar deliciarum, aus dem die unwirtliche Wildnis draußengehalten wird; auch keinen irgendwie höher gearteten Zustand, zu dem wir durch eigenes strebendes Bemühen oder durch normativ-sprachpflegerische Maßnahmen anderer gelangen könnten.

Mit der Feststellung, daß Sprache und dementsprechend Sprachkultur etwas fundamental Egalitäres sind, mögen sich viele nicht abfinden, da nach ihrem Verständnis Kultur und damit auch Sprachkultur eher etwas Elitäres sind. Aus dieser Perspektive erscheint dann die Behauptung widersprüchlich, daß wir als Sprachhandelnde alle zur Kultur unserer Sprache beitragen. Umgekehrt erscheint es aus dieser Perspektive dann recht einleuchtend, daß die Sprachpflege eine Angelegenheit von Experten, wenn nicht gar Auserwählten ist. Viele dieser Experten – seien es Einzelpersonen im eigenen Auftrag oder Vertreter von Sprachpflegeinstitutionen – sahen und sehen ihre Aufgabe darin, über die Sprache und den Sprachgebrauch zu wachen, indem sie sich bemühen, sprachliche Normen zu etablieren, diese bei den Sprachhandelnden durchzusetzen und auf ihre Einhaltung zu dringen.[2] Dabei lebt eine traditio-

[1] Vgl. dazu Wimmer/Teubert 1984.

[2] Unbestritten ist, daß „ein starkes bedürfnis nach orientierung" besteht, das jedoch „nicht als legitimationsfolie für rein präskriptive normierungen durch theoretisch und gesell-

nelle, normativ orientierte Sprachpflege in einer heilen-unheilen Welt. Unheil ist diese Welt, weil die Sprachhandelnden sich einfach nicht in toto an die Sprachnormen halten; heil ist diese Welt, weil die Sprache und der Sprachgebrauch als prinzipiell normierbar gelten.

Wenn es um Sprachkultur geht, sollten wir unseren Blick aber nicht ausschließlich auf die normativ orientierten Sprachpfleger fixieren, die trotz allem wichtige Aufgaben wahrnehmen; denn neben ihnen gibt es wahrhaftig noch andere normative Instanzen wie Pressuregroups, Parteien, Bürokratien und Massenmedien, die lenkend und manipulierend auf uns und unsere Sprache Einfluß nehmen wollen (vgl. Dieckmann 1980). Deren Wirken ist bei weitem nicht so in das öffentliche Bewußtsein gedrungen, weil sie – anders als die institutionalisierte Sprachpflege – selten explizit normierend tätig werden, auch wenn sie sich ihrer „eingreifenden Tätigkeit" durchaus bewußt sein können (vgl. z. B. Biedenkopf 1982). Und noch etwas sollte nicht übersehen werden: Auch wenn es merkwürdig klingen mag, so ist doch jede(r) einzelne von uns eine normative Miniinstanz. Denn wer kann von sich behaupten, er/sie habe noch nie versucht, einen eigenen Sprachgebrauch durchzusetzen?

2 Sprachnormen

Nach der egalitären Auffassung von Sprache sind es nicht Normen und deren Befolgung, die die Kultur einer Sprache ausmachen; ja sie können es gar nicht sein, da solche Normen – verstanden als präskriptive Festlegungen des Sprachgebrauchs – nie eine Sprache als ganze oder den Sprachgebrauch aller betreffen, ihre Geltung immer nur begrenzt ist. Damit geht einher, daß solche Normierungen die partikulären Interessen der normierenden Instanz widerspiegeln. Wer solche Normen zum Maßstab dafür erhebt, was Sprachkultur ist, der grenzt damit zugleich den Kreis der Kulturträger ein. Nur diejenigen, die diese Normen beherrschen und sich nach ihnen richten, besitzen Sprachkultur, während die anderen je nach dem Grad ihrer Normenbeherrschung mehr oder weniger zu den Barbaren zu rechnen sind.

Normative Konzepte werden nicht nur ausdrücklich von der normativen Sprachpflege vertreten, sondern sie existieren auch mehr oder weniger unbemerkt in Gruppen von Sprachhandelnden. Während beispielsweise die geschriebene Standardsprache im gesamten deutschen Sprachgebiet recht einheitlich ausfällt, weist die gesprochene Standardsprache – oder überregionale Umgangssprache, wie manche lieber sagen (Jäger 1980, 377) – erhebliche re-

---

schaftlich hierzu nicht legitimierte institutionen dienen [kann]"(Jäger/Stetter/Pfeiffer 1983, 101).

gionale Eigenheiten auf. Normative Gesichtspunkte kommen dann ins Spiel, wenn es um die Einstellung zu Sprecherinnen und Sprechern geht, die in ihrem mündlichen Sprachgebrauch die regionale Herkunft nicht verleugnen können. Denn nicht von allen Deutschen wird in gleicher Weise erwartet, daß sie die „gesprochene Sprache der Gebildeten“ (Jäger) sprechen, eine Sprache also, die der geschriebenen Standardsprache sehr nah ist. Bei Sprechenden aus dem süddeutschen Raum wird eine regional gefärbte Umgangssprache akzeptiert, ja sie ist sogar Ausweis ihrer Identität, bei Sprechenden aus anderen Gegenden Deutschlands kann sie dagegen als Zeichen von Bildungsferne, als soziales Stigma oder gar als Ausdruck mangelnder kognitiver Fähigkeiten gewertet werden.

Wer entsprechend einem elitären Konzept von Sprachkultur diese nach solchen Maßstäben bemessen will, der muß sich im klaren darüber sein, daß er seine Maßstäbe für Normen und normative Einstellungen nicht aus der Sprache selbst ableiten kann. Normen ergeben sich nicht irgendwie aus dem „Wesen“ der Sprache, sondern werden von außen an die Sprache herangetragen. Dies gilt für alle Arten von Normierungen beginnend mit der normativen Einstellung zu bestimmten Ausformungen des mündlichen Sprachgebrauchs bis hin zu den Lieblingskindern einer publizistischen Sprachkritik, die nicht müde wird, für die Sprachlogik und den rechten Gebrauch des Konjunktivs zu fechten, oder die neuerdings schwere Gefahren aufziehen sieht, falls *Keiser* statt *Kaiser* geschrieben werden sollte, wie ja schon weiland dem Kaisert(h)um Gefahr drohte, weshalb dem *Thron* das *h* erhalten blieb. Daß Normen und normativ geprägte Einstellungen sich nicht von der Sprache her begründen lassen, ist kein Argument dafür, sie abzuschaffen, einfach deshalb nicht, weil sie sich gar nicht abschaffen lassen.[3] Aber es soll ein Argument dafür sein, daß mit Normierungen sorgfältig umzugehen ist und daß sie im Konfliktfall legitimiert werden müssen. Genau das ist aber der kitzlige Punkt im Umgang mit Normen. Da präskriptive Festlegungen nie aus der Sprache selbst zwingend ableitbar sind, sondern auf Interessen von Sprachhandelnden basieren, bedeutet das, daß den Adressaten von Normierungen diese Interessen als legitim plausibel gemacht werden müssen – falls ihnen die Normen nicht einfach aufgezwungen oder untergejubelt werden sollen. Deshalb kann Hans Jürgen Heringer auch provokativ sagen: „Normen? Ja – aber meine!“ (Heringer 1980).

[3] Otto Nüssler sieht hier ein Dilemma für den Sprachberater, der „oft mit schlechtem Gewissen in die präskriptive Kiste greifen muß [...], um überhaupt angenommen zu werden von Zeitgenossen, die sich bereitwillig nur vom Buchstaben erschlagen lassen, weil sie mit der Freiheit nichts anfangen können“ (Nüssler 1983, 30).

3 Sprachkultur als Kommunikationskultur

Da Sprachkultur unser aller Aufgabe ist, da wir alle an der Sprachkultur teilhaben und zu ihr beitragen, müssen wir uns also von der Vorstellung lösen, daß die Sprachkultur an der Beherrschung und Befolgung bestimmter sprachlicher Normen festzumachen ist. Dementsprechend hat auch jemand Sprachkultur, der beispielsweise nur Dialekt spricht und wenig schreibgewandt ist. Doch was könnte an dem Sprachgebrauch einer solchen Person das Prädikat „kulturell" verdienen? Allgemeiner gefragt: Nach welchen Kriterien bemißt sich Sprachkultur? Die grundsätzliche Antwort auf diese Frage lautet, daß Sprachkultur sich in der Art und Weise manifestiert, wie wir miteinander kommunizieren. Sprachkultur heißt dann soviel wie Kommunikationskultur. Dabei ist sofort dem vorschnellen Schluß vorzubeugen, es gehe nur um die sprachlichen Mittel, mit denen wir unsere Kommunikationen gestalten, also um das Stilistische. Denn eine solche Annahme würde unmittelbar zurückführen zu der Auffassung, daß Sprachkultur nur auf der Beherrschung spezifischer sprachlicher Mittel, letztlich auf Normen, basiere. Sprachkultur als Kommunikationskultur läßt sich aber aus einer Reihe von Bedingungen ableiten, die unsere Kommunikation bestimmen und die so allgemeiner Natur sind, daß sie noch vor den konkreten sprachlichen Mitteln angesiedelt sind, mit denen wir unsere Kommunikationen bewältigen können. Es sind die Konversationsmaximen von H. P. Grice, die Rainer Wimmer für seine Überlegungen zu einer kommunikativen Ethik aufgegriffen hat (Wimmer 1990).

Diese Maximen lauten in Wimmers Version:
- „Sei in Deinen Äußerungen informativ!" (Maxime der Informativität nach dem Kriterium der Quantität)
- „Rede verstehbar!" (Maxime der Verständlichkeit nach dem Kriterium der Modalität)
- „Sei wahrhaftig!" (Maxime der Wahrhaftigkeit nach dem Kriterium der Qualität).

Diese Maximen sind Spezifikationen eines allgemeinen Kooperationsprinzips, das all unserem Kommunizieren notwendigerweise zugrunde liegt und das dementsprechend abstrakt zu formulieren ist: „die Bezogenheit auf einen Partner, dem es etwas zu verstehen zu geben gilt, ist die Basis jeglicher Kommunikation" (Wimmer 1990, 137). Mit dieser Fassung des Kooperationsprinzips lassen sich einige Schwierigkeiten aus dem Weg räumen, die mit dem Ausdruck *Kooperation* zusammenhängen. Unser aller Erfahrung lehrt nämlich, daß sprachliches Handeln zu einem großen Teil gerade nicht kooperativ ist, sondern kompetitiv und manipulativ (vgl. Holly 1987). Wir können unsere Sprache einsetzen zum Kämpfen, Abgrenzen, Lügen, Täuschen,

Heucheln, Andeuten, Insinuieren. Dieser scheinbare Widerspruch zwischen dem Postulat eines allgemeinen Kooperationsprinzips und offensichtlich nicht-kooperativem Sprachhandeln entsteht aber nur, wenn ein ganz bestimmtes Verständnis von *Kooperation* ins Spiel gebracht wird. Gespeist wird dieses Verständnis vor allem aus einem weit verbreiteten Begriff von Kommunikation, dem zufolge miteinander zu kommunizieren soviel heißt wie sich zu verständigen. Verständigung wird damit in die Rolle eines universellen, kommunikationsleitenden Prinzips erhoben, zugleich wird damit behauptet, daß unserem sprachlichen Handeln eine allgemeinste und immer zu verfolgende Zielsetzung eigen ist. Verständigung ist aber nur eine mögliche Zielsetzung neben vielen anderen, die wir kommunikativ verfolgen können, auch wenn es gewiß eine Zielsetzung ist, der in unserer Gesellschaft ein hoher Wert zugeschrieben wird. Das Morphem *Kooperation* in der Wortbildung *Kooperationsprinzip* wird aber in der Version Wimmers viel abstrakter gebraucht. Mit *Kooperation* ist danach lediglich gemeint, daß eine Person A eine Äußerung an eine Person B richtet – A kommuniziert mit B – und daß die Person A der Person B mit der Äußerung etwas zu verstehen geben will. Dabei spielt es keine Rolle, ob die Person A mit ihrer Äußerung auf Verständigung zielt oder auf Konflikt, und es spielt ebensowenig eine Rolle, ob das, was der Person B zu verstehen gegeben werden soll, wahr oder gelogen ist. Das Kooperationsprinzip gibt also keinen Maßstab ab für moralische Beurteilungen von Kommunikationen, es liefert eher so etwas wie technische Bedingungen für das Zustandekommen von Kommunikation.

So wie das Kooperationsprinzip haben auch die Konversationsmaximen universelle Geltung, d. h., sie sind prinzipiell in jeder Art von Kommunikation wirksam. Mit dieser Feststellung rücken wir den Möglichkeiten der Beurteilung von Sprachkultur schon ein entscheidendes Stück näher. Denn wenn wir Kommunikationen beurteilen wollen, dann können wir danach fragen, ob und wie die Sprachhandelnden die Konversationsmaximen einhalten. Das bedeutet aber nicht, daß es gewissermaßen ein mechanisches Verfahren gibt, mit dessen Hilfe sich abchecken ließe, ob sich die Kommunizierenden im konkreten Fall tatsächlich an die Maximen gehalten haben. Denn zum ersten gibt es nicht einen einheitlichen und stets gültigen Maßstab dafür, was es heißt, daß die Maximen erfüllt sind. Nicht nur unsere Sprache ist komplex und heterogen, sondern auch unsere Kommunikationen sind es. Deshalb ist das, was als Erfüllung der Maximen zählt, für unterschiedliche Kommunikationen auch unterschiedlich geregelt. So sieht für eine Partyplauderei der Maßstab für Informativität gewiß anders aus als für einen wissenschaftlichen Vortrag. Ebenso sieht das Maß für Verständlichkeit jeweils anders aus, wenn sich ein Wissenschaftler mit seinem Vortrag an Fachkollegen wendet oder an interessierte Laien. Und wenn jemand von seinem Abenteuerurlaub erzählt, haben wir wahrscheinlich andere Ansprüche an seine Wahrhaftigkeit als an einen Zeugen vor Gericht. Zum zweiten: Da die Maximen einerseits universell gelten, für die konkrete Kommunikation andererseits in ihrer Ausformung immer spezifisch geregelt sind, bieten diese Regeln auch Spielräume, die die Kommunizierenden nutzen können. Zwar ist Heringer der Meinung, es lohne sich nicht, gegen die Maximen zu verstoßen, da auf diese Weise die Verständigung gefährdet sei (Heringer 1982, 28). Wenn man aber davon ausgeht, daß Verständigung nur ein Ziel neben anderen ist, dann finden sich schnell Beispiele für Ziele, die gerade durch die Nutzung der angesprochenen Spielräume erreicht werden. So kann jemand seine Rede etwas schwerer verständlich machen, weil er beispielsweise seine Partner beeindrucken oder zum aufmerksamen Mitdenken provozieren und damit vor Langeweile bewahren will. Und wer seinen Partner schonen will, der kann ebensogut wie der, der ihn manipulieren will, dieses Ziel zu erreichen versuchen, indem er gegen die Maxime der Wahrhaftigkeit verstößt. Zum dritten stellt sich die Erfüllung der Maximen nicht von selber ein, sondern die Kommunizierenden müssen sich darum bemühen. Dies kann in unterschiedlichem Maß gelingen oder auch mißlingen, zum Beispiel wenn ein Wissenschaftler zu interessierten Laien spricht, aber nicht so richtig gelernt hat, sich ihnen verständlich zu machen, oder aber einfach keine Lust hat, sich für seine Zuhörer anzustrengen.

Grice selbst betrachtet seine Liste von Maximen nicht als abgeschlossenen Katalog. Deshalb konnte sie Wimmer um eine Maxime kürzen, während Peter von Polenz (1988, 311) sie umgekehrt als ergänzungsbedürftig betrachtet. Dazu ein Vorschlag: „Schütze dein eigenes Image und das deiner Partner vorbeugend bzw. repariere Imageverletzungen." Auch die Aufforderung zur Imagearbeit hat universelle Geltung, da ohne Beziehungsgestaltung Kommunikation nicht funktionieren kann (vgl. Holly 1979, passim). Motiviert ist dieser Vorschlag durch die Forderung, die in der Stilistikdiskussion immer wieder erhoben wird, wir sollten stilistisch angemessen kommunizieren. Unannehmbar ist dieses Postulat, wenn *angemessen* soviel heißen soll wie *stilnormengerecht. Stilistisch angemessen* kann aber auch heißen, daß wir durch die Gestaltung unserer Kommunikation Erwartungen genügen, die die Kommunikationspartner an uns haben. Diese Erwartungen beruhen auf Konventionen, die in der ganzen Sprachgesellschaft oder in einzelnen Gruppen gelten. Solche Konventionen sind wiederum Regeln des sprachlichen Handelns, die sich in der kommunikativen Praxis herausgebildet haben. Allerdings ist da gleich einzuräumen, daß diese Konventionen nicht immer ganz frei von sprachnormerischem Einfluß sind. So haben wir es beispielsweise bei der deutschen geschriebenen Standardsprache mit einer Gemengelage zu tun aus Regeln, die wir blind befolgen, und Normen, die wir ebenfalls weithin blind befolgen.[4]

Die Beherrschung und Befolgung solcher Konventionen hat gewiß auch mit den Griceschen Konversationsmaximen zu tun, so mit der Maxime der Verständlichkeit, die zum Beispiel durch Satzbau und Wortwahl tangiert sein kann. Die Mißachtung solcher Konventionen kann aber auch speziell zu Verletzungen des eigenen Images führen und Sanktionen nach sich ziehen. Wenn beispielsweise ein Text aufgrund höchst mangelhafter Orthographie unlesbar wird, so hat die schreibende Person die Maxime „Rede verstehbar" eindeutig verletzt. Ein orthographisch leicht fehlerhafter Text kann dagegen sehr wohl verständlich, informativ und wahrhaftig sein und wird dennoch nicht ernst genommen, weil die schreibende Person sich durch Orthographiemängel in den Augen der Leser diskreditiert hat. Sie hat ihr eigenes Image verletzt.

Wenn die Art und Weise, wie den Konversationsmaximen in konkreten Kommunikationen genügt werden kann, durch Regeln bestimmt ist, dann lassen sich die Fälle, in denen die Kommunizierenden den Regeln nicht folgen, als Regelabweichungen erklären.[5] Dabei lassen sich drei Typen von Regelabweichungen unterscheiden:

(a) Kommunizierende verstoßen absichtlich gegen Maximen. Dabei spielt es keine Rolle, ob sie sich ihres Tuns bewußt sind oder nicht.
(b) Kommunizierenden passiert es einfach, daß sie von Maximen abweichen; sie machen Fehler.[6]
(c) Kommunizierende befolgen Maximen nicht, und zwar aus Unkenntnis oder aufgrund von Unfähigkeit.

Mit diesen Typen von Regelabweichungen sind auch die Punkte lokalisiert, an denen eine gezieltere Einflußnahme auf die Sprachkultur ansetzen kann. Denn die Feststellung, daß sich die Sprachkultur in unserer gesamten sprachlichen Realität manifestiert, bedeutet ja nicht, daß wir nichts für die Sprachkultur tun könnten; und sie schließt auch nicht aus, daß sich einzelne oder Institutionen mit unserer Sprachkultur kritisch auseinandersetzen und sie zu fördern suchen. Zwei Hauptwege bieten sich dazu an: Wo zum einen Kommunikationskonflikte entstehen, weil absichtlich gegen Konversationsmaximen verstoßen wird, können mit den Mitteln der linguistischen Sprachkritik die Ursachen für diese Konflikte aufgedeckt werden. Zu vermitteln wäre dafür ein sprachreflexives Bewußtsein, verbunden mit dem entsprechenden analytischen Hand-

[4] Zur Unterscheidung von Regeln und Normen sowie zur „blinden Befolgung" von Regeln und Normen vgl. Wimmer 1982, 299 f.

[5] Zu Regel und Regelabweichung z. B. Keller 1974; Öhlschläger 1974.

[6] Genaueres zum Fehlermachen bei Keller 1980, 40 f.

werkszeug. Wo zum andern Kommunikationskonflikte entstehen, weil Fehler gemacht werden, eröffnet sich die Möglichkeit, durch Schulung unmittelbar abzuhelfen.

Zum Bereich der Schulung zählt ebenfalls der dritte Fall, auch wenn dieser etwas anders gelagert ist als die beiden ersten. Es ist nämlich fraglich, ob er überhaupt als Regelabweichung einzuordnen ist. Denn wer unfähig ist, eine ihm im Prinzip bekannte Regel zu befolgen, oder wer eine Regel überhaupt nicht kennt, der kann auch nicht von ihr abweichen. Sprachkulturelle Arbeit bedeutet dann, bei den Kommunizierenden die Voraussetzungen zu schaffen, damit sie entsprechend den Konversationsmaximen sprachhandeln können. In diesem Bereich kann die Sprachwissenschaft schnell an ihre Grenzen stoßen. Denn wenn Kommunizierende trotz ihrer prinzipiellen Vertrautheit mit den Maximen unfähig sind, nach ihnen zu handeln, so ist das unter Umständen mehr ein Fall für eine Therapie als für Sprachkritik und Sprachschulung.

4 Kommunikationskritik und Kommunikationsschulung

4.1 Die linguistische Sprachkritik in der Kritik

Die linguistische Sprachkritik, wie sie von Vertretern einer pragmatisch-semantischen Sprachwissenschaft vorgeschlagen wird[7], ist „in ihren relativ begrenzten Zielen ausgerichtet auf die Auseinandersetzung mit alltäglichen Kommunikationsschwierigkeiten und insbesondere auf Kommunikationskonflikte, die im öffentlich-politischen Leben häufig auftreten" (Wimmer 1983, 3). Diese Kommunikationskonflikte entstehen, weil einzelne oder Gruppen Normierungen des Sprachgebrauchs vornehmen und diese Normen bei anderen durchsetzen wollen, was häufig Widerstand provoziert.

Mit diesem Programm – so ist der linguistischen Sprachkritik entgegengehalten worden – gehe sie an den wirklichen Bedürfnissen der Sprachhandelnden vorbei (Greule 1992, 173), Bedürfnissen, die sich aus der Nutzung von Sprachberatungsangeboten ablesen lassen. Die sprachpflegerische Beratungspraxis und die Bedürfnisse der Ratsuchenden scheinen also paßgerecht aufeinander abgestimmt. Aber ist es nicht auch möglich, daß nicht einfach die Nachfrage das Angebot bestimmt, sondern zumindest zum Teil auch das Angebot die Nachfrage? Wie würde das Bild aussehen, wenn beispielsweise neben einem „Grammatischen Telefon" auch ein „Stilistisches Telefon" verfügbar wäre? Und außerdem: Haben die Brief- und Redensteller in ihrer langen Geschichte keinen Bedürfnissen abgeholfen? Warum betreiben einzelne Sprach-

[7] Vgl. z.B. Heringer 1982; Wimmer 1983; Strecker 1983; Wimmer 1986.

pflegeinstitutionen individuelle Text- und Stilberatung? Wieso gibt es das schier unüberschaubare Feld derjenigen, die professionell und meist auch kommerziell Kommunikationsschulung anbieten? Gerade über diesen Bereich will die vorliegende Dokumentation ja Überblick schaffen. Falls aber der Vorwurf mangelhafter „Benutzerorientierung" stichhaltig wäre, so müßte er die linguistische Sprachkritik schwer treffen, will sie es doch gerade vermeiden, in einer Art „Kolonialisierungstendenz den normalen Sprechern vorzuschreiben, was ihre „wahren" Bedürfnisse und entsprechenden kommunikativen Probleme sind" (Wimmer 1983, 6). Was also ist an dem Vorwurf dran?

Vielleicht sind linguistische Sprachkritiker – so eine böswillige Vermutung – klammheimlich „elitäre Säcke" (Heringer 1980, 58), die Gesichtspunkte wie die konkrete Sprachberatung und Sprachauskunft links liegenlassen, weil sie zu denen gehören, die die Orthographie sowieso beherrschen und sich in grammatischen Zweifelsfällen selber weiterhelfen können. Oder haben sie einfach diesen Bereich ausgeklammert, weil hier schon genügend Institutionen erfolgreich tätig sind? Wird der Spieß aber gegen die Sprachpflege gekehrt, so könnte auch sein, daß deren Vertreter sich durch die Attacken der linguistischen Sprachkritik in ihrer Legitimität bedroht fühlen und nun zum Gegenangriff übergehen. Doch wenn die Diskussion um Sprachpflege und Sprachkritik eines lehrt, dann dies, daß eine Sprachpflege, auch wenn sie sich dem begrüßenswerten Ziel der Förderung der kommunikativen Kompetenz verschrieben hat, mit ihrer Praxis, die sich letztlich auf traditionelle sprachpflegerische Probleme wirft, andere Probleme außen vor läßt, ja sogar verdeckt.

Doch der Gegensatz zwischen den Positionen scheint tiefer zu liegen, nämlich in dem Selbstverständnis, das Sprachpflege und linguistische Sprachkritik von ihren Tätigkeiten haben. So werden die Vertreter der Sprachpflege aktiv, wenn sie um Rat angegangen werden. Daneben sprechen Sprachpflegeinstitutionen natürlich auch ungefragt Empfehlungen für den Sprachgebrauch aus. Beiden Aktivitäten gemeinsam ist die konkrete Handlungsanweisung auf einer normativen Basis. Im Unterschied zu den traditionellen Formen der Sprachkritik wie der Sprachpflege zielt die linguistische Sprachkritik nicht auf Präskription und will keinen normierenden Einfluß auf die Sprachhandelnden und ihre Sprachgebräuche ausüben. Statt dessen setzt sie auf die Kraft ihrer aufklärenden Praxis. Um es im Bild ärztlicher Tätigkeit zu sagen: Der linguistische Sprachkritiker stellt eine Diagnose für einen Kommunikationskonflikt, er bewertet auch diesen Kommunikationskonflikt, aber er schlägt keine Therapie vor. Statt dessen rechnet er mit selbstheilenden Kräften, die durch die kritische Thematisierung des Kommunikationskonflikts freigesetzt werden. Die Konflikte liefern den Anlaß für „sprachkritische Diskurse, die dazu beitragen, die Lebens- und Kommunikationsformen so zu verändern, wie es der gesellschaftliche Wandel erforderlich macht“ (Wimmer 1983, 9).

Für den Sprachpfleger ist dann das Ziel zu wolkig, das darin bestehen soll, ein sprachreflexives Bewußtseins zu schaffen in der Hoffnung, daß sich eine Gesellschaft von Sprachhandelnden herausbildet, die langsam erkennen, daß ihre Hauptprobleme mit der Sprache gar nicht in den Bereichen liegen, in denen sie sich Rat und Beistand suchen (müssen). Außerdem ist es der Sprachpfleger gewohnt einzugreifen; da mag ihm diese Position zu passiv wirken und zu sehr an das Motto „Leave your language alone“ erinnern, wo er es sich doch gerade zur Aufgabe gemacht hat, aktiv an der Sprache zu arbeiten. Geradezu provokant muß es auf ihn wirken, wenn er liest: „Haben wir die Analyse, so ist auch alles getan“ (Heringer 1982, 27). Erklärlicherweise hat der Provozierte dann kein Auge mehr dafür, daß auch die linguistische Sprachkritik über die Analyse hinausführende Aufgaben hat, die sie wahrnehmen muß, will sie nicht im Elfenbeinturm versauern.

4.2 Befähigung zur Kommunikationskritik: das sprachreflexive Bewußtsein

Auch oder gerade bei zugespitzten Formulierungen sollte gefragt werden, wie es mit den Konversationsmaximen steht. Was meint Heringer in seinem Diktum wohl mit „alles“? Tatsächlich, daß die Analysierenden die Hände in den Schoß legen können wie Gott am siebten Tag? Oder nur, daß mit der Analyse ein wesentlicher Schritt getan ist oder daß sich aus der Analyse keine normativen Setzungen ableiten lassen? Vielleicht auch, daß die Analysierenden sich nicht darum zu kümmern brauchen, was aus ihren Analysen wird? In der Analyse klären die Analysierenden für sich Kommunikationsprobleme mit dem Ergebnis, daß sie Bescheid wissen und so gewappnet künftigen Problemfällen begegnen können. Doch bei Licht besehen bleibt das ein sehr selbstgenügsames Konzept: der Sprachkritiker als derjenige, der die Welt der Kommunikation mit ihren Fallstricken durchschaut und für sich auf den Nenner bringt. Damit kann aber nicht ganz glücklich werden, wer davon überzeugt ist, daß die linguistische Sprachkritik einen Beitrag zur Sprachkultur leisten soll. Hier bleibt beispielsweise eine Menge zu tun, um der linguistischen Sprachkritik öffentliche Resonanz zu verschaffen. Denn was immer an brisanten Ereignissen in den Medien, vor allem auch im Fernsehen abgearbeitet wird, unter den Experten, die sich äußern dürfen, befinden sich keine linguistischen Sprachkritiker, obwohl sie sehr wohl etwas zu kommunikativen Normenkonflikten in den berichteten Ereignissen und in der Berichterstattung zu sagen hätten. Und wo sind die Sprachecken in den Printmedien, in denen eine linguistische Sprachkritik Normenkonflikte und Verletzungen von Konversationsmaximen aufspießen könnte?

Die Popularisierung sprachkritischer Analysen darf natürlich kein Selbstzweck sein, sondern muß einer weitergehenden Zielsetzung dienen, nämlich die Sprachhandelnden zur fundierten Kommunikationskritik zu befähigen. Dazu ist die Ausbildung eines sprachreflexiven Bewußtseins nötig, das (1) nicht nur zur kritischen Reflexion der Sprachgebräuche anderer, sondern auch der eigenen befähigt und zu dem (2) die Bereitschaft gehört, den eigenen Sprachgebrauch zur Diskussion zu stellen. „Reflektierten Sprachgebrauch" nennt Wimmer diese übergeordnete Zielsetzung: „Jemandes Sprachgebrauch ist reflektiert, wenn dieser Jemand in der Lage und bereit ist, in relevanten Situationen die Regeln seines eigenen Sprachgebrauchs zur Diskussion zu stellen" (Wimmer 1982, 299). Auch wenn die linguistische Sprachkritik keine konkreten Vorschläge unterbreitet, wie Normenkonflikte und Verstöße gegen die Konversationsmaximen zu vermeiden sind – weil sich die nämlich nicht vermeiden lassen –, kann sie doch einen Weg zeigen, wie mit solchen Konflikten besser, auf kultiviertere Weise umgegangen werden kann. Und damit kommt ihr nolens volens eine erzieherische Aufgabe zu, die über die Analyse weit hinausgeht. Wenn wir dadurch schon nicht alle weise Sprachkritiker werden (vgl. Holly 1983), dann sollten wir wenigstens kleine Sprachkritiker werden.

Das hätten wir eigentlich bitter nötig, denn Kommunikationskonflikte finden sich in allen Lebensbereichen: in der öffentlichen Kommunikation, im Umgang mit Institutionen, im Berufsleben und natürlich auch im kommunikativen Alltag. Gerade die Fähigkeit, den alltäglichen privaten Sprachgebrauch kritisch zu reflektieren, könnte für viele Sprachhandelnde hilfreich sein. Denn in der privaten Kommunikation wimmelt es von Konflikten, die von den Beteiligten gar nicht als kommunikativ produziert erkannt werden, aber unter deren Folgen sie massiv leiden. An diese Aufgabenstellung knüpft sich die wohl zu optimistische Hoffnung, daß die Befähigung dazu, kommunikative Konflikte zu erkennen, gemeinsam zu thematisieren und zu bewerten, den Beteiligten einen Weg eröffnet, ihre Konflikte auch gemeinsam zu bewältigen.[8]

Am besten wäre natürlich, wir wären alle Linguisten, denn dann fiele uns die sprachkritische Arbeit wahrscheinlich leichter (vgl. Wimmer 1982, 303). Aber vergessen wir bei allem Schielen nach der Wissenschaft nicht, daß in den Sprachhandelnden ein sprachkritisches Potential steckt, das sich beispiels-

[8] Ganz anders Greule (1982, 289), für den private, familiäre Kommunikationen kein Gegenstand der Sprachpflege sind, da erwachsene Sprecher erfahrungsgemäß kein Sprachpflegebedürfnis artikulieren würden.

weise in Schüler- und Spontisprüchen und Graffiti Bahn bricht. Deshalb noch eine weitere, wiederum wohl zu optimistische Hoffnung: Anknüpfend an das sprachkritische Potential bei Kindern und Jugendlichen, sollte sich die Schule verstärkt darum bemühen, ein sprachkritisches Bewußtsein auszubilden.

4.3 Schulung zum maximengerechten Kommunizieren: das Stilistische

Das Vorführen sprachkritischer Analysen setzt darauf, daß die Sprachhandelnden aus dem konkreten Beispiel lernen, wie sie selber Normenkonflikte und Maximenverstöße erkennen und mit ihnen umgehen können. Damit eröffnet sich der linguistischen Sprachkritik ein ungleich größerer Wirkungskreis als der beratenden Sprachpflege. Sie wendet sich im Prinzip an alle Sprachhandelnden und nicht nur an die, die irgendwelche Sprachprobleme im Detail haben. Außerdem macht sie ihrer Klientel ein ungleich größeres Angebot, stellt zugleich aber auch erhebliche Ansprüche: Anders als bei der beratenden Sprachpflege bekommen die Sprachhandelnden nicht einfach eine Auskunft auf eine Anfrage, also die fertige Problemlösung, die sie befolgen und dann abspeichern können; sondern sie sollen sich Kenntnisse und Fähigkeiten aneignen, die sie in letzter Konsequenz in die Lage versetzen, Problemlösungen selber zu finden. Man kann vielleicht sagen, daß die normative Sprachpflege verläßliches Orientierungswissen vermittelt, während die linguistische Sprachkritik theoretisches Wissen liefert, das nach Jürgen Habermas ein Element der Verunsicherung darstellt:

> Wo das theoretische Wissen nicht mit technischen Erfolgskontrollen rückgekoppelt ist, sondern über die Bildungssprache in das moralisch-praktische Bewußtsein orientierungsbedürftiger Menschen eingeht, wächst eine eigentümliche Spannung zwischen theoretischen Ungewißheiten und dem immer weniger befriedigten Bedürfnis nach praktischen Gewißheiten (Habermas 1981, 357).

Offenbar zieht die Sprachpflege die Sicherheit vor, die der normative Zugriff auf die Sprache scheinbar bietet; und umgekehrt nehmen die Ratsuchenden dieses Angebot an Sicherheiten dankbar an.

Orientierungswissen ist lernbar. Und wo gelernt werden soll, da muß auch geschult werden. Doch merkwürdigerweise versteht sich die Sprachpflege als vornehmlich beratend; sie schließt zwar eine Sprachförderung durch Schulung nicht völlig aus, betrachtet diese aber nicht als ihr eigentliches Feld, und da, wo Schulung explizit in Betracht gezogen wird, ist sie in Form einer Muttersprachandragogik konzipiert (Greule/Ahlvers-Liebel 1986, 71). Vielleicht reicht ihr auch das Bewußtsein, daß sie beispielsweise in Form der „Duden-Rechtschreibung“ oder der „Duden-Hauptschwierigkeiten“ als Autorität immer präsent ist, wenn es um Normenfragen geht.

Anders sieht das bei der linguistischen Sprachkritik aus. Zwar verlangt das Ziel eines sprachreflexiven Bewußtseins, das reflektierten Sprachgebrauch ermöglicht, theoretisches Wissen, aber ohne ausreichendes praktisches Sprachwissen können wir unsere Sprache kaum reflektiert gebrauchen. Außerdem sind wir ja noch mit der Forderung konfrontiert, entsprechend dem Kooperationsprinzip und den dazugehörigen Konversationsmaximen zu handeln, was ein hohes Maß an differenzierter Sprachbeherrschung verlangt. Es geht hier um die sprachlichen Mittel und Fähigkeiten, die es uns ermöglichen, in konkreten Zusammenhängen maximengerecht zu agieren, wenn die Sprachhandelnden die Regeln, d. h. die Mittel und Verfahren beherrschen, die im konkreten Handlungszusammenhang als Erfüllung der Maximen gelten. Auf einen knappen Nenner gebracht, geht es dabei um das Stilistische, zu dem alles gerechnet wird, was an einer sprachlichen Handlung gestaltet oder durchgeführt werden muß (vgl. Püschel 1986; Sandig 1986). Solche Muster des Gestaltens betreffen alle sprachlichen Ebenen von der Mikrobis zur Makrostruktur: von der Wortwahl, dem Satzbau über die Satzverflechtung, die Textorganisation und die globalen Textmuster bis hin zur Beziehungsgestaltung (Püschel 1991, 27 ff.). Alle notwendigen Regeln müssen wir lernen, und wir müssen lernen, den rechten Gebrauch von ihnen zu machen.

Hier besteht ein großer Bedarf an Schulung, und zwar um so mehr, als wir immer wieder mit kommunikativen Aufgaben konfrontiert werden, bei den wir nicht oder nicht so recht wissen, nach welchen Regeln sie zu bewältigen sind. Deshalb gilt zumindest im Prinzip, daß Sprachlernen ein ganzes Leben lang dauert. Besonders deutlich läßt sich das im Bereich des beruflichen Kommunizierens ablesen. Denn mit dem Ende der Schulkarriere, auch mit dem Ende der beruflichen Ausbildung sind wir vielfach noch nicht für alle Kommunikationsanforderungen ausgerüstet, die in unserem Beruf an uns gestellt werden können.

Es ist ein Ziel des muttersprachlichen Unterrichts, daß Schüler und Schülerinnen lernen, möglichst erfolgreich in ihrer Umwelt zu kommunizieren. Aber dieses Ziel kann nur in einem begrenzten Maß erreicht werden. Denn das, was pauschal als „Umwelt“ bezeichnet wird, ist viel zu komplex und vielfältig, als daß die Schule für alle kommunikativen Anforderungen schon die Voraussetzungen schaffen könnte. Statt dessen kann – nach einer recht schematischen Skizze – die Schule im großen und ganzen folgendes leisten: (a) Der muttersprachliche Unterricht konzentriert sich zuerst einmal auf die Vermittlung der Kulturtechnik des Schreibens (und Lesens) und ihrer spezifischen Anforderungen; Fragen der Orthographie, des Wortgebrauchs und des Satzbaus stehen dabei im Vordergrund. (b) Daneben wird Stilistisches behandelt; im Aufsatzunterricht werden Muster der Sachverhaltsdarstellung und ausgewählte gebrauchssprachliche Textsorten wie „Lebenslauf“ und „Bewerbungsschreiben“ eingeübt; weitere gebrauchssprachliche Textsorten wie „Werbetext“ oder „Politische Rede“ werden analytisch behandelt. (c) Im Bereich „Reflexion über Sprache“ steht die Grammatik im Mittelpunkt.

Von der Warte der linguistischen Sprachkritik aus lassen sich diese drei Bereiche wie folgt charakterisieren: Der Bereich (a) betrifft vor allem normiertes Basiswissen, der Bereich (b) Regeln, die spezifische Kommunikationen nach den Konversationsmaximen ermöglichen; der Bereich (c) betrifft schließlich die Vermittlung eines sprachreflexiven Bewußtseins, vorausgesetzt, dieser Lernbereich wird dafür genutzt, den Schülern und Schülerinnen die handwerklichen Mittel an die Hand zu geben, die es ihnen erlauben, über ihre eigenen Kommunikationen und die Kommunikationen anderer zu sprechen und diese zu reflektieren.

Die berufliche Ausbildung (in einem sehr weiten Sinne) und die berufliche Weiterbildung, sofern sie überhaupt Sprachliches berühren, betreffen vor allem den Bereich des Stilistischen. Hier wird den kommunikativen Defiziten, die wirklich – manchmal auch nur vermeintlich – herrschen, mit Gesprächstrainings, Schreibtrainings und Redetrainings begegnet.

Die Sprachausbildung, die hier stattfindet, kann einen Beitrag zur Sprachkultur liefern, auch wenn die Beteiligten – diejenigen, die schulen lassen, die zu schulen sind und die schulen – es nicht so verstehen, da sie jeweils ihnen näher liegende und natürlich auch eigennützigere Zielsetzungen verfolgen. Der Beitrag zur Sprachkultur zählt dann zwar nicht zu den beabsichtigten Folgen der Sprachschulung, sondern er ergibt sich wie von selbst – allerdings nur dann, wenn die Sprachschulung einige Voraussetzungen erfüllt, womit die Angelegenheit zirkulär wird: Es sind nämlich die gleichen Voraussetzungen, die erfüllt sein müssen, wenn die Sprachschulung erfolgreich sein soll.

Denn wirklich erfolgreich können solche Schulungen nur sein, wenn sie von jeglicher Rezeptologie frei sind (vgl. Püschel 1991a, 58f.). Mit Rezeptologie ist gemeint, daß den Lernenden gesagt wird, wie sie in einer bestimmten Situation schreiben oder sprechen müssen. Indem normative Versatzstücke vorgegeben werden, wird so getan, als ob es für kommunikative Aufgaben die einfache, gute und einzig richtige Lösung gebe. Dabei gerät aus dem Blick oder kommt erst gar nicht in den Blick die Komplexität und Vielfältigkeit von Sprache und Sprachhandeln, deren Ausdruck der stilistische Reichtum unserer Sprache ist. Das hat aber Folgen für das zukünftige Kommunizieren der so

Geschulten. Durch die Formulierung und Propagierung solcher normativen Versatzstücke werden nämlich Komplexität und Vielfalt nicht nur nicht erfaßt, sondern es wird auch suggeriert, daß die Anwendung dieser Versatzstücke den kommunikativen Erfolg garantiere. Das Ergebnis einer solchen Schulung werden aber nicht kompetente und verantwortungsbewußte Sprachhandelnde, sondern nur Papageien sein. Im besten Fall wird sich der so Geschulte einfach über das Gelernte hinwegsetzen; dann brauchen wir aber auch die Schulung nicht.

Gesprächs-, Schreib- und Redetrainings müssen also prinzipiell darauf abheben, daß es jeweils eine Reihe von Möglichkeiten gibt, eine kommunikative Aufgabe zu lösen, und daß mit jeder dieser Möglichkeiten andere Nuancen ins Spiel gebracht werden. Nicht irgendein normatives Versatzstück, sondern die unterschiedlichen Regeln dafür, wie man etwas tun kann, müssen gelehrt werden, außerdem, wie die Vor- und Nachteile der einzelnen Lösungen aussehen. Natürlich müssen in solchen Trainings Lösungen für Kommunikationsprobleme angeboten werden. Den zu Schulenden muß aber auch unmißverständlich deutlich gemacht werden,

- daß es für jedes Kommunikationsproblem unterschiedliche Lösungswege gibt,
- daß sie sich überlegen müssen, was genau sie auf welchem Weg erreichen können, da keiner dem anderen gleicht,
- und daß sie selber sich jeweils entscheiden müssen, da die vorgeschlagenen Lösungen eben nur Angebote sind.

Auch mit einer solchen Konzeption, die auf die Vermittlung von Regelwissen zielt, kann man die Komplexität und die stilistische Vielfalt des Sprachhandelns natürlich nicht erfassen. Außerdem kommt noch ein ganz praktisches Problem hinzu: Ein Sprachtraining kann allenfalls für solche Probleme, die erfahrungsgemäß immer wieder auftreten, vorsorglich Lösungsmöglichkeiten anbieten. Das hat die sehr anspruchsvolle Aufgabe zur Folge, daß die zu Schulenden in die Lage versetzt werden müssen, alle anderen Kommunikationsprobleme, mit denen sie konfrontiert werden, selbständig zu analysieren und zu lösen. Spätestens hier wird klar, und zwar unabhängig von jeglichem Streit über Normen, daß nicht von außen, normativ also, gesetzt werden kann, was eine erfolgversprechende Lösung ist. Diejenigen, die das Problem haben, müssen die Lösung selber suchen und darüber entscheiden können, was ihnen als erfolgversprechend erscheint. Und im Konfliktfall müssen sie für ihre Entscheidung auch einstehen. Ein reflexives Sprachbewußtsein und Sprachwissen sind dafür die besten Voraussetzungen, und jede Entscheidung auf dieser Grundlage ist ein Stück Arbeit an der Sprachkultur.

Im Prinzip muß man also beim Schreiben eines Briefs, beim Verfertigen einer Rede oder beim Führen eines Gesprächs ständig selbst stilistische Entscheidungen treffen. Da ist es ganz gut, daß es bestimmte normativ geordnete Bereiche gibt wie beispielsweise die Orthographie, um die man sich nur in Zweifelsfällen genauer kümmern muß und für die es dann Spezialisten und spezialisierte Institutionen gibt, die Rat und Auskunft erteilen können. Außerdem gibt es für viele alltägliche und wiederkehrende Aufgaben sprachliche Routinen, die man nutzen kann. Solche Routinen zu beherrschen ist überhaupt eine Voraussetzung für unser sprachliches Handeln, denn wenn wir unser Sprachhandeln in all seinen Facetten ständig reflexiv begleiten wollten, kämen wir nie dazu, auch nur einen Satz zu sprechen oder zu schreiben. Dabei darf aber nicht übersehen werden, daß auch die Routinen Regeln und keine normativen Festlegungen sind. Die Sprachhandelnden sind frei, von ihnen abzuweichen, wann immer sie es wollen. Wem beispielsweise die neutrale Grußformel *Mit freundlichem Gruß* oder *Mit freundlichen Grüßen* im konkreten Fall zu persönlich erscheint, zieht vielleicht *Hochachtungsvoll* vor, weil für ihn damit mehr Distanz zum Ausdruck kommt – und das Recht dazu kann einem niemand nehmen. Die Anforderungen, die an das Schreiben, Redenhalten und Gesprächeführen gestellt werden, sind so komplex und vielfältig, daß nur ein Bruchteil davon normiert werden könnte. Das ist eben der Irrtum vieler Normierer – und zwar mittlerweile weniger derjenigen, die sich der Sprachpflege widmen, als vielmehr derjenigen, die Schulung betreiben: Sie tun nicht nur so, als hätten sie die Sprache fest im Griff, sondern sie glauben es wohl auch.

Literatur

BIEDENKOPF, Kurt H. (1982): Politik und Sprache. In: Heringer, Hans Jürgen (Hg.). Holzfeuer im hölzernen Ofen. Aufsätze zur politischen Sprachkritik. Tübingen, 189-197.

DIECKMANN, Walther (1980): Sprachlenkung / Sprachkritik. In: Althaus, Hans Peter. Helmut Henne. Herbert Ernst Wiegand (Hg.). Lexikon der germanistischen Linguistik. 2. Aufl. Tübingen, 508-515.

GNUTZMANN, Claus (1988): „Sprachkultur" und sprachliche Normen. Zur linguistischen und politischen Analyse eines sprachpolitischen Zusammenhangs. In: Englisch Amerikanische Studien 88, 359-371.

GREULE, Albrecht (1982): Theorie und Praxis der germanistischen Sprachpflege. In: Muttersprache 92, 265-292.

GREULE, Albrecht (1992): Sprachpflege, Sprachkultur, Sprachkritik. In: Agel, Vilmos. Regina Hessky (Hg.). Offene Fragen – offene Antworten in der Sprachgermanistik. Tübingen, 165-176.

GREULE, Albrecht, Elisabeth AHLVERS-LIEBEL (1986): Germanistische Sprachpflege. Geschichte, Praxis und Zielsetzung. Darmstadt.

HABERMAS, Jürgen (1981): Umgangssprache, Bildungssprache, Wissenschaftssprache (1977). In: Habermas, Jürgen. Kleine politische Schriften (I-IV). Frankfurt, 340-363.

HERINGER, Hans Jürgen (1980): Normen? Ja – aber meine! In: Der öffentliche Sprachgebrauch. Bd. 1: Die Sprachnorm-Diskussion in Presse, Hörfunk und Fernsehen. Bearb. von Birgitta Mogge. Stuttgart, 58-72.

HERINGER, Hans Jürgen (1982): Sprachkritik – die Fortsetzung der Politik mit bessseren Mitteln. In: Heringer, Hans Jürgen (Hg.). Holzfeuer im hölzernen Ofen. Aufsätze zur politischen Sprachkritik. Tübingen, 3-34.

HOLLY, Werner (1979): Imagearbeit in Gesprächen. Zur linguistischen Beschreibung des Beziehungsaspekts. Tübingen.

HOLLY, Werner (1983): Können wir alle weise Sprachkritiker werden? Zu einem neuen Sprachkritik-Sammelband. In: Sprache und Literatur in Wissenschaft und Unterricht 14. H. 15, 100-107.

HOLLY, Werner (1987): Sprachhandeln ohne Kooperation? Über den „kooperativen“ Balanceakt beim Manipulieren. In: Liedtke, Frank, Rudi Keller (Hg.). Kommunikation und Kooperation. Tübingen, 137-157.

JÄGER, Ludwig, Christian STETTER, Michael PFEIFFER (1983): Das Aachener grammatische telefon. In: Der Deutschunterricht 35. H. 4, 93-103.

JÄGER, Siegfried (1980): Standardsprache. In: Althaus, Hans Peter. Helmut Henne. Herbert Ernst Wiegand (Hg.). Lexikon der Germanistischen Linguistik. 2. Aufl. Tübingen, 375-379.

KELLER, Rudi (1974): Zum Begriff der Regel. In: Heringer, Hans Jürgen (Hg.). Seminar: Der Regelbegriff in der praktischen Semantik. Frankfurt, 10-24.

KELLER, Rudi (1980): Zum Begriff des Fehlers im muttersprachlichen Unterricht. In: Cherubim, Dieter (Hg.). Fehlerlinguistik. Beiträge zum Problem der sprachlichen Abweichung. Tübingen, 24-42.

NÜSSLER, Otto (1983): Über die Unmöglichkeit, die Sprache zu pflegen. In: Zeitschrift für Dialektologie und Linguistik 50, 22-33.

ÖHLSCHLÄGER, Günther (1974): Einige Unterschiede zwischen Naturgesetzen und sozialen Regeln. In: Heringer, Hans Jürgen (Hg.). Seminar: Der Regelbegriff in der praktischen Semantik. Frankfurt, 88-110.

VON POLENZ, Peter (1988): Deutsche Satzsemantik. Grundbegriffe des Zwischen-den-Zeilen-Lesens. 2. Aufl. Berlin.

PÜSCHEL, Ulrich (1986): GESTALTEN als zentrales Stilmuster. In: Kühlwein, Wolfgang (Hg.). Perspektiven der angewandten Linguistik. Forschunsgfelder. Kongreßbeiträge zur 16. Jahrestagung der Gesellschaft für Angewandte Linguistik, GAL e. V. Tübingen, 143-145.

PÜSCHEL, Ulrich (1991): Sprachpragmatische Stilanalyse. Überlegungen zur interpretativen Stilistik. In: Der Deutschunterricht 43. H. 3, 21-32.

PÜSCHEL, Ulrich (1991a): Praktische Stilistiken – Ratgeber für gutes Deutsch? In: Neuland, Eva. Helga Bleckwenn (Hg.). Stil – Stilistik – Stilisierung. Linguistische, literaturwissenschaftliche und didaktische Beiträge zur Stilforschung. Frankfurt. Bern. New York. Paris, 55-68.

SANDIG, Barbara (1986): Stilistik der deutschen Sprache. Berlin. New York.

STRECKER, Bruno (1983): Das Geschäft der Sprachkritik und die Verantwortung des Sprachwissenschaftlers. In: Geier, Manfred. Harold Woetzel (Hg.). Das Subjekt des Diskurses. Berlin, 7-27.

WIMMER, Rainer (1982): Überlegungen zu den Aufgaben und Methoden einer linguistischen Sprachkritik. In: Heringer, Hans Jürgen (Hg.). Holzfeuer im hölzernen Ofen. Aufsätze zur politischen Sprachkritik. Tübingen, 290-313.

WIMMER, Rainer (1983): Sprachkritik und reflektierter Sprachgebrauch. In: Sprache und Literatur in Wissenschaft und Unterricht 14. H. 15, 3-14.

WIMMER, Rainer (1986): Neue Ziele und Aufgaben der Sprachkritik. In: von Polenz, Peter, Johannes Erben, Jan Goossens (Hg.). Akten des VII. Internatinalen Germanistenkongresses. Göttingen. Bd. 4. Tübingen, 146-158.

WIMMER, Rainer (1990): Maximen einer kommunikativen Ethik, ihre Begründung und ihre Verwendung in der Praxis. In: Ermert, Karl (Hg.), Sprachliche Bildung und kultureller Wandel. Rehburg-Loccum, 129-172 (Loccumer Protokolle 56/1989).

WIMMER, Rainer, Wolfgang TEUBERT (1984): Vorwort. In: Aspekte der Sprachkultur. Mitteilungen 10. Institut für deutsche Sprache Mannheim, 4-6.

Teil II:

Bestandsaufnahme und Adressen

Schlagwortregister

Alphabetisierungskurse

- *Von den im vorliegenden Nachschlagewerk aufgeführten Einrichtungen zählen die folgenden auch Alphabetisierungskurse ausdrücklich zu ihrem Programm. Aus den eingegangenen Antworten war nicht ersichtlich, ob andere Institutionen ebenfalls solche Kurse anbieten. Ein breites Angebot gibt es bei den Volkshochschulen.*

  Deutscher Volkshochschul-Verband, Katholische Landesarbeitsgemeinschaft für Erwachsenenbildung im Saarland, Lesen und Schreiben, Sprachverband Deutsch für ausländische Arbeitnehmer

Ausbildung

- *Es werden nachfolgend Institutionen aufgeführt, deren Ausbildungsschwerpunkt auf der sprachlichen Schulung in Wort und Schrift für sprachintensive Berufe liegt.*

  Akademie der Bayerischen Presse, Akademie für Publizistik, Arbeitsstelle für Erwachsenenbildung Diözese Rottenburg-Stuttgart, Axel Andersson Akademie, Bayerischer Rundfunk, Bertelsmann-Stiftung, Carl Duisberg Centren, Deutsche Gesellschaft für Sprechwissenschaft und Sprecherziehung, Deutsche Journalistenschule, Deutschlandfunk, Henri-Nannen-Schule, Hochschule für Schauspielkunst „Ernst Busch", Kölner Schule – Institut für Publizistik, Südwestfunk, Westdeutscher Rundfunk, Westfälisches Studieninstitut für kommunale Verwaltung

Buchempfehlungen

- *Bei den folgenden Institutionen sind Lektürelisten zu unterschiedlichen Themenkreisen erhältlich.*

  Arbeitskreis für Jugendliteratur, Bundesverband der Friedrich-Bödecker-Kreise, Deutsches Jugendschriftenwerk, Internationale Jugendbibliothek, Stiftung Lesen, Südwestfunk

Deutsch als Fremdsprache

- *Das Gebiet Deutsch als Fremdsprache zählt nicht zu den Hauptanliegen der vorliegenden Bestandsaufnahme. Insbesondere wurde davon Abstand genommen, alle privaten Sprachkursanbieter aufzulisten. Eine diesbezügliche Bestandsaufnahme erarbeitet derzeit der Fachverband Deutsch als Fremdsprache (FaDaF). Unsere Einträge beschränken sich auf Verbände und Einrichtungen, die aus öffentlichen Geldern mitfinanziert sind, die entsprechenden öffentlichen Aufträgen nachgehen und die überregionale Koordinierungsaufgaben im DaF-Bereich sowie im internationalen Austausch wahrnehmen.*

Carl Duisberg Centren, Deutsche Welle, Deutscher Akademischer Austauschdienst, Deutscher Volkshochschul-Verband, Deutschlandfunk, Fachverband Deutsch als Fremdsprache, Friedländer-Schule, Goethe-Institut, Institut für Internationale Kommunikation, Inter Nationes, Katholische Erwachsenenbildung im Lande Niedersachsen, Katholische Landesarbeitsgemeinschaft für Erwachsenenbildung in Hessen, Katholische Landesarbeitsgemeinschaft für Erwachsenenbildung im Saarland, Sprachverband Deutsch für ausländische Arbeitnehmer, Zentrum für deutsche Sprache und Kultur

Dialekt

- *Weitergehende Informationen über einzelne Dialekte oder Wörterbücher verschiedener Mundarten können bei den Einrichtungen, die sich unter dem Eintrag Dialektforschende und -pflegende Institutionen finden, angefordert werden.*

Dialektforschende und -pflegende Institutionen, Forschungsinstitut für deutsche Sprache – Deutscher Sprachatlas, Institut für niederdeutsche Sprache, Katholische Erwachsenenbildung im Lande Niedersachsen, Katholische Landesarbeitsgemeinschaft für Erwachsenenbildung im Saarland

Erwachsenenbildung

- *Es handelt sich um Maßnahmen der Erwachsenenbildung in den Bereichen Literatur, Sprache und Rhetorik für „sprachinteressierte Laien".*

Arbeitsstelle für Erwachsenenbildung Diözese Rottenburg-Stuttgart, Deutscher Volkshochschul-Verband, Friedrich-Naumann-Stiftung, Heinrich-Böll-Stiftung, Katholische Erwachsenenbildung im Lande Niedersachsen, Katholische Landesarbeitsgemeinschaft für Erwachsenenbildung in Hessen, Katholische Landesarbeitsgemeinschaft für Erwachsenenbildung im Saarland, Konrad-Adenauer-Stiftung, Stiftung Lesen

Europa

- *Da hier auf sprachbezogene Austauschprogamme der Europäischen Gemeinschaft nur zum Teil eingegangen werden kann, werden alle Inter-*

essierten gebeten, sich für weiterführende Informationen an den Deutschen Akademischen Austauschdienst zu wenden, der in diesem Bereich weitgehende Koordinierungsaufgaben wahrnimmt.

Carl Duisberg Centren, Deutscher Akademischer Austauschdienst, Forschungszentrum für Kommunikation und Schriftkultur, Goethe-Institut, Interkulturelle Fachkommunikation, Kommission der Europäischen Gemeinschaften

Fachsprache

- *Hier werden Einrichtungen genannt, die sich besonders mit Fachsprachen in der beruflichen Kommunikation befassen. Insbesondere findet man unter diesem Schlagwort Einrichtungen, die den Gebrauch der Fachsprachen regelnd beeinflussen oder die zum angemessenen Umgang mit Fachsprachen anleiten. Fachsprachenorientierte Forschungsschwerpunkte an Hochschulen sind nicht erfaßt (siehe jedoch die Dokumentation des IDS unter dem Eintrag Hochschulen).*

Carl Duisberg Centren, Deutsches Institut für Normung, Forschungszentrum für Kommunikation und Schriftkultur, Gesellschaft für deutsche Sprache, Goethe-Institut, Institut für Internationale Kommunikation, Interkulturelle Fachkommunikation, Siegener Institut für Sprachen im Beruf, Verein Deutscher Ingenieure

Forschung

- *Aufgelistet sind neben der DFG nur solche Einrichtungen, die zugleich Dienstleistungen wie Beratung oder Fortbildung auch für Interessenten außerhalb des universitären Bereichs anbieten oder Koordinationsaufgaben übernehmen.*

Arbeitsbereich Unternehmenskommunikation, Deutsche Akademie für Sprache und Dichtung, Deutsche Forschungsgemeinschaft, Deutsche Gesellschaft für Sprechwissenschaft und Sprecherziehung, Deutsches Institut für Internationale Pädagogische Forschung, Dialektforschende und -pflegende Institutionen, Dudenredaktion, Forschungsinstitut für deutsche Sprache – Deutscher Sprachatlas, Forschungszentrum für Kommunikation und Schriftkultur, Gesellschaft für Namenkunde, Hochschulen, Institut für deutsche Sprache, Institut für Internationale Kommunikation, Interdisziplinärer Arbeitskreis Sprache und Sprachstörungen, Interkulturelle Fachkommunikation, Kommunikationsberatung Deutsch, Siegener Institut für Sprachen im Beruf, Technische Universität Dresden

(Sprachservice-Telefon), Verein zur Förderung sprachwissenschaftlicher Studien

Fortbildung

- *Es handelt sich um Weiterbildungsmaßnahmen im sprachlich-kommunikativen Bereich.*

Akademie der Bayerischen Presse, Akademie für Publizistik, Arbeitskreis für Jugendliteratur, Arbeitsstelle für Erwachsenenbildung Diözese Rottenburg-Stuttgart, Axel Andersson Akademie, Bayerischer Rundfunk, Bertelsmann-Stiftung, Bundesakademie für kulturelle Bildung, Bundesvereinigung Kulturelle Jugendbildung, Bund Deutscher Sekretärinnen, Carl Duisberg Centren, Deutsche Gesellschaft für Gesetzgebung, Deutsche Gesellschaft für Poesie- und Bibliotherapie, Deutsche Gesellschaft für Sprechwissenschaft und Sprecherziehung, Deutsche Journalistenschule, Deutsche Richterakademie, Deutsche Welle, Deutscher Volkshochschul-Verband, Deutschlandfunk, Evangelische Akademie Loccum, Forschungszentrum für Kommunikation und Schriftkultur, Friedländer-Schule, Gesellschaft für Angewandte Linguistik, Goethe-Institut, Internationale Jugendbibliothek, Legasthenie-Beratungsstelle, Lesen und Schreiben, logo – Institut für Mediensprechen und Präsentation, Siegener Institut für Sprachen im Beruf, Westdeutscher Rundfunk, Westfälisches Studieninstitut für kommunale Verwaltung, Zentrale Fortbildung der Programmitarbeiter / Gemeinschaftseinrichtung ARD/ZDF

Journalismus / Publizistik

- *Die im folgenden genannten Einrichtungen befassen sich in ihren journalistischen Ausbildungsgängen, durch entsprechende Sendungen und auch durch Preisvergaben mit der Förderung der sprachlichen Kultur. Nicht alle angeschriebenen Rundfunkanstalten haben uns jedoch innerhalb der Einsendefrist eine Darstellung ihrer Aktivitäten zukommen lassen. Die Liste der in diesem Nachschlagewerk verzeichneten Rundfunkanstalten ist daher leider nicht vollständig.*

Akademie der Bayerischen Presse, Akademie für Publizistik, Bayerischer Rundfunk, Deutsche Gesellschaft für Publizistik- und Kommunikationswissenschaft, Deutsche Journalistenschule, Deutsche Welle, Deutschlandfunk, Gemeinschaftswerk der Evangelischen Publizistik, Henri-Nannen-Schule, Kölner Schule – Institut für Publizistik, logo – Institut für Mediensprechen und Präsentation, Südwestfunk, Westdeutscher Rundfunk, Zentrale Fortbildung der Programmitarbeiter / Gemeinschaftseinrichtung ARD/ZDF

Kinder- und Jugendliteratur

- *Es empfiehlt sich, weitere Auskünfte über Einrichtungen im Bereich Kinder- und Jugendliteratur bei dem Arbeitskreis für Jugendliteratur als einem großen Dachverband einzuholen.*

  Arbeitskreis für Jugendliteratur, Börsenverein des Deutschen Buchhandels, Bundesverband der Friedrich-Bödecker-Kreise, Bundesvereinigung Kulturelle Jugendbildung, Deutsches Jugendschriftenwerk, Internationale Jugendbibliothek

Kirche

- *In der Bundesrepublik Deutschland existiert eine große Zahl kirchlicher – katholischer und evangelischer – Einrichtungen, die sich mit der Förderung der sprachlichen Kultur befassen. Von den angeschriebenen katholischen und evangelischen Dachverbänden und größeren Organisationen haben leider trotz mehrfacher Aufforderung nur die folgenden geantwortet, von denen man allerdings annehmen kann, daß sie repräsentativ sind. Kleinere kirchliche Einrichtungen wurden exemplarisch aufgenommen, um zu zeigen, daß es auch in diesem Bereich eine Reihe von Angeboten zur sprachlichen Bildung gibt.*

  Arbeitsstelle für Erwachsenenbildung Diözese Rottenburg-Stuttgart, Evangelische Akademie Loccum, Gemeinschaftswerk der Evangelischen Publizistik, Katholische Erwachsenenbildung im Lande Niedersachsen, Katholische Landesarbeitsgemeinschaft für Erwachsenenbildung in Hessen, Katholische Landesarbeitsgemeinschaft für Erwachsenenbildung im Saarland, Kirchliche Einrichtungen

Kommune

- Deutscher Städtetag, Deutscher Volkshochschul-Verband, Westfälisches Studieninstitut für kommunale Verwaltung

Kommunikationsberatung

- Arbeitsbereich Unternehmenskommunikation, Deutsche Gesellschaft für Publizistik- und Kommunikationswissenschaft, Forschungszentrum für Kommunikation und Schriftkultur, Institut für Internationale Kommunikation, Institut für Medienentwicklung und Kommunikation, Interkulturelle Fachkommunikation, Kommunikationsberatung Deutsch, Siegener Institut für Sprachen im Beruf, Technische Universität Dresden (Sprachservice-Telefon)

Leseförderung

- *Folgende Einrichtungen bemühen sich, durch vielfältige Aktivitäten Kinder und Erwachsene zum Lesen anzuregen und dadurch den Umgang mit Sprache zu fördern.*

  Arbeitskreis für Jugendliteratur, Bertelsmann-Stiftung, Börsenverein des Deutschen Buchhandels, Bundesverband der Friedrich-Bödecker-Kreise, Bundesvereinigung Kulturelle Jugendbildung, Deutscher Städtetag, Deutscher Volkshochschul-Verband, Deutsches Jugendschriftenwerk, Internationale Jugendbibliothek, Katholische Landesarbeitsgemeinschaft für Erwachsenenbildung in Hessen, Stiftung Lesen

Literatur

- *Berücksichtigt werden im wesentlichen literarische Dachverbände; weitergehende ausführliche Informationen können dort eingeholt werden. Darüber hinaus werden überregionale Einrichtungen genannt, die durch Literaturvermittlung sprachliches Ausdrucksvermögen schulen wollen.*

  Arbeitsgemeinschaft Literarischer Gesellschaften, Arbeitsstelle für Erwachsenenbildung Diözese Rottenburg-Stuttgart, Börsenverein des Deutschen Buchhandels, Bundesakademie für kulturelle Bildung, Bundesverband der Friedrich-Bödecker-Kreise, Deutsche Akademie für Sprache und Dichtung, Deutscher Kulturrat, Deutscher Städtetag, Deutscher Volkshochschul-Verband, Deutsches Jugendschriftenwerk, Heinrich Böll-Haus Langenbroich, Heinrich-Böll-Stiftung, Internationale Jugendbibliothek, Katholische Erwachsenenbildung im Lande Niedersachsen, Katholische Landesarbeitsgemeinschaft für Erwachsenenbildung in Hessen, Katholische Landesarbeitsgemeinschaft für Erwachsenenbildung im Saarland, Stiftung Lesen

Medienerziehung

- Bertelsmann-Stiftung, Deutscher Volkshochschul-Verband, Gemeinschaftswerk der Evangelischen Publizistik, Katholische Landesarbeitsgemeinschaft für Erwachsenenbildung in Hessen, Stiftung Lesen

Medienforschung

- Bertelsmann-Stiftung, Deutsche Gesellschaft für Publizistik und Kommunikationswissenschaft, Forschungszentrum für Kommunikation und Schriftkultur, Hans-Bredow-Institut

Medienkritik

- Bundesakademie für kulturelle Bildung, Bund Deutscher Sekretärinnen, Gemeinschaftswerk der Evangelischen Publizistik, Gesellschaft für deutsche Sprache, Henri-Nannen-Schule, Institut für Medienentwicklung und Kommunikation

Preise

- *Die hier aufgelisteten Einrichtungen vergeben Preise auf verschiedenen Gebieten der Sprachkultur. Darüber hinaus sei verwiesen auf das in der Auswahlbibliographie angeführte* Handbuch der Kulturpreise.

  Akademie für Publizistik, Arbeitskreis für Jugendliteratur, Börsenverein des Deutschen Buchhandels, Bundesverband der Friedrich-Bödecker-Kreise, Deutsche Akademie für Sprache und Dichtung, Dudenredaktion, Friedrich-Naumann-Stiftung, Gemeinschaftswerk der Evangelischen Publizistik, Gesellschaft für deutsche Sprache, Inter Nationes, Südwestfunk

Preisfragen/Preisaufgaben

- Deutsche Akademie für Sprache und Dichtung, Gesellschaft für deutsche Sprache

Rechtssprache/Verwaltungssprache

- *Die angeführten Einrichtungen bemühen sich um eine verständliche Gestaltung von Rechts- und Verwaltungstexten sowie um eine bessere Kommunikation zwischen Fachleuten und Laien.*

  Deutsche Gesellschaft für Gesetzgebung, Deutsche Richterakademie, Gesellschaft für deutsche Sprache, Gesellschaft zur Förderung der Entbürokratisierung, Kommunikationsberatung Deutsch, Westfälisches Studieninstitut für kommunale Verwaltung

Rhetorik

- *Rhetorikkurse werden heute von den unterschiedlichsten Einrichtungen angeboten. Um einen Eindruck von der Vielfalt der Möglichkeiten in diesem Bereich zu geben, werden hier sowohl Dachverbände und größere Institutionen aufgeführt als auch – exemplarisch – kleinere Einrichtungen.*

Akademie für Rede und Sprache, Deutsche Gesellschaft für Sprechwissenschaft und Sprecherziehung, Deutsche Richterakademie, Forschungszentrum für Kommunikation und Schriftkultur, Friedländer-Schule, Friedrich-Naumann-Stiftung, Katholische Erwachsenenbildung im Lande Niedersachsen, Katholische Landesarbeitsgemeinschaft für Erwachsenenbildung in Hessen, Katholische Landesarbeitsgemeinschaft für Erwachsenenbildung im Saarland, Konrad-Adenauer-Stiftung, logo – Institut für Mediensprechen und Präsentation, Westdeutscher Rundfunk

Schreibwerkstätten

- *Die aufgelisteten Institutionen zählen Schreibwerkstätten, d. h. Einrichtungen, die zum Schreiben literarischer Texte anregen, ausdrücklich zu ihrem Programm. Aus den eingegangenen Antworten war nicht zu ersehen, ob andere Institutionen ähnliche Werkstätten anbieten.*

  Bundesvereinigung Kulturelle Jugendbildung, Deutscher Volkshochschul-Verband, Katholische Landesarbeitsgemeinschaft für Erwachsenenbildung im Saarland

Schule

- Vorschläge zur Lehrplangestaltung erarbeitet der Deutsche Philologenverband. Außerdem sei auf die Bemerkungen im Vorwort der Bestandsaufnahme verwiesen, aus denen hervorgeht, warum keine weiteren Einträge zum Bereich Schule vorliegen.

Sprachberatung

- *Telefonische oder schriftliche Beratung für alle diejenigen, die Fragen zu sprachlichen Zweifelsfällen haben.*

  Dudenredaktion, Forschungszentrum für Kommunikation und Schriftkultur, Gesellschaft für deutsche Sprache, Institut für Internationale Kommunikation, Kommunikationsberatung Deutsch, Technische Universität Dresden (Sprachservice-Telefon)

Sprachkultivierung/Sprachpflege

- *Folgende Einrichtungen nennen Sprachkultivierung bzw. Sprachpflege explizit als eines ihrer Hauptanliegen. Das Schlagwort* **Sprachkritik** *wurde nicht eigens aufgenommen, da alle im Handbuchteil aufgeführten Institutionen im weitesten Sinn sprachkritisch tätig sind.*

Bayerischer Rundfunk, Deutsche Akademie für Sprache und Dichtung, Dudenredaktion, Gesellschaft für deutsche Sprache, Goethe-Institut, Institut für deutsche Sprache, Westfälisches Studieninstitut für kommunale Verwaltung

Sprecherziehung

- *Auch in diesem Bereich konnte nur eine exemplarische Auswahl vorgestellt werden. Weiterführende Informationen sind bei der Deutschen Gesellschaft für Sprechwissenschaft und Sprecherziehung als einer großen Dachorganisation einzuholen.*

Bundesakademie für kulturelle Bildung, Deutsche Gesellschaft für Sprechwissenschaft und Sprecherziehung, Deutscher Volkshochschul-Verband, Deutschlandfunk, Hochschule für Schauspielkunst „Ernst Busch", logo – Institut für Mediensprechen und Präsentation, Westdeutscher Rundfunk

Stiftungen

- *Mehrmals angeschrieben wurden unabhängige sowie alle parteinahen Stiftungen; der Rücklauf war – wie die Liste zeigt – gering. Teilweise waren die Antworten auch unbefriedigend, denn Fördermaßnahmen im Bereich der sprachlichen Kultur wurden verneint, obwohl den Programmangeboten zu entnehmen war, daß entsprechende Veranstaltungen durchgeführt werden.*

Bertelsmann-Stiftung, Friedrich-Naumann-Stiftung, Heinrich-Böll-Stiftung, Konrad-Adenauer-Stiftung, Werner-Reimers-Stiftung

Tagungen

- *Die Einrichtungen, die hier erwähnt werden, leisten einen Beitrag zur Förderung der sprachlichen Kultur durch ihre sprachwissenschaftlichen Einzelveranstaltungen, Seminare und Tagungen.*

Deutsche Akademie für Sprache und Dichtung, Deutsche Gesellschaft für Poesie- und Bibliotherapie, Evangelische Akademie Loccum, Gesellschaft für Angewandte Linguistik, Gesellschaft für deutsche Sprache, Institut für deutsche Sprache, Studentische Tagung Sprachwissenschaft, Werner-Reimers-Stiftung

Therapie

- *Die folgenden zentralen Einrichtungen und Dachverbände befassen sich mit Sprachtherapie. Einerseits werden therapeutische Maßnahmen gegen Sprech- und Sprachstörungen ergriffen; andererseits wird mit Hilfe von Sprache versucht, seelische Störungen zu behandeln.*

  Deutsche Gesellschaft für Poesie- und Bibliotherapie, Deutsches Institut für Internationale Pädagogische Forschung, Fachverband für integrative Lerntherapie, Forschungszentrum für Kommunikation und Schriftkultur, Interdisziplinäre Vereinigung für Stottertherapie, Interdisziplinärer Arbeitskreis Sprache und Sprachstörungen, Kinderzentrum München, Legasthenie-Beratungsstelle, Lesen und Schreiben, Sozialpädiatrische Zentren

Wirtschaft

- *Ausdrückliche Hinweise darauf, daß sie sich mit Kommunikationsvorgängen im Bereich der Wirtschaft befassen, gaben die nachfolgenden Einrichtungen.*

  Arbeitsbereich Unternehmenskommunikation, Institut für Internationale Kommunikation, Kommunikationsberatung Deutsch

HINWEISE ZUM HANDBUCHTEIL

Die Auswahlkriterien werden im Vorwort und in der Einleitung näher erläutert. Der folgende Dokumentationsteil erhebt keinen Anspruch auf Vollständigkeit. Die Gründe dafür seien hier nochmals zusammenfassend aufgeführt.

- Trotz mehrmaligen Anschreibens haben einige Institutionen nicht geantwortet.
- Andere Institutionen, von denen anzunehmen ist, daß auch sie einen Beitrag zur Förderung der sprachlichen Kultur leisten, haben dies in ihren Antworten für sich verneint. Daher konnten sie leider nicht aufgenommen werden.
- Einige Beiträge, die nach Redaktionsschluß eingegangen sind, konnten nicht mehr berücksichtigt werden.
- Trotz unserer Bemühungen, die Umfrage weit zu streuen, sind sicherlich einige Einrichtungen unserer Aufmerksamkeit entgangen.

Alle Einrichtungen, die aus diesen oder anderen Gründen nicht aufgeführt sind, seien freundlich aufgefordert, sich nachträglich für eine eventuelle Neuauflage mit der

Gesellschaft für deutsche Sprache
Taunusstraße 11
D-65193 Wiesbaden

in Verbindung zu setzen.

Aus dokumentarischen Erwägungen sind alle Einträge unabhängig von ihren inhaltlichen Schwerpunkten in alphabetischer Reihenfolge aufgenommen worden. Dem alphabetischen Verzeichnis geht eine gruppierende Aufstellung nach Schlagwörtern voran. Auf die inhaltlichen Erläuterungen zu den einzelnen Schlagwörtern sei ausdrücklich hingewiesen.

Akademie der Bayerischen Presse

Arnulfstraße 44
D-80335 München

Tel.: (0 89) 59 45 45 - 46; Fax: 59 37 78

Dr. Erich Geiersberger (Vorstandssprecher)
Armin Sellheim (Akademiedirektor)
Herbert Knur (Geschäftsführender Akademieleiter)

Die *Akademie der Bayerischen Presse e.V.* (*ABP*) wurde von drei Trägerverbänden gegründet: dem Bayerischen Journalisten-Verband e.V., dem Verband Bayerischer Zeitungsverleger e.V. und dem Verband der Zeitschriftenverlage in Bayern e.V. Nach ihrer Satzung fördert die Akademie die Aus- und Fortbildung von Journalisten aller Medien. Die Akademie erfüllt diese Aufgabe insbesondere durch eigene Veranstaltungen und durch die Ergänzung von solchen der Trägerverbände.

Dabei werden bestimmte Schwerpunkte gesetzt; neben einer umfassenden medienübergreifenden Grundausbildung werden auch journalistische Arbeitstechniken für freiberufliche Journalisten vermittelt. Außerdem werden Programm-Mitarbeiter für Hörfunk und Fernsehen ausgebildet. Volontären und Seiteneinsteigern aller Medien wird angeboten, im Verlauf ihres Volontariats oder innerhalb der ersten beiden Jahre ihrer Berufstätigkeit die Grundkurse I und II (je zwei Wochen) oder einen Kompaktkurs (vier Wochen) zu besuchen. Daneben gibt es Seminare zu Bereichen wie Rhetorik, Sprache und Redigieren, Recherche und Reportage, Feuilleton und Interview. Die Teilnehmerzahl der Kurse und Seminare ist auf 16 begrenzt.

Die *ABP* dient steuerbegünstigten Zwecken der Aus- und Weiterbildung; ihr wurde durch das Finanzamt für Körperschaften in München die Gemeinnützigkeit zuerkannt.

Akademie für Publizistik

Magdalenenstraße 64 a
D-20148 Hamburg

Tel.: (0 40) 44 71 42 / 44 76 44

Eberhard Maseberg (Vorsitzender des Vorstands)
Paul Otto Vogel (Präsident des Kuratoriums)
Dr. Will Teichert (Direktor)

Als Stätte der Aus- und Fortbildung für Journalisten wurde die *Akademie für Publizistik e.V.* in Hamburg 1970 gegründet. Die Akademie bietet eine überbetriebliche Ausbildung für Volontäre oder auch für Seiteneinsteiger an. Der Schwerpunkt liegt dabei auf der Vermittlung praxisbezogener Themen; die meist mehrwöchigen Volontärskurse behandeln Grundfragen des journalistischen Handwerks sowie einzelne Arbeitsgebiete bei Verlagen, beim Hörfunk oder Fernsehen. In ergänzenden einwöchigen Fachseminaren werden ressortspezifische Themen (z. B. Wirtschaftsjournalismus, Sportjournalismus) und allgemeine Fragen (Presserecht, journalistische Ethik) behandelt. Insgesamt bietet die Akademie jährlich 12 Volontärskurse und ca. 30 Fachseminare an, die insgesamt von etwa 750 Journalist(inn)en besucht werden.

Jährlich vergibt die Akademie einen Preis für die beste von einem Volontär oder einer Volontärin geschriebene Übungsreportage, wobei ein hohes Sprachniveau eine wichtige Rolle spielt.

Die Akademie hat die Form eines als gemeinnützig anerkannten eingetragenen Vereins und finanziert sich über Gebühren und über die Förderung von staatlicher wie auch berufsständischer Seite.

Akademie für Rede und Sprache

Florian-Geyer-Straße 1
D-99423 Weimar

Tel.: (0 36 21) 6 25 24

Dr. Thilo von Trotha

Anders als in England, Frankreich oder Amerika wird an deutschen Schulen und Hochschulen auf den Umgang mit öffentlicher Rede ein nur geringes Gewicht gelegt. Die Folge ist, daß die Redenkultur in Deutschland in mancherlei Hinsicht verbesserungswürdig ist. Diesen Mangel ein wenig ausgleichen zu helfen ist die zentrale Aufgabe der *Akademie für Rede und Sprache* (*ARS*).

Der Hauptmangel vieler Reden ist eine unpräzise Ausdrucksweise, die oft auf mangelndem Durchdenken des Themas beruht. Die *Akademie für Rede und Sprache* lehrt

- wie schwierige Sachverhalte verständlich dargestellt werden und eine Ansprache „pfiffig", humorvoll und geistreich wird,
- wie auch wiederholten Redethemen immer neue Pointen und Höhepunkte abgewonnen werden,
- wie man eine Rede knapp abfaßt, ohne wichtige Aussagen wegzulassen.

Mit der sprachlichen Genauigkeit, einer bildhaften und überzeugenden Sprache und der Bekämpfung von Schludrigkeiten in Gedanken- und Wortwahl wird ein erheblicher Beitrag zur sprachlichen Kultur geleistet. Die Arbeit der *Akademie für Rede und Sprache* erfolgt in Seminaren.

Die *Akademie für Rede und Sprache* (*ARS*), Weimar, ist privatrechtlich organisiert und finanziert sich aus Beiträgen der Seminarbesucher.

Arbeitsbereich Unternehmenskommunikation

Germanisches Seminar der Universität Hamburg
Von-Melle-Park 6
D-20146 Hamburg
Tel.: (0 40) 41 23-47 88 oder -47 79; Fax: 41 23 47 85
Prof. Dr. Theo Bungarten, Daniela Mett,
Svenja Hansen, Dr. Sven Sager, Uta Spiegel

Der *Arbeitsbereich Unternehmenskommunikation* (*ARBUK*) ist ein am Germanischen Seminar der Universität Hamburg angesiedelter, institutionell aber universitätsunabhängiger Arbeitsbereich, der ausschließlich projektbezogen durch Wirtschaftsverbände, Unternehmen und staatliche Institutionen gefördert wird. Dies trifft auch für die Förderung von Studien- und Forschungsaufenthalten ausländischer Wissenschaftler(innen) und Studierender am Arbeitsbereich zu. Der *ARBUK* versteht sich als eine Institution, die durch eine wissenschaftliche Analyse und Beschreibung der Praxis der Wirtschaftskommunikation linguistische und kommunikationswissenschaftliche Instrumente entwickelt, um durch „Kommunikation" die Lösung von Interessenskonflikten und die gegenseitige Akzeptanz der am Wirtschaftsleben Beteiligten (Unternehmen, Kunde, Öffentlichkeit, Politik) zu fördern. Im Rahmen dieser Ziele kooperiert der Arbeitsbereich mit Unternehmen, Wirtschaftsverbänden, Umweltschutzorganisationen, Bürgerinitiativen, Medien und staatlichen Stellen, erstellt Beratungskonzepte und leistet konkrete Unternehmensberatung.

ARBUK leistet damit einen Beitrag zu einer Sensibilisierung für Sprache und Kommunikation in der Wirtschaft, in der Verbraucherschaft und in der medialen Öffentlichkeit, in denen nach dem Verständnis von *ARBUK* ein noch nicht ausreichendes Bewußtsein für Fragen der Sprache und für Kommunikationsprobleme besteht. *ARBUK* bietet in- und ausländischen Wissenschaftlern Studien- und Forschungsaufenthalte sowie Unternehmensmitarbeitern Praktika.

In seinen projektbezogenen wissenschaftlichen Untersuchungen konzentriert sich die Arbeit auf Fragen der internen und externen Unternehmenskommunikation, der CI (Unternehmensidentität), der Unternehmenskultur und der Beziehung zwischen Wirtschaft und Gesellschaft.

Schwerpunkte der derzeitigen wissenschaftlichen Arbeit sind:

- Konzeptionen von CI und Unternehmenskultur

- Sponsoring als Kommunikationsprozeß
- Dialoganalytische Verfahren
- Textanalyseverfahren
- Anonymität und Texturheberschaft
- Die historische „Wirtschaftslinguistik“

Die wissenschaftlichen Ergebnisse erscheinen in der *ARBUK*-Reihe *Beiträge zur Wirtschaftskommunikation* im Attikon-Verlag Tostedt.

ARBUK veranstaltete vom 30. 9. bis 4. 10. 1991 den „II. Internationalen Hamburger Kongreß zur Wirtschaftskommunikation“, der unter dem Thema „Unternehmenskommunikation, Unternehmenskultur und Unternehmensidentität“ stand. Die Dokumentation zum Kongreß ist erschienen unter dem Titel *Konzepte zur Unternehmenskommunikation, Unternehmenskultur & Unternehmensidentität. Concepts of Business Communication, Corporate Culture & Identity.* Hg/Ed. Theo Bungarten (= *Beiträge zur Wirtschaftskommunikation*, Bd. 2), 1991.

Folgende Dienstleistungs- und Beratungskonzepte von *ARBUK* liegen vor:

- CI / Unternehmensidentitätsprogramm
  Der Arbeitsbereich vertritt gegenüber dem betriebswirtschaftlichen Konzept von CI (Corporate Identity) als einem marktstrategischen Instrument ein eigenes „kommunikatives“ (linguistisch orientiertes) Konzept von „Unternehmensidentität“. In der praktischen Zusammenarbeit mit einer CI-Agentur wurde ein linguistischer Kriterienkatalog zur Erfassung und Bewertung der kommunikativen und kommunikationsrelevanten Aktivitäten und Verhaltensweisen von Unternehmen entwickelt, die Bestandteile der „Unternehmensidentität“ sind bzw. das „Fremdbild“ des Unternehmens bestimmen.

- Dialoganalyse und Gesprächstraining
  Es wurden Bewertungskriterien entwickelt, die zeigen, wie und in welchem Maße dialoganalytische Verfahren helfen können, die innerbetriebliche Kommunikation zu optimieren. Mit Hilfe von *low-* und *high-level*-Analysen werden in Gesprächen detailliert spezifische mikro- und makrostrukturelle Muster ermittelt. Diese Kenntnisse über Gespräche können im Rahmen von Ausbildungsprogrammen Verwendung finden. So wird es möglich, die Kommunikationsmuster und Verhaltensformen, die über die Analyse erfolgreicher realer Gespräche gewonnen wurden,

mit entsprechenden Rollenspielen zu konfrontieren und hieraus individuelle Trainingseinheiten zu entwickeln.

- Wissenschaftssponsoring
  Aus der Zusammenarbeit mit einer Sponsoring-Agentur heraus wurde eine eigene Konzeption zum Wissenschaftssponsoring entwickelt, dem die Auffassung von Sponsoring als einem komplexen und hochspezialisierten Kommunikationsprozeß zugrunde liegt. Auf der Basis dieser Konzeption werden Sponsoringangebote besonders für wissenschaftliche Institutionen, Ereignisse und Projekte erstellt und betreut.

- Textanalyse und -interpretation
  Vor dem Hintergrund der Modellierung entsprechender Textsorten und der pragmatischen Rekonstruktion entsprechender Kommunikationsprozesse werden beliebige Texte anhand eines systematischen Kriterienrasters textlinguistisch, semiotisch, kommunikationswissenschaftlich und informationstheoretisch analysiert und interpretiert, indem die pragmatischen (u. a. produktionstechnischen), kompetenztheoretischen, textsemiotischen, textsemantischen und pragmalinguistischen (insbesondere senderintentionalen) Einflußfaktoren auf die Formulierung der Textbotschaft untersucht werden. Diese Untersuchung schließt die Rekonstruktion von teilweise zerstörter Textsubstanz mit ein.

Arbeitsgemeinschaft Literarischer Gesellschaften

c/o Literarisches Colloquium Berlin

Am Sandwerder 5
D-14109 Berlin

Tel.: (0 30) 81 69 96-18

Prof. Dr. Wilhelm Solms (Sprecher des Vorstands)
Christiane Kussin (Leiterin der Geschäftsstelle)

Die im Mai 1986 gegründete *Arbeitsgemeinschaft Literarischer Gesellschaften e.V.* (*ALG*) ist ein Zusammenschluß von derzeit 69 literarischen Gesellschaften in der Bundesrepublik. Das Spektrum reicht dabei von Namensgesellschaften, die sich vorrangig der Pflege eines Autors widmen, über Gattungsgesellschaften (z. B. zu Märchen oder Fantasy) bis zu neuen Gesellschaften für Literatur, die vor allem der Vermittlung zeitgenössischer Literatur dienen.
Die *ALG* verfügt über einen Jahresetat (1991: 110.000,– DM), aus dem Mittel zur Förderung von literarischen Veranstaltungen (Lesungen, Diskussionen, Symposien), Ausstellungen und hieraus hervorgehende Publikationen (Dokumentationen, Kataloge) den literarischen Gesellschaften zur Verfügung gestellt werden.
Die vorrangigen Kriterien der Förderung beziehen sich auf Literaturvermittlung und eine öffentliche Breitenwirksamkeit der Projekte. Über ein zweimal jährlich erscheinendes Mitteilungsblatt sowie jährlich stattfindende Tagungen wird die Kommunikation der Gesellschaften untereinander gefördert.
Ein im Februar 1991 erschienenes und von der *ALG* herausgegebenes Handbuch bietet einen umfassenden Überblick über die literarischen Gesellschaften in Deutschland:

ALG (Hrsg.): *Literarische Gesellschaften in Deutschland. Ein Handbuch mit Einzeldarstellungen in Texten und Bildern.* Zusammengestellt und bearbeitet von Sven Arnold. Berlin 1991.

Außerdem kann eine aktuelle Mitgliederliste jederzeit von der Geschäftsstelle der *ALG* angefordert werden.

Die *ALG* ist der Kulturstiftung der Länder zugeordnet, die den Etat aus Mitteln des Bundesministeriums des Innern bereitstellt und verwaltet.

Arbeitskreis für Jugendliteratur

Schlörstraße 10
D-80634 München
Tel.: (0 89) 1 68 40 52; Fax: 1 68 40 66
Dr. Gundel Mattenklott (Vorsitz)
Franz Meyer (Geschäftsführer)
Heide Peetz (zusätzliche Ansprechpartnerin)

Der *Arbeitskreis für Jugendliteratur e.V.* (*AKJ*) ist in der Bundesrepublik Deutschland ein Dachverband von Organisationen und Einzelpersonen. 45 Mitgliedsverbände, regionale und überregionale Fachverbände und Institutionen aus Wissenschaft und Forschung, dem Bibliotheks-, Buchhandels- und Verlagsbereich, dem Erziehungswesen, der Sozial- und Jugendarbeit gehören dem *AKJ* an, dazu mehr als 200 Einzelpersonen.

Der *AKJ* wurde am 22. Januar 1955 in München gegründet, zu den Gründungsmitgliedern gehörten Autoren, Bibliothekare, Verleger und Politiker, darunter Persönlichkeiten wie Erich Kästner und Jella Lepman.

Seit seiner Gründung ist der *AKJ* die Sektion Bundesrepublik Deutschland des *International Board on Books for Young People* (*IBBY*).
Das gemeinsame Ziel war von Anfang an die Koordination aller Kräfte, um die Kinder- und Jugendliteratur zu fördern, die Forschung anzuregen und internationale Kontakte zu knüpfen.

Das geschieht besonders durch:

1. vielfältige Formen von Leseaktivitäten und literarische Bildung in der kulturellen Jugendarbeit
2. Herausgabe von Verzeichnissen empfehlenswerter Kinder- und Jugendliteratur (KJL) und von Arbeitsmitteln für Berufsgruppen, die mit KJL umgehen, z. B. die Fachzeitschrift *JuLit*, die vierteljährlich erscheint, die sach- und themenorientierten Buchempfehlungslisten *Das Kinderbuch*, *Bücher zum Vorlesen*, *Das Bilderbuch* und die jährlich erscheinende Broschüre *Der Deutsche Jugendliteraturpreis* mit den jeweiligen Preis- und Auswahllistenbüchern
3. die Durchführung von bundesweiten und auch internationalen Veranstaltungen für Experten der KJL, ebenso von Seminaren und Tagungen für einzelne Berufsgruppen – Pädagogen, Sozialpädagogen, Bibliothekare,

Buchhändler, Verleger, Journalisten – zu aktuellen Themen der KJL und anderer Medien; z. B.:

- Kinder- und Jugendliteratur „aktuell“ (ein jährliches Seminar für alle, die sich grundsätzlich in die KJL einarbeiten wollen)
- Kinder- und Jugendliteratur „kritisch“ (ein jährliches Seminar zur Vermittlung von Theorie und Praxis zu einem speziellen und aktuellen Thema)
- Kinder- und Jugendliteratur „kreativ“ (ein jährliches Seminar zur kreativen Umsetzung von KJL in andere Medien)
- Kinder- und Jugendliteratur „praktisch“ (eine Fortbildungsveranstaltung über vier Kurswochen in zwei Jahren mit der abschließenden Ausstellung eines Zertifikates)
- Workshops für kleinere Expertengruppen zur differenzierten Erarbeitung spezieller Themenbereiche
- Kongresse (national und international), z. B. der *IBBY*-Kongreß 1992 in Berlin

4. die Organisation des *Deutschen Jugendliteraturpreises*, der seit 1956 regelmäßig vergeben wird. Der Preis wird jährlich vom Bundesministerium für Frauen und Jugend (bis 1990 Bundesministerium für Jugend, Familie, Frauen und Gesundheit) ausgeschrieben, er zeichnet deutschsprachige Bücher aus dem jeweils vorangegangenen Kalenderjahr in vier Sparten aus: Bilderbuch, Kinderbuch, Jugendbuch, Kinder- oder Jugendsachbuch.
   Darüber hinaus werden besonders empfehlenswerte Kinder- und Jugendbücher in die Auswahlliste des Deutschen Jugendliteraturpreises aufgenommen. Über die Preise entscheidet eine von der Mitgliederversammlung des *AKJ* gewählte unabhängige Jury aus 13 Personen, darunter vier Jugendlichen. Die Verleihung der Preise durch den Stifter findet in der Regel im November an jährlich wechselnden Orten statt. Der Deutsche Jugendliteraturpreis ist mit insgesamt 60.000 DM dotiert, davon entfallen jeweils 15.000 DM auf die Auszeichnungen in den einzelnen Sparten. Unter bestimmten in der jeweiligen Ausschreibung festgelegten Bedingungen können die Preissummen zwischen Autor, Illustrator und/oder Übersetzer geteilt werden. Die Entscheidung darüber liegt bei der jeweils amtierenden Jury.
5. die Vertretung der KJL der Bundesrepublik Deutschland bei internationalen Veranstaltungen und Wettbewerben, z. B. beim Hans-Christian-Andersen-Preis des IBBY, bei der Biennale der Illustrationen Bratislava (BIB), beim Janusz-Korczak-Preis der polnischen *IBBY*-Sektion, beim *IBBY*-Asahi-Reading-Promotion-Award (Japan), bei den alle zwei Jahre stattfindenden Kongressen des *IBBY* etc.

6. Übernahme neuer Aufgaben und Projekte zur Förderung der KJL in enger Zusammenarbeit mit Personen und Institutionen in den neuen Bundesländern.

Finanziell wird der *AKJ* aus Mitteln des Bundesjugendplanes des Bundesministeriums für Frauen und Jugend gefördert.

Arbeitskreis selbständiger Kultur-Institute

Prinz-Albert-Straße 34
D-53113 Bonn
Tel.: (02 28) 22 48 59 und 22 48 60; Fax: 21 92 32
Prof. Dr. Günther Pflug (Vorsitzender)
Dr. Konrad Scheurmann (Geschäftsführer)

Neunzehn private, rechtlich selbständige und gemeinnützige Gesellschaften, Vereine und Stiftungen haben sich mit den von ihnen getragenen Museen, Kunsthallen, Archiven, Forschungs- und Dokumentationseinrichtungen im *Arbeitskreis selbständiger Kultur-Institute e.V.* (*AsKI*) zusammengeschlossen.

Sie widmen sich mit unterschiedlicher Aufgabenstellung und speziellem Sammlungsauftrag dem Erwerb, der Sicherung und dem Erhalt von Kulturgut sowie der Erforschung und Vermittlung kulturhistorischer Fakten und Zusammenhänge. Das fachwissenschaftliche Spektrum der Mitgliedsinstitute umfaßt die Bereiche der bildenden Kunst, der Musik, der Sprache und Literatur, der Buchkunst, der Architektur und Gestaltung, der Denkmal- und Friedhofsgestaltung sowie der Rechtsgeschichte.

Der *AsKI* unterstützt durch besondere Ausstellungen, Veranstaltungen und Publikationen das Ziel der Institute, die Aufmerksamkeit und das Verständnis der Öffentlichkeit für Kunst und Kultur zu fördern und die gesellschaftspolitische Bedeutung kultureller Aufgaben in das Blickfeld der kulturpolitisch Verantwortlichen zu heben. In gleicher Weise vertritt der *AsKI* die Interessen seiner Mitglieder gegenüber Bund und Ländern, die sich an der Förderung einer Reihe von Mitgliedsinstituten des *AsKI* beteiligen.

Zur Wahrnehmung dieser Aufgaben unterhält der *AsKI* in Bonn eine Geschäftsstelle mit einem hauptamtlichen Geschäftsführer. Seine Organe sind die Mitgliederversammlung und der Vorstand, die über die Ziele und Aufgaben des Vereins befinden. Über die Aufnahme neuer Institute entscheidet die Mitgliederversammlung.

Von den Mitgliedsinstituten des *AsKI*, die sich besonders der Pflege der deutschen Sprache und Literatur verpflichtet fühlen, ist an erster Stelle die 1947 gegründete *Gesellschaft für deutsche Sprache* in Wiesbaden zu nennen, die die Entwicklung der Gegenwartssprache kritisch beobachtet und Empfehlungen für den allgemeinen Sprachgebrauch formuliert.

In der *Deutschen Akademie für Sprache und Dichtung* vereinigen sich namhafte Schriftsteller und Wissenschaftler, die mit ihrem Werk die deutsche Sprache und Literatur bereichert und erforscht haben. Neben dem angesehensten deutschen Literaturpreis, der den Namen Georg Büchners trägt, vergibt die Akademie zwei weitere Preise in Anerkennung herausragender sprachlicher Leistungen auf dem Gebiet der wissenschaftlichen Prosa und der Übersetzung.

Die *Stiftung Buchkunst* fördert die sachgemäße und künstlerische Gestaltung des Buches und prämiert alljährlich „Die schönsten Bücher der Bundesrepublik Deutschland“.

Eine umfassende Dokumentation und Erforschung der Goethezeit leisten die beiden *Goethe-Museen* in Frankfurt und Düsseldorf, das *Freie Deutsche Hochstift* und die *Anton-und-Katharina-Kippenberg-Stiftung.* Der *AsKI* selbst hat die Trägerschaft des zur Zeit im Aufbau befindlichen *Goethe-Museums* in Rom übernommen, das sich Goethes italienischem Aufenthalt und dessen Wirkungsgeschichte bis in die Gegenwart widmen wird.

An den neben Goethe wichtigsten Dichter der deutschen Klassik, Friedrich Schiller, erinnert die *Schillergesellschaft* mit dem *Schiller-Nationalmuseum* in Marbach. Das 1955 ebenfalls von der *Schillergesellschaft* gegründete *Deutsche Literaturarchiv* gilt als die wichtigste Sammlungs- und Forschungsstätte für die neuere deutsche Literatur von der Klassik bis zur Gegenwart.

Das jüngste – bis zur Verabschiedung des Thüringischen Stiftungsgesetzes assoziierte – Mitglied des *AsKI*, das sich ebenfalls besonders dem klassischen Erbe verpflichtet fühlt, ist die *Stiftung Weimarer Klassik*, ehemals *Nationale Forschungs- und Gedenkstätten der klassischen Deutschen Literatur* in Weimar mit ihren zahlreichen Museen und Forschungseinrichtungen.

Arbeitsstelle für Erwachsenenbildung

Diözese Rottenburg-Stuttgart

Jahnstraße 30
Postfach 70 01 37
D-70597 Stuttgart

Tel.: (07 11) 76 97-2 11

Dr. Michael Krämer (Referent für Kulturelle Bildung)

Die *Arbeitsstelle für Erwachsenenbildung* der *Diözese Rottenburg-Stuttgart* bietet verschiedene Veranstaltungen auf dem Gebiet der Sprachkultur an.

„Literaturladen"
Es handelt sich dabei um die Vorstellung der meisten jährlich erscheinenden deutschsprachigen belletristischen Neuerscheinungen. Diese werden sowohl unter thematischen Gesichtspunkten als auch vor allem unter dem Aspekt sprachlicher Gestaltung vorgestellt. Dabei ist der „Literaturladen" eine mehrtägige Veranstaltung, die den Teilnehmerinnen und Teilnehmern ermöglicht, sich anhand von Textauszügen einen eigenen Eindruck von der sprachlichen Gestaltung der Texte zu machen. Er findet zur Zeit jährlich in Worphausen bei Bremen, Xanten, Heilbronn, Stuttgart, Ravensburg und Freiburg i. Br. statt und erreicht insgesamt ca. 300 Multiplikatoren (Mitarbeiterinnen und Mitarbeiter in Buchhandel und Büchereiwesen, Lehrer[innen] und Mitarbeiter[innen] in der Erwachsenenbildung).

„Liter Aspekt" ist eine Abendveranstaltung mit reinem Vorstellungscharakter unter den gleichen Akzenten und findet regelmäßig in Stuttgart, Ulm, Riedlingen, Biberach, Wangen im Allgäu und Göppingen statt, meistens in Zusammenarbeit mit den katholischen Bildungswerken und Stadtbüchereien.

Die *Arbeitsstelle für Erwachsenenbildung* versucht mit ihren literarischen Fortbildungsveranstaltungen nicht nur Literaturvermittlung. Weil die Literatur eine eigene authentische Form von Sprachpraxis ist, wollen die Veranstaltungen für die Sprache insgesamt und für die Weisen und Strukturen des eigenen Sprechens sensibilisieren. In der Literatur entstehende Metaphern, Wortkontraktionen, Neologismen lassen die Alltagssprache nicht unberührt, sie können vielmehr kathartisch auf sie wirken und ihre Erkenntnis- und Wahrnehmungsfähigkeit erhalten helfen. So entwickelt sich diese Form der Arbeit aus dem erwachsenenbildnerischen Impuls, die Funktionalisierung und Instrumentalisierung von Sprechen und Sprache aufzubrechen und im identitätstiftenden

Sinne immer wieder neu auf die Suche nach dem eigenen authentischen Sprechen zu gehen.

Ein weiteres Projekt ist die „Sprachwerkstatt“, ein vierteiliger Ausbildungskurs für Multiplikatoren aus den unterschiedlichen Bildungsbereichen, den die *Arbeitsstelle für Erwachsenenbildung* gemeinsam mit dem *Institut für Fort- und Weiterbildung* der *Diözese Rottenburg-Stuttgart* anbietet und der einen kreativen Umgang mit der Sprache fördern soll.

Ziele des gesamten Kurses sind:

- Sensibilität für die Sprache und das eigene Sprechen (wieder) zu gewinnen
- Möglichkeiten des kreativen Umgangs mit der Sprache kennenzulernen und zu erproben
- Umsetzungsmöglichkeiten in Erwachsenenbildung, Pastoral und Schule zu entdecken, zu organisieren und zu gestalten
- selbständig Erzählgruppen im Bildungs- und Verkündungsbereich zu leiten und zu begleiten.

Die vier Kursteile haben folgende Schwerpunkte:

1. Lebensgeschichtliches Erzählen
2. Fiktionales Erzählen (Zielgruppe: Kinder und Erwachsene)
3. Psalmisches Sprechen
4. Szenisches Sprechen (Kurzszenen, Hörspiel, Liturgie etc.)

Unter dem Stichwort „Lebensgeschichtliches Erzählen“ gibt es einen Ausbildungskurs für Kreise Junger Senioren (55- bis 70jährige). Es handelt sich dabei um einen Ausbildungskurs, der die Teilnehmerinnen und Teilnehmer zu lebensgeschichtlichem Erzählen befähigen soll. Schließlich gibt es noch Einzelveranstaltungen, die sich vor allem mit der kathartischen und innovativen Funktion von Literatur für Sprache beschäftigen, zuletzt unter dem Titel „Ohne Dichtung stirbt die Sprache“. Sprachkurse für Aussiedler werden in den Katholischen Bildungswerken in Württemberg zunehmend angeboten. Im Rahmen eines Projektes „Ausländer in Deutschland“ wird allerdings diese Arbeit in Zukunft an Breite gewinnen.

Axel Andersson Akademie Gesellschaft für Fernstudien

Neumann-Reichardt-Str. 27-33
D-22041 Hamburg

Tel.: (0 40) 6 58 09 01

Ursel Weber (Geschäftsführerin)
Michael Lammersdorf (Geschäftsführer)

Die *Axel Andersson Akademie GmbH* ist als privatwirtschaftliches Fernlehrinstitut ein Tochterunternehmen der *Ernst-Klett-Verlagsgruppe* Stuttgart. Mit ihrem Fernkursangebot wendet sie sich an alle „bildungsinteressierten Erwachsenen" mit mindestens Hauptschulabschluß.

Auf dem sprachlichen Sektor bietet sie folgende Fernlehrgänge an:

1. Schule des Schreibens mit Belletristik, Sach- und Fachliteratur, journalistisches Schreiben
2. Werbetexten
3. Technischer Autor

Die Lehrgänge der Schule des Schreibens wenden sich an diejenigen, die kreativ schreiben lernen möchten, um diese Fähigkeit vornehmlich für ihre privaten Zwecke zu verwenden. Einmal im Jahr vergibt sie Geldpreise an förderungswürdige Kursteilnehmer.

Die Kurse „Werbetexten" und „Technischer Autor" dienen ganz gezielt der beruflichen Weiterbildung, ersterer für den Bereich der Werbung und letzterer für den Bereich der technischen Dokumentation, d. h. für das Verfassen von Gebrauchsanweisungen, Bedienungsanleitungen, technischen Handbüchern etc.

Die Lehrgänge werden von den Kursteilnehmern selbst finanziert. Zuschüsse irgendwelcher Art erhält die Akademie nicht. Zusätzlich zur Fernlehrphase können die Kursteilnehmer an Präsenzseminaren (Literarische Workshops, Seminare „Werbetexten" und „Technischer Autor") teilnehmen, die begleitend angeboten werden.

Bayerischer Rundfunk

Rundfunkplatz 1
D-80335 München

Tel.: (0 89) 59 00-01 (Zentrale); Fax: 59 00-23 75

Prof. Albert Scharf (Intendant)
Dr. Ludwig Maaßen (Ausbildungsbeauftragter)

Die Beiträge des *Bayerischen Rundfunks* zur Förderung der sprachlichen Kultur bestehen zum einen aus zahlreichen Seminaren für Hospitanten, Volontäre und Mitarbeiter im Rahmen der betrieblichen Aus- und Fortbildung. Zum anderen beschäftigt der *Bayerische Rundfunk* einen **Sprachpfleger**, der die Redaktionen berät und regelmäßig ihre Sprache kontrolliert. Das geschieht unmittelbar vor allem bei den Sprechern und Nachrichtenredakteuren der aktuellen Redaktionen in Hörfunk und Fernsehen. „Sprachkritische Anmerkungen" erhalten alle Redaktionen des Hörfunks einmal im Vierteljahr.

Die Anmerkungen beziehen sich vor allem auf Form, Stil und Aussprache der Wortsendungen sowie auf Fehler der festangestellten und frei mitarbeitenden Sprecher; meist sind ihnen auch Sprachglossen beigefügt, die sich aus „Sprechsünden" ergeben haben. Der Sprachpfleger ist promovierter Philologe in Germanistik, Romanistik und Anglistik.

Bertelsmann Stiftung

Carl-Bertelsmann-Straße 256
D-33335 Gütersloh
Tel.: (0 52 41) 74 06-0; Fax: 7 38 82
Reinhard Mohn (Vorstand)
Horst Teltschik (Geschäftsführer)
Andreas Henke (Pressereferent)

Die *Bertelsmann Stiftung* wurde 1977 von Reinhard Mohn, Mehrheitsaktionär der *Bertelsmann AG*, gegründet. Mit einem Etat von 28 Millionen Mark im laufenden Geschäftsjahr fördert sie zukunftsorientierte Projekte in den Bereichen Internationale Verständigung, Gesellschaftspolitik, Medien, Kultur und Bildung sowie Medizin und Gesundheitswesen. Geschäftsführer der Stiftung ist der frühere Kanzlerberater Horst Teltschik.

Zweck der Stiftung:
Bei der Gründung der Stiftung spielten gesellschafts- und unternehmenspolitische Überlegungen eine gleichrangige Rolle. Zum einen verfolgt die *Bertelsmann Stiftung* gemeinnützige Zwecke und setzt damit in institutionalisierter Form das traditionell gesellschaftspolitische, soziale und kulturelle Engagement der Inhaberfamilien Bertelsmann und Mohn fort. Zum anderen soll sie einen Beitrag zur Unternehmenskontinuität leisten. So werden nach dem Tode von Reinhard Mohn Führungsrechte und Kapitalbesitz der Familie Mohn an der *Bertelsmann Stiftung* 68,8 Prozent des Aktienkapitals in wirtschaftlicher Hinsicht übertragen beziehungsweise durch Schenkungsversprechen zugesagt.

Grundsätze der Förderungstätigkeit:
Die *Bertelsmann Stiftung* versteht sich als konzeptionell arbeitende Einrichtung, die alle Projekte in der Regel selbst initiiert und von der Idee bis zu deren Umsetzung gestalterisch und organisatorisch mitwirkt. Gefördert werden praxisorientierte und anwendungsbezogene Projekte mit exemplarischem Charakter und mit Modellwirkung. Um Flexibilität und Spontaneität zu wahren, wird die Förderung jeweils zeitlich begrenzt. Bei der Konzeption, Gestaltung und Durchführung der Vorhaben arbeitet die Stiftung mit kompetenten Partnern in wissenschaftlichen, staatlichen und privaten Institutionen zusammen. Um Effizienz und Wirtschaftlichkeit zu erhalten, konzentriert sich die Stiftung zur Zeit auf die fünf Förderungsschwerpunkte:
- Internationale Verständigung
- Gesellschaftspolitik
- Medien

- Kultur
- Medizin und Gesundheitswesen

In der vorliegenden Dokumentation ist besonders der Bereich Medien von Interesse.

Medien:
In diesem Förderungsschwerpunkt werden zahlreiche praxisorientierte Aus- und Fortbildungsseminare angeboten. Die Seminare wenden sich an nahezu alle Zielgruppen im Medienbereich: Autoren unterschiedlicher Medien und Genres, literarische und Sachbuchübersetzer oder Bibliothekare, Lektoren und Journalisten. In Zukunft wird sich die Stiftung verstärkt der Fortbildung angehender Führungskräfte in den Medien und in anderen kulturellen Institutionen widmen. Zur Zeit werden bereits Managementseminare für Bibliothekare, Mitarbeiter in Buchverlagen sowie für Redakteure in Zeitungs- und Zeitschriftenverlagen angeboten. Darüber hinaus konzentriert sich die Förderungstätigkeit der Stiftung auf die Bereiche Medienforschung, Medienerziehung, Medienpolitik, Leseförderung und auf die Arbeit öffentlicher Bibliotheken. Beispielhaft sind hier das *Medienpädagogische Projekt am Evangelisch Stiftischen Gymnasium Gütersloh* und die *Stadtbibliothek Gütersloh.*

Medienpädagogisches Projekt am Evangelisch Stiftischen Gymnasium in Gütersloh:
Bereits seit 1981 arbeiten die *Bertelsmann Stiftung* und das *Evangelisch Stiftische Gymnasium* im Rahmen eines gemeinsamen Projektes zusammen. Inhalt der vertraglich vereinbarten Kooperation (zunächst bis zum Juni 1989 abgeschlossen, mittlerweile bis 1994 verlängert) sind die Erprobung und die pädagogische Beurteilung aller Medien im Unterrichtseinsatz mit der Fragestellung, ob und wie Medien den Unterricht und das Lernen verbessern können (Mediendidaktik), durch welche Methoden und Inhalte Schülerinnen und Schüler zu einer kompetenten, d. h. kritischen Nutzung der Medien erzogen werden können (Medienerziehung) und wieweit die neuen Medien selbst in den Kanon der Unterrichtsgegenstände des Gymnasiums aufgenommen werden müssen (Curriculumentwicklung). Im Rahmen dieses Projektes werden beispielhafte Unterrichtseinheiten entwickelt. Die innerhalb des Projektes gewonnenen Erfahrungen werden einer pädagogisch interessierten Öffentlichkeit zur Verfügung gestellt.

Die positive Resonanz in der Fachwelt ermutigte die Stiftung und das Gymnasium, die Kooperation mit einem Konzept fortzusetzen, das von der Schule erarbeitet wurde und die bisherige Zielsetzung erweitert mit der Absicht, Medienerziehung als systematisches Unterrichtsprinzip interdisziplinär und jahrgangsstufenübergreifend zu verankern. Die praktische Umsetzung soll vorwiegend in drei Schwerpunktbereichen geschehen:

1. Leseförderung:
   Die bisher erprobten und bewährten Verfahren der unmittelbaren Unterrichtsunterstützung durch die Schulbibliothek werden weiter ausgebaut; zusätzlich werden Methoden entwickelt, die eine kontinuierliche Leseförderung unter Einschluß auch kreativen Schreibens ermöglichen. Die Förderungsmaßnahmen schließen den außerunterrichtlichen Bereich mit ein.
2. Medienerziehung:
   Das bisherige Angebot wird vereinfacht, aber auch verbreitert. Bestimmend sind die Schwerpunkte Medienanalyse, Medienkunde, Medienproduktion. Die Medienerziehung wird im regulären Unterricht unterschiedlicher Fächer, aber auch im Rahmen von Arbeitsgemeinschaften verankert. Im Sinn curricularer Entwicklungen wird auch jahrgangsstufenübergreifend gearbeitet.
3. Kommunikations- und informationstechnologische Grundbildung:
   Es werden Verfahren und Unterrichtsgegenstände entwickelt, die nicht nur die Chancen und die Grenzen des Computereinsatzes, sondern auch seine politischen und sozialen Folgen zum Gegenstand machen. Ferner werden verschiedene Formen des Einsatzes von Computern als didaktisches Hilfsmittel in unterschiedlichen Fächern erprobt.

Stadtbibliothek Gütersloh:
Als die Stadt Gütersloh und die *Bertelsmann Stiftung* Ende der 70er Jahre vereinbarten, gemeinsam eine öffentliche Bibliothek zu errichten und zu betreiben, betrat man in mehrfacher Hinsicht Neuland. Erstmals arbeiten eine private Stiftung und eine Kommune in der Form einer Gesellschaft mit beschränkter Haftung zusammen: Die Stadt ist mit 51 Prozent Mehrheitsgesellschafterin der 1979 gegründeten Stadtbibliothek Gütersloh GmbH; die *Bertelsmann Stiftung* hält 49 Prozent des Stammkapitals. Im Gesellschaftervertrag hat sich die Stiftung verpflichtet, ihre Mitarbeit uneigennützig und im Bewußtsein der kulturpolitischen Verantwortung der Stadt Gütersloh zu gestalten. Von Anfang an war es das Ziel der beiden Partner, die jeweiligen Vorzüge und Vorteile der öffentlichen Verwaltung und eines privatwirtschaftlichen Unternehmens, dessen Fachwissen die Stiftung einbringt, in einer umfassenden einvernehmlichen Zusammenarbeit zum Tragen kommen zu lassen. Neben gedanklichen und organisatorischen Beiträgen hat die *Bertelsmann Stiftung* bisher eine finanzielle Leistung von etwa zwölf Millionen DM in dieses Projekt eingebracht.

Insbesondere die auf Benutzerfreundlichkeit ausgerichtete Konzeption, die den Kern eines neuentwickelten Marketing-Konzeptes bildet, ist zur Innovation für die Bibliothekslandschaft der Bundesrepublik geworden und hat sie beeinflußt. Erstmals wurde hier die Organisationsform der dreigeteilten Bibliothek (mit „Fern-", „Mittel-" und „Nahbereich") in eine Bauplanung eingebracht und bei der Gebäudegestaltung konsequent umgesetzt. Ein auf alle Bevölkerungsschichten ausgerichtetes Medienangebot, fortschrittliche organisatorische Maßnahmen beim EDV-Einsatz, ein zweckdienliches Informations- und Berichtswesen, ein rationaler Personaleinsatz, die gute technische Ausstattung sowie lange Öffnungszeiten tragen zum Erfolg dieser Bibliothek bei.

Börsenverein des Deutschen Buchhandels

Großer Hirschgraben 17-21
Postfach 10 04 42
D-60311 Frankfurt am Main
Tel.: (0 69) 13 06(0)-2 92; Fax: 13 06-2 94;
Telex: 41 35 73 buchv d
Dorothee Hess-Maier (Vorstand)
Martina Merkl (Presse und Information)

Der *Börsenverein des Deutschen Buchhandels e.V.* vertritt als Spitzenorganisation des herstellenden und vertreibenden Buchhandels in der Bundesrepublik Deutschland die Interessen von rund 6.000 Verlagen, Verlagsvertretern, Buchhandlungen und Firmen des Zwischenbuchhandels (Grossisten). Er fördert die Rolle des Buches und des Lesens in der Gesellschaft durch vielfältige Initiativen und durch Kooperation mit anderen kulturpolitisch orientierten Verbänden und Organisationen.

Jährlich schreibt der *Börsenverein* zwei bundesweite Schülerwettbewerbe aus. Seit 1959 gibt es den „Vorlese-Wettbewerb", an dem Schülerinnen und Schüler aller sechsten Jahrgangsstufen teilnehmen können. Jahr für Jahr sind es zwischen 350.000 und 400.000 Sechstkläßler, die sich am Wettbewerb beteiligen – im Durchschnitt also jedes zweite Kind im sechsten Schuljahr. Der Wettbewerb zählt zu den gesamtstaatlich geförderten Schülerwettbewerben und steht seit 1979 unter der Schirmherrschaft des Bundespräsidenten.

Seit 1985 veranstaltet der *Börsenverein* gemeinsam mit der *Arbeitsgemeinschaft von Jugendbuchverlegern* (*AvJ*) den Wettbewerb „Das lesende Klassenzimmer", der jährlich unter einem anderen Thema für Schulklassen der ersten bis achten Jahrgangsstufen ausgeschrieben wird. Die Aktion wird von den Kultusministerien der Länder gefördert und unterstützt. Im Mittelpunkt des Wettbewerbs steht die kreative Auseinandersetzung mit Literatur im Unterricht. Als Preise für die beiden Wettbewerbe gibt es jeweils Bücher und Bücherschecks; Hauptpreise sind Lesungen von bekannten Kinder- und Jugendbuchautoren an den Schulen.

Literatur hautnah erleben können die Besucher der Frankfurter Buchmesse im Lesezelt zwischen den Messehallen. In der vom *Börsenverein* und seiner Ausstellungs- und Messe-GmbH eingerichteten Zeltstadt lesen prominente

Autorinnen und Autoren aus ihren Herbstneuerscheinungen und signieren im Anschluß an die Lesungen ihre Bücher.

1990 hat der *Börsenverein* gemeinsam mit der *Stiftung Lesen* und der *Arbeitsgemeinschaft von Jugendbuchverlegern* (*AvJ*) die Informationskampagne „Lesen ist Familiensache" gestartet. Eltern von Kindern bis zu acht Jahren sollen darauf aufmerksam gemacht werden, daß die Leseförderung zu Hause in der Familie beginnen muß, denn vor allem im Elternhaus werden die Grundlagen für das Interesse am Buch geschaffen. Die beim *Börsenverein* abzurufenden Broschüren sollen zu einer Verbesserung des „Buchklimas" in der Familie beitragen.

Seit mehr als dreißig Jahren bietet der *Börsenverein* themenbezogene Buchausstellungen zur kostenlosen Ausleihe an. Zur Zeit umfaßt das Programm der Wanderausstellungen die Themenbereiche „Prämierte Jugendbücher", „Bücher zum Umweltschutz", „Märchenwelten", „Hoffnung, wie sie im Buche steht", „Alltagsgeschichte", „Kunterbuntes Kinderbuch", „Zeitzeugnisse", „Abenteuer" und „Buch der Jugend". Die Ausstellungen enthalten zwischen 60 und 350 Titel und können von Buchhändlern, Bibliothekaren, Lehrern, Erziehern und sonstigen Interessenten abgerufen werden.

Um die Teilnahme an zentral organisierten Buchwochen (z. B. Bücherfrühling, Frühjahrsbuchwochen) oder die Ausrichtung individueller Büchermärkte zu erleichtern, stellt der *Börsenverein* kostenlos Informationsmaterialien und Arbeitshilfen bereit, berät in organisatorischen Fragen und vermittelt zwischen teilnehmenden Institutionen.

Der Börsenverein verleiht seit über vierzig Jahren alljährlich den *Friedenspreis des Deutschen Buchhandels* an eine Persönlichkeit, die in hervorragendem Maße vornehmlich durch ihre Tätigkeit auf den Gebieten der Literatur, Wissenschaft und Kunst zur Verwirklichung des Friedensgedankens und der Verständigung der Völker beigetragen hat. In dem Projekt „Friedenspreis – Aktion Schule" stellt der *Börsenverein* Schulen kostenlos Informationen über den Friedenspreis zur Verfügung. Pädagogen, Eltern, Schülerinnen und Schüler sind eingeladen, sich an der Diskussion über den wohl bedeutendsten deutschen Kulturpreis und seine Preisträger, die Rolle des Friedens und die Verwirklichung des Friedensgedankens in der Welt zu beteiligen.

Das *Börsenblatt für den Deutschen Buchhandel* ist das offizielle Verbandsorgan des *Börsenvereins*. Es wurde 1834 gegründet und erscheint seit dem 1.1.1991 als gemeinsame Frankfurter und Leipziger Ausgabe mit Verlagssitz in Frankfurt am Main und einem Redaktionsbüro in Leipzig. Ein Schwerpunkt liegt in der Dokumentation der Diskussion zwischen den einzelnen Sparten in Form von Meinungsbeiträgen, Leserbriefen und Hintergrundberichten und in der Berichterstattung über Fragen des buchhändlerischen und verlegerischen Alltags. Die 104 Nummern eines Jahres enthalten jeweils sechs bis acht Themenschwerpunkte.

Jährlich verleiht das *Börsenblatt für den Deutschen Buchhandel* den „Alfred-Kerr-Preis für Literaturkritik", der mit 5.000 Mark dotiert ist. Damit wird ein besonders bemerkenswerter Literaturteil einer deutschsprachigen Zeitung oder Zeitschrift oder eines Hörfunk- oder Fernsehprogramms ausgezeichnet. Dabei geht es nicht um eine Einzelleistung, sondern um die kontinuierliche Arbeit einer Redaktion.

Der *Börsenverein* veranstaltet über seine Ausstellungs- und Messe-GmbH die *Frankfurter Buchmesse.* 1949 neu gegründet, ist sie heute das größte Branchenereignis der Welt. Sie hat eine eminente Bedeutung im internationalen Rechte- und Lizenzgeschäft und bietet eine unübertreffliche Vielzahl von Kontakten zum Weltbuchhandel und Informationen über die neuesten Produktionen der wichtigsten Verlage aus allen Kontinenten.

Books are different – die besondere Rolle des Buches einerseits als Wirtschaftsgut, andererseits aber auch als Kulturgut spiegelt sich in den vielfältigen Begegnungen mit Politikern, Wissenschaftlern, Wirtschaftsführern, Journalisten und letztlich dem Leser wider. Das Bonner Büro hat sich in langer Tradition zu einer Schaltstelle zwischen Buchhandel und Politik entwickelt und mit den regelmäßigen „Bonner Abenden" beliebte Treffpunkte zwischen Politikern und Literaten eingerichtet.

Der *Börsenverein* bietet in den neuen Bundesländern einen Zusatzservice für Buchhändler und Verleger an. Im Leipziger Büro können Informationen zu wichtigen Sonderfragen, z. B. Privatisierung, eingeholt werden. Darüber hinaus beraten Mitarbeiter des *Börsenvereins* in Sondersprechstunden die Mitglieder aus den neuen Bundesländern.

Bundesakademie für kulturelle Bildung Wolfenbüttel

Schloßplatz 13
Postfach 11 40
D-38281 Wolfenbüttel

Tel.: (0 53 31) 80 84 11; Fax: 80 84 13

Prof. Dr. W. Totok, Dr. K. H. Schnöckel, H.-P. Albrecht (Vorstand)
Steffen Tiggeler (Direktor)

Die *Bundesakademie für kulturelle Bildung Wolfenbüttel e.V.* dient der Weiterbildung von Menschen, die kulturelle Bildung vermitteln. An der *Bundesakademie für kulturelle Bildung* existieren zu diesem Zweck fünf Fachbereiche, von denen in zweien überwiegend kulturelle Bildung im sprachlichen Bereich vermittelt wird: der Fachbereich Theater (Leiter: Horst Forester) und der Fachbereich Literatur (Leiter: Hartmut Kasper).
Beide Fachbereiche bewegen sich in den Feldern Sprachkritik, Medienkritik, gesprochene und geschriebene Sprache, Sprache und darstellende Künste, Semiotik, Sprecherziehung, Sprache und Denken, Sprache in der Literatur.
Die Fachbereiche veranstalten Seminare und Tagungen und etablieren zu einzelnen Gebieten Arbeitskreise (Hörspiel, Kabarett).
Ein besonderes Anliegen der Arbeit der *Bundesakademie* sind die interdisziplinären Veranstaltungen; hier planen und realisieren die beiden genannten Fachbereiche Projekte in Zusammenarbeit mit den Fachbereichen Bildende Kunst (Leiter: Dr. Ulrich Teske), Musik (Leiter: Dr. Franz Riemer) und Museumspädagogik (Leiter: Andreas Grünewald-Steiger).
Die *Bundesakademie* plant die Herausgabe einer jährlich erscheinenden Publikation zum Zweck der Darstellung ihrer Arbeit und als Grundlage für die Diskussion von Problemen im Bereich der kulturellen Erwachsenenbildung.

Mitglieder der *Bundesakademie* sind die Länder Bremen, Schleswig-Holstein und Niedersachsen und die Bundesrepublik Deutschland; die beiden letztgenannten sind zahlende Mitglieder (Bundesministerium des Innern, Ministerium für Wissenschaft und Kultur des Landes Niedersachsen). Von den Teilnehmern wird eine Kursgebühr erhoben.

Die *Bundesakademie für kulturelle Bildung* ist ein eingetragener Verein.

Bundesverband der Friedrich-Bödecker-Kreise

Bundesgeschäftsstelle
Fischtorplatz 23
D-55116 Mainz

Tel.: (0 61 31) 23 08 88; Fax: 23 03 33

Hans Bödecker (Vorsitzender)
Günter Bergmann (Geschäftsführer)

1954 wurde der erste *Friedrich-Bödecker-Kreis* als eingetragener Verein in Hannover gegründet; inzwischen sind die *Bödecker-Kreise* bundesweit tätig. Benannt nach dem niedersächsischen Pädagogen Friedrich Bödecker, wurde der erste Kreis mit dem Ziel gegründet, jugendkulturelle Bildungsarbeit auf dem Gebiet der Kinder- und Jugendliteratur zu leisten und durch Autorenlesungen, Ausstellungen, Beratungen und Informationen zu realisieren. Ziel war es, das Kind, den Jugendlichen zu befähigen, aktiv und in freier Entscheidung am literarischen Leben teilzunehmen. Der Kreis wendet sich an alle Mittler und Vermittler von Literatur und bezieht vor allem auch die Medien ein. Die Landesverbände veranstalten Autorenlesungen und Autorengespräche in Schulen, Büchereien, Jugendgruppen, Jugendheimen, Jugendseminaren und Jugendstrafanstalten, Ausstellungen und Wanderausstellungen – unter anderem auf der Buchmesse – und erstellen Literatur-Auswahlverzeichnisse.

Am 5. Oktober 1981 wurde in Mainz der *Bundesverband der Friedrich-Bödecker-Kreise e.V.* (Vorsitzender: Hans Bödecker) gegründet. Sitz des Bundesverbandes ist Hannover; die Bundesgeschäftsstelle wurde in Mainz eingerichtet. Der Bundesverband ist die Dachorganisation der selbständigen Landesverbände der *Friedrich-Bödecker-Kreise* (Bundessatzung) und hat vor allem koordinierende Aufgaben. Alle Landesverbände arbeiten als eigenständige Vereine. Sie verfolgen ausschließlich und unmittelbar gemeinnützige Zwecke im Bereich der Bildung und Erziehung im Sinne der Gemeinnützigkeitsverordnung. Der Bundesverband hat satzungsgemäß die Aufgabe, die einzelnen Landesverbände in ihrer pädagogischen und organisatorischen Arbeit im Bereich der Literatur für Kinder und Jugendliche in Zusammenarbeit mit Kindern, Jugendlichen, Erwachsenen und ihren Institutionen zu unterstützen und gemeinsame Aktivitäten zu koordinieren.

Die neueste Ausgabe des Autorenverzeichnisses „Autoren lesen vor Schülern – Autoren sprechen mit Schülern“ erschien im Oktober 1991. Darin enthalten sind die biographischen und bibliographischen Angaben von 278

Kinder- und Jugendbuchautoren, die bereit sind, zu den Konditionen der *Bödecker-Kreise* zu lesen. Es können auch Autoren, die nicht in dieser Liste aufgeführt sind, zu Lesungen vermittelt werden.

Für besondere Leistungen auf dem Gebiet der Kinder- und Jugendliteratur wird alle zwei Jahre im Rahmen eines Autorentreffens der Friedrich-Bödecker-Preis vergeben.

Bundesvereinigung Kulturelle Jugendbildung

Küppelstein 34
D-42857 Remscheid

Tel.: (0 21 91) 79 42 90; Fax: 7 18 10

Prof. Bruno Tetzner (Vorsitzender)
Hildegard Bockhorst (Leiterin)
Gerd vom Schemm (Geschäftsführer)

Die *Bundesvereinigung Kulturelle Jugendbildung* (*BKJ*) – eine Dachorganisation verschiedener Fachinstitutionen – hat sich zum Ziel gesetzt, die außerschulische kulturelle Jugendbildung zu fördern. Diese soll zum differenzierten Umgang mit Kunst und Kultur befähigen und zu eigenem gestalterisch-ästhetischem Handeln in den Bereichen Musik, Tanz, Rhythmik, Spiel, Theater, Literatur, bildende Kunst, Architektur, Film, Fotografie, Video, Medien und Computer ermutigen.

Die Arbeit der *BKJ* hat unter anderem zum Inhalt:

- gegenseitige Information und Erfahrungsaustausch der Mitgliedsorganisationen und anderer interessierter Gruppen
- die Vertretung gemeinsamer Interessen gegenüber der Öffentlichkeit, den zuständigen Behörden auf Bundes- und Landesebene und den internationalen Organisationen der Jugendkulturarbeit
- Beratung und Fortbildungsmaßnahmen zu aktuellen Themen und Problemen, wie „Neue Medien und Jugendkulturarbeit", „Kulturelle Jugendbildung in den neuen Bundesländern", „Feminismus, Mädchenarbeit und Kulturpädagogik" und „Kulturelle Jugendbildung in Europa"
- Initiieren und Koordinieren gemeinsamer Maßnahmen wie Großveranstaltungen oder Wettbewerbe und Entwicklung interdisziplinärer Projekte
- besondere Bemühungen um die Stärkung der kommunalen Jugendkulturarbeit, beispielsweise durch die Modellprojekte „Kinder-Kultur-Wochen", „Jugend-Kultur-Tage", „BKJ-Projektbank Jugendkulturarbeit"
- den Auf- und Ausbau internationaler Kontaktmöglichkeiten mit Fachvertretern der verschiedenen Bereiche kultureller Jugendbildung
- die Mitwirkung in bedeutenden Gremien und Institutionen der Jugend- und Kulturpolitik wie dem *Bundesjugendkuratorium*, dem *Deutschen Kulturrat*, dem *Internationalen Jugendaustausch- und Besucherdienst*

der Bundesrepublik Deutschland und der *Stiftung Deutsche Jugendmarke.*

Im Bereich der Literaturförderung soll nicht nur die Freude am Lesen gefördert, sondern auch der eigene schöpferische Umgang mit Sprache und Literatur vermittelt werden; Jugendliche sollen also in Schreibwerkstätten und -projekten zum Selberschreiben angeregt und ermutigt werden.

Aufgrund des föderativen politischen Systems der Bundesrepublik Deutschland und der Kulturhoheit der Länder ist es erklärtes Ziel der *Bundesvereinigung Kulturelle Jugendbildung* und ihrer Mitgliedsorganisationen, die Bildung bzw. die Arbeit landesweiter und fachübergreifender Zusammenschlüsse der kulturellen Jugendbildung zu fördern. Derzeit gibt es in acht Bundesländern solche *Landesvereinigungen Kulturelle Jugendbildung* (*LKJ*), die sich engagiert für die Vertretung der kulturellen Belange von Kindern und Jugendlichen einsetzen.

Die *Bundesvereinigung Kulturelle Jugendbildung* ist ein Zusammenschluß von derzeit 29 bundesweiten Fachorganisationen und Institutionen der kulturellen Jugendbildung. Über 1,8 Millionen Jugendliche und Fachkräfte sind in den *BKJ*-Mitgliedsverbänden organisiert. Über 10 Millionen junge Menschen nehmen jährlich an Seminaren, Projekten und Veranstaltungen teil.

Für die Bundesregierung ist die *BKJ* der anerkannte und zentrale Fachpartner der kulturellen Jugendbildung in der Bundesrepublik Deutschland. Das Bundesministerium für Frauen und Jugend unterstützt ihre Arbeit durch finanzielle Förderung.

Bund Deutscher Sekretärinnen

Zentnerstraße 44
D-80796 München
Tel.: (0 89) 2 71 68 73; Fax: 2 72 42 85
Rita Schmidt, Gerlinde Stieber (Vorstand)
Ute Niggemann, Karin Renner, Christa Vogel (Geschäftsf. Vorstand)

Der *Bund Deutscher Sekretärinnen (BDS)*, „Europas größter Sekretärinnenverband“, veranstaltet jährlich ein *BDS-Forum.* Das Forum ist eine Fachtagung, an der ungefähr 300 Sekretärinnen aus dem ganzen Bundesgebiet teilnehmen. In den vergangenen Jahren waren Themen aus dem Bereich „Deutsche Sprache“ immer wieder Bestandteil der Forum-Programme.

In einzelnen Aktionen versucht der *Bund Deutscher Sekretärinnen*, die Menschen für die deutsche Sprache sensibel zu machen. So werden bestimmte Phänomene aufgegriffen und reflektiert und Presse und Medien beobachtet, und auch auf die Sprache in der Werbung und in Stellenanzeigen wird reagiert. Gegen „nachlässiges Schreiben und Sprechen“ geht der *BDS* an und weist auf Rechtschreibschwächen hin. Außerdem beschäftigt sich der *BDS* mit Amerikanismen und Anglizismen in der deutschen Sprache und versucht, sie – wo möglich – durch deutsche Ausdrücke zu ersetzen.

In den regionalen Vertretungen, den mehr als vierzig *BDS*-Klubs, gehören Themen wie Rhetorik, gutes Deutsch, rationelles Lesen zum Standardweiterbildungsprogramm; so wird das Sprachgefühl gepflegt und der sichere Umgang mit der deutschen Sprache gefördert.

Der *Bund Deutscher Sekretärinnen* ist ein eingetragener Verein, registriert in München. Die Aktivitäten werden fast ausschließlich aus Mitgliedsbeiträgen finanziert, die *BDS-Foren* zum überwiegenden Teil aus Tagungsbeiträgen.

Carl Duisberg Centren

Hansaring 49-51
D-50670 Köln

Tel.: (02 21) 16 26-0; Fax: 1 02 02 22; Telex: 8 88 13 30

Dr. Norbert Schneider (Vorsitzender des Verwaltungsrats)
Dipl.-Kfm. Erich Duttiné (Geschäftsführung)
Dipl.-Ing. Johannes Schlagnecke (Geschäftsführung)

Die *Carl Duisberg Familie* ist eine vielfältige und weitverzweigte Organisationsfamilie in der Bundesrepublik Deutschland, in Japan, in den USA und in Brasilien. Sie arbeitet in verschiedenen autonom operierenden Unterorganisationen, teils für Inländer, die ins Ausland wollen, teils für Ausländer, die im Inland auf ihre spätere Tätigkeit im Herkunftsland vorbereitet, ausgebildet und sprachlich trainiert werden. Die *Carl Duisberg Gesellschaft e.V. (CDG)* wurde 1949 als gemeinnützige Organisation für internationale berufliche Weiterbildung und Personalentwicklung gegründet. Ziel war unter anderem, eine zusätzliche Qualifikation für Deutsche und Ausländer durch berufliche Fortbildung im Ausland zu ermöglichen.
1962 wurde die *Carl Duisberg Centren gemeinnützige Gesellschaft mbH (CDC)* gegründet, die sich auf Sprachausbildung, auf Dienstleistungen für auslandsorientierte deutsche Unternehmen und auf Ausbildungsaufträge ausländischer Regierungen und Institutionen spezialisiert hat.

Die *CDC* vermittelt schwerpunktmäßig in fünf eigenen Collegs (Dortmund, Köln, München, Radolfzell und Saarbrücken) *Deutsch als Fremdsprache* und *Deutsch als Fachsprache* (z.B. „Wirtschaftsdeutsch"). Auch Exklusivprogramme für multinational arbeitende Konzernmanager und Sonderprogramme für skandinavische Sekretärinnen gehören zu ihrem Aufgabenspektrum.

Die *CDC* führt Deutschkurse im Lernbereich *Deutsch als Fremdsprache* seit 1965 durch. Das Ziel dieser Kurse war von Anfang an die Vermittlung von Deutschkenntnissen für berufliche Zwecke.

Der Ausgangspunkt war der Sprachbedarf von *CDG*-Stipendiaten aus Entwicklungsländern. Darüber hinaus rekrutieren sich die Deutschkursteilnehmer aus dem Industrieländer-Austausch der *CDG*, aus Aufträgen von in- und ausländischen Firmen und Bildungseinrichtungen, aus Fortbildungsprogrammen der *CDC* und individuellen Teilnehmern. Die Orientierung der Deutschkurse an beruflichen Zwecken und am praktischen Sprachbedarf ist nach wie vor das Spezifikum der *CDC*.

Neben Deutschkursen führt die *CDC* seit über zehn Jahren Kurse zur Aus-, Fort- und Weiterbildung ausländischer Deutschlehrer durch. Die Teilnehmer kommen vor allem aus USA, Skandinavien, Westeuropa, arabischen Ländern, der Volksrepublik China und osteuropäischen Ländern. Der Schwerpunkt der Kurse liegt dabei in der Methodik und Didaktik von Fachsprachenkursen sowie dem Vertrautmachen mit der marktwirtschaftlichen, gesellschaftlichen und kulturellen Struktur der Bundesrepublik Deutschland.

Die *CDC* ist gemeinsam mit dem *Goethe-Institut* und dem *DIHT* Träger des fachsprachlichen Examens „Wirtschaftsdeutsch – international", das weltweit erworben werden kann.

Die vielfältigen Aufgaben im Lernbereich *Deutsch als Fremdsprache* und im Lernbereich *Deutsch als Fachsprache* können ohne kritische Überprüfung und neue Impulse für Lerninhalte, Methodik und Didaktik nicht wirksam wahrgenommen werden. Die *CDC* unterhält deshalb im Rahmen ihrer für die Unterrichtsstätten zuständigen Abteilung ein eigenes Fachreferat „Unterrichtsentwicklung", das speziell auf die Lernbedürfnisse und Lernprobleme der Zielgruppen eingeht. Eigene Lehrbücher und *CDC*-interne Lern- und Unterrichtsmaterialien werden unter Berücksichtigung des neuesten Standes der Fremdsprachendidaktik, Mediendidaktik und Erwachsenenpädagogik entwickelt und erprobt. So entstanden vier Bände der Lehrwerksreihe *Dialog Deutsch* für die ersten vier Lernstufen und fachsprachliche Lehrwerke und Lernmaterialien zu verschiedenen Bereichen der Fachsprachen Wirtschaft und Technik.

Die in der Regel einmonatigen und im Baukastensystem angelegten Sprachkurse umfassen alle erforderlichen Sprachniveaus. Ergänzend zu den Kursen der deutschen Allgemeinsprache spielt die Einführung in die spezifische Berufs- und Fachsprache eine wichtige Rolle. Neben den regelmäßigen Kursen bietet die *CDC* maßgeschneiderte Gruppen- und Individualkurse, die sowohl in den eigenen Sprachkursstätten der *CDC* als auch in Räumen der Auftraggeber im In- und Ausland durchgeführt werden können.

In ihren Sprachkursstätten verfügt die *CDC* über Plätze für etwa 700 Teilnehmer und bietet neben dem Unterricht zugleich Wohn- und Verpflegungsmöglichkeiten (eigene Internate, Familien- oder Hotelunterbringung).

Die *CDC* ist eine als gemeinnützig anerkannte Gesellschaft in der Rechtsform einer GmbH. Ihre Gesellschafter sind der *Carl Duisberg Förderkreis e.V.* (in ihm haben sich Persönlichkeiten der Wirtschaft zusammengefunden, die die Aufgaben von *CDG* und *CDC* finanziell fördern wollen) und die *Carl Duisberg Gesellschaft e.V. (CDG)*. Die *CDG* ist auch das nationale Büro für Europaprogramme (→ siehe *Kommission der Europäischen Gemeinschaften*, S. 284). Ein Verwaltungsrat, dem Persönlichkeiten aus dem Bildungswesen, der Wirtschaft, den Hochschulen und der internationalen Zusammenarbeit angehören, berät und kontrolliert die Geschäftsführung.

Die *CDC* beschäftigt in der Zentrale und in den Collegs 200 hauptamtliche Mitarbeiter.

Deutsche Akademie für Sprache und Dichtung

Alexandraweg 23 (Glückert-Haus)
D-64287 Darmstadt

Tel.: (0 61 51) 4 48 23; Fax: 4 62 68

Prof. Dr. Herbert Heckmann (Präsident)
Dr. Gerhard Dette (Generalsekretär)

Die *Deutsche Akademie für Sprache und Dichtung* wurde am 28. August 1949 in der Paulskirche in Frankfurt gegründet. Sie betrachtet den ganzen deutschen Sprachbereich als ihr Wirkungsfeld. Der nach außen sichtbare Teil der Akademiearbeit spiegelt sich wider vor allem in den öffentlichen Arbeitssitzungen während der Tagungen der Akademie – jeweils im Frühjahr und im Herbst –, die auch der interessierten Öffentlichkeit zugänglich sind. Seit der Übernahme des Georg-Büchner-Preises durch die Akademie im Jahr 1950 finden die Herbsttagungen, die ihren Höhepunkt in der Verleihung dieses Preises haben, stets am Sitz der Akademie, in Darmstadt, statt. Die Frühjahrstagungen werden wechselnd in anderen Städten der Bundesrepublik abgehalten, um zu dokumentieren, daß die Akademie nicht eine Darmstädter, sondern eine deutsche Institution ist.

In den bald vierzig Jahren ihres Bestehens war die *Deutsche Akademie für Sprache und Dichtung* bemüht, auf ihren öffentlichen Arbeitssitzungen den beiden Aspekten, welche ihr Name hervorhebt, in gleicher Weise gerecht zu werden. So wurden im Laufe mehrerer Jahre die umfassenden Themen „Die Literatur und ihre Wirkungen", „Der Umfang der Literatur" sowie „Sprachpflege und Sprachkritik" gründlich erörtert. Aus dem letztgenannten Themenkreis ging ein Projekt zur Erforschung gegenwärtig im deutschen Sprachraum geltender Normen hervor, das eine wissenschaftliche Kommission unter dem Vorsitz von Harald Weinrich leitete. Das wissenschaftliche Projekt „Sprachliche Normen in Deutschland" wurde vom Stiftungsfonds Deutsche Bank – treuhänderisch verwaltet vom Stifterverband für die Deutsche Wissenschaft – gefördert und war Gegenstand der Herbsttagungen 1979, 1980 und der Frühjahrstagung 1981. 1991 hat die *Deutsche Akademie für Sprache und Dichtung* ihre beiden Tagungen jeweils einem Sprachthema gewidmet. Das Thema der Frühjahrstagung, die zum ersten Mal in Weimar veranstaltet wurde, lautete: „Enthüllende und verbergende Sprache. Ein deutscher Erfahrungsaustausch". „Hat die Sprache ein Geschlecht?" hieß das Thema der Darmstädter Herbsttagung. Zu beiden Themen wurden Vorträge gehalten und öffentliche Podiumsdiskussionen veranstaltet.

Unter dem Titel *Der öffentliche Sprachgebrauch* wurden zum Abschluß dieses Projektes drei Bände im Verlag Klett-Cotta herausgebracht, in denen die Sprachnormen in Presse, Hörfunk und Fernsehen, Rechtspflege und Verwaltung sowie in den Schulen diskutiert und dokumentiert werden.

In den Jahrbüchern der Akademie, die seit dem Jahre 1952 in ununterbrochener Folge erscheinen, von 1978 bis 1983 jeweils in zwei Lieferungen, sind neben Nachrufen und kleineren Beiträgen alle auf den Tagungen gehaltenen Vorträge und Referate abgedruckt sowie alle Reden der Träger des Georg-Büchner-Preises und der anderen Preisträger und ihrer Laudatoren. Im Jahrbuch findet man außerdem das Mitgliederverzeichnis, eine Bibliographie der neu erschienenen Schriften der Mitglieder sowie Mitteilungen über Tätigkeiten und Ehrungen der Mitglieder. Die jeweils neu gewählten Mitglieder stellen sich mit einem kurzen Text vor. Die Mitglieder der Akademie erhalten kein Entgelt, sie wirken freiwillig, unabhängig und aus eigener Verantwortung für das Wohl der Akademie. Ihre Arbeit und ihre Interessen erstrecken sich auf alle Gattungen und Gebiete der Literatur und der Sprache, und so vereinigen sich in der *Deutschen Akademie für Sprache und Dichtung* Lyriker, Erzähler, Dramatiker, Essayisten, Publizisten, Geschichtsschreiber, Sprach- und Literaturforscher.

Die Wahl in die Akademie setzt ein Werk voraus, das die deutsche Sprache und Literatur bereichert oder doch Ansätze dazu zeigt. Auch ist die Zahl der Mitglieder beschränkt. So repräsentieren die Mitglieder der Akademie überzeugend die deutsche Gegenwartsliteratur.

Die *Deutsche Akademie für Sprache und Dichtung* vergibt jährlich fünf Preise: den Georg-Büchner-Preis, den Sigmund-Freud-Preis für wissenschaftliche Prosa, den Johann-Heinrich-Merck-Preis für literarische Kritik und Essay, den Friedrich-Gundolf-Preis für die Vermittlung deutscher Kultur im Ausland und den Johann-Heinrich-Voss-Preis für Übersetzung.

Mit Textveröffentlichungen hat die Akademie versucht, wenigstens einen Teil jener Literatur, die 1933 bis 1945 der Unfreiheit zum Opfer fiel, ins Gedächtnis der Gegenwart zurückzurufen. Damit dient diese Publikationsreihe der Aufrechterhaltung der literarischen Tradition. Namen wie Oskar Loerke, Alfred Mombert und Gertrud Kolmar haben durch die Akademieveröffentlichungen ihren früheren Rang zurückgewonnen. Im Sinne der Traditionspflege darf das biobibliographische Lexikon *Deutsche Exil-Literatur 1933-1945* als charakteristische Akademieveröffentlichung gelten. Die erste Auflage, 1962 erschienen (eine zweite, stark erweiterte konnte 1970 erschei-

nen), bot die Grundlage zur Geschichtsschreibung der deutschen Exilliteratur überhaupt. Heute ist der „*Sternfeld/Tiedemann*“, wie das Lexikon nach seinen Herausgebern kurz genannt wird, zu einem unentbehrlichen Nachschlagewerk geworden. Eine gründliche Neubearbeitung dieses Bandes ist geplant.
Grundsätzlich ist die Akademie bei ihrem Bemühen, unentdeckte oder vergessene Werke von Rang oder vom Verlagswesen vernachlässigte Schriften zu publizieren, nicht auf den Zeitraum der jüngsten Vergangenheit festgelegt.
Im Jahre 1964 nahm die Akademie eine Tradition der wissenschaftlichen Akademien auf; sie stellt Preisfragen, die das Gebiet der Sprache oder der Literatur betreffen, dadurch zur öffentlichen Diskussion, daß sie für die besten Antworten Prämien aussetzt. Die von einer – aus dem Kreis der Mitglieder gewählten – Jury ausgezeichneten Arbeiten publiziert die Akademie in Form von Preisschriften und macht sie damit der an den Problemen der Sprache und Dichtung interessierten Öffentlichkeit zugänglich.

Eine neue Schriftenreihe, die seit Herbst 1984 erscheint, will Probleme und Fragen der jüngsten deutschen Literatur und der Gegenwartssprache zur Diskussion stellen und noch unbekannten Autoren eine Chance geben. Jeweils ein Herausgeber aus dem Kreis der Akademiemitglieder zeichnet für einen Band verantwortlich. Die Bände erscheinen zweimal im Jahr, im Frühjahr und im Herbst. Für den Bereich der Sprachkultur ist insbesondere der Band IV dieser Reihe *Dichtung und Sprache* interessant, der 1986 von Hans-Martin Gauger herausgegeben wurde: *Sprach-Störungen. Beiträge zur Sprachkritik.* Als eine weitere Veröffentlichung im Rahmen des Themenkomplexes „Sprachkultur“ ist zu sehen: Heckmann, Herbert/Gauger, Hans-Martin (Hrsg.): *Wir sprechen anders. Warum Computer nicht sprechen können.* Frankfurt am Main 1988.
Ein anderes Vorhaben ist das Projekt eines sogenannten *Klassiker-Wörterbuches*, das alle Ausdrücke und Wörter der klassischen deutschen Literatur verzeichnen und erklären soll, die heute nicht mehr zum ständigen Sprachgebrauch gehören oder ihre Bedeutung verändert haben.

Die *Deutsche Akademie für Sprache und Dichtung* ist keine staatliche Institution. In der Rechtsform eines eingetragenen Vereins wird sie sowohl aus öffentlichen als auch aus privaten Mitteln finanziert, über deren Beschaffung und Verwendung ein aus Repräsentanten der öffentlichen Hand und der privatwirtschaftlichen Spender bestehendes Kuratorium wacht. Etwa 70 Prozent des Etats werden durch Zuwendungen des Bundes, der Länder und der Stadt Darmstadt gedeckt, in deren Händen auch die jährliche Rechnungsprüfung liegt.

Deutsche Forschungsgemeinschaft

Kennedyallee 40
Postfach 20 50 04
D-53175 Bonn

Tel.: (02 28) 8 85-1; Fax: 8 85-22 21

Prof. Dr. Hubert Markl (Präsident)
Dr. Manfred Briegel (Fachreferent)
Dr. Eva-Maria Streier (Pressereferentin)

Die *Deutsche Forschungsgemeinschaft* (*DFG*) dient der Wissenschaft in allen ihren Zweigen durch finanzielle Unterstützung von Forschungsvorhaben. In zahlreichen Wissensgebieten hat sie zunehmend die Aufgaben der Stärkung der Zusammenarbeit unter den Forschern, der Koordinierung der Grundlagenforschung und deren Abstimmung mit der staatlichen Forschungsförderung übernommen. Sie berät Parlamente und Behörden in wissenschaftlichen Fragen, pflegt die Verbindung zwischen Wissenschaft und Wirtschaft und fördert die Beziehung der deutschen Forscher zur ausländischen Wissenschaft. Ihre besondere Aufmerksamkeit gilt der Förderung des wissenschaftlichen Nachwuchses.

Die *DFG* leistet durch die Förderung der folgenden sprachwissenschaftlichen Projekte einen Beitrag zur Förderung der Sprachkultur in der Bundesrepublik:

a) Zahlreiche sprachwissenschaftliche Projekte im Normalverfahren. (Förderung von Forschungsvorhaben, die auf Initiative des einzelnen Forschers beantragt werden. Finanzierung ein bis zwei Jahre, Verlängerung möglich.)
b) Langfristige Unternehmen im Normalverfahren:
    - Erstellung eines Sprachatlasses der gegenwärtig gesprochenen Mundarten im Untersuchungsgebiet Südwürttemberg-Südbaden (H. Steger, Freiburg im Breisgau, 1970 bis 1994).
    - Sprachatlas für das Gebiet am mittleren Rhein (G. Bellmann, Mainz, 1983 bis 1996).
    - Historisches Wörterbuch der Rhetorik (G. Ueding, Tübingen, 1985 bis 2000).
    - Mittelniederdeutsches Handwörterbuch (D. Möhn, Hamburg, 1988 bis 1996).

c) Schwerpunktprogramme. (Finanzierung und Koordinierung von Vorhaben mehrerer Forscher an verschiedenen Orten zu einer bestimmten Thematik oder zu einem Projekt. Dauer in der Regel fünf Jahre.)
   - Kognitive Linguistik, Koordinator: S. Kanngießer, Osnabrück
   - Spracherwerb, Koordinator: Uta Quasthoff, Bielefeld; H. Wode, Kiel

d) Forschergruppen. (Kleine Gruppen von Forschern, die am selben Ort an einem Thema arbeiten. Nach fünfjähriger Trägerschaft gegebenenfalls Überführung in eine neue Trägerschaft oder in ein anderes Förderungsverfahren.)
   - Theorie des Lexikons, Konstanz

e) Sonderforschungsbereiche. (Langfristige Forschungseinrichtungen an einer Hochschule, in denen Wissenschaftler mehrerer Disziplinen im Rahmen eines fächerübergreifenden Forschungsprogramms zusammenarbeiten. Sonderforschungsbereiche bedürfen der Anerkennung durch den Wissenschaftsrat.)
   - Sonderforschungsbereich 245:
     Sprechen und Sprachverstehen im sozialen Kontext (Universitäten Heidelberg und Mannheim; Institut für deutsche Sprache, Mannheim)
   - Sonderforschungsbereich 226:
     Wissensorganisierende und wissensvermittelnde Literatur im Mittelalter (Universitäten Würzburg und Eichstätt)
   - Sonderforschungsbereich 231:
     Träger, Felder, Formen pragmatischer Schriftlichkeit im Mittelalter (Universität Münster)
   - Sonderforschungsbereich 321:
     Übergänge und Spannungsfelder zwischen Mündlichkeit und Schriftlichkeit (Universität Freiburg)
   - Sonderforschungsbereich 340:
     Sprachtheoretische Grundlagen für die Computerlinguistik (Universität Stuttgart; Universität Tübingen; Institut für wissensbasierte Systeme der IBM Deutschland, Stuttgart)

f) Graduiertenkollegs (Einrichtungen der Hochschulen zur Förderung des graduierten wissenschaftlichen Nachwuchses [Doktoranden]. Im Rahmen eines systematisch und in der Regel fächerübergreifend angelegten Studienprogramms, das sich auf ein gemeinsames Forschungsprogramm der beteiligten Hochschullehrer bezieht, sollen Doktoranden an ihren Promotionsvorhaben arbeiten können.)
   - Kognitionswissenschaft (Universität Hamburg)

- Linguistische Grundlagen für die Sprachverarbeitung (Universität Stuttgart)
- Schriftkultur und Gesellschaft im Mittelalter (interdisziplinäre Mediävistik) (Universität Münster)

Im Jahr 1990 standen der *DFG* 1.210,3 Millionen DM zur Verfügung, davon 737,7 Millionen DM vom Bund, 474,1 Millionen von den Ländern, 4,8 Millionen DM von Stiftungen und 3,3 Millionen DM aus eigenen Einnahmen abzüglich Haushaltsresten in Höhe von 9,6 Millionen DM. Von diesen Mitteln wurden für Sonderforschungsbereiche vom Bund 269,3 und von den Ländern 89,8 Millionen DM bereitgestellt.

Die Gesamtförderung im Bereich Geistes- und Sozialwissenschaften betrug im Jahr 1990 174,6 Mio DM. Davon entfielen 36,9 Millionen DM auf die Sprach- und Literaturwissenschaften.

Deutsche Gesellschaft für Gesetzgebung

Seminar für Öffentliches Recht
und Staatslehre der Universität
Schlüterstraße 28
D-20146 Hamburg

Tel.: (0 40) 41 23 - 30 23 oder 41 23 - 45 55

Prof. Dr. Ulrich Karpen (Vorsitzender)

Die *Deutsche Gesellschaft für Gesetzgebung (DGG)* wurde 1987 gegründet. Sie versteht sich als organisatorische Basis für praktische und theoretische Bemühungen um die Gesetzgebung, wobei interdisziplinäre Ansätze im Vordergrund stehen. So soll auch die sprachliche Gestaltung der Gesetze im Blick auf die Adressaten verbessert werden, indem die Einsichten der Sprachwissenschaft, der Kommunikation und der Psychologie beachtet werden und sich in einer Verbesserung der Gesetzgebungstechnik niederschlagen. Mit diesen Zielen kümmert sich die *DGG* in ihren Bemühungen um eine Verbesserung der Gesetzgebung vor allem auch um eine gute Gesetzessprache. Sie tut dies durch größere und kleinere Veranstaltungen auch für Nichtmitglieder, durch die Herausgabe der *Zeitschrift für Gesetzgebung* (*ZG*) und die Anregung wissenschaftlicher Arbeiten (Mitherausgabe der „Beiträge zum Parlamentsrecht" [Duncker-Humbolt]).

Im Zuge der Wiedervereinigung Deutschlands hat die *DGG* im Reichstag in Berlin Fortbildungsveranstaltungen für Bundestags- und Landtagsabgeordnete aus den neuen Bundesländern durchgeführt.

Die *DGG* ist ein eingetragener Verein und finanziert sich durch Mitgliedsbeiträge und Spenden.

Deutsche Gesellschaft für Poesie- und Bibliotherapie

Brehmstraße 9
D-40239 Düsseldorf

Tel.: (02 11) 63 26 24; Fax: 61 48 51

Heinz Peters, Dipl.-Sozialpädagoge; Ite Goßmann M. A.

Die 1984 gegründete *Gesellschaft für Poesie- und Bibliotherapie (DGPB) e.V.* hat sich zur Aufgabe gemacht, die Grundlagen kreativer Prozesse bei der therapeutischen Arbeit mit Poesie und Literatur weiter zu erforschen sowie Methoden für die Arbeit mit einzelnen oder in Gruppen zu entwickeln und zu lehren. Durch den Austausch von Erfahrungen sollen Theorie und Praxis miteinander verbunden und die Voraussetzungen für eine therapeutische und persönlichkeitsbildende wirkungsvolle Arbeit mit Poesie und Literatur, d. h. mit Texten im weitesten Sinne, verbessert werden.

Die Tätigkeit der *DGPB* findet statt in Zusammenarbeit mit der *Europäischen Akademie für psychosoziale Gesundheit und Kreativitätsförderung* (*EAG*), Wefelsen 5, 42499 Hückeswagen (staatlich anerkannte Einrichtung der beruflichen Bildung), und dem *Fritz Perls Institut für Integrative Therapie, Gestalttherapie und Kreativitätsförderung* (*FPI*), Brehmstr. 9, 40239 Düsseldorf (gemeinnützige Gesellschaft).

Gemeinsam bieten sie Weiterbildung für Personen an, die in den Bereichen Therapie, Beratung, Bildungsarbeit tätig sind. (Ärzt[inn]e[n], Angehörige pflegerischer und sozialer Berufe, Bibliothekar[inn]e[n], Pädagog[inn]en etc).

Seit 1984 wird jährlich ein dreitägiges Einführungsseminar durchgeführt, in dem poesie- und bibliotherapeutische Methoden und Techniken vorgestellt, geübt und diskutiert werden.

Zur Weiterführung finden, ebenfalls jährlich, Kompaktcurricula statt (vier Seminare von je vier Tagen). Sie wollen die Kenntnisse dieser Arbeitsweisen erweitern und vertiefen, den Teilnehmer(inne)n eigene Erfahrungen mit dem Lesen, dem Schreiben, dem Anregen und Bearbeiten von Texten vermitteln und deren Sicherheit bei der Anwendung poesie- und bibliotherapeutischer Methoden und Techniken in ihren eigenen Berufsfeldern verbessern.

Die geplante berufsbegleitende vierjährige Weiterbildung zu Poesie- und Bibliotherapeut(inn)en findet derzeit noch nicht statt, da sich bislang nicht genügend Teilnehmer(innen) für einen eigenen Ausbildungsgang zusammenfanden. Interessierten bieten *FPI/EAG* die Teilnahme an dem entsprechenden Curriculum „Integrative Kunst- und Kreativitätstherapie“ an. Diese Ausbildung umfaßt drei Stufen über insgesamt vier Jahre und verbindet Elemente der Selbsterfahrung, der Theorie und der praktischen Anwendung.

In zweijährlichem Rhythmus wurden öffentliche Tagungen durchgeführt. Die erste Tagung (1985) hatte das Ziel, die „Heilkraft der Sprache“ und die vielfältigen Möglichkeiten der Verbindung von Literatur, Psychotherapie und psychosozialer Arbeit vorzustellen und durch den Erfahrungaustausch zwischen Therapeut(inn)en, Autor(inn)en und Angehörigen helfender oder pädagogischer Berufe zur Verbreitung des Verfahrens beizutragen.

Die zweite Tagung fand unter dem Thema „Sprache – Sprechen – Identität“ (1987) statt. Von einem gemeinsamen Arbeitsfeld der Sprachwissenschaft und der Entwicklungspsychologie ausgehend, stand die Bedeutung der Sprache für das Leben des einzelnen sowie für menschliche Gemeinschaften zur Diskussion.

Die dritte Tagung stand unter dem Thema „Persönliche Sprache – öffentliche Sprache“. Vorträge und Arbeitsgemeinschaften zeigten, wie das eigene Sprechen durch die Sprache der Poesie angeregt und ermutigt werden kann, sich zu behaupten gegen die Übermacht der Sprache, die uns in Institutionen und Medien entgegenkommt.

Innerhalb des Begriffsfeldes „sprachliche Kultur“ ist die Tätigkeit der *DGPB* vornehmlich in den Bereichen Sprache und Identität, Sprachpsychologie, Förderung des Sprachbewußtseins, Sprache in der Literatur und Sprache in der Erwachsenenbildungsarbeit angesiedelt.

Deutsche Gesellschaft für Publizistik- und Kommunikationswissenschaft

c/o Heimhuder Straße 21
D-20148 Hamburg 13
Tel.: (0 40) 44 70 31; Fax: 41 78 70
Prof. Dr. Wolfgang Hoffmann-Riem (Vorsitzender)

Die *Deutsche Gesellschaft für Publizistik- und Kommunikationswissenschaft* (*DGesPKw*) ist eine Vereinigung von Wissenschaftlern und Praktikern, die in Forschung und Lehre bzw. in der Anwendung wissenschaftlicher Erkenntnisse dieser Disziplin tätig sind. Ihre Mitglieder kommen aus den Hochschulen, den Kommunikationsmedien, aus Forschungseinrichtungen und anderen privaten und öffentlichen Institutionen.

Die *DGesPKw* wurde 1963 als *Deutsche Gesellschaft für Publizistik- und Zeitungswissenschaft* in München gegründet. Ihren heutigen Namen führt sie seit 1972.

Zu den Aufgaben der Gesellschaft gehören:

- Wahrnehmung und Förderung gemeinsamer Interessen kommunikationswissenschaftlicher Forschung und Lehre
- Zusammenarbeit mit der Medienpraxis
- interdisziplinäre Kooperation
- Veranstaltungen von Fachtagungen
- Förderung der Kommunikation zwischen Kommunikationswissenschaft und Öffentlichkeit
- Herausgabe wissenschaftlicher Veröffentlichungen

Die Jahrestagungen der Gesellschaft hatten in den vergangenen Jahren folgende Schwerpunktthemen:

- 1988 Wien: Paul F. Lazarsfeld – Die Wiener Tradition der empirischen Sozial- und Kommunikationsforschung.
- 1989 Hamburg: Umbruch in der Medienlandschaft. Beziehungen zwischen Wissenschaft, Politik und Praxis.
- 1990 Salzburg: Raum und Zeit als Determinanten gesellschaftlicher Kommunikation.

- 1991 Bamberg: Theorien öffentlicher Kommunikation – Problemfelder, Positionen, Perspektiven.

Die Tagung 1992 fand vom 27.-29. Mai 1992 in Fribourg statt und war dem Thema „Unterhaltung“ gewidmet. Die Mitgliederzahl belief sich im Herbst 1991 auf 380. Die Geschäftsstelle der *DGesPKw* befindet sich beim jeweiligen Vorsitzenden und wechselt entsprechend der turnusmäßigen Wahl des Vorstands.

Deutsche Gesellschaft für Sprechwissenschaft und Sprecherziehung

Universität Regensburg
Lehrgebiet Sprechkunde/Sprecherziehung
Universitätsstraße 31
D-93053 Regensburg

Tel.: (09 41) 9 43 - 24 33; Fax: 63 70

Dr. Dieter-W. Allhoff (1. Vorsitzender)

Die *Deutsche Gesellschaft für Sprechwissenschaft und Sprecherziehung e.V.* (*DGSS*) beschäftigt sich mit der Erforschung, Lehre und Pflege der gesprochenen deutschen Sprache. Das gilt für alle Bereiche der Rhetorischen Kommunikation in Rede und Gespräch, der Atem-, Stimm- und Lautbildung, der Stimm- und Sprachtherapie sowie der Sprechkunst. Die *DGSS* unterstützt die Ausbildung und Fortbildung der Angehörigen sprechender Berufe und widmet sich der Jugendpflege und Jugendförderung sowie der Erwachsenenbildung.

Bereits 1931 richtete die *DGSS* (damals noch „Deutscher Ausschuß für Sprechkunde und Sprecherziehung *DAfSuS*") die „Prüfung für Sprecherzieher(innen)" ein. Diese Prüfung wird heute an zehn Prüfstellen abgenommen, die bundesweit an Universitäten eingerichtet sind.

Diese Prüfung umfaßt folgende fünf Fächer:

- Sprechwissenschaftliche Grundlagen:
  Forschungsstand und Problemgeschichte; Aufgaben und Ziele des Faches; Methodologie der Sprecherziehung; Bezugslinien zu angrenzenden Wissenschaften, z. B. Sprach- und Literaturwissenschaft, Phoniatrie und Pädaudiologie, Sozialwissenschaften.
- Sprechbildung:
  Hören, Atmung, Stimme, Lautung; Anatomie und Physiologie; Lesen, Freisprechen, Sprechausdruckstheorie; Phonetik und Phonologie; Notation und Transskription.
- Sprechtherapie:
  Störungen mündlicher Kommunikation; Ätiologie, Diagnostik und Therapie von Stimm- und Sprachstörungen, unter Berücksichtigung der psychischen und sozialen Komponenten.
- Rhetorische Kommunikation:
  Rede- und Gesprächsformen, Argumentation, Theorie rhetorischer Kom-

munikation, Medienrhetorik, Gesprächs- und Redeanalyse, Geschichte der Rhetorik, sektorale Rhetoriken, Wirkungsforschung

- Sprechkunst:
  Theorie und Geschichte der Sprechkunst; Medienästhetik; sprecherische Interpretation von Lyrik und Prosa, spielvermittelte Formen mündlicher Kommunikation; Bezugslinien zu Theaterwissenschaft und Spielpsychologie

In allen Teilfächern geht es um Eigenleistungen in mündlicher Kommunikation, um Methodenerkenntnisse, Analyse- und Beurteilungsfähigkeiten sowie Sicherheit im Anordnen von Übungen. Neben den DGSS-Prüfungen bestehen folgende Hochschulprüfungen (Regelstudienzeit acht Semester) in Sprechwissenschaft und Sprecherziehung:

a) Diplomstudiengang „Sprecherziehung“ an der staatlichen Hochschule für Musik und Darstellende Kunst Stuttgart;
b) „Prüfung für Sprecherzieher“ an der Universität Regensburg;
c) Diplomstudiengang „Sprechwissenschaft und Phonetik“ an der Universität Halle
d) Diplomstudiengang „Sprechwissenschaft mit Schwerpunkt Stimm- und Sprachtherapie“, Humboldt-Universität Berlin.

Außerdem besteht an der Universität Koblenz-Landau die Möglichkeit, nach vier Semestern ein Zusatzzertifikat „Sprecherziehung“ zu erwerben bzw. Sprecherziehung als Studienrichtung im Studiengang Diplompädagogik zu wählen. Die Universität Regensburg bietet eine viersemestrige Zusatzausbildung in Sprecherziehung an.

Genauere Informationen über die einzelnen Studienmöglichkeiten und Abschlüsse sind dem 1991 erschienenen Berufskundeheft „Sprecherzieher/ Sprecherzieherin“ der Bundesanstalt für Arbeit zu entnehmen. Das Berufskundeheft ist kostenlos bei jedem Arbeitsamt erhältlich.

Die *DGSS* veranstaltet seit 1963 im Zweijahresturnus Arbeitstagungen, die der Sprechkultur und damit auch Sprachkultur des Deutschen dienen. Seit 1988 wird auch in den Zwischenjahren eine praktische Arbeitstagung abgehalten.

Internationale Kontakte zur Förderung der deutschen Sprechkultur werden nicht nur durch die Mitgliedschaft ausländischer Fachkollegen in der *DGSS* gepflegt, sondern durch *internationale Kolloquien*, die seit 1968 in Zusammenarbeit mit der *US Speech Communication Association* (*SCA*) alle zwei Jahre in regelmäßigem Wechsel entweder in Europa oder in den USA stattfinden. Hinzu kommen außerordentliche internationale Kolloquien, wie 1991 in Israel. Die Vorträge der Tagungen werden seit 1968 in der Schriftenreihe der *DGSS Sprache und Sprechen* herausgegeben. 1987 erschien als Jahresgabe für die Mitglieder (statt eines Bandes der Reihe *Sprache und Sprechen*) erstmals eine Schallplatte mit sprecherischen Textinterpretationen deutscher Dichtung. Weitere derartige Jahresgaben sind geplant.

Forschung wird vor allem an den Prüfstellen unter der Leitung der jeweiligen Prüfstellenleiter betrieben. Diese Forschungen gehen zum Teil in die eben genannte Veröffentlichungsreihe ein. Daneben existiert eine große Zahl von Monographien und Aufsätzen der *DGSS*, insbesondere der Mitglieder des Wissenschaftlichen Beirates. Abgedeckt werden alle Fragen der Sprechkultur deutscher Sprache.

Die *DGSS* gibt zweimal jährlich für die Mitglieder die *Mitteilungen* heraus, in denen auf sprech- und sprachkulturelle Aktivitäten sowohl der Mitglieder als auch verwandter Vereine hingewiesen wird. Hier ist auch ein bibliographischer Dienst angebunden.

Die Zeitschrift *sprechen* (Hrsg. D.-W. Allhoff, Schriftleitung B. Teuchert) erscheint seit 1983 im „bayerischen verlag für sprechwissenschaft". Sie ist gleichzeitig das Organ der Landesverbände der *DGSS*.

Die *Deutsche Gesellschaft für Sprechwissenschaft und Sprecherziehung e.V.* besteht in ihrer jetzigen Form (Nachfolge des *DAfSuS*) seit 1963 und ist ein gemeinnütziger Verein. Er lebt im wesentlichen von den Beiträgen seiner z. Zt. etwa 600 Mitglieder, davon 420 geprüfte Sprecherzieher(innen). Sie sind aufgrund ihres Studiums und ihrer Prüfung hochqualifiziert in der Methodik und der Didaktik der gesprochenen deutschen Sprache.

Deutsche Journalistenschule

Altheimer Eck 3
D-80331 München

Tel.: (0 89) 26 60 21; Fax: 26 87 33

Dietrich Schwarzkopf (Vorsitzender)
Jürgen Frohner, Mercedes Riederer (Schulleiter)

In der *Deutschen Journalistenschule e.V.* (*DJS*) werden jährlich 45 Personen zu Redakteuren und Redakteurinnen ausgebildet. Im Vordergrund stehen dabei das Schreiben in den verschiedenen Stilformen, die Unterschiede der geschriebenen und der gesprochenen Sprache sowie Textanalyse und Stilkritik. Die Auszubildenden sollen in die Lage versetzt werden, sich trotz des meist großen Zeitdrucks vom Agenturdeutsch fernzuhalten und eine eigene Sprache zu entwickeln.

Jede Lehrredaktion dauert sechzehn Monate. Von dieser Zeit entfallen neun Monate auf stark praxisbezogenen Unterricht in den Bereichen Zeitung, Zeitschrift, Hörfunk, Fernsehen und Öffentlichkeitsarbeit. Nach einem Monat Ferien folgen zwei je dreimonatige Praktika bei einer Zeitung, Zeitschrift oder Nachrichtenagentur sowie beim Rundfunk (Hörfunk und Fernsehen) oder in einer Pressestelle (Öffentlichkeitsarbeit). Diese Hospitantenplätze werden von der *Journalistenschule* vermittelt, falls die Absolventen nicht bereits über die erforderliche Praktikantenzeit verfügen.

Die Bewerber – Höchstalter 28 Jahre – sollen die Reifeprüfung haben. Für den Journalistenberuf ist ein weitreichendes Fachwissen erforderlich, das die *DJS* in der kurzen Ausbildungszeit nicht vermitteln kann. Ein Teil der Bewerber beginnt deshalb mit dem Besuch dieser Schule erst nach dem Hochschulstudium, andere nehmen ihr Studium nach Abschluß der Redakteurausbildung auf. Um Studium und praktische Ausbildung sinnvoll aufeinander abzustimmen, hat die *DJS* in Zusammenarbeit mit der *Universität München* einen weiteren Ausbildungsweg geschaffen: Während 15 Teilnehmer wie geschildert ausgebildet werden – Beginn jeweils 1. November –, wird 30 Abiturienten (allgemeine Hochschulreife) eine Kombination aus praktischer Journalistenausbildung und Diplomstudium (Diplomjournalist) angeboten. Der Studiengang „Journalistik" enthält folgende Grundelemente:

– Praktische Journalistik

- Allgemeines gesellschaftswissenschaftliches Grundstudium mit den Pflichtfächern Politik und Soziologie sowie ergänzenden Fächern wie Psychologie, Pädagogik und Wirtschaft.
- Kommunikationswissenschaft (Medientheorie und Medienkunde)
- Spezialstudium (freies Wahlfach je nach konkretem Berufsziel)

Das Lehrpensum der Schule wird hier in vier Blöcke und zwei Praktika aufgeteilt, die von den Studenten innerhalb von vier Jahren hauptsächlich während des Studiums absolviert werden können. Diese Lehrredaktionen beginnen in jedem Jahr im September und dauern im Ausbildungsblock I zwei Monate, das erste Studiensemester beginnt anschließend am 1. November. Ausbildungsblock II findet innerhalb des 3. Semesters statt.

Die *Deutsche Journalistenschule* wurde 1959 gegründet. Sie hat die Form eines eingetragenen Vereins und untersteht der Aufsicht des Bayerischen Staatsministeriums für Unterricht und Kultus. Wirtschaftlich wird sie getragen von der *Arbeitsgemeinschaft der öffentlich-rechtlichen Rundfunkanstalten (ARD)*, vom *Zweiten Deutschen Fernsehen (ZDF)*, von *SAT 1* und *RTL plus*, von Verlagen der Zeitungs- und Zeitschriftenpresse, vom *Deutschen Journalisten-Verband*, der *IG Medien* und der *Evangelischen Medienakademie*. Auch im Bundestag vertretene Parteien sind Mitglieder des Vereins. Finanziell unterstützt wird die Schule durch das Presse- und Informationsamt der Bundesregierung, den Freistaat Bayern und die Stadt München.

Deutsche Richterakademie

Berliner Allee 7
Postfach 15 68
D-54295 Trier

Tel.: (06 51) 3 30 21 - 23; Fax: 30 02 10

Werner Jastroch (Direktor)

Die von der *Deutschen Richterakademie* angebotenen Fortbildungsveranstaltungen haben zum einen eine berufsspezifische Fortbildung der Richter(innen) und Staatsanwält(inn)e(n) im Sinne eines „Up-dates" der ursprünglich erworbenen Rechtskenntnisse bzw. eine Heranführung des genannten Personenkreises an neue Gesetze und Rechtsgebiete zum Gegenstand, zum anderen befassen sie sich mit justiztypischen Kommunikationsproblemen im Gerichtssaal wie in der Öffentlichkeitsarbeit. Sprache ist wie kaum in einer anderen Sozialwissenschaft gerade im Bereich der Rechtsfindung und der Rechtsanwendung das entscheidende Medium. Richter(innen) und Staatsanwält(inn)e(n) müssen einen Rechtskonflikt und seine Lösung für Beteiligte verständlich und überzeugend „vermitteln". Gleiches gilt für den Bereich der Öffentlichkeitsarbeit.

Ungeachtet dieser bedeutenden Rolle der Sprache ist in der juristischen Ausbildung in der Regel kein Platz für die Beschäftigung mit der Kunst der Sprache; strukturiertes Denken, präzises Formulieren, eine verständliche Sprache und Überzeugungskraft, diese eigentlich selbstverständlichen Anforderungen an Richter(innen) und Staatsanwält(inn)e(n), sind oft genug Herausforderung und Problem. Mit einer Reihe von Fortbildungsveranstaltungen in den Bereichen Rhetorik, Kommunikation und Argumentation in der gerichtlichen Praxis sowie Probleme und Techniken der Öffentlichkeitsarbeit leistet die *Deutsche Richterakademie* einen wichtigen Beitrag zur Verbesserung der rhetorischen und kommunikativen Fähigkeiten der Rechtsanwender(innen). Unter Einbeziehung von Kommunikationswissenschaftlern und Rhetorikexperten setzen sich die Tagungsteilnehmer(innen) mit der eigenen Sprache kritisch auseinander und erlernen – auch mit Hilfe des Rollenspiels, das von Videorecordern aufgezeichnet und dann analysiert wird – Techniken zu ihrer Verbesserung. Die Förderung der juristischen Sprachkultur erfüllt hierbei zwei Aufgaben: Sie dient zum einen der Optimierung der „Wahrheitsfindung" und zum anderen auch einer besseren „Verständigung" zwischen der Justiz und den Rechtsbürger(inne)n und führt damit zu einer erhöhten Akzeptanz der Justiz im allgemeinen Bewußtsein der Bevölkerung.

Deutsche Welle

Raderberggürtel 50
Postfach 10 04 44
D-50588 Köln

Tel.: (02 21) 3 89 20 15; Fax: 3 89-30 00

Dieter Weirich (Intendant)
Dr. Dieter Dedeke

Die Redakteurinnen und Redakteure des Deutschen Programms sind sich bewußt, daß sie in ihren Sendungen über den Informationsgehalt hinaus auch einen Beitrag zur sprachlichen Förderung zu leisten haben, und zwar vor allem für deutschstämmige Hörer im Ausland sowie für Hörer, die Deutsch als Fremdsprache beherrschen oder ihre Sprachkenntnisse ausbauen möchten. Neben den täglichen Sendungen werden von der *Deutschen Welle* Deutschkurse, inhaltlich zusammen mit dem *Goethe-Institut*, gestaltet, ausgestrahlt.

Der Transkriptionsdienst der *Deutschen Welle* verbreitet deutschsprachige Hörfunk- und Fernseh-(Video-)Programme, die nicht nur Informationen über Deutschland, sondern auch landeskundliche und sprachliche Kenntnisse vermitteln. (Besondere Zielgebiete sind Südosteuropa, Osteuropa und Nordamerika.)

Im Fortbildungsprogramm der *Deutschen Welle* werden Deutschkurse für ausländische Mitarbeiter und Mitarbeiterinnen angeboten. Periodisch werden Hörerwettbewerbe im Programm veranstaltet mit Einsendungen von Essays, Erlebnisberichten, literarischen Arbeiten, die prämiert werden.

Die *Deutsche Welle* ist eine öffentlich-rechtliche Rundfunkanstalt nach Bundesrecht. Sie wird nach Beschluß des Bundestages aus dem Bundeshaushalt finanziert. Bei größeren Veranstaltungen (Preisverleihungen, Dokumentationen, Veröffentlichungen, öffentlichen Veranstaltungen, Seminaren usw.) kommt es auch zu gemeinschaftlicher Projektfinanzierung mit anderen Veranstaltern.

Deutscher Akademischer Austauschdienst

Kennedyallee 50
D-53175 Bonn

Tel.: (02 28) 8 82-0; Fax: 88 24 46;
Telex: 88 55 15 daad d

Prof. Dr. Theodor Berchem (Präsident)
Dr. Friedrich Wilhelm Hellmann (Leiter der Grundsatzabteilung)

Der *Deutsche Akademische Austauschdienst* (*DAAD*) ist eine gemeinsame Einrichtung der Hochschulen in der Bundesrepublik Deutschland. Er wurde 1925 auf der Grundlage akademischer Eigeninitiative errichtet, 1945 aufgelöst und im Jahre 1950 wieder gegründet als eingetragener Verein privaten Rechts. Seine ordentlichen Mitglieder sind die in der Hochschulrektorenkonferenz (HRK) vertretenen Hochschulen (inzwischen 196, darunter 28 aus den neuen Bundesländern) und deren Studentenschaften. Die individuellen Förderungsentscheidungen im Rahmen der *DAAD*-Programme werden in der Regel von unabhängigen akademischen Auswahlkommissionen (über 500 ehrenamtliche Mitglieder) getroffen. Vorrangiges Kriterium dabei ist die wissenschaftliche Qualifikation der Bewerber bzw. die Qualität des Projektes.

Aufgabe des *DAAD* ist die Förderung der Hochschulbeziehungen mit dem Ausland, insbesondere durch den Austausch von Studierenden und Wissenschaftlern.

Der *DAAD* hat aus dem „Erbe“ der DDR derzeit noch etwa 5.400 ausländische Stipendiaten, die bis zum Abschluß ihres Studiums in Deutschland betreut und gefördert werden. Weiterhin führt er 55 Lektorate für Deutschlandkunde und Germanistik fort, zum Teil in neuer Besetzung, die überwiegend in Mittelosteuropa eingerichtet sind. Das Lektorenprogramm des *DAAD* mit zur Zeit über 500 Lektoren in aller Welt bildet einen der Schwerpunkte der *DAAD*-Aufgaben und dient im besonderen der Förderung der deutschen Sprache und der Germanistik im Ausland.

Die Auslandsgermanistik hat die schwierige und anspruchsvolle Aufgabe, Lehrgebiete und Methoden zu verbinden und didaktisch zu vermitteln, die in der Bundesrepublik inhaltlich wie organisatorisch getrennt sind: Germanistik und Deutsch als Fremdsprache. Darüber hinaus ist sie verantwortlich für ein Fachgebiet, das es in dieser Weise in der Bundesrepublik gar nicht geben kann, die *Civilisation Allemande* bzw. die *German studies*, also ein Wissensfeld, das in der Bundesrepublik über viele Fächer verteilt ist, das Auslandsgermanisten aber integrieren und vermittelbar machen müssen. Gerade in diesem Bereich bietet der *DAAD* seine Hilfen an. Das sind im einzelnen:

1. Wie bereits erwähnt die Vermittlung von über 500 Lektoren der deutschen Sprache, Literatur und Landeskunde. Ihre Aufgabe umfaßt den praktischen Sprachunterricht, deutschlandkundliche Lehrveranstaltungen sowie Veranstaltungen im didaktischen und theoretischen Bereich von Deutsch als Fremdsprache, schließlich Literatur- und Sprachwissenschaft. Diese Aufgaben variieren je nach dem Entwicklungsstand der germanistischen Abteilung oder des *Language Departments*.
2. Neben den Lektoren fördert der *DAAD* – freilich in begrenztem Umfange – auch Kurzzeitdozenturen deutscher Hochschulgermanisten, um spezifische Kenntnisse zu vermitteln oder in curricularen Fragen zu beraten. Ein Sonderfall ist die politisch hochbedeutsame Germanistik-Langzeitdozentur an der Hebrew-University in Jerusalem, die wesentlich zum Aufbau der dortigen Abteilung beiträgt.
3. Stipendienangebote mit unterschiedlichen Laufzeiten und Bedingungen richten sich an unterschiedliche Zielgruppen der Auslandsgermanistik:
   - Studienaufenthalte und Kurzstipendien für Hochschullehrer und jüngere Wissenschaftler, wodurch Kontakte zu deutschen Fachkollegen sowie Archiv- und Bibliotheksbesuche ermöglicht werden sollen;
   - Semester- und Jahresstipendien für Studenten und Graduierte zur Verbesserung ihrer Sprachkompetenz, zur Einführung in die deutsche Germanistik sowie zur Arbeit an ihren Dissertationen;
   - Hochschulferienkurse, Praktika und die Teilnahme an Studienreisen in die Bundesrepublik verhelfen zur Verbesserung der Sprachkompetenz und zum Kennenlernen des Landes;
   - Sonderprogramme zur Aus- und Fortbildung ausländischer Deutschlehrer in Ländern der dritten Welt, insbesondere im frankophonen Afrika, dienen dazu, den Bedarf an qualifizierten Lehrern für den Sekundarbereich zu decken;
   - vielfältige Unterstützungsmaßnahmen für spezifische deutschlandkundliche Veranstaltungen an amerikanischen Universitäten und Summer Schools.

Dieses sehr differenzierte Instrumentarium erlaubt gezielte Förderungsmaßnahmen, die dem Entwicklungsstand und den Bedürfnissen der einzelnen Germanistikabteilungen jeweils angepaßt sind.

Zur Förderung der Kontakte veranstaltet der *DAAD* in der Regel jährlich ein binationales oder internationales Germanistentreffen. Dieses dient dazu, die Germanisten im Ausland rascher und direkter mit der Situation in der Bundesrepublik Deutschland vertraut zu machen. Um die Entwicklung des relativ neuen Lehr- und Forschungsgebiets Deutsch als Fremdsprache an den deutschen Hochschulen zu unterstützen, diente der *DAAD* bis 1989 als Verbindungsstelle und Sekretariat des *Arbeitskreises Deutsch als Fremdsprache* (Nachfolgeorganisation seit 1989: *Fachverband Deutsch als Fremdsprache* → siehe S. 225).

Bei den EG-Programmen ERASMUS und LINGUA fungiert der *DAAD* als sogenannte „nationale Agentur", die den vom Rat beschlossenen deutschen Anteil an den Stipendienmitteln an die beteiligten deutschen Studenten als Teilstipendien verteilt. Bei den – von Brüssel aus unmittelbar administrierten – EG-Programmen COMETT und TEMPUS hat der *DAAD* die Aufgabe einer nationalen Informations- und Beratungsstelle übernommen.

Der *DAAD* ist also im Bereich der Förderung der deutschen Sprache direkt und indirekt tätig. Direkt, indem er umfangreiche Förderungsprogramme für die Fächer Germanistik und Deutsch als Fremdsprache durchführt, und indirekt, weil Tausende von Ausländern jährlich durch den *DAAD* zu einem Studien- und Forschungsaufenthalt in Deutschland eingeladen werden und diese alle mit der deutschen Sprache in Berührung kommen. Ein Großteil dieser Geförderten nimmt vorher an Sprachkursen des Goethe-Instituts teil.

Im Jahre 1991 hat der *DAAD* rund 40.000 In- und Ausländer gefördert.

Dem *DAAD* stehen in erster Linie öffentliche Mittel des Bundes zur Verfügung, vornehmlich aus dem Auswärtigen Amt, das auch den Verwaltungshaushalt finanziert, und aus den Bundesministerien für Bildung und Wissenschaft sowie für wirtschaftliche Zusammenarbeit. Die Länder leisten vor allem durch die Bereitstellung von Stipendienplätzen für Ausländer einen wesentlichen Beitrag. Der Gesamthaushalt des Jahres 1991 hat rund 350 Mio. DM betragen. Der *DAAD* unterhält, über die Welt verteilt, zehn Außenstellen (Jakarta, Kairo, London, Nairobi, New Delhi, New York, Paris, Rio de Janeiro, San José, Tokio). Weitere Außenstellen in Moskau, Peking und Warschau sind in der Planung. Insgesamt zählt der *DAAD* zur Zeit 430 Mitarbeiter.

Deutscher Kulturrat

Adenauerallee 7
D-53111 Bonn

Tel.: (02 28) 22 48 00; Fax: 22 38 08

Rolf Zitzlsperger (Vorsitzender des Sprechergremiums)
Prof. Dr. Andreas Johannes Wiesand (Generalsekretär)
Dorothea Fohrbeck (Geschäftsführerin)

Der *Deutsche Kulturrat* wurde 1981 als überparteiliche, politisch unabhängige Arbeitsgemeinschaft von kultur- und medienpolitischen Organisationen mit bundesweiter Bedeutung zur Abstimmung und Vermittlung übergreifender Themen und Interessen in der Kulturpolitik gegründet. Er umfaßt zur Zeit acht nach Sparten gegliederte Sektionen: den *Deutschen Musikrat*, den *Rat für Darstellende Künste*, die *Arbeitsgemeinschaft Literatur*, den *Kunstrat*, den *Rat für Baukultur*, die *Sektion Design,* die *Sektion Film/Audiovision* und den *Rat für Soziokultur*, die ihrerseits mehr als 190 in der Regel bundesweite, eigenständige Verbände und Organisationen der Kultur- und Medienberufe, der Kulturwirtschaft, der kulturellen Bildung und Kulturvermittlung (mit über 9 Millionen Einzelmitgliedern) zusammenfassen.

Neben den ständigen Organen der Zusammenarbeit, dem jährlich – meist im Zusammenhang mit einer größeren öffentlichen Veranstaltung – tagenden Plenum und dem Sprechergremium gibt es zu jeweils aktuellen Arbeitsschwerpunkten Fachausschüsse (zur Zeit u. a. zur kulturpolitischen Entwicklung in den neuen Bundesländern, zur Medienpolitik, zu Steuerfragen und zu Problemen des europäischen Binnenmarktes). In diesen Fachgremien arbeiten auch Experten mit, die keiner Organisation des Kulturrates angehören.

Ziel der Arbeitsgemeinschaft ist es – so Paragraph 2 des Statuts –, „Kunst und Kultur mehr Geltung zu verschaffen und die Voraussetzungen für ihre Entwicklung zu verbessern“. Diesen Zielen ist der Kulturrat seit seiner Gründung in vielfältiger Weise nachgekommen, dies nicht zuletzt durch die Erarbeitung von Konzepten, Stellungnahmen, Dokumentationen und Publikationen, die Durchführung von Expertengesprächen und Fachtagungen zu kulturpolitischen Einzelfragen sowie von öffentlichen Veranstaltungen zu Themen mit bundesweiter und internationaler Bedeutung.

Als Beitrag zur Förderung der sprachlichen Kultur in der Bundesrepublik (im weiteren Sinne) sind die Tätigkeit der Sektion III, Arbeitsgemeinschaft Literatur des *Deutschen Kulturrates*, sowie das derzeit in Arbeit befindliche

Projekt „*Literatur in der Bundesrepublik Deutschland – Ein Handbuch*“ (Arbeitstitel) zu nennen.

Ziel dieses Vorhabens ist es, eine Bestandsaufnahme für den Literaturbetrieb der Bundesrepublik zu erarbeiten, die existierende Literatur-Infrastruktur in ihrer Vielfalt transparent und die Ergebnisse dieses Vorhabens in Form eines Handbuches oder „Almanachs“ allgemein zugänglich zu machen.

Das Projekt wird vom Bundesministerium des Innern gefördert. Der *Deutsche Kulturrat* plant eine Fortschreibung des Literaturhandbuches etwa 2 bis 3 Jahre nach Erscheinen der ersten Ausgabe.

Die allgemeine kulturpolitische Tätigkeit des *Deutschen Kulturrates* wird u. a. aus Mitteln des Bundesministeriums des Innern gefördert (institutionelle Förderung). Der *Deutsche Kulturrat* ist eine Interessengemeinschaft ohne Rechtsform. Rechtsträger des *Deutschen Kulturrates* ist die gemeinnützige *Fördergesellschaft für kulturelle Bildung des Deutschen Kulturrates e.V.*

Deutscher Philologenverband

Graf-Adolf-Straße 88
D-40210 Düsseldorf

Tel.: (02 11) 35 06 54; Fax: 36 92 24; Telex: 8 58 13 74

Dr. Bernhard Fluck (1. Vorsitzender)
Elmar Stuckmann (Pressereferent)

Der *Deutsche Philologenverband e.V.* ist der Berufsverband der Gymnasiallehrerinnen und -lehrer in Deutschland. Eine seiner zentralen Aufgaben ist die wissenschaftliche, didaktisch-methodische und inhaltliche Gestaltung des Fachunterrichts an Gymnasien. In diesem Zusammenhang sieht sich der *Deutsche Philologenverband* als „einen der Hüter und Bewahrer der deutschen Sprache". Indem er Vorschläge zur Unterrichtsverteilung und -gestaltung unterbreitet, beeinflußt der Philologenverband unter anderem die Schulpolitik und sorgt somit beispielsweise dafür, daß die Sprache im Kanon der allgemeinbildenden Fächer ihren hervorragenden Platz behält.

Allerdings wird die Sprache dort nicht auf die deutsche Muttersprache begrenzt, sondern schließt auch Fremdsprachen ein. Erst das Erlernen von Fremdsprachen und der damit verbundene Einblick in andere Kulturen versetzen den Schüler in die Lage, fundierte Vergleiche zwischen den Völkern anzustellen, Gemeinsamkeiten und Unterschiede zu erkennen und so den eigenen Kulturkreis präziser definieren zu können. Zugleich wird die Toleranz gegenüber anderen Kulturen grundgelegt, ein Faktum, welchem angesichts der Entwicklung des europäischen Binnenmarktes eine ganz besondere Bedeutung zukommt.

Das Fach Deutsch sieht der *Deutsche Philologenverband* aber dennoch als den „Kernbereich der Allgemeinbildung" an, den es zu verbessern gilt. Dazu soll in den Klassen 5 und 6 die Wochenstundenzahl für den Deutschunterricht erhöht werden; die Sicherung einer soliden Grundlage in der deutschen Grammatik und Rechtschreibung und eine gezielte Entwicklung der Ausdrucksfähigkeit sollen im Vordergrund stehen. In der Mittelstufe soll der Sprachunterricht seine zentrale Bedeutung behalten, daneben jedoch die Einführung in die Literatur beginnen, wobei der Philologenverband „Trivialliteratur" und „Sprechblasenliteratur" für ungeeignet hält.

In der Oberstufe soll dann der Schwerpunkt auf der Interpretation literarischer Texte liegen. Dafür hält der *Philologenverband* es für erforderlich, daß eine strukturierte Lektüreliste erstellt wird, aus deren Vorschlägen und Alternativen jeweils ein epochenspezifischer, problemorientierter oder gattungsspezifischer Text zur Behandlung ausgewählt werden muß. So kann exemplarisch in literarische Epochen eingeführt werden.

Allgemein setzt sich der *Deutsche Philologenverband* dafür ein, daß im Unterricht und in den Hausaufgaben vermehrt zur schriftlichen Form übergegangen wird, weil sie den jungen Menschen schult, Einfälle und Erkenntnisse zu ordnen und Zusammenhänge zu erkennen.

Der *Deutsche Philologenverband* ist ein eingetragener Verein. Er ist Mitglied im *Deutschen Beamtenbund,* im *Deutschen Lehrerverband* und in der *Stiftung Lesen.*

Deutscher Städtetag

Lindenallee 13-17
Postfach 51 06 20
D-50942 Köln

Tel.: (02 21) 37 71-0; Fax: 3 77 11 28; Telex: 8 88 26 17

Dr. h. c. Manfred Rommel (Präsident)

Im *Deutschen Städtetag* haben sich über 4300 Städte der Bundesrepublik Deutschland mit insgesamt 44 Mill. Einwohnern freiwillig zusammengeschlossen. Dem *Deutschen Städtetag* gehören die Stadtstaaten Berlin, Bremen und Hamburg, alle kreisfreien Städte und über 4000 kreisangehörige Städte an. Sie sind teils unmittelbare, teils – über die Städteverbände in den Bundesländern – mittelbare Mitglieder dieses kommunalen Spitzenverbandes. Hinzu kommen acht Regional- und Fachverbände als außerordentliche Mitglieder.

Nach den Kommunalwahlen auf dem Gebiet der ehemaligen DDR im Mai 1990 sind dem *Deutschen Städtetag* auch wieder die ostdeutschen Städte beigetreten. In partnerschaftlicher Zusammenarbeit wirken die westdeutschen Mitgliedsstädte mit Unterstützung des *Deutschen Städtetages* am Aufbau der kommunalen Selbstverwaltung in den neuen Bundesländern der Bundesrepublik Deutschland mit.

Der *Deutsche Städtetag* nimmt drei Aufgaben wahr:

- die kommunale Selbstverwaltung generell und die Städte im besonderen gegenüber Bundesregierung, Bundestag, Bundesrat und zahlreichen Organisationen und Verbänden aktiv zu vertreten;
- seine Mitgliedsstädte zu beraten und über alle kommunal bedeutsamen Vorgänge und Entwicklungen zu informieren;
- den Erfahrungsaustausch zwischen seinen Mitgliedsstädten herzustellen und in zahlreichen Gremien zu fördern.

Das Thema „Literatur- und Leseförderung“ ist wiederholt im Kulturausschuß des *Deutschen Städtetages* beraten worden. In der 90. Sitzung des Kulturausschusses am 21./22.5.1987 in Bamberg hat der Ausschuß gemeinsam mit der Direktorin der Stadtbibliothek Bremen das „Leseverhalten von Kindern und Jugendlichen in der Bundesrepublik Deutschland“ diskutiert. Die „Kommunale Literaturförderung“ bildete einen Schwerpunkt der 92. Kulturausschußsitzung am 26./27.5.1988 in Bremen. In dieser Sitzung hat der Kulturreferent der Stadt Erlangen, Dr. Wolf Peter Schnetz, anhand einer Fallstudie dargelegt, wie in einer Stadt kontinuierlich ein literarisches Leben entwickelt werden kann. Generell wurde vom Ausschuß der Wert der Literaturförderung im Gesamtzusammenhang kommunaler Kulturarbeit unterstrichen.

Nach Vorberatungen im Kulturausschuß und im Präsidium des *Deutschen Städtetages* hat der Hauptausschuß am 18.3.1987 eine Empfehlung „Die Bibliotheken in der Kulturarbeit der Städte" verabschiedet, in der auch die Aspekte der Literatur- und Leseförderung angesprochen sind.

Des weiteren hat sich der *Deutsche Städtetag* wiederholt mit der Situation der Schulbibliotheken und mit der Zusammenarbeit zwischen Schulbibliotheken und öffentlichen Bibliotheken befaßt. Einen besonderen Anstoß dazu gab die Denkschrift des Deutschen Bibliotheksverbandes „Zur Entwicklung der Schulbibliotheken in der Bundesrepublik Deutschland". Ungeachtet der langjährigen Forderungen der kommunalen Spitzenverbände in den Bundesländern ist es leider bislang nicht gelungen, gemeinsam mit den Ländern eine dauerhafte Regelung zur Finanzierung der Schulbibliotheken unter erheblicher Beteiligung der Länder zu finden. Der Kulturausschuß des *Deutschen Städtetages* hat die Landesverbände des *Deutschen Städtetages* gebeten, über die Denkschrift des Deutschen Bibliotheksverbandes zu beraten und gegebenenfalls gegenüber den Ländern Initiativen zur Verbesserung der finanziellen Förderung von Schulbibliotheken zu ergreifen. Die Hauptgeschäftsstelle hat im Herbst 1988 nochmals die Kultusministerkonferenz aufgefordert, die Vorschläge aus der Denkschrift des Deutschen Bibliotheksverbandes aufzugreifen, einschließlich der pragmatischen Anregungen zur finanziellen Lastenteilung zwischen Ländern und Schulträgern.

Die Mittel für den Haushalt des *Deutschen Städtetages* werden von den Mitgliedern aufgebracht, und zwar zahlen die unmittelbaren Mitgliedsstädte einen jährlichen Beitrag, der sich nach ihrer jeweiligen Einwohnerzahl richtet; die Mitgliedsverbände zahlen einen jährlichen Sammelbeitrag. Die Höhe der Beiträge wird vom Hauptausschuß festgesetzt.

Deutscher Volkshochschul-Verband

Pädagogische Arbeitsstelle
Holzhausenstraße 21
D-60322 Frankfurt am Main

Tel.: (0 69) 15 40 05-0; Fax: 15 40 05-74
Prof. Dr. Ekkehard Nuissl (Direktor der PAS)

In der alten Bundesrepublik gibt es mit 857 Volkshochschulen (VHS) und 3980 Außenstellen ein flächendeckendes Netz von Einrichtungen der Erwachsenenbildung, die durch ihre inhaltliche Breite gekennzeichnet sind. Hinzu kommen ca. 220 Volkshochschulen in den neuen Bundesländern, auf die weiter unten eingegangen wird. Auch im Hinblick auf das Anspruchsniveau reicht die Spannweite der Angebote von Alphabetisierungskursen bis zu Kontaktstudien in Zusammenarbeit mit Hochschuleinrichtungen.

Wenn für diese hier gemeinsam gesprochen werden kann, so ergibt sich dies aus der Aufgabenstellung der *Pädagogischen Arbeitsstelle* (*PAS*). Bei ihr sind seit langem die statistischen Daten gesammelt und die Arbeitspläne der VHS archiviert. Neben der Auswertung dieses Materials haben die langjährigen Kontakte über Fortbildungsveranstaltungen einen Einblick in die Arbeit gegeben. Die häufigste Form, in der VHS-Veranstaltungen zur Förderung der sprachlichen Kultur angeboten werden, sind die Semesterabendkurse, die einmal in der Woche stattfinden. Für den engeren Bereich der Beschäftigung mit Literatur, Theater und Film waren das 1990 ca. 4400 Kurse mit fast 63.000 Unterrichtsstunden mit insgesamt etwa 58.000 Belegungen. Hierzu kommen ca. 4000 Einzelveranstaltungen, bei denen Autorenlesungen wohl am häufigsten sind. Wichtiger als die Zahlen ist das, was in diesen Veranstaltungen, zu denen auch noch Wochenendseminare kommen, geschieht.

„Leseförderung“ ist es insofern, als hier gemeinhin, bezogen auf die lebensgeschichtliche Situation der Teilnehmer, über literarische Texte miteinander gesprochen wird. „Förderung des Sprachbewußtseins“ ist dann gegeben, wenn der Umgang mit literarischen Werken, die Herkunft ihrer Wirkung, die Formen der literarischen Gestaltung besprochen werden. Daß die Sprache der Literatur und nicht nur die literarischen Inhalte bewußt gemacht werden sollen, liegt im Bestreben einer jüngeren Generation von Kursleitern oder in der Mehrzahl Kursleiterinnen. Hinzu kommt, daß in den letzten Jahren die Zahl der „Schreibwerkstätten“ deutlich zugenommen hat. Es ist dies die konzentrierteste Form, in der „Sprache und Identität“ thematisiert werden.

Daneben ist zu sagen:

- Fast alle mittleren und größeren VHS haben Kurse zur Sprecherziehung in ihrem Programm.
- In den letzten Jahren haben VHS immer häufiger Amateurtheatergruppen Raum gegeben.
- Medienpädagogik hat zum Standardangebot gehört, fand aber nicht immer die erhoffte Resonanz.
- Ein differenziertes Kursprogramm für Ausländer hingegen findet fast überall statt und wird durch ein bundeseinheitliches Zertifikatsangebot gestützt.
- Seit 1984 gibt es von Jahr zu Jahr in steigendem Umfang Alphabetisierungskurse (1987: 8243 Teilnehmer).
- Der Aussiedler haben sich VHS angenommen, auch als von ihnen noch nicht fast täglich in den Zeitungen zu lesen war.

Die VHS werden gelegentlich – und es ist dann eher abschätzig gemeint – die „Sprachenschulen der Nation" genannt. In der Tat bietet etwa ein Drittel aller Kurse die Möglichkeit, Fremdsprachen zu lernen. Die Statistik weist hier pro Jahr über 1,5 Millionen Belegungen aus. Sie verteilen sich auf mehr als 20 Sprachen. Gerade bei den weniger häufigen Sprachen spielt das interkulturelle Moment eine große Rolle. Hier werden fallbezogen „Sprache und Denken" und „Sprache und internationale Beziehungen" reflektiert. Es wäre noch mehr der Fall, wenn es mehr Fortbildungsmöglichkeiten gäbe.

Seit der Öffnung der Grenzen stellt die *PAS* den ca. 220 Volkshochschulen in den neuen Bundesländern ihre Dienste sowie Hilfen zur Selbsthilfe bei der Bewältigung der neuen Anforderungen an die Erwachsenenbildung zur Verfügung.
Die Förderung der sprachlichen Kultur wird hier zunehmend im Zusammenhang mit dem dramatischen Verlust an Selbstgewißheiten gesehen, der eine erhebliche lebensgeschichtliche Belastung vieler Menschen zur Folge hat. Das Ausmaß der psychischen Folgen des Umbruchs hängt wesentlich davon ab, wieweit der einzelne seine subjektiven Orientierungsprobleme meistern und sich mit neuen „Verständlichkeiten" vertraut machen kann. Dazu bedarf es der sprachlichen Kommunikation und lebensbegleitender Orientierungshilfen in Bildungsprozessen, die für alle erreichbar und zugänglich sind. Die *PAS* wird zu ausgewählten Themen des neuen Allgemeinwissens didaktische Bausteine entwickeln und praktisch erproben, um damit bessere Voraussetzungen zur Partizipation am öffentlichen Leben unter veränderten Systembedingungen zu schaffen.

Die Träger der VHS sind zu 58% die Kommunen und Kreise. Auch die VHS, die rechtlich einen Vereinsstatus haben, werden finanziell von den Gebietskörperschaften getragen. In der Regel besteht eine Drittelfinanzierung: Eigenbeteiligung der Teilnehmer, länderspezifische Zuschüsse und Finanzierung durch den Träger. Im Detail sind die hier beschriebenen Angebote nicht selten finanziell schlechter gestellt, weil mit dem Hinweis auf die Finanzmisere der öffentlichen Hände an die private Eigenverantwortlichkeit appelliert wird.

Die *PAS* ist ein „Blaue-Liste-Institut", nach der gemeinsamen Vereinbarung von Bund und Ländern finanziert. Rechtsträger ist der *Deutsche Volkshochschul-Verband e.V.*

Deutsches Institut für Internationale Pädagogische Forschung

Schloßstraße 29
Postfach 90 02 80
D-60442 Frankfurt am Main

Tel.: (0 69) 24 70 80; Fax: 70 82 28; Teletex: 6 99 71 60

Staatsminister a. D. Hans Krollmann (Vorsitzender)
Prof. Dr. Wolfgang Mitter (Direktor)
Dr. Peter Jehle

In der Unterabteilung Heilpädagogische Psychologie bearbeitet Dr. Peter Jehle seit einigen Jahren speziell die Sprechstörung Stottern, und zwar sowohl in theoretischer Hinsicht als auch mit der Durchführung von Therapieforschungsprojekten. Dabei werden Therapiemaßnahmen entwickelt und auf ihre Wirksamkeit bzw. auf unerwünschte Nebeneffekte untersucht. Entsprechende Projekte haben sich bisher auf das beginnende Stottern bei Kindern im Alter von 2 bis 6 Jahren sowie auf chronisches Stottern bei Jugendlichen und Erwachsenen erstreckt. Die Entwicklung eines Therapieprogramms und ein Evaluationsprojekt mit Kindern im Alter von 2;6 bis 7;0 Jahren (zusammen mit Dr. Dirk Randoll) wurden inzwischen beendet, das Therapieprogramm und die Therapieergebnisse veröffentlicht.

Eine Therapieuntersuchung von Jugendlichen und Erwachsenen mit einem kanadischen Therapieprogramm erfolgt in Zusammenarbeit mit der Taunusklinik des Landeswohlfahrtsverbandes Hessen in Königstein und wurde im Frühjahr 1992 beendet. Ergebnisse aus dieser komplexen Studie werden in mehreren Arbeiten veröffentlicht.

Deutsches Institut für Normung

Burggrafenstraße 6
Postfach 11 07
D-10772 Berlin

Tel.: (0 30) 26 01 - 318

Dipl.-Ing. Eberhard Möllmann (Präsident)
Eva-Maria Baxmann-Krafft M.A. (Normenausschuß Terminologie)

Das *Deutsche Institut für Normung e.V.* (*DIN*) als technischer Regelsetzer nimmt im Rahmen der technischen Sachnormung auch eine Ordnungsfunktion für die Terminologie der technischen Fachsprachen wahr. Das *DIN* ist ein technisch-wissenschaftlicher Verein, der – wie es in der Satzung heißt – „durch Gemeinschaftsarbeit der interessierten Kreise zum Nutzen der Allgemeinheit deutsche Normen oder andere Arbeitsergebnisse, die der Rationalisierung, der Qualitätssicherung, der Sicherheit und der Verständigung in Wirtschaft, Technik, Wissenschaft, Verwaltung und Öffentlichkeit dienen, aufstellt, sie veröffentlicht und ihre Anwendung fördert".

Zu den Verständigungsnormen zählen die sogenannten „Begriffsnormen", das sind Normen, die ausschließlich terminologische Festlegungen in Form von Benennungen und Definitionen, oft auch mit fremdsprachigen Äquivalenten, enthalten. Darüber hinaus ist in vielen weiteren der zur Zeit ca. 20.000 DIN-Normen und -Normenentwürfe Terminologie enthalten. Dafür ist ein eigener Abschnitt „Begriffe" vorgesehen, der einer technischen Sachnorm vorangestellt wird und in dem sprachlich beschrieben und abgegrenzt wird, was im weiteren Text der Norm Gegenstand technischer Regelungen ist. Genormte Terminologie hat daher folgende Funktionen: Sie definiert den Geltungsbereich technischer Regelungen, sie sichert die Verständigung über den Gegenstand fachlicher Festlegungen, sie ordnet systematisch die Termini eines Fachgebiets in inhaltlichen Zusammenhängen.

Um diese Funktionen erfüllen zu können, muß die terminologische Normung bestimmten Anforderungen genügen. Im *DIN* gibt es daher einen eigenen fachübergreifenden Normenausschuß, der sich mit der Erstellung von terminologischen Grundsätzen befaßt, die ihrerseits in Form von Normen herausgegeben werden und daher der Öffentlichkeit zur Verfügung stehen. Die terminologischen Grundsatznormen richten sich also zum einen an die anderen „technischen" Normenausschüsse des *DIN* (zur Zeit sind dies ca. 120, die auf den verschiedensten Fachgebieten wie Antriebstechnik, Elektrotechnik, Ergonomie, Maschinenbau, Schweißtechnik bis Zeichnungswesen usw.

tätig sind). Zum anderen bieten sie allen ein- und mehrsprachig arbeitenden Firmen, Behörden, Verbänden und anderen Institutionen Regeln für eine systematische Terminologiearbeit.

Nach dem augenblicklichen Stand der Arbeiten sind die folgenden terminologischen Grundsatznormen erhältlich:

DIN 2330	Begriffe und Benennungen; Allgemeine Grundsätze (März 1979)
DIN 2331	Begriffssysteme und ihre Darstellung (April 1980)
DIN 2332	Benennen international übereinstimmender Begriffe (Februar 1988)
DIN 2333	Fachwörterbücher: Stufen der Ausarbeitung (Dezember 1987)
DIN 2335	Sprachenzeichen (Oktober 1986)
DIN 2336	Lexikographische Zeichen für manuell erstellte Fachwörterbücher (März 1979)
DIN 2338	Teil 1: Begriffssystem Zeichen; Allgemeine Grundlagen (Vornorm Juli 1984)
DIN 2338	Teil 2: Begriffssystem Zeichen; Zeichentypologie (Vornorm Juli 1984)
DIN 2339	Teil 1: Ausarbeitung und Gestaltung von Veröffentlichung mit terminologischen Festlegungen; Stufen der Terminologiearbeit (Mai 1987)
DIN 2339	Teil 2: Ausarbeitung und Gestaltung von Veröffentlichungen mit terminologischen Festlegungen: Normen (Entwurf August 1986)
DIN 2340	Kurzformen für Benennungen und Namen; Bilden von Abkürzungen und Ersatzkürzungen; Begriffe und Regeln (Dezember 1987)
DIN 2341	Teil 1: Format für den maschinellen Austausch terminologischer/lexikographischer Daten - MATER; Kategoriekatalog (Entwurf Oktober 1986)
DIN 2342	Teil 1: Begriffe der Terminologielehre; Grundbegriffe (Entwurf Oktober 1986)

Das wichtigste Werk dieser Serie ist die Norm DIN 2330, in der Regeln für die Abgrenzung von Begriffen auf der Grundlage von Merkmalen gegeben werden. Gefordert wird die Begriffsbildung im systematischen Zusammenhang, das heißt, es sollen zunächst die Begriffsbeziehungen eines Feldes untersucht werden, Hierarchien von Ober- und Unterbegriffen aufgestellt werden, und auf dieser Basis kann dann eine Definition erarbeitet werden. Dabei wird der klassischen Inhaltsdefinition der Vorzug gegeben, die durch Angabe des nächsthöheren Oberbegriffs und der spezifischen einschränkenden Merkmale einen Begriff beschreibt. Einer so gewonnenen Definition kann dann eine Benennung zugeordnet werden, die aus vorhandenen gebräuchlichen ausgewählt werden kann oder eventuell neu gebildet werden muß. Eine Benennung soll die wichtigsten Begriffsmerkmale möglichst widerspiegeln, auf der anderen Seite soll sie aber auch kurz und prägnant bleiben, ein Widerspruch, der im Einzelfall von den Fachleuten zu lösen ist.

Diese allgemeinen terminologischen Grundsätze werden ergänzt durch Regeln für die Erarbeitung und Darstellung von Begriffssystemen (DIN 2331), die Harmonisierung von Benennungen durch Angleichung und Übernahme von Benennungen oder Benennungselementen aus anderen Sprachen (DIN 2332), das Bilden von Kurzformen (DIN 2340) und nicht zuletzt durch eine Zusammenfassung der Fachausdrücke der eigenen Disziplin, der Terminologie der Terminologiearbeit also (DIN 2342).

Dazu treten Normen, die der Dokumentation der terminologischen Ergebnisse dienen und sich mit Methoden der fachsprachlichen Lexikographie befassen. Die Datenverarbeitung wird dabei zunehmend berücksichtigt. Zu nennen sind in diesem Zusammenhang die Codierung von Sprachennamen (DIN 2335), die Regelung lexikographischer Zeichen (DIN 2336), die Erstellung von Fachwörterbüchern (DIN 2333), die Gestaltung von terminologischen Normen (DIN 2339 Teil 2) und anderen terminologischen Veröffentlichungen (DIN 2339 Teil 1), der Austausch von terminologischen Daten (DIN 2341 Teil 1).

Geplant sind weitere Normen zum Einsatz DV-gestützter Methoden in der Terminologiearbeit. Impulse kommen dazu aus der Mitarbeit des Normenausschusses Terminologie in der internationalen Normung des ISO Technical Committee 37 „Terminology (principles and co-ordination)“, insbesondere im Subcommittee 3 „Computational aids in terminology“. Diese Gruppe beschäftigt sich unter anderem mit dem Computereinsatz bei der Erstellung von terminologischen Sammlungen und der Beschreibung von terminologischen Datenelementen.

Die DIN-Normen sind keine Gesetze oder Verordnungen, sie sind Empfehlungen, deren Durchsetzungsgrad sich aus der praktischen Anwendung ergibt. Eine gewisse Garantie ist durch die Beteiligung der interessierten Kreise bereits bei der Erarbeitung der Normen gegeben, da sich die Normenausschüsse aus ehrenamtlichen Mitarbeitern zusammensetzen. Bei den terminologischen Grundsatznormen muß der Empfehlungscharakter besonders ausgeprägt sein, Regeln für die Terminologiearbeit lassen sich nur bis zu einem gewissen Grad vereinheitlichen. Die Ergebnisse der Terminologiearbeit aber haben, wenn sie in Form von genormter Terminologie verbreitet werden, durch den Zusammenhang mit der technischen Sachnormung eine hohe Akzeptanz bei den Fachleuten und leisten so einen entscheidenden Beitrag zur Verbesserung der fachlichen Kommunikation.

Deutsches Jugendschriftenwerk
Fischtorplatz 23
D-55116 Mainz
Tel.: (0 61 31) 23 08 88; Fax: 23 03 33
Fred Muche (Vorsitzender)
Günter Bergmann (Geschäftsführer)

Das *Deutsche Jugendschriftenwerk e.V. (DJW)* ist ein gemeinnütziger Verein zur Leseförderung und Leseerziehung. Er ist bundesweit anerkannt als freier Träger der Jugendhilfe.

Zweck und Aufgabe des Vereins sind die Verbreitung und die Beurteilung von Literatur, Spielen und anderen Hilfsmitteln, deren Ziel die Bildungsförderung und Information der Jugend und der Erzieher ist.

Das *Deutsche Jugendschriftenwerk* gibt hierzu Kataloge und Informationsmaterialien über empfehlenswerte Kinder- und Jugendliteratur und über Jugendzeitschriften heraus, so zum Beispiel das Empfehlungsverzeichnis „von 3 - 8", das jährlich erscheint. Es handelt sich dabei um eine Auswahl von ca. 220 Büchern und Lernspielen für die Altersgruppe bis zu 8 Jahren, die durch allgemeinverständliche Fachliteratur zu Erziehungs- und Bildungsfragen ergänzt wird. Die Titelauswahl geschieht unter ganz besonderer Berücksichtigung des bildungsfördernden Wertes für die frühkindliche Erziehung.

Interessenten sind Pädagogen aller Fachrichtungen, Pfarrer, Eltern, Kindergärten, Bibliotheken, Buchhandel, Fachschulen und Hochschulen, Mitarbeiter im Bereich Jugendarbeit und Elternberatung.

Der *Besprechungsdienst Bücher* erscheint viermal jährlich im Abonnement und liefert je 12 ausführliche Besprechungen in Loseblattform.

Es werden nur Titel aus dem Bereich der Kinderliteratur bis zu 8 Jahren besprochen, die einen optimalen Einsatz in der Praxis ermöglichen. Ergänzt wird diese Auswahl durch Hinweise auf wichtige Neuerscheinungen der Fachliteratur. Interessenten hierfür sind Pädagogen aller Fachrichtungen, Pfarrer, Eltern, Kindergärten, Bibliotheken, Buchhandel, Fachschulen für Sozialpädagogik.

In der Broschüre *Empfehlenswerte Kinder- und Jugendzeitschriften*, die etwa jedes Jahr erscheint, macht das *Deutsche Jugendschriftenwerk e.V.* seit Jahren auf die Bedeutung dieser Zeitschriften für Elternhaus und Schule aufmerksam. Es überprüft regelmäßig ihren erzieherischen und lesefördernden Wert. Die Broschüre informiert über Zeitschriften für die Altersgruppe von 3 bis 18 Jahren und richtet sich an Pädagogen aller Fachrichtungen, Eltern, Kinder und Jugendliche. Außerdem gibt das *Deutsche Jugendschriftenwerk e.V.* Faltblätter zum Thema „Literatur zur Leseerziehung“ und „Bewährte Bücher zum Vorlesen und Erzählen“ heraus.

Deutschlandfunk

Raderberggürtel 40
Postfach 51 06 40
D-50968 Köln

Tel.: (02 21) 3 45-1; Fax: 38 07 66

Edmund Gruber (Intendant)
Dr. Dettmar Cramer (Programmdirektor)

Der *Deutschlandfunk (DLF)* sieht seinen Beitrag zur Förderung der sprachlichen Kultur in der Bundesrepublik hauptsächlich in den folgenden Arbeitsbereichen:

1. Aus- und Fortbildung
Der *Deutschlandfunk* bietet in seinem Aus- und Fortbildungsprogramm regelmäßig einen „Individuellen Stimm- und Sprechunterricht" an, der von einer examinierten Stimmlehrerin geleitet wird. Er dient nicht nur der Verbesserung der Atem- und Stimmfunktionen, sondern berücksichtigt auch die Aussprache mit Blick auf Fehlerquellen.

Daneben gibt es eine kontinuierliche Sprechschulung für Redakteure und Sprecher des deutschsprachigen Programms, die der Chefsprecher des Hauses, Dozent für Sprachgestaltung an der Robert-Schumann-Hochschule Düsseldorf, vornimmt. Hierbei geht es u. a. auch um die Klärung der individuellen Einstellung zum Hörer und zum eigenen Sprechen. Das Ziel der Übungen ist es, Stimm- und Sprechfehler zu korrigieren und die gestalterischen Möglichkeiten beim Sprechen eigener und fremder Texte speziell vor dem Mikrofon zu erweitern.

2. Aktuelles Programm
In den Jahren 1980 bis 1982 hatte der *Deutschlandfunk* eine Sendereihe im Programm, die sich „Deutsch für Deutsche" nannte. Darin ging es um die Erklärung von Wörtern und Begriffen, die von der jeweils eigenen, gesellschaftlichen und staatlichen Entwicklung in den beiden deutschen Staaten geprägt waren. Mit der Veröffentlichung der Manuskripte in zwei Broschüren (vergriffen) versuchte der *Deutschlandfunk* einen Beitrag zur Verständigung im eigentlichen Sinne des Wortes zu leisten.

3. Europa-Programm
Das Europa-Programm des Deutschlandfunks machte bereits 1968 mit einem Kurs „Deutsch im DLF" den ersten Versuch, den Hörern nicht nur in ihrer

eigenen Sprache ein Bild Deutschlands zu vermitteln, sondern ihnen auch die Möglichkeit zum Erwerb von Grundkenntnissen der deutschen Umgangssprache zu bieten. Das Echo war so unerwartet groß, daß schon sehr bald ein Sprachkurs ausgestrahlt wurde, der über die Anfangsgründe hinausführte und Möglichkeiten für eine intensivere Aneignung der deutschen Sprache bot. In Zusammenarbeit mit der *Deutschen Welle*, *Inter Nationes* und dem *Goethe-Institut* entstand der Sprachkurs „Familie Baumann“, an dem sich sehr bald 130.000 Sprachkursteilnehmer beteiligten. Die Versandabteilung von *Inter Nationes* verschickte bis 1983 über 765.000 Lehrbücher. Die „Familie Baumann“ wurde „weltweit“ zum Begriff dafür, daß Deutsch keine schwere Sprache zu sein braucht.

Der überzeugende Erfolg bei den Hörern in den Zielländern des Europa-Programms legte es nahe, einen weiteren Deutschkurs folgen zu lassen. Das neue Sprachwerk, das im Oktober 1983 die „Familie Baumann“ ablöste, trug den Titel „Auf deutsch gesagt“. Bei seiner Ausarbeitung wurden neben den alten, bewährten didaktischen Prinzipien auch die gemachten Erfahrungen berücksichtigt. Es wurde ein ebensolcher Erfolg wie seine Vorgänger.

Nach den politischen Umwälzungen in Osteuropa ist das Interesse an der deutschen Sprache enorm angestiegen. Die Nachfrage nach Lehrbüchern führte zu unvermeidlichen Engpässen bei der Auslieferung.

Seit Oktober 1991 gibt es für alle Sprachen einen neuen Sprachkurs, der wiederum vom *Deutschlandfunk*, von der *Deutschen Welle*, dem *Goethe-Institut*, *Inter Nationes* und dem *Auswärtigen Amt* erstellt wurde. Er trägt den Titel „Deutsch – warum nicht?“. Schon jetzt ist abzusehen, daß die Resonanz noch größer sein wird als in der Vergangenheit.

4. Kulturelles Programm

Unabhängig von den aufgeführten Maßnahmen bleibt festzuhalten, daß der *Deutschlandfunk* insbesondere in seinem kulturellen Programm in zahlreichen Einzelsendungen einen Beitrag zur „sprachlichen Kultur“ geleistet hat.

Dialektforschende und -pflegende Institutionen

1. Inland

Deutsches Spracharchiv im Institut für deutsche Sprache, R 5, 6-13, 68161 Mannheim. → Siehe S. 257

Forschungsinstitut für deutsche Sprache – Deutscher Sprachatlas (DSA) am Fachbereich 8 der Philipps-Universität Marburg, Kaffweg 3 und Wilhelm-Röpke-Straße 6 A, 35039 Marburg. → Siehe S. 229

Institut für geschichtliche Landeskunde der Rheinlande der Universität Bonn, Abteilung für Sprachforschung, Am Hofgarten 22, 53113 Bonn.

Lehrstuhl für Germanistische und Deutsche Sprachwissenschaft und Mundartkunde, Institut für Deutsche Sprach- und Literaturwissenschaft, Bismarkstraße 1, 91054 Erlangen.

Institut für geschichtliche Landeskunde, Germanistische Abteilung, Belfortstraße 14, 79098 Freiburg im Br.

Abteilung für Niederdeutsche Sprache und Literatur am Seminar für Deutsche Philologie der Georg-August-Universität Göttingen, Nikolausberger Weg 15, 37073 Göttingen.

Arbeitskreis für Siebenbürgische Landeskunde e.V. Heidelberg, Sektion Germanistik, Schloß Horneck, 74831 Gundelsheim.

Germanistisches Seminar der Universität Hamburg, Niederdeutsche Abteilung, Von-Melle-Park 6, 20146 Hamburg 13.

Institut für geschichtliche Landeskunde an der Universität Mainz e.V., Abteilung für Sprach- und Volksforschung, Saarstraße 21, 55122 Mainz.

Kommission für Mundart- und Namenforschung des Landschaftsverbandes Westfalen-Lippe, Magdalenenstraße 5, 48143 Münster.

Tübinger Arbeitsstelle „Sprache in Südwestdeutschland“, Römerstraße 27, 72149 Wolfenhausen.

Ostfränkisches Wörterbuch der Bayerischen Akademie der Wissenschaften, Henkestraße 8, 91054 Erlangen.

Frankfurter Wörterbuch, Arbeitstelle Beethovenstraße 59, 60325 Frankfurt am Main 1.

Badisches Wörterbuch. Deutsches Seminar der Universität, Werthmannplatz, 79098 Freiburg i. Br.

Südhessisches Wörterbuch, Justus-Liebig-Universität Gießen, Ludwigstraße 21, 35390 Gießen.

Abteilung für Sprache in Hessen/Hessen-Nassauisches Wörterbuch im Forschungsinstitut für deutsche Sprache, Universität Marburg, Wilhelm-Röpke-Straße 6 A, 35039 Marburg.

Sudetendeutsches Wörterbuch, Roonstr. 31/II, 35390 Gießen.

Institut für historische Landesforschung der Georg-August-Universität Göttingen, Arbeitsstelle Niedersächsisches Wörterbuch, Nikolausberger Weg 11a, 37073 Göttingen.

Pfälzisches Wörterbuch, Benzinoring 6, 67657 Kaiserslautern.

Nordfriesische Wörterbuchstelle, Neue Universität, Olshausenstraße 40-60, 24118 Kiel.

Preußisches Wörterbuch, Neue Universität, Olshausenstraße 40-60, 24118 Kiel.

Kommission für Mundartforschung – Bayerisches Wörterbuch – bei der Bayrischen Akademie der Wissenschaften, Marstallplatz 8, 80539 München.

Klaus-Groth-Forschungstelle an der Niederdeutschen Abteilung des Germanistischen Seminars, Olshausenstraße N 50c, 24118 Kiel.

Niederländisches Seminar der Universität Münster, Projekt „Fränkischer Sprachatlas", Magdalenenstraße 5, 48143 Münster.

Institut für niederdeutsche Sprache e.V., Schnoor 41, 28195 Bremen. → Siehe S. 265

Verein für niederdeutsche Sprachforschung, Von-Melle-Park 6, 20146 Hamburg.

Brandenburg-Berlinisches Wörterbuch, Zimmerstraße 91, 12207 Berlin.

Mecklenburgisches Wörterbuch, Seestraße 15, O- 18119 Rostock-Warnemünde.

Thüringisches Wörterbuch, Universitätshochhaus, 8. Etage, 07745 Jena.

Wörterbuch der obersächsischen Mundarten, Goethestraße 3-5, 04109 Leipzig.

Pommersches Wörterbucharchiv, Von-Gosen-Straße 2, 18435 Stralsund.

Frankfurter Mundarttelefon: (0 69) 2 12-3 50 01.

2. Ausland

Universität Bern, Deutsches Seminar, Abteilung für Dialektologie und Volkskunde der deutschen Schweiz, Schützenmattstraße 14, CH-3012 Bern.

Institut Grand-Ducal, Section de Linguistique, de Folklore et de Toponymie, 5, rue Large, Luxemburg.

Institut de Dialectologie allemande et alsacienne, Université des Sciences Humaines de Strasbourg, 22, rue Descartes, F-67084 Strasbourg CEDEX.

Kommision für Mundartkunde und Namenforschung (der Österreichischen Akademie der Wissenschaften), Postgasse 3, A-1010 Wien.

Phonogrammarchiv der Österreichischen Akademie der Wissenschaften, Liebiggasse 5, A-1010 Wien.

Phonogrammarchiv der Universität Zürich, Freiestraße 36, CH-8032 Zürich.

Sprachatlas der deutschen Schweiz, Seilergraben 1, CH-8001 Zürich.

Frysk Ynstitut fan de Ryksuniversität to Grins, Westersingel 28-30, NL-9718 CM Grins/Groningen.

Schweizerdeutsches Wörterbuch (Schweizerisches Idiotikon), Seilergraben 1, CH-8001 Zürich.

Bund Schwyzertütsch, Wirbelweg 8, CH-8702 Zollikon.

Internationales Dialekt Institut, Maynollogasse 3/15, A-1180 Wien.

Dudenredaktion

Dudenstraße 6
Postfach 10 03 11
D-68003 Mannheim
Tel.: (06 21) 39 01 01; Fax: 3 90 14 30
Prof. Dr. Günther Drosdowski (Leiter)

Die *Dudenredaktion* ist die germanistisch-sprachwissenschaftliche Abteilung im Verlag *Bibliographisches Institut & F. A. Brockhaus AG*. Dieser Verlag trägt zusammen mit der Stadt Mannheim den Konrad-Duden-Preis, der alle zwei Jahre für besondere Verdienste um die deutsche Sprache verliehen wird.

In der *Dudenredaktion* arbeiten im allgemeinen fünfzehn bis zwanzig wissenschaftliche Mitarbeiter. Zu diesen festangestellten Mitarbeitern kommen als freie Mitarbeiter acht bis zehn Exzerptoren. Sie bauen nach den Anweisungen der *Dudenredaktion* die Sprachkartei auf, indem sie Textausschnitte auf Karteikarten übertragen. In Österreich und in der Schweiz gibt es Dudenausschüsse, die die besonderen Ausprägungen der deutschen Standardsprache, vor allem den spezifischen Wortschatz, in diesen Gebieten erfassen. Die Ergebnisse ihrer Arbeit leiten die Ausschüsse der *Dudenredaktion* zu, die sie in die Grammatik und in die verschiedenen Wörterbücher einarbeitet. Die *Dudenredaktion* arbeitet außerdem mit einer Reihe von Ausschüssen und Instituten zusammen, die sich gleichfalls mit der deutschen Gegenwartssprache beschäftigen, z. B. mit dem *Institut für deutsche Sprache*, der *Gesellschaft für deutsche Sprache* und dem *Deutschen Institut für Normung* (*DIN*).

Die *Dudenredaktion* hat die Aufgabe, Nachschlagewerke über die deutsche Sprache zu erarbeiten und die bereits erschienenen auf dem neuesten Stand zu halten. Um diese Aufgabe zu erfüllen, führt sie Untersuchungen zu den historischen und strukturellen Gesetzmäßigkeiten der deutschen Sprache – als Vorlaufsforschung zu einzelnen Projekten und generell – durch und beschäftigt sich grundsätzlich mit Fragen der Kodifikation der deutschen Sprache.

Für ihre Arbeit hat sich die *Dudenredaktion* zwei Grundlagen geschaffen: Die eine ist die Sprachkartei mit mehr als drei Millionen Belegen aus dem Schrifttum der Gegenwart. Diese Sprachkartei ist so angelegt, daß sie eine Dokumentation der deutschen Gegenwartssprache in ihrer ganzen Vielschichtigkeit ermöglicht. Die andere Grundlage für die Arbeit der *Dudenredaktion* ist das Material der Sprachberatungsstelle. Die Sprachberatungsstelle erhält jährlich etwa achttausend bis zehntausend Anfragen, die von einfachen Fragen zur Schreibung und Aussprache über grammatische und semantische Fragen bis zu komplizierten linguistischen Fragestellungen reichen. Alle Anfragen bei der Sprachberatungsstelle der *Dudenredaktion* werden aber nicht nur im Rahmen der praktischen Sprachpflege beantwortet, sondern auch gesammelt, nach verschiedenen Gesichtspunkten verschlüsselt und für die Arbeit der *Dudenredaktion* ausgewertet.

Eine Sonderstellung in der Arbeit der *Dudenredaktion* nimmt das *Orthographische Wörterbuch* Konrad Dudens ein, das zuerst 1880 in Leipzig erschien. Aus diesem rein orthographischen Wörterbuch entwickelte sich im Laufe der Jahrzehnte der *Duden* als Volkswörterbuch der deutschen Sprache, und im Abglanz der normierten Rechtschreibung bekamen auch alle anderen Festlegungen in diesem Wörterbuch und dann auch in anderen Dudenbänden autoritative Geltung.

Die *Dudenredaktion* sichert mit dem Duden nicht nur die Einheitlichkeit der Rechtschreibung, sie will mit ihrer Arbeit auch ganz entscheidend dazu beitragen, die Standardsprache zu stabilisieren, die Zentrifugalkräfte in der Sprache zu bremsen und die Kontinuität der Sprache zu sichern. Die *Dudenredaktion* greift regulierend in das Sprachgeschehen ein, setzt sprachliche Normen und setzt sie mit Wörterbüchern und Grammatiken durch.

Evangelische Akademie Loccum

D-31547 Rehburg-Loccum

Tel.: (0 57 66) 81-0; Fax: 8 11 88; Telex: 17 57 66 10

Adolf v. Wangenheim MdL (Vorsitzender)
Dr. Karl Ermert (Studienleiter)

Die *Evangelische Akademie Loccum* veranstaltet – in der Regel öffentliche und für alle interessierten Personen offene – Tagungen, Kolloquien, Symposien und Seminare, in denen sich die Teilnehmerinnen und Teilnehmer, Experten, Verantwortliche, Multiplikatoren, Betroffene und Interessierte, mit aktuellen Problemen der Gegenwart aus den Bereichen Kirche, Gesellschaft, Staat, Wissenschaft, Wirtschaft und Kultur auseinandersetzen können. Durch die spezifische Programmgestaltung der Tagungen – von Themenauswahl und Referentenbesetzung bis zu Arbeitsformen und Teilnehmereinladung – gestaltet die Akademie Situationen, in denen Informationsaustausch ebenso stattfinden kann wie persönliche Begegnung, gemeinsame Problemerkenntnis ebenso wie die Entwicklung von Problemlösungen.

Die *Evangelische Akademie Loccum* fördert die sprachliche Kultur insoweit auf zwei Ebenen:

a) Auf einer allgemeinen Ebene führt sie über ihre Tagungen jeweils verschiedene gesellschaftliche Gruppen zusammen, die zwar ein gemeinsames Thema haben, sich aber häufig in ihren normalen Lebens- und Arbeitsbezügen nicht direkt begegnen. Die Veranstaltungen sind fachlich interdisziplinär und – jeweils authentisch besetzt – als Diskurs zwischen Reflexion/Theorie und Praxis angelegt. Hier Kommunikation zu stiften, die über die üblichen gesellschaftlichen Grenzen hinweggeht, bedeutet eine Förderung der sprachlichen Kultur im Sinne von Kommunikationskultur.

b) Auf einer speziellen Ebene werden Themen der gesellschaftlichen Kommunikation und der Sprache zum eigenen Thema von Akademieveranstaltungen, so z. B. Wissenschaftssprache, Sprache der Jugend, sprachliche/kommunikative Bildung in der Schule und in der Jugendarbeit, die Rolle von Sprache in den Medien, Sprache und Politik, Sprache in der Friedenserziehung.

Die Tagungen werden dokumentiert und publiziert in der von der *Evangelischen Akademie Loccum* herausgegebenen Reihe „Loccumer Protokolle", so z. B. für den Bereich „Kommunikation und Gesellschaft" die Loccumer

Protokolle Nr.

6/82 *Wissenschaft – Sprache – Gesellschaft. Über Kommunikationsprobleme zwischen Wissenschaft und Öffentlichkeit und Wege zu deren Überwindung.*

27/82 *„Wieviel Grammatik braucht der Mensch?“ – Aufgaben, Konzeptionen und Probleme der Sprachdidaktik im Deutschunterricht.*

17/84 *Sprüche – Sprachen – Sprachlosigkeit? Ursachen und Folgen subkultureller Formen der Kommunikation am Beispiel der Jugendsprache.*

56/89 *Sprachliche Bildung und kultureller Wandel.*

58/91 *„Surgery strike“. Über Zusammenhänge von Sprache, Krieg und Frieden.*

Eine Publikationsliste kann angefordert werden. Vertrieb über den Buchhandel oder direkt über die Akademie.
In der von der Akademie herausgegebenen Zeitschrift *forum loccum* finden sich ausgewählte Beiträge aus Tagungen der Akademie, konzeptionelle Beiträge aus der Akademiearbeit sowie Hausnachrichten.

Die *Evangelische Akademie Loccum* ist eine Einrichtung der *Ev.-luth. Landeskirche Hannover.* Die Programmverantwortung liegt beim Kollegium der Akademie in Verbindung mit ihrem „Konvent“, einem mit Persönlichkeiten des politischen, gesellschaftlichen und kirchlichen Lebens besetzten Aufsichts- und Beratungsgremium. Die Gesamtfinanzierung erfolgt zu ca. 60% aus kirchlichen Mitteln, zu je ca. 20% aus Zuschüssen Dritter (Bund, Land Niedersachsen, sonstige Drittmittel) und aus Teilnahmebeiträgen.

Für Informationen über vergleichbare Aktivitäten Evangelischer Akademien in anderen Bundesländern kann eine Liste der Akademien angefordert werden bei:

Evangelische Akademien in Deutschland e.V.,
Geschäftsstelle
Akademieweg 11
73087 Bad Boll

Tel.: (0 71 64) 79-2 72; Fax: 79-4 40
Dr. Fritz Erich Anhelm (Generalsekretär)
Dr. Wolfgang Beer (Geschäftsführer)

Fachverband Deutsch als Fremdsprache

c/o Dr. Armin Wolff
Universität Regensburg
Deutsch als Fremdsprache
Universitätsstraße 31
D-93053 Regensburg

Tel.: (09 41) 9 43-24 26

Priv.-Doz. Dr. Jürgen Bolten (Geschäftsführer)

Der *Fachverband Deutsch als Fremdsprache (FaDaF)* wurde 1989 als Nachfolgeorganisation des *Arbeitskreises Deutsch als Fremdsprache* beim *DAAD (AkDaF)* gegründet.

Der Verbandszweck besteht primär darin, Möglichkeiten der interkulturellen Begegnung durch das Erlernen der deutschen Sprache zu fördern. Dem *FaDaF* liegt besonders daran, das Verständnis fremder Kulturen zu vermitteln. Seine Ziele sind die sprachliche Förderung der in Deutschland studierenden Ausländer, die Unterstützung des Faches Deutsch als Fremdsprache und der Belange der in diesem Bereich tätigen Personen bzw. Einrichtungen sowie die Förderung der Aus- und Fortbildung von Lehrkräften und des wissenschaftlichen Nachwuchses für Deutsch als Fremdsprache.

Der *Fachverband* versteht sich als eine eigenständige Interessenvertretung der im Bereich Deutsch als Fremdsprache tätigen Personen und Einrichtungen. Hieraus resultieren als Verbandsaufgaben und Programmschwerpunkte:

- Vertretung von Lehrgebieten Deutsch als Fremdsprache in hochschulpolitischen Angelegenheiten
- Intensivierung des Meinungsaustausches zwischen DaF-Institutionen auf Regionalebene
- Unterstützung der Interessen von Lehrbeauftragten und Studierenden in gesellschaftlichen und politischen Gremien
- Optimierung der sprachlichen Voraussetzungen für die gesellschaftliche und fachwissenschaftliche Kommunikation ausländischer Studierender und Wissenschaftler an deutschen Hochschulen
- Weiterentwicklung fach- und berufssprachlicher Kommunikation
- Unterstützung der Tätigkeit von deutschen Wissenschaftlern, Lektoren und anderen Lehrkräften des Faches DaF an Hochschulen und privaten Institutionen
- Förderung des Erwerbs der deutschen Sprache durch Personen unterschiedlicher Kulturzugehörigkeiten

Als ein Forum des fachwissenschaftlichen Austauschs fördert der *Fachverband* Forschungsvorhaben im Bereich Deutsch als Fremdsprache durch

- Informationen über Forschungsprojekte im Bereich DaF
- Unterstützung bei der Beschaffung von Drittmitteln
- Initiierung neuer Forschungsprojekte

Mit dem Ziel, über aktuelle fachdidaktische, fachwissenschaftliche und hochschulpolitische Positionen zu informieren und zu diskutieren, richtet der *Fachverband* regelmäßig Kongresse und Tagungen aus. Hierzu zählen die jeweils in der Woche nach Pfingsten stattfindende Jahrestagung Deutsch als Fremdsprache sowie in der Regel zwei Fachtagungen. Gegenüber der Jahrestagung DaF, die als größter ausschließlich dem Fach Deutsch als Fremdsprache vorbehaltener Jahreskongreß stets mehrere Themenschwerpunkte umfaßt, behandeln die Fachtagungen schwerpunktmäßig ein aktuelles fachwissenschaftliches Thema.

Publikationen

- *Info DaF – Informationen Deutsch als Fremdsprache*: Internationale Fachzeitschrift mit der jährlich erscheinenden „Kommentierten Auswahlbibliographie";
- *Materialien Deutsch als Fremdsprache*: Buchreihe zur Publikation von Tagungsbeiträgen, Dissertationen und Unterrichtsmaterialien;
- *FaDaF aktuell*: Mitteilungen für die Verbandsmitglieder.

Die Mitgliedschaft erwerben können natürliche und juristische Personen, die am Fach Deutsch als Fremdsprache und an der Arbeit des *Fachverbandes* interessiert sind. Er ist als gemeinnütziger Verein beim Amtsgericht Bonn registriert.

Fachverband für integrative Lerntherapie

Obere Straße 45
D-72119 Ammerbuch 1
Tel.: (0 70 73) 16 59 (Geschäftsstelle)
Dr. Helga Breuninger (Vorsitzende)
Beate Tönsing, Jo Hackler, Klaus Boerner,
Dr. Jochen Klein (Vorstand)

Der *Fachverband für integrative Lerntherapie e.V.* ist ein Zusammenschluß von Lerntherapeuten und Lerntherapeutinnen aus der gesamten Bundesrepublik Deutschland mit dem Ziel, die (außerschulische) therapeutische Betreuung von Lern- und Leistungsstörungen zu qualifizieren.

Das Lesen, das Schreiben und das Rechnen sind als Kulturtechniken unabdingbare Voraussetzungen für eine erfolgreiche und befriedigende Eingliederung in Beruf und Gesellschaft. Kinder, Jugendliche und Erwachsene, die in diesen Grundanforderungen versagen, bedürfen einer gezielten und fachlichen lerntherapeutischen Unterstützung.

Das Lernen ist die Haupttätigkeit im Schulalter und bedarf daher einer besonderen pädagogischen und psychologischen Würdigung. Dies gilt für einen ungestört verlaufenden Lernprozeß ebenso wie für das Auftreten von Blockaden, die sich in einer negativen Lernstruktur verfestigen.

Dieses Wirkungsgefüge macht eine mehrdimensionale Intervention erforderlich, die individuell zugeschnitten und ganzheitlich organisiert sein muß. Im wesentlichen werden pädagogische und psychologische Prinzipien mit Inhalten aus verschiedenen Fachwissenschaften wie Germanistik, Linguistik, Mathematik sowie Medizin und Biologie integriert. Die Integration erfolgt mit dem Ziel, Einzelerkenntnisse und spezielle Methoden in ihrer Wirkung auf den ganzen Menschen in seinen aktuellen Lebenszusammenhängen zu berücksichtigen.

Neben den lerntherapeutischen und -beratenden Funktionen stellt die Prävention gerade auch im schulischen Kontext eine herausragende Aufgabe dar.

Der *Fachverband für integrative Lerntherapie* wurde 1989 gegründet als Forum für alle, die lerntherapeutisch tätig sind bzw. daran interessiert sind, und ist bemüht,

- die Integration von Lerntherapeuten und Lerntherapeutinnen in einem Fachverband zu realisieren;
- Grundlagen, Methoden und Konzepte von Lerntherapie zu formulieren und weiterzuentwickeln;
- die Verankerung von integrativer Lerntherapie in der Öffentlichkeit, bei Kostenträgern und in Institutionen voranzutreiben;
- die Angebote von integrativer Lerntherapie zu systematisieren und zu qualifizieren;
- das Verhältnis von Lerntherapie und Schule positiv zu entwickeln;
- den Entwicklungsprozeß von Lesen, Schreiben und Rechnen sowohl therapeutisch als auch präventiv nachhaltig zu fördern.

Hierfür schafft der Fachverband die Voraussetzungen u. a. durch folgende Aktivitäten:

- Herausgabe der Mitgliederzeitschrift *Sprachrohr*, die dreimal jährlich erscheint;
- Veranstaltung von interdisziplinären Fachkonferenzen, die themenspezifisch einmal im Jahr stattfinden;
- Herausgabe von Tagungsberichten und andere Formen der Öffentlichkeitsarbeit;
- Organisierung von Angeboten und Konzepten zur Aus- und Weiterbildung sowie Supervision von Lerntherapeuten;
- Unterstützung von Forschungs- und anderen Projekten zur Weiterentwicklung spezifischer lerntherapeutischer Aufgaben.

Forschungsinstitut für deutsche Sprache – Deutscher Sprachatlas

Fachbereich 8 der Philipps-Universität Marburg
Kaffweg 3 und Wilhelm-Röpke-Straße 6 A
D-35039 Marburg

Dr. Heinrich J. Dingeldein (Ansprechpartner)

Das *Forschungsinstitut für deutsche Sprache – Deutscher Sprachatlas*, 1876 von Georg Wenker als privates Projekt gegründet, 1888 als *Zentralstelle für den Sprachatlas des Deutschen Reichs und deutsche Mundartenforschung* in staatliche Obhut übernommen, befaßt sich mit der Dokumentation, Beschreibung und Interpretation der deutschen Dialekte und anderer Existenzformen des gesprochenen Deutschs sowie mit der interpretativen Aufarbeitung historischer schriftlicher Zeugnisse, soweit sie zur Erhellung des historischen Zustands der gesprochenen Sprache beitragen („historische Dialektologie").

Das Forschungsinstitut betreut die von Georg Wenker seit 1876 gesammelten Materialien zu einem Laut- und Formenatlas der deutschen Dialekte und die von Walther Mitzka zwischen 1938 und 1940 gesammelten Materialien zu einem Deutschen Wortatlas (jeweils Fragebogen aus ca. 50.000 deutschsprachigen Orten Mitteleuropas), ergänzt sie durch neuere Erhebungen (auch Tonbandaufnahmen) und wertet sie in unterschiedlichen Publikationen aus. Der handschriftliche *Sprachatlas des Deutschen Reichs* (in zwei Exemplaren in Marburg und Berlin vorhanden) mit insgesamt ca. 1700 Karten, der *Deutsche Sprachatlas* (Marburg 1926-1956), eine vereinfachte Ausgabe des Sprachatlasses des Deutschen Reichs ergänzt durch die außerdeutschen Sprachgebiete, der *Deutsche Wortatlas* (Gießen 1951-1980) mit 22 Bänden, der *„Kleine Deutsche Sprachatlas"* (Tübingen 1984 ff.) und eine Reihe regionaler Sprachatlanten (Siebenbürgen, Luxemburg, Schlesien, Hessen) sind die herausragenden Publikationen des Instituts. Daneben werden zwei Zeitschriften (*Germanistische Linguistik, Zeitschrift für Dialektologie und Linguistik*) und mehrere Buchreihen (*Deutsche Dialektgeographie, Beihefte zur Zeitschrift für Dialektologie und Linguistik, Deutsche Wortforschung in Europäischen Bezügen, Historische Wortforschung*) vom Institut herausgegeben bzw. von Institutsangehörigen verantwortlich betreut. Das Institut ist verantwortlich an der Erarbeitung und Herausgabe des *Atlas Linguarum Europae* beteiligt (Leitung des germanischen Departements).

Zur Zeit sind in Bearbeitung weitere Bände des *Kleinen Deutschen Sprachatlasses*, ein *Phonetischer Atlas der Bundesrepublik Deutschland, Hessische Sprachatlanten* mit verstärktem Bezug auf die gesprochene Alltagssprache, das *Hessen-Nassauische Volkswörterbuch* sowie eine Reihe monographischer Arbeiten.

In unregelmäßigen Abständen veranstalten das Institut und Institutsangehörige Symposien, Kolloquien und sonstige Tagungen zu Themen des Arbeitsbereichs. Die Mitglieder des Instituts sind als Hochschullehrer oder Lehrbeauftragte in die Lehre im Fachbereich Allgemeine und Germanistische Linguistik und Philologie der Philipps-Universität Marburg eingebunden. Durch eine entsprechende Öffentlichkeitsarbeit versucht das Institut, die wissenschaftlichen Erkenntnisse einem breiten Publikum mitzuteilen und zu einer sachgerechten Beurteilung der Dialekte beizutragen (Abbau von Vorurteilen, aber auch Analyse von dialektgebundenen Problemen).

Das *Forschungsinstitut für deutsche Sprache – Deutscher Sprachatlas* wurde im Rahmen der Universitätsreform und infolge von Bund-Länder-Vereinbarungen 1971 ein Teil der Philipps-Universität. Zuvor wurde es als Institut an der Universität gemeinsam von Bund und Land Hessen getragen. Es gliedert sich in drei Abteilungen: 1. Sprachgeographie, Historische Dialektologie und Archiv, 2. Phonetik, 3. Sprache in Hessen / Hessen-Nassauisches Wörterbuch.

Durch die nach der Einigung Deutschlands möglich gewordenen intensiven Kontakte mit allen Regionen des deutschen Sprachraums wächst dem Institut nicht zuletzt wegen seiner reichen Ausstattung an Grundlagenmaterialien (größte Bibliothek zum Thema, Tonarchiv, Wenker-Archiv) perspektivisch wieder die historische Funktion einer „Zentralstelle für deutsche Dialektforschung" zu. Sein Beitrag zur Förderung der sprachlichen Kultur wird auch weiterhin in der Veröffentlichung der Erkenntnisse zur Struktur und zur Funktion der Dialekte (und der anderen Varietäten des gesprochenen Deutschs) liegen. Nur eine sachgerechte Beurteilung verhindert einen von Vorurteilen geprägten Umgang mit den Dialekten, der von einer unreflektierten „Pflege" bis zur Verdammung als „verdorbenes Deutsch" reichen kann.

Forschungszentrum für Kommunikation und Schriftkultur

Germanistisches Institut der Rhein.-Westf. Technischen Hochschule Aachen
Lehrstuhl für Deutsche Philologie
Eilfschornsteinstraße 15
D-52062 Aachen
Tel.: (02 41) 80 60 76 oder 40 57 95
Prof. Dr. Ludwig Jäger, Prof. Dr. Christian Stetter,
PD Dr. Josef Klein (Vorstand)

Die Sprach- und die Schriftkultur sind im Zeitalter der Informationsgesellschaft tiefgreifenden Wandlungen ausgesetzt, die sich in der unterschiedlichsten Form auf das Vermögen zu sprechen und zu schreiben auswirken. So wird z. B. der Prozeß der Informationsübermittlung und -verarbeitung immer komplexer und schneller. Das *Forschungszentrum für Kommunikation und Schriftkultur (FoKS)*, untersucht diese Wandlungsprozesse seit 1988 und hat die Ergebnisse in Beratungs- und Weiterbildungskonzepten umgesetzt. Die Arbeit der Abteilungen von *FoKS* ist eng verknüpft mit den Forschungsschwerpunkten und der Lehre der Abteilung Germanistische Sprachwissenschaft und verschiedenen Instituten der RWTH Aachen. Der Standort Hochschule sichert den neuesten Wissensstand und macht eine praxisnahe und fundierte Konzeption möglich.

Angebote der verschiedenen Abteilungen:

I. *Grammatisches Telefon*, Tel. (02 41) 80 60 74;
Mo.-Fr. 10-12 und 14-16 Uhr
(Prof. Dr. Chr. Stetter, K. Steffen, K. Mackowiak)

1. Kostenlose telefonische Sprachberatung u. a. in Fragen zu
   - Orthographie und Zeichensetzung
   - Grammatik
   - Stil und Form von Briefen, Bewerbungen etc.
2. Schriftliche Expertisen und Gutachten zu Sprachproblemen bei
   - Rechtsstreitigkeiten
   - der Formulierung von Ordnungen, Satzungen, Vorschriften, Werbetexten etc.
3. Herausgabe von verständlichen Ratgebern zu Zeichensetzung, Orthographie und Grammatik

4. Fortbildungsseminare z. B. für Industrie, Wirtschaft, Wissenschaft und Verwaltung.

II. *Medienberatung* (Prof. Dr. J. Klein)
1. Tests und Gutachten über die Wirkung von Fernsehsendungen, Werbespots und Videofilmen auf beliebige Zuschauerzielgruppen
2. Seminare:
   - Öffentlichkeitsarbeit: Der richtige Umgang mit den Medien
   - Tele-Training: Der Fernseh-Auftritt

III. *Mündliche Kommunikation*
(Dr. H. W. Royé, Priv.-Doz. Dr. C. L. Naumann)
1. Rhetoriktraining: Gespräch/Rede mit persönlicher Beratung für Beschäftigte in Berufsbereichen mit besonderen Sprechanforderungen (Blockseminar)
2. Beratung für Studierende mit Stimm- und Sprechschwierigkeiten
3. Seminar: Gespräch vor Kamera und Mikrofon (in Zusammenarbeit mit Prof. Dr. J. Klein) für Beschäftigte in verantwortlicher Position (3tägige Trainingsseminare)
4. Sprecherdienst für das Rezitieren von Texten und Besprechen von Ton- und Videokassetten

IV. *Schriftsprachtherapie*
(Priv.-Doz. Dr. C. L. Naumann, J. Stoffers)
1. Weiterbildungsangebote:
   - „Linguistische Grundlagen für die Alphabetisierungspraxis" für Kursleiter und Interessenten (2- bis 3tägige Veranstaltung)
   - Lehrerfortbildung: „Was tun bei Lese-Rechtschreib-Schwäche?" für Deutschlehrer aller Schulformen (eintägige Veranstaltung)
   - Elternseminar: „Was tun bei Lese-Rechtschreib-Schwäche?" für Eltern von Kindern mit LRS (Wochenendveranstaltung)
2. Beratung über den Einsatz von neuen Technologien im Schriftspracherwerb für Deutschlehrer, Kursleiter in der Alphabetisierung u. a.
3. Fortbildung für arbeitslose Lehrer und Pädagogen zu LRS-Therapeuten; Kooperationspartner: Bundesanstalt für Arbeit (6monatige Fortbildungsmaßnahme)

V. *Textverständlichkeit*
(Prof. Dr. L. Jäger, Th. Becker, Astrid Krumwiede)
1. Trainingskurs: Texte verständlich gestalten
Zur speziellen Anwendung in den Bereichen:

  - Textliche Gestaltung wissenschaftlich-technischer Sachverhalte
  - Textliche Gestaltung öffentlichkeitswirksamer Texte
  - Kreatives Schreiben
2. Expertisen:
  - Analyse und Bewertung von Texten im Hinblick auf ihre Verständlichkeit
  - Optimierung von Texten im Hinblick auf ihre Verständlichkeit (Sachangemessenheit, Adressatenbezug ...)
3. Persönliche Beratung in allen Fragen der Textgestaltung

Bislang gibt es keine einheitliche Finanzierung der verschiedenen Abteilungen und Angebote. Weiterbildungsangebote sind mit Teilnehmergebühren verbunden, einzelne Dienstleistungen für die Öffentlichkeit werden von der Bundesanstalt für Arbeit unterstützt, für Forschungsvorhaben bemüht sich das Forschungszentrum um Mittel aus Stiftungen und Fonds. Die Kosten der Vereinsarbeit tragen die Mitglieder in Form von Mitgliedsbeiträgen.

VI. *Sprachen*

Mit dem Fall politischer und wirtschaftlicher Grenzen bekommt Europa ein neues Gesicht. Intensive Kommunikation zwischen den verschiedenen Sprachgruppen über die Landesgrenzen hinweg gewinnt an Bedeutung. In allen gesellschaftlichen und beruflichen Bereichen sind Sprachkenntnisse gefragt wie nie zuvor.

In Kooperation mit der Stiftung WorldNeth veranstaltet das *FoKS* Sprachkurse in jeder gewünschten Sprache, die auf das jeweilige Fachgebiet bzw. die jeweilige Organisationsebene der Kursteilnehmer zugeschnitten sind. Jede Teilnehmergruppe erhält ein spezifisches Programm, bei dem jedes Anfangsniveau möglich ist. Dem Aspekt der kulturellen Unterschiede zwischen verschiedenen Sprachgruppen wird große Aufmerksamkeit gewidmet.

Die Kurse werden in der Regel in Aachen oder Maastricht durchgeführt.

Friedländer-Schule

Multinationale Sprachschule beim Jüdischen Kulturverein Berlin
Kollwitzstraße 52
D-10405 Berlin
Tel.: (0 30) 4 48 21 11
Prof. Dr. sc. Veronika Schmidt (Schulleiterin)

Die *Friedländer-Schule* (benannt nach David Friedländer, 1753-1834) beim Jüdischen Kulturverein Berlin e.V. unterrichtet seit Juli 1990 vornehmlich sowjetische Juden in der deutschen Sprache. Darüber hinaus lernen an der *Friedländer-Schule* Menschen verschiedener Nationalitäten und unterschiedlicher Herkunft. Insgesamt gibt es derzeit ca. 100 Sprachkursteilnehmer. In die Aufgaben der Schule ist auch die Förderung der wissenschaftlichen Weiterbildung von festangestellten Lehrkräften eingeschlossen.

Seit November wird ein Sprachkurs in Niederländisch angeboten. Geplant sind in nächster Zeit ebenfalls Kurse für Schwedisch, Dänisch und eventuell für weitere Sprachen. Außerdem wird in Zusammenarbeit mit einem anderen Maßnahmeträger eine Anpassungsqualifizierung für DDR-Hoch- und Fachschulabsolventen sowie gleichgestellte ausländische Qualifizierte als Führungskräfte in sprachintensiven Bereichen vorbereitet. Zur Ausbildung von seiten der *Friedländer-Schule* gehören Veranstaltungen zur Stilistik, Rhetorik, Phonetik, Sprachentwicklung, Landeskunde, zu Haltung und Verhalten u. a.

Die Schule ist ein Privatunternehmen. Die Maßnahmen werden einerseits als Ausbildung durch die Arbeitsämter bezahlt, sofern es sich bei den Teilnehmern um Kontingentflüchlinge, Asylbewerber oder Aussiedler handelt. Andererseits stehen Gelder von Stiftungen zur Verfügung. Nicht zuletzt erreichen die Schule auch hin und wieder Spenden. Die Schule arbeitet ohne Gewinn.

Friedrich-Naumann-Stiftung

Margarethenhof
Königswinterer Straße 409
D-53639 Königswinter

Tel.: (0 22 23) 7 01-0; Fax: 7 01-1 88
Telex: 8 86 99 97 fnstd

Wolfgang Mischnick (Vorsitzender des Vorstandes)
Dr. Fritz Fliszar (Geschäftsführendes Vorstandsmitglied)
Dr. Martin Bangemann (Vorsitzender des Kuratoriums)

Aufgabe der *Friedrich-Naumann-Stiftung* ist es, allen Interessierten, insbesondere der heranwachsenden Generation, Wissen im Sinne der liberalen, sozialen und nationalen Ziele Friedrich Naumanns zu vermitteln, Persönlichkeitswerte lebendig zu erhalten und moralische Grundlagen in der Politik zu festigen. Zur Erfüllung dieses Stiftungszwecks wird die Stiftung insbesondere politische Bildung vermitteln und dazu unter anderem in In- und Ausland Begegnungsstätten schaffen und begabte junge Menschen durch Vergabe von Stipendien unterstützen.

Die *Friedrich-Naumann-Stiftung* ist die Stiftung für liberale Politik in der Bundesrepublik Deutschland. Sie will das „Prinzip Freiheit" bei ihrer Arbeit im Inland wie im Ausland verwirklichen.

Ihren Beitrag zur Förderung der sprachlichen Kultur in der Bundesrepublik leistet die *Friedrich-Naumann-Stiftung* durch folgende Aktivitäten:

Alle zwei Jahre wird der Karl-Hermann-Flach-Preis in Höhe von 10.000 DM verliehen. Er ist eine „Auszeichnung von Journalisten und Publizisten, deren in Zeitungen und Zeitschriften, im Rundfunk oder Fernsehen veröffentlichte Arbeiten ein besonderes Engagement für die Fortentwicklung des politischen Liberalismus und für die Festigung der liberalen Demokratie erkennen lassen".

In den Bildungsstätten in der Bundesrepublik werden wiederholt Seminarreihen zu folgenden Themen veranstaltet:
- Rhetorik
- Pressearbeit
- „Ton ab – Kamera läuft. Multiplikatoren im Umgang mit den Medien"

Als wiederkehrende Einzelveranstaltungen sind der „Literarische Aschermittwoch" sowie der „Workshop politisches Kabarett" zu nennen. Darüber hinaus befassen sich auch gezielt Einzelveranstaltungen jährlich neu mit der sprachlichen Kultur. So wurden 1991 Seminare zu den Themen

1. Journalismus in der Schule
2. Die Sprache der Politiker, die Sprache der Bürger – Reden wir aneinander vorbei?
3. Deutsches Volkslied

durchgeführt.

Die *Friedrich-Naumann-Stiftung* ist eine Stiftung privaten Rechts. Sie finanziert sich überwiegend aus öffentlichen Mitteln.

Gemeinschaftswerk der Evangelischen Publizistik

Emil-von-Behring-Straße 3
D-60489 Frankfurt am Main

Tel.: (0 69) 58 09 80; Fax: 5 80 98-100

Landessuperintendent Dr. Ako Haarbeck (Präsident)
Hans-Wolfgang Heßler (Direktor)

Das *Gemeinschaftswerk der Evangelischen Publizistik e.V.* (*GEP*) wurde 1989 gegründet und dient nach seinem Satzungszweck der unmittelbaren Wahrnehmung und Förderung von Aufgaben der evangelischen Publizistik vor allem in der Evangelischen Kirche in Deutschland, aber auch in Zusammenarbeit mit den evangelischen Landeskirchen. Beides erfolgt kontinuierlich durch die Arbeit des Evangelischen Pressedienstes und seiner Fachredaktionen (dort besonders durch medienkritische Veröffentlichungen), durch Veranstaltungen wie die jährlich stattfindenden Tutzinger Medientage, durch die Arnoldshainer Filmgespräche, die Hörfunkgespräche, durch Jahrestagungen zu Themen im Bereich der Zeitschriften und der Öffentlichkeitsarbeit und durch eine Vielzahl von Tagesveranstaltungen, die Problemen und Fragestellungen der Publizistik und der Medienarbeit gewidmet sind. Ein besonderes Arbeitsfeld ist die Medienpädagogik, für die seit einigen Jahren ein Fachreferat existiert.

Darüber hinaus gilt die gesamte Arbeit der *Evangelischen Medienakademie/cpa* – einer Abteilung der *GEP* – mit ihren Aus- und Fortbildungsangeboten der Pflege der sprachlichen Kultur. In den Kursen und Seminaren vor allem für angehende Journalistinnen und Journalisten oder bereits in diesem Bereich Tätige sind in der Regel sowohl sprachkritische Referate als auch sprachliche Analysen der Arbeiten der Teilnehmenden üblich. Medienkritik und Medienerziehung sind Teile des Programms; Referate und Übungen zur gesprochenen und geschriebenen Sprache sind Elemente der Hörfunkkurse. Diese werden auch stets von Sprecherziehern begleitet. Zum Wissenschaftsjournalismus wird es wahrscheinlich im Jahresprogramm 1992/93 einen Kurs geben.

Schließlich wird mit dem seit rund zehn Jahren vergebenen Robert-Geisendörfer-Preis für Hörfunk- und Fernsehsendungen unter anderem der Versuch unternommen, die besondere auch kulturelle Qualität von Hörfunk- und Fernsehsendungen hervorzuheben, die nach den Statuten dieses Preises der Stärkung des sozialen Verantwortungsbewußtseins und der Vertiefung christlicher Orientierung dienen sollen.

Als eine neue Aktivität zur Förderung der sprachlichen Kultur ist die Vergabe eines Illustrationspreises für Kinder- und Jugendbücher vorgesehen, die 1992 erstmals erfolgen soll. Mit diesem Preis sollen Bücher ausgezeichnet werden, die „gestalterisch, graphisch und literarisch inhaltlich herausragende Arbeiten auf dem Gebiet der religiösen, deutschsprachigen Kinder- und Jugendliteratur" darstellen.

Das *Gemeinschaftswerk der Evangelischen Publizistik e.V.* ist ein eingetragener Verein mit Sitz in Frankfurt am Main. Die Finanzierung erfolgt überwiegend aus Zuweisungen aus dem Haushaltsplan für die Evangelische Kirche in Deutschland (EKD).

Gesellschaft für Angewandte Linguistik

Geschäftsstelle: Universität Duisburg
Postfach 10 15 03
D-47048 Duisburg
Tel.: (02 03) 3 79-20 64
Prof. Dr. Bernd Spillner (Präsident)

Die *Gesellschaft für Angewandte Linguistik* (*GAL*) besteht seit 1968 und hat das Ziel, die wissenschaftliche Entwicklung in allen Bereichen der Angewandten Linguistik zu fördern und zu koordinieren, den Austausch wissenschaftlicher Informationen zu beleben sowie die Zusammenarbeit der hieran interessierten Personen und Institutionen national und international zu intensivieren. Dazu gehört auch der Kontakt zu Wirtschaft und Industrie, Behörden, Bildungseinrichtungen und Institutionen des öffentlichen Lebens.
Angewandte Linguistik wird als diejenige zwischen Theorie und Praxis vermittelnde Disziplin verstanden, die interdisziplinär an der Lösung aller Probleme arbeitet, an denen Sprache beteiligt ist. Die *GAL* führt allein oder gemeinsam mit anderen Fachverbänden und Institutionen wissenschaftliche Tagungen und Fortbildungsveranstaltungen durch (bis 1991 22 Jahrestagungen, deren Ergebnisse in Kongreßakten dokumentiert wurden). Im Rahmen ihrer finanziellen Möglichkeiten kann die *GAL* selbst Forschungsvorhaben durchführen oder fördern.

Innerhalb der *GAL* gibt es folgende Sektionen:

1. Phonetik
2. Lexik und Grammatik
3. Textlinguistik und Stilistik
4. Rhetorische Kommunikation und Sprecherziehung
5. Medienkommunikation
6. Fachsprachliche Kommunikation (Fachtextlinguistik; Terminologie)
7. Soziolinguistik
8. Kontaktlinguistik
9. Kontrastive Linguistik und Interkulturelle Kommunikation
10. Übersetzungswissenschaft (Übersetzen und Dolmetschen in Theorie, Praxis und Unterricht)
11. Psycholinguistik (Sprachproduktion; Texterstellung; Spracherwerb; Sprachtests)
12. Klinische Linguistik (Neurolinguistik; Patholinguistik; Sprachtherapie)

13. Sprachdidaktik (Erst- und Fremd-/Zweitsprachendidaktik; Didaktik der Mehrsprachigkeit; computerunterstütztes Sprachlernen)
14. Unterrichtstechnologie
15. Computerlinguistik

Als Repräsentantin der Bundesrepublik Deutschland im Weltfachverband *Association Internationale de Linguistique Appliquée* (*AILA*) gibt die *GAL* die Buchreihe *Forum Angewandte Linguistik* (Verlag Peter Lang; bis 1989 Gunter Narr Verlag) und das *GAL-Bulletin* heraus.

Die *GAL* hat die Rechtsform eines eingetragenen Vereins und ist als gemeinnützig anerkannt; ihre Organe sind satzungsgemäß der Vorstand, der Beirat und die Mitgliederversammlung. In allen Organen geschieht die Tätigkeit ehrenamtlich. Nach außen wird die *GAL* durch den Präsidenten vertreten. Der Beirat repräsentiert die verschiedenen in der Gesellschaft vertretenen Bereiche und berät den Vorstand in allen fachlichen Fragen.

Die Gesellschaft besteht aus aktiven und fördernden Mitgliedern. Aktives Mitglied kann jede Person werden, die auf dem Gebiet der Angewandten Linguistik tätig ist. Förderndes Mitglied kann jede Person oder Institution werden, die die Ziele der Gesellschaft ideell und finanziell unterstützen will. Anträge auf Mitgliedschaft sind über die Geschäftsstelle an den Vorstand zu richten. Kostenlos erhalten *GAL*-Mitglieder alle Bände der Reihe *Forum Angewandte Linguistik*, das *GAL-Bulletin* und die *AILA-Review* (darüber hinaus Ermäßigungen bei *GAL*- und *AILA*-Kongressen sowie beim Bezug einer Reihe von Fachzeitschriften).

Gesellschaft für deutsche Sprache

Taunusstraße 11
D-65193 Wiesbaden

Tel.: (06 11) 52 00 31; Fax: 5 13 13

Prof. Dr. Günther Pflug (Vorsitzender)
Prof. Dr.-Ing. Alfred Warner, Dr. Walter Otto,
Prof. Dr. Rudolf Hoberg, Präsident a. D. Egon Hölder
(Hauptvorstand)
Dr. Hans Bickes (Geschäftsführer)

Eine Sprache ist kein statisches, unveränderliches Gebilde, sondern sie wächst und verändert sich im Lauf der Zeiten. Auch heute macht die deutsche Sprache vielfältige Wandlungen durch. Die audiovisuelle Revolution, die sich binnen weniger Jahrzehnte vollzogen hat, bewirkt erst in Ansätzen absehbare Veränderungen in der Welt des Gesprächs. Der internationale Austausch findet ebenso seinen Niederschlag in der Gegenwartssprache wie die zunehmend in die Gemeinsprache eindringenden Fachsprachen. Die Sprache der Politiker und die Behörden-, Gesetzes- und Amtssprache sind durch den beschleunigten Wandel des gesellschaftlichen Bewußtseins vor große Herausforderungen gestellt. Zunehmend wird das Individuum von der „Sprachindustrie" der Massenmedien in die Rolle des passiven Konsumenten verwiesen.

Die 1947 gegründete *Gesellschaft für deutsche Sprache* in Wiesbaden (*GfdS*) hat sich zum Ziel gesetzt, unter Berücksichtigung sprachwissenschaftlicher Einsichten die genannten Entwicklungen aufmerksam und kritisch zu beobachten und daraus Empfehlungen für den allgemeinen Sprachgebrauch abzuleiten. Vor allem ist sie darum bemüht, in der breiten Öffentlichkeit das Bewußtsein für die Bedeutung, die Leistung und die Möglichkeiten der eigenen Sprache zu wecken oder zu vertiefen. Insbesondere versucht die Gesellschaft, auf die Mediensprache und die damit verbundenen Sprachformen (z. B. Wort-Bild-Sprache des Fernsehens) einzuwirken. In Vorträgen, Podiumsdiskussionen, Autorenabenden und durch eine kritische Medienberatung setzt sie sich bundesweit dafür ein, unsere Sprache auch im technischen Zeitalter menschlich zu gestalten und lebendig zu erhalten.

Breiten Raum nimmt in der Arbeit der *GfdS* die Beratung von Privatpersonen, Behörden, öffentlichen Institutionen und Firmen ein, die mit Fragen und Bitten um Auskünfte oder Sprachgutachten an die Gesellschaft herantreten. Jeder kann Texte in sprachlicher Hinsicht von der Gesellschaft bearbeiten lassen. Im Redaktionsstab beim Deutschen Bundestag in Bonn überprüft eine lassen. Im Redaktionsstab beim Deutschen Bundestag in Bonn überprüft eine Mitarbeiterin der *GfdS* Gesetzentwürfe und Verordnungen auf Sprachangemessenheit und Verständlichkeit.

Mit der Herausgabe der Vierteljahresschrift *Muttersprache* steht die *GfdS* in einer mehr als hundertjährigen Tradition. Die *Muttersprache* hat die Aufgabe, die Ergebnisse der germanistischen Sprachforschung einer breiteren Öffentlichkeit vorzustellen. Dadurch wird ihr ein Platz zwischen Sprachwissenschaft und Öffentlichkeit zugewiesen. Die *Muttersprache* untersucht die Beziehungen zwischen der Sprachwissenschaft und anderen Disziplinen; Beiträge zu fachsprachlichen Problemen wie auch Fragen der Semantik, der Wort- und Begriffsgeschichte werden regelmäßig einbezogen.
Schwerpunkte: Sprachforschung, theoretische Grundlagen und Ergebnisse der Sprachpflege, Wortforschung, Sprachentwicklung, Fachsprachen, Deutsch im internationalen Vergleich.

Der Sprachdienst ist seit 1957 aus der Praxis der *Gesellschaft für deutsche Sprache* erwachsen; er ist zugleich ihr Mitteilungsblatt. *Der Sprachdienst* ist kein Fachorgan, sondern eine Sprachzeitschrift für alle und erörtert Ausgabe für Ausgabe vielerlei Fragen der deutschen Gegenwartssprache. *Der Sprachdienst* pflegt als wichtigste Themen: Sprachentwicklung, Sprachkritik, Grammatik, Stil, Terminologie, Wortgeschichte, Namenkunde (besonders Vor- und Familiennamen), Rechtschreibung und Zeichensetzung; ständige Rubriken: Fragen und Antworten, Buchbesprechungen, Berichte, Preisfragen u. a.; regelmäßig erscheinen Sprach-Jahresrückblicke und eine Statistik der beliebtesten Vornamen.

Alle zwei Jahre verleiht die *Gesellschaft für deutsche Sprache* den „Medienpreis für Sprachkultur“ an Medienschaffende, die sich in besonderer Weise um die Sprech- und Sprachkultur in den Medien verdient gemacht haben. Die bisherigen Preisträger sind Klaus Jürgen Haller, Dieter E. Zimmer und Hanns Joachim Friedrichs.

Die Bibliothek der Gesellschaft ist aus den Sammlungen des ehemaligen Deutschen Sprachvereins erwachsen und enthält u. a. seltene Dokumente der praktischen Sprachpflege im 19. und 20. Jahrhundert. Spezialbestände: Wörterbücher der deutschen Sprache, Mundart- und Fremdwörterbücher, Sammlung der Ausgaben des Rechtschreibdudens seit 1880. Dem Sprachberatungsdienst stehen außerdem eine ständig wachsende Belegsammlung und eine Auskunftskartei zur deutschen Gegenwartssprache zur Verfügung.

Die Mitarbeiterinnen und Mitarbeiter der Geschäftsstelle halten durch regelmäßige Vorträge und Veröffentlichungen und durch die Teilnahme an Tagungen die enge Verbindung zur germanistischen Fachdiskussion aufrecht. In 18 Städten der Bundesrepublik Deutschland wurden Zweigvereine der *GfdS* gegründet; darüber hinaus in Oslo, Thessaloniki und Wien. Sprachwissenschaftlich relevante Themen sollen so direkt einem breiten Interessentenkreis zugänglich gemacht werden. Über die Mitgliedschaft in Gremien und durch die Zusammenarbeit mit anderen Institutionen sichert sich die *GfdS* einen festen Platz im Kreise derer, die sich um eine allgemeine Belebung der sprachlichen Kultur in der Bundesrepublik bemühen; sprachpolitische und sprachkulturelle Entwicklungen, die sich durch die Schaffung eines gemeinsamen Europas ergeben, sollen dabei nicht aus dem Auge verloren werden.

Veröffentlichungen: Zeitschriften *Muttersprache* und *Der Sprachdienst; Fingerzeige für die Gesetzes- und Amtssprache* und andere Monographien.

Gesellschaft für Namenkunde

Sitz Leipzig

Augustusplatz 9
D-04109 Leipzig

Tel.: (03 41) 7 19 29 73

Prof. Dr. habil. Ernst Eichler (Vorsitzender)
Dr. Ernst-Michael Christoph (Geschäftsführer)

Die *Gesellschaft für Namenkunde e.V.* wurde im September 1990 in Leipzig gegründet. Sie ist eine gemeinnützige wissenschaftliche Gesellschaft, die Namenforscher, namenkundlich arbeitende Lehrer und interessierte Laien sowie Vertreter von Nachbardisziplinen vereint.

Ziel der Gesellschaft ist es, die allseitige Entwicklung der Namenforschung zu fördern. Sie tritt für die wissenschaftliche Meinungsfreiheit ohne jegliche Reglementierung durch politische Instanzen und für die ungehinderte Verbreitung von Ergebnissen der Forschung ein.

Die Gesellschaft sieht ihre Hauptaufgaben darin,

- vielfältige Möglichkeiten der Begegnung unter den Namenforschern zu schaffen;
- den wissenschaftlichen Meinungsstreit zu fördern;
- Kontakte zwischen der akademischen Namenforschung und den in der Praxis arbeitenden Lehrern und anderen mit Eigennamen befaßten Personen herzustellen und zu gewährleisten;
- staatliche Stellen und Einzelpersonen bei der Lösung namenkundlicher Probleme zu beraten (z. B. bei Namenänderungen, Namengebung für Institutionen, Vornamenangelegenheiten) und entsprechende Gutachten zu erstellen;
- namenkundliches Wissen in das geistig-kulturelle Leben und in öffentliche Diskussionen (z. B. Straßennamengebung) einzubringen, d. h. in den Bundesländern, in denen keine gewachsenen Vereine oder Institutionen die Namenforschung betreiben, ein entsprechendes Bewußtsein bei Wissenschaftlern, Behörden und in der Öffentlichkeit aufzubauen;
- die Belange der Namenkunde bei den zuständigen staatlichen und gesellschaftlichen Institutionen zu vertreten;
- die Zusammenarbeit mit anderen wissenschaftlichen Disziplinen zu unterstützen.

Die Gesellschaft unterstützt den nationalen und internationalen Wissenschaftsaustausch und fördert die Zusammenarbeit mit in- und ausländischen Kollegen. Sie unterhält Beziehungen zu namenkundlichen Gesellschaften im In- und Ausland.

Die Gesellschaft realisiert ihre Beziehungen zum *Internationalen Komitee für Namenforschung* (Sitz Leuven/Belgien) über die Mitglieder in diesem Komitee.

Im Rahmen gegebener Möglichkeiten fördert die *Gesellschaft für Namenkunde*

- die Veröffentlichung von Vorträgen (internationale und nationale namenkundliche Kongresse);
- die Veröffentlichung von Ergebnissen ihrer wissenschaftlichen Veranstaltungen;
- sonstige Veröffentlichungen, z. B. namenkundliche Zeitschriften, Schriftenreihen und Dissertationen.

Die Finanzen setzen sich aus den Mitgliedsbeiträgen und anderen Einnahmen zusammen. Die Gesellschaft nutzt das aus Mitteln der Staatshaushalte finanzierte Eigentum der Hochschulen und Akademien.

Gesellschaft zur Förderung der Entbürokratisierung
Welckerstraße 20
Postfach 12 02 01
D-53113 Bonn
Tel.: (02 28) 26 11 68; Fax: 21 07 09
RA Per Seeliger (Geschäftsführer)

Die *Gesellschaft zur Förderung der Entbürokratisierung* (*GFE*) veranlaßt und fördert seit 1982 Maßnahmen und wissenschaftliche Untersuchungen zur Entbürokratisierung. Die drei Arbeitskreise Rechtsprechung, Verwaltung und Gesetzgebung prüfen, inwieweit diese drei Gebiete zu einer übermäßigen Bürokratie beitragen. Dabei spielt auch die sprachliche Fassung von Gerichtsurteilen, Verwaltungsakten und Rechtsvorschriften eine erhebliche Rolle. Die *GFE* veranstaltet regelmäßig Tagungen mit Persönlichkeiten aus Wissenschaft, Wirtschaft, Verwaltung und Politik und veröffentlicht deren Ergebnisse. Daneben begleitet die *GFE* Forschungen im Hochschulbereich. Sie setzt sich für eine klarere, verständlichere und einfachere Sprache in Gerichtsurteilen, Verwaltungsentscheidungen und Rechtsvorschriften ein. Dies ist besonders bedeutsam für die Bürger in den östlichen Bundesländern, die in ein ihnen unbekanntes Rechtssystem hineinwachsen müssen. Hierfür leistet auch die von der *GFE* mitbegründete und -herausgegebene *Zeitschrift für Gesetzgebung* einen wichtigen Beitrag.

Goethe-Institut

Zentralverwaltung

Helene-Weber-Allee 1
D-80637 München

Tel.: (0 89) 15 92 10; Fax: 1 59 21-4 50; Telex: 052 29 40

Prof. Hilmar Hoffmann (Präsident)
Dr. Horst Harnischfeger (Generalsekretär)

Das *Goethe-Institut zur Pflege der deutschen Sprache im Ausland und zur Förderung der internationalen kulturellen Zusammenarbeit e.V.* wurde 1951 in München zur Förderung ausländischer Deutschlehrer gegründet und ist inzwischen mit 162 Kulturinstituten in 72 Ländern vertreten. In der Bundesrepublik existieren 16 Institute mit 3400 Mitarbeitern und Mitarbeiterinnen.

In den Auslandsinstituten bietet das *Goethe-Institut* Sprachkurse und Veranstaltungen zu allen Bereichen der deutschen Kultur an. Durch das Prinzip der partnerschaftlichen Zusammenarbeit mit anderen Ländern und Kulturen soll eine bessere Verständigung zwischen Nationen, Völkern und Personen erreicht werden. Neben Sprachkursen für *Deutsch als Fremdsprache* im In- und Ausland widmet sich das *Goethe-Institut* der Erstellung von Lehrplänen und Materialien für den DaF-Unterricht und die Lehrerausbildung bzw. -fortbildung. Neben dem Unterricht bietet das Goethe-Institut zentrale Prüfungen an, über die verschiedene anerkannte Qualifikationen nachgewiesen werden können, so das „Zertifikat Deutsch als Fremdsprache“, die „Zentrale Mittel- und Oberstufenprüfung“ (ZMP und ZOP), das „Kleine“ und das „Große Sprachdiplom“ (KDS und GDS) sowie die „Prüfung Wirtschaftsdeutsch“ (PWD).

Mit der Datenbank *Deutsch als Fremdsprache* hat das *Goethe-Institut* einen Computer-Informationsservice eingerichtet, der ständig erweitert und aktualisiert wird. Die *Datenbank DaF* will praktische Hilfestellungen oder Problemlösungen für alle diejenigen anbieten, die im Bereich *Deutsch als Fremdsprache* arbeiten und rasch Informationen oder auch Übungen, Texte, Adressen usw. benötigen. Die Benutzung der Datenbank durch Außenstehende ist per Abonnement möglich.

Das *Goethe-Institut* ist ein eingetragener Verein. Die Auslandsarbeit wird im wesentlichen vom Auswärtigen Amt finanziert. Die Inlandsarbeit trägt sich aus den Kursgebühren der Sprachschüler. Die Summe der öffentlichen Mittel betrug im Jahre 1990 ca. 290 Millionen DM.

Hans-Bredow-Institut für Rundfunk und Fernsehen Institut für Medienforschung an der Universität Hamburg

Heimhuder Straße 21
D-20148 Hamburg

Tel.: (0 40) 44 70 31; Fax: 41 78 70

Prof. Dr. Wolfgang Hoffmann-Riem (Direktor)
Dr. Uwe Hasebrink (Geschäftsführender Referent)

Das *Hans-Bredow-Institut* ist ein medienwissenschaftliches Institut mit primär sozialwissenschaftlicher Ausrichtung. Es wurde 1950 vom damaligen Nordwestdeutschen Rundfunk (NWDR) in der Absicht gegründet, die wissenschaftliche Forschung über Probleme des Rundfunks und Fernsehens zu fördern. Das Institut ist in den Bereichen Forschung und Lehre tätig, veranstaltet Symposien und Kolloquien und gibt neben der Vierteljahreszeitschrift *Rundfunk und Fernsehen* Schriftenreihen und Einzelpublikationen heraus.

Die vom Institut betriebene Forschung gliedert sich in folgende Schwerpunkte, innerhalb deren verschiedene Projekte durchgeführt werden:

- Medienrecht und Mediensystem
- Medienpolitik
- Medienwirtschaft
- Mediennutzung und Medienwirkung
- Medienproduktion (Personal und Organisation)
- Medieninhalte

Besonderen Wert legt das Institut auf den Erfahrungsaustausch zwischen Medienpraxis und Medienwissenschaft; die praxisorientierte Ausrichtung zeigt sich auch in der Interdisziplinarität des Instituts, das soziologische, rechts-, geschichts- und politikwissenschaftliche Ansätze für die Forschungsarbeit nutzt.

In den Projekten befaßt es sich häufig mit Medieninhalten und auch mit sprachlichen Aspekten. Ein Projekt über „Formen der Presseberichterstattung über private und öffentlich-rechtliche Rundfunkveranstalter" untersuchte wirtschaftliche Verflechtungen zwischen Zeitungsverlegern und privaten Rundfunkveranstaltern und eine möglicherweise daraus resultierende interessengebundene Berichterstattung.

Die Bibliothek des *Hans-Bredow-Instituts* umfaßt etwa 16.000 Bände und 140 Zeitschriften sowie ein Archiv ausgewählter Sendemanuskripte von Hör- und Fernsehspielen.

Das Institut hat die Rechtsform einer Stiftung bürgerlichen Rechts, die Finanzierung wird überwiegend über Zuwendungen der öffentlichen Rundfunkanstalten und der Freien und Hansestadt Hamburg sowie durch Auftragsprojekte bestritten.

Heinrich Böll-Haus Langenbroich

Stadt Düren

Kaiserplatz 2-4
D-52349 Düren

Tel.: (0 24 21) 1 21-22 59

Annemarie Böll, Dr. Dieter Kühn, Josef Vosen MdB (Vorstand)
Stefan Knodel, Berthold Langerbein

Haus Langenbroich (Nordeifel) wurde in den 60er Jahren von der Familie Böll erworben und bis zum Tod Heinrich Bölls vor allem in den Sommermonaten bewohnt. Seit 1989 ist der Verein *Heinrich Böll-Haus Langenbroich e.V.* Träger des Hauses. Nach umfangreichen Bauarbeiten (Architekt Vincent Böll) stehen insgesamt vier Wohnungen für Schriftstellerinnen, Schriftsteller, Künstlerinnen und Künstler zur Verfügung. Die Arbeitsstipendien sind nicht in erster Linie projektgebunden – wichtig ist, Voraussetzungen für ein gutes Arbeitsklima zu schaffen. Das soll gefördert werden durch begleitende Angebote. Der Verein wird sich um die Vermittlung von Lesungen, Diskussionsveranstaltungen, Seminaren und Ausstellungen bemühen.

Die Dauer der Stipendien beträgt 3 bis 12 Monate; die Höhe der Förderung liegt zwischen 1500,– und 2000,– DM monatlich. Die Wohnungen sind mietfrei. Die Stipendien werden durch den Verein getragen und durch Kooperation mit anderen Einrichtungen der Kulturförderung. Der Schwerpunkt bei der Auswahl unter den Bewerbungen liegt auf der kreativen Arbeit der Stipendiatinnen und Stipendiaten. Die Jury bittet darum, eine Manuskriptprobe zu schicken von maximal 20 Schreibmaschinenseiten. Am liebsten werden Übersetzungen ins Deutsche, Englische oder Französische gesehen, aber es gibt Möglichkeiten, über Universitätsinstitute auch Texte anderer Sprachen zu bewerten.

Bevorzugt werden Autorinnen und Autoren aus Ländern, in denen die Arbeitsbedingungen politisch und ökonomisch erschwert sind, in denen Publikationsmöglichkeiten behindert oder gar verhindert werden. Willkommen sind auch Malerinnen und Maler, Komponistinnen und Komponisten. Eine der vier Stipendiatenwohnungen ist ein Atelier, abgerückt vom Hauskomplex. Hier kann man sich malend, formend entfalten. Bewerber sollten Papierabzüge von Farbfotos ausgewählter Gemälde beziehungsweise Kassetten schicken. Bei solchen Bewerbungen wird die Jury durch Experten erweitert.

Heinrich-Böll-Stiftung

Unter Krahnenbäumen 9
D-50668 Köln
Tel.: (02 21) 1 60 51-0; Fax: 1 60 51-51
Berthold Langerbein (Ansprechpartner)

Die *Heinrich-Böll-Stiftung e.V.* dient der gesellschaftlichen Veränderung und der Förderung der politischen Bildung im Sinne der Ökologie, der Solidarität, der Basisdemokratie und der Gewaltfreiheit. Sie will insbesondere beitragen

- zur Schaffung von Bedingungen, die eine freie kulturelle Entfaltung des einzelnen Menschen ermöglichen;
- zur ökologischen und sozialen Umgestaltung und demokratischen Weiterentwicklung der Gesellschaft;
- zur Gleichberechtigung der Frau und zu ihrer Befreiung aus patriarchalischer Unterdrückung;
- zur Abrüstung in West und Ost, Nord und Süd, zur Entmilitarisierung der Gesellschaften und zur weltweiten Durchsetzung der Menschenrechte, die den Menschen ein Leben ohne Angst vor Hunger, Folter und militärischer Bedrohung sichern;
- zur Erforschung des Werkes von Heinrich Böll und zu Maßnahmen, die geeignet sind, sein Andenken lebendig zu erhalten.

Außerdem wird der Verein im In- und Ausland Zusammenarbeit, Initiativen und Aktionen fördern sowie Menschen durch Stipendien eine Berufsausbildung, ein Studium oder eine künstlerische Tätigkeit ermöglichen. Er wird im Inland eigene Initiativen ergreifen.

Der Satzungszweck wird insbesondere verwirklicht durch:

- Unterstützung und Vernetzung von Initiativen, Projekten und Aktionen
- politische Bildungs- und Seminararbeit
- Durchführung und Förderung von Veranstaltungen
- Durchführung und Förderung von Forschung
- Vergabe von Stipendien

Im sprachlich-literarischen Bereich ist die Heinrich-Böll-Stiftung auf den folgenden Gebieten tätig:

1. Lesungen, Vorträge und Podiumsdiskussionen mit – vor allem mittel- und osteuropäischen – Schriftstellern und Wissenschaftlern

2. Unterstützung der wissenschaftlich-germanistischen Bearbeitung des Werkes und Nachlasses von Heinrich Böll
3. Einladungen von Schriftstellern (in der Regel verbunden mit einem drei- bis sechsmonatigen Werkstipendium) vor allem aus Mittel- und Osteuropa, Afrika, Asien und Lateinamerika nach Deutschland
4. Veranstaltung von Schriftstellertreffen und -seminaren
5. Herausgabe eigener Publikationen (4 bis 6 im Jahr)

Die Mittel für die Vereinszwecke sollen durch Zuschüsse und Spenden sowie durch Beiträge der Fördermitglieder aufgebracht werden.

Henri-Nannen-Schule

Hamburger Journalistenschule
Fontenay-Allee 14
Postfach 11 00 11
D-20444 Hamburg

Tel.: (0 40) 37 03 - 23 75; Fax: 44 07 23

Wolf Schneider (Geschäftsführer)

Die *Hamburger Journalistenschule* bemüht sich, einen nachhaltigen Beitrag zur Sprachkultur zu leisten, indem sie „korrektes, klares, frisches und elegantes" Deutsch zu lehren versucht. Die Lehrgänge dauern anderthalb Jahre und beziehen sich auf die geschriebene und die gesprochene Sprache. Nachrichten, Reportagen und andere journalistische Texte werden geübt und sorgfältig korrigiert, vom korrekten Konjunktiv über die Vermeidung von Tautologien bis zum eleganten Satzbau. Im Bereich der gesprochenen Sprache werden die Schüler und Schülerinnen angehalten, sich präzise und anschaulich auszudrücken und auch hier grammatisch korrekt zu formulieren.
Daneben wird Medienkritik geübt, sowohl in bezug auf die Sprache als auch in bezug auf die Informationstechnik. Dazu ist aus der Schule auch das Buch *Unsere tägliche Desinformation* hervorgegangen.
Vom Schulleiter stammen die beiden Stilkunden *Deutsch für Profis* (Stern-Buch 1982) und *Deutsch für Kenner* (Stern-Buch 1987).

Die *Henri-Nannen-Schule* wird finanziert von Gruner + Jahr und der ZEIT.

Hochschule für Schauspielkunst „Ernst Busch“

Schnellerstraße 104
D-12439 Berlin

Tel.: (030) 6 35 22 61

Prof. Kurt Veth (Direktor)
Klaus Klawitter (Fachgruppenleiter für Sprecherziehung)

Die Geschichte der Hochschule reicht zurück auf Max Reinhardt, der 1905 als neuer Hausherr des Deutschen Theaters die erste deutsche Schauspielschule als Ausbildungsstätte eröffnete. Nach der grundsätzlichen Trennung der Schauspielschule vom Deutschen Theater entstand 1951 die Staatliche Schauspielschule in Berlin-Niederschöneweide, die 1981 den Status einer Hochschule erhielt und nach dem Schauspieler und Sänger Ernst Busch benannt wurde. Sie ist die einzige Hochschule in Deutschland, in der ausschließlich Schauspiel unterrichtet wird.

In der *Hochschule für Schauspielkunst „Ernst Busch“* werden Schauspieler und Schauspielerinnen ausgebildet, und es wird Unterricht im Fach Sprecherziehung erteilt. Die Fachgruppe Sprecherziehung hat zehn Mitarbeiter im Schauspiel und drei Mitarbeiter im Puppenspiel. Es wird vorwiegend Einzelunterricht angeboten; zusätzlich findet eine Lehrveranstaltung „Körperstimmtraining“ statt.

Das Sprechen ist Träger von Handlungen. Der Sprechausdruck wird über den Körperausdruck entwickelt und somit das gesprochene Wort zur Gestalt des Gedachten. Über die Arbeit mit literarischen Texten und deren gezielte Auswahl wird das Gefühl für die Sprache verbessert. Es geht dabei um verschiedene Sprachen verschiedener Dichter. Der gegenwärtigen Tendenz zur Dominanz des Semantischen in der gesprochenen Sprache wird durch das Kennenlernen ektosemantischer Informationsmöglichkeiten und das Üben ihres Gebrauchs entgegengearbeitet.

Die *Hochschule für Schauspielkunst* bewahrt die große Tradition der deutschen Verssprache und versucht, die Sprachkultur auf den deutschen Bühnen zu heben. Dies geschieht in Lehrveranstaltungen in Zusammenarbeit mit Theatern (Beratung bei Inszenierungen, Intensivkurse für Verssprache etc.) und durch eigene Dichtung.

Mittelfristig sind Weiterbildungsveranstaltungen innerhalb von Berufsvereinigungen (Theorie und Praxis) geplant. Diese Veranstaltungen sollen den Angehörigen artverwandter Berufe (Lehrer, Ärzte, Logopäden, klinische Sprechwissenschaftler) offen sein.

Nach Auffassung des Fachgruppenleiters für Sprecherziehung sollten in den neuen Bundesländern generell folgende sprachkulturelle Themen aufgegriffen werden:

- Zweisprachigkeit in der ehemaligen DDR (Sprache der Medien und der Funktionäre – privat benutzte Sprache)
- Problem des Lügens (z. B. aus Karrieregründen) und damit überstarke Kontrolle der Äußerung
- Monologisches Sprechen und Scheindiskussion; damit zusammenhängend: Kreativität und Motivierung über echten Dialog
- Sprachpflege in den Schulen; Entwickeln des sprachlichen Ausdrucksvermögens der Kinder und der Lust am Sprechen; gezielte Weiterbildung der Pädagogen auf diesem Gebiet.

Die *Hochschule für Schauspielkunst* ist Mitglied im Vorstand der *Ständigen Kommission für Schauspielausbildungen* (*SKS*) und hat 1990 und 1991 beim Bundeswettbewerb der deutschsprachigen Schauspielschulen Hauptpreise gewonnen.

Hochschulen

Im Vorwort wurde bereits darauf aufmerksam gemacht, daß auf den wichtigen Beitrag der mit Sprache befaßten Abteilungen an Hochschulen und Pädagogischen Hochschulen im vorliegenden Nachschlagewerk nur auswahlweise eingegangen werden kann.
Es sei jedoch auf die folgenden Einträge hingewiesen, in denen auf Hochschulen Bezug genommen wird:

Deutsche Forschungsgemeinschaft (→ siehe S. 182)

Dialektforschende Einrichtungen (→ siehe S. 218)

Eigenständige Einrichtungen an Hochschulen:

Arbeitsbereich Unternehmenskommunikation (→ siehe S. 150)

Deutsche Gesellschaft für Sprechwissenschaft und Sprecherziehung (→ siehe S. 190)

Forschungszentrum für Kommunikation und Schriftkultur (→ siehe S. 231)

Hans-Bredow-Institut für Rundfunk und Fernsehen (→ siehe S. 248)

Institut für Internationale Kommunikation (→ siehe S. 260)

Interdisziplinärer Arbeitskreis Sprache und Sprachstörungen (→ siehe S. 269)

Interkulturelle Fachkommunikation (→ siehe S. 271)

Kommunikationsberatung Deutsch (→ siehe S. 289)

Legasthenie-Beratungsstelle (→ siehe S. 292)

Siegener Institut für Sprachen im Beruf (→ siehe S. 300)

Studentische Tagung Sprachwissenschaft (→ siehe S. 309)

Technische Universität Dresden, Sprachservice-Telefon (→ siehe S. 311)

Außerdem sei nochmals auf die folgenden Publikationen verwiesen:

DAAD (Hrsg.): Germanistik an deutschen Hochschulen.
Verzeichnis der Hochschullehrerinnen und Hochschullehrer in der Bundesrepublik Deutschland. Bonn 1987. Eine Neuauflage ist für das Jahr 1993 vorgesehen.

IdS (Hrsg.): Dokumentation zur Germanistischen Sprachwissenschaft. Sprachwissenschaftliche Forschungsvorhaben 1987/1988. Mannheim 1989. Eine Neuauflage ist in Vorbereitung.

Institut für deutsche Sprache

R 5, 6-13
Postfach 10 16 21
D-68161 Mannheim

Tel.: (06 21) 15 81-0; Fax: 15 81-200

Prof. Dr. Siegfried Grosse (Präsident)
Prof. Dr. Gerhard Stickel, Prof. Dr. Rainer Wimmer (Vorstand)
PD Dr. Bernd Ulrich Biere (Referent für Öffentlichkeitsarbeit)

Das *Institut für deutsche Sprache* (*IDS*) ist ein zentrales sprachwissenschaftliches Forschungsinstitut, das 1964 als eine Stiftung des bürgerlichen Rechts mit Sitz in Mannheim gegründet wurde. Das *IDS* hat die Aufgabe, die deutsche Gegenwartssprache und ihre neuere Geschichte wissenschaftlich zu erforschen und zu dokumentieren. Dabei verfolgt das *IDS* insbesondere längerfristige Vorhaben, die umfangreiche Datensammlungen, eine größere apparative Ausstattung und eine Arbeit in Forschergruppen erforderlich machen.

Neben der Arbeit in Bereichen wie Grammatik, Wortschatzforschung (historisch und systematisch), gesprochene Sprache, Sprache in sozialer Interaktion, Text- und Diskursgeschichte und Wortschatzveränderung in der Gegenwart erbringt das *IDS* auch verschiedene Serviceleistungen.

So können die gut ausgestattete Bibliothek (über 50.000 Bände, 270 laufende Zeitschriften), das Deutsche Spracharchiv (10.000 Tonaufnahmen deutscher Dialekte) und die Linguistische Datenverarbeitung (maschinenlesbare Textsammlung mit 30 Millionen Wortformen) auch von externen Wissenschaftlern und anderen Interessierten genutzt werden.

Einschlägig ausgewiesene Germanisten und andere Experten arbeiten in zwei Kommissionen des *IDS* mit dem Institut zusammen:

- Kommission für Rechtschreibfragen
  (Vorsitzender: Prof. Dr. Hans Glinz)
- Kommission für Fragen der Sprachentwicklung
  (Vorsitzender: Prof. Dr. Rudolf Hoberg)

Die Arbeitsergebnisse des *IDS* werden grundsätzlich veröffentlicht bzw. für den ständigen Zugriff in Datenbanken gespeichert. Neben zahlreichen Aufsätzen in Fachzeitschriften sind in den Publikationsreihen des Instituts bisher über 200 Monographien und Sammelbände erschienen. Darüber hinaus gibt das *IDS* eine wissenschaftliche Zeitschrift (*Deutsche Sprache*) heraus, die vierteljährlich erscheint. Ebenfalls vierteljährlich erscheint die Zeitschrift *Sprachreport*,

die sich an eine breitere sprachinteressierte Öffentlichkeit wendet. Sie kann direkt vom Institut bezogen werden.
Durch seine Forschungsarbeit auf dem Gebiet der deutschen Gegenwartssprache, durch seine Publikationen und öffentlichen Veranstaltungen (Jahrestagungen, Kolloquien) sowie durch seine seit 1987 systematisch betriebene Öffentlichkeitsarbeit leistet das *IDS* einen wichtigen Beitrag zur Förderung der sprachlichen Kultur in der Bundesrepublik Deutschland und durch seine Mittelpunktfunktion insbesondere für die Auslandsgermanistik auch zur Förderung des Deutschen als Fremdsprache.

Es ist nicht zuletzt ein Indikator für die Qualität der sprachlichen Kultur in einem Land, wieweit die wissenschaftliche Erforschung der jeweiligen Nationalsprache gefördert wird. Jede Kulturnation muß sich mit dem ausgezeichneten Medium der Traditionsvermittlung, mit der Sprache, beschäftigen. Dies geschieht zum einen unter historischen, zum anderen unter systematischen, gegenwartsbezogenen Aspekten. Der Stand der wissenschaftlichen Erforschung der deutschen Sprache wirkt wiederum in die Öffentlichkeit hinein und trägt mit dazu bei, daß die Sprache in angemessener Weise auch zum Gegenstand allgemeiner Reflexion in der Sprachgemeinschaft wird. Hierzu bedarf es, wenn diese Wirkungen über die Fachöffentlichkeit hinausgehen sollen, geeigneter Wege der Vermittlung von Forschungsergebnissen an die Gesamtheit der Sprachgemeinschaft und an diejenigen, die in besonderer Weise Träger und Förderer der sprachlichen Kultur sein können (z. B. Journalisten, Medien, Politiker, Lehrer, Literaten) und auch im öffentlichen Bewußtsein als solche wahrgenommen werden. Nicht von ungefähr richtet sich daher z. B. Sprachkritik in erster Linie auf den öffentlichen Sprachgebrauch, den der Medien und den der Politiker, mit dem Ziel, die Ergebnisse der Sprachforschung an eine breitere Öffentlichkeit zu vermitteln, die Sprachgemeinschaft weiter für Fragen der sprachlichen Kultur, für sprachliche und kommunikative Probleme zu sensibilisieren. Daß eine gute Basis für eine solche Sensibilisierung durchaus vorhanden ist, zeigt etwa das breite öffentliche Interesse an Fragen der Rechtschreibung und des Fremdwortgebrauchs (Anglizismen) sowie am Sprachgebrauch der Politiker und der Medien. Aus sprachwissenschaftlicher Sicht sind allerdings oft Korrekturen an dieser im allgemeinen laienhaften Sprachkritik angebracht. Um so notwendiger ist es, daß auch die Möglichkeiten einer linguistisch begründeten Sprachkritik publik gemacht werden. In der linguistischen Forschung ist seit einigen Jahren ein verstärktes Bemühen um eine solche linguistische Fundierung der Sprachkritik festzustellen. Solche Ansätze in der Forschung zu fördern wäre ein wichtiger Beitrag auch zur Förderung der sprachlichen Kultur in der Bundesrepublik. Denn es ist zwar einerseits wichtig, daß die Öffentlichkeit sich grundsätzlich für Fragen der Sprachkultur zu interessieren beginnt, es kommt aber andererseits auch darauf an, daß die Sprachkritik (wissenschaftlich) begründet ist und nicht Gemeinplätze reproduziert, die hinter dem Stand der fachwissenschaftlichen Diskussion weit zurückbleiben.

In diesem Sinn leistet am *IDS* insbesondere die Kommission für Fragen der Sprachentwicklung einen Beitrag zur Förderung der sprachlichen Kultur. Die Kommission hat sich in den letzten Jahren mit Fragen der Sprachentwicklung nach 1945 beschäftigt. Zu diesem Thema veranstaltete sie 1989, 1990 und 1991 Kolloquien am *IDS*. Das Kolloquium 1988 beschäftigte sich mit Fragen der sprachlichen Gleichbehandlung von Männern und Frauen in der Gesetzes- und Verwaltungssprache, 1992 werden Bewertungskriterien für die Sprachberatung erörtert.

Darüber hinaus hat besonders die seit 1986 erscheinende Zeitschrift *Sprachreport* in den vergangenen Jahren in einer für eine breite sprachinteressierte Öffentlichkeit gedachten (sprachlichen) Form deutlich zu machen versucht, wie sehr wir in unserem alltäglichen Leben, im öffentlichen Leben, in Institutionen und in Bereichen der Fachkommunikation (und ihrer Vermittlung) auf die Sprache als ein ausgezeichnetes Medium angewiesen sind. Auch heute wird immer noch unterschätzt, welche Bedeutung der kritischen Beobachtung und Förderung der sprachlichen Kultur, d. h. der Lese-, Schreib- und Redefähigkeit in einer kommunikativ stark differenzierten und arbeitsteiligen Gesellschaft zukommt. Hier stehen Probleme der Verständlichkeit von Texten und der fachexternen Verständigung im Vordergrund.

Das *Institut für deutsche Sprache* hat seit Januar 1992 (nach der Übernahme von 22 Wissenschaftlern aus dem „abgewickelten" *Zentralinstitut für Sprachwissenschaft in Berlin/Ost*) 64 festangestellte wissenschaftliche Mitarbeiter und 32 technische Angestellte sowie z. Zt. sechs drittmittelfinanzierte Projektmitarbeiter. Es wird heute im Rahmen der Gemeinsamen Forschungsförderung als ein Institut der sogenannten Blauen Liste jeweils zur Hälfte vom BMFT und vom Land Baden-Württemberg finanziert. Der Gesamthaushalt 1992 beläuft sich auf rund 12,6 Mill. DM.

Institut für Internationale Kommunikation
In Zusammenarbeit mit der Heinrich-Heine-Universität Düsseldorf
Hildebrandstraße 4
D-40215 Düsseldorf
Tel.: (02 11) 34 00 61; Fax: 34 00 64
Das Sprachservice-Telefon: (02 11) 34 00 63, Montag bis Freitag 9 bis 12 Uhr
Prof. Dr. Georg Stötzel, Prof. Dr. Hans Süssmuth, Prof. Dr. Peter Wunderli, Prof. Dr. Heinrich P. Kelz (Vorstand)
Priv.-Doz. Dr. Jürgen Bolten (Geschäftsführer)

Den Kommunikationsfluß in Begegnungen des internationalen Wirtschaftsalltags zu fördern und die Kommunikation zwischen den Kulturen zu erleichtern: diesem Ziel ist die Arbeit des *Instituts für Internationale Kommunikation* (*IIK*) gewidmet.

Das Düsseldorfer *IIK* ist 1989 gegründet worden. Es arbeitet in Personalunion mit dem Lehr- und Forschungsgebiet *Deutsch als Fremdsprache* der Heinrich-Heine-Universität Düsseldorf zusammen. Alle Dozenten des *IIK* sind zugleich wissenschaftliche Mitarbeiter der Universität. Als Schwesterinstitut des Düsseldorfer *IIK* wurde 1991 das *IIK* Bayreuth gegründet. Die Aufgaben bestehen primär in der Dozentenfortbildung sowie in der Erforschung und Vermittlung der Wirtschaftsfremdsprachen Deutsch, Englisch, Französisch, Spanisch und Russisch. Hinzu kommen Consultingtätigkeiten bei dem Aufbau von universitären und außeruniversitären Sprachlernzentren sowie Dienstleistungen im Bereich der Sprachberatung. Das *IIK* ist außerdem Testzentrum u. a. für die Düsseldorfer Zertifikatsprüfungen Wirtschaftsdeutsch, den Toefl-Test und das Oxford International Business English Certificate (OIBEC).

Zahlreiche Publikationen, darunter die *Düsseldorfer Schriftenreihe Deutsch als Fremdsprache* sowie mehrere Magisterarbeiten und Dissertationen, haben den Namen des *IIK* in der wissenschaftlichen Welt gefestigt. Über den Bereich der Wirtschaftslinguistik hinaus gilt dies ebenso in bezug auf die Erforschung weiterer Fach- und Berufssprachen wie etwa denen der Medizin, der Rechtswissenschaft und des Tourismus. Geleitet wird die Arbeit des *IIK* von einem Team junger Wissenschaftler und Dozenten, zu dessen Hauptaufgaben die Betreuung der zahlreichen ausländischen Gäste zählt.

Forschung:
Den Mittelpunkt der wissenschaftlichen Arbeit des *IIK* bildet das Düsseldorfer Zentrum zur Erforschung von Fach- und Berufssprachen. In Zusammenarbeit mit Hochschulinstituten West- und Osteuropas werden Projekte durchgeführt, die sich unter linguistischen und kulturwissenschaftlichen Aspekten mit der Beschreibung und Analyse des Kommunikationsfeldes Wirtschaft auseinandersetzen.

Workshops in Zusammenarbeit mit Universität und Wirtschaft, Veranstaltungen zur Lehrerfortbildung sowie die Erstellung von Lehrwerken, Tests und Curricula bilden die Arbeitsgrundlage des *IIK*: das Zusammenwirken von praxisbezogener Forschung und forschungsbezogener Praxis.

Beratung:
Internationales Ansehen genießt das **Sprachservice-Telefon** des *IIK*. Unter der Rufnummer (02 11) 34 00 63 erteilen Sprachwissenschaftler kostenlos Auskünfte zu sprachlichen Zweifelsfällen des Deutschen. Seit 1987 werden jährlich über 6000 Anfragen bearbeitet. Auf diese Weise ist eine der umfangreichsten Datensammlungen zu Problemen des Sprachgebrauchs in der Wirtschaftskommunikation entstanden. Die Datenauswertung bildet eine wichtige Grundlage für die Konzeption von Sprachkursen, Lehrwerken und Lexika.

Umfangreichere Aufgaben wie Sprachberatungen bei Messe- und Werbegestaltungen, Textüberarbeitungen und -korrekturen werden – in mehreren europäischen Sprachen – im Rahmen der Kommunikationsberatung des *IIK* übernommen.

Training:
Die Vermittlung west- und osteuropäischer Wirtschaftsfremdsprachen bildet den Kern der Lehraufgaben des *IIK*. Die Kursteilnehmer werden gezielt auf die Erfordernisse der mündlichen und der schriftlichen Wirtschaftskommunikation im Zielsprachenland oder in multilingualen Verhandlungssituationen vorbereitet. Kommunikation ist mehr als Sprache: Fremdsprachenlernen im *IIK* schließt daher die Simulation realer Kommunikationsprozesse in der Wirtschaft ebenso ein wie das Kennenlernen kulturspezifischer Besonderheiten fremdsprachiger Kommunikation. Angeboten wird Individual- und Kleingruppenunterricht auf allen Sprachniveaustufen.

Einen Schwerpunkt des *IIK* bildet die Lehrer- und Dozentenfortbildung im Bereich *Deutsch als Fremdsprache*. 1991 haben über 200 DaF-Dozenten und Lektoren an Fortbildungsveranstaltungen teilgenommen.

Projekte 91/92 im Bereich *Deutsch als Fremdsprache* sind u. a.:
Erstellung von insgesamt 11 Lehrwerken für *Deutsch als Fremdsprache* mit den Schwerpunkten Wirtschaftsdeutsch, Berufssprache Medizin und Zweifelsfälle der deutschen Sprache; Bedarfsanalyse für Wirtschaftsdeutsch in Südnorwegen; Mitaufbau eines Sprachenzentrums an der Wirtschaftsuniversität Budapest; Erstellung einer lexikalischen Frequenzliste des Wirtschaftsdeutschen; Erarbeitung einer Grammatik des Wirtschaftsdeutschen; Aufzeichnung und Auswertung mündlicher Kommunikation im Wirtschaftsbereich; Herstellung authentischer Videos aus dem Wirtschaftsalltag.

Das *IIK* ist nach der Rechtsform ein eingetragener Verein in Zusammenarbeit mit der Heinrich-Heine-Universität Düsseldorf.

Auftraggeber für das *IIK* sind: Bundesministerium für Bildung und Wissenschaft (BMBW), Deutscher Akademischer Austauschdienst (DAAD), Gesellschaft zur Förderung berufsspezifischer Ausbildung (GFBA), Goethe-Institut, Internationaler Bund für Sozialarbeit (IB), Kommission der Europäischen Gemeinschaften, Landesregierung Rogaland (Norwegen), Ministerium für Wissenschaft und Forschung NRW, Otto-Benecke-Stiftung (OBS).

Institut für Medienentwicklung und Kommunikation

Mainzer Landstraße 195
D-60326 Frankfurt am Main

Tel.: (0 69) 75 91 18 88; Fax: 75 91 18 43

Dietrich Ratzke (Geschäftsführer)

Das *F.A.Z.-Institut für Medienentwicklung und Kommunikation (IMK)* hilft mit Rat und Tat in allen Fällen, in denen publizistische und zugleich unternehmerische Kompetenz gefragt ist. Es analysiert die Situation des Unternehmens oder des Verbandes, erarbeitet und empfiehlt eine Kommunikationsstrategie und setzt sie auf Wunsch in die Praxis um.

Das *IMK* berät Wissenschaft und Praxis über neue Medien und neue Kommunikationsformen und deren sinnvollen Einsatz in Unternehmen, Verbänden und Institutionen, veranstaltet Schulungen, Seminare, Symposien, Kongresse sowie Lehr-, Ausbildungs- und sonstige Veranstaltungen für Unternehmen, Verbände und Institutionen. Darüber hinaus beobachtet und analysiert das *IMK* Medien und recherchiert Fakten zu beliebigen Themen und Sachgebieten auch in elektronischen Datenbanken.

Das *F.A.Z.-Institut* hat viele Berührungspunkte mit der sprachlichen Kultur. Da sich die Seminare und die anderen Veranstaltungen des Instituts fast ausschließlich mit Themen der Kommunikation und der Medien befassen, ist die Sprache zwangsläufig ein zentrales Thema. Das betrifft vor allem Seminare wie „Die Mitarbeiterzeitung“ und „Rhetorik als mediale Ausdrucksform“.

Das Institut gibt den Informationsdienst *Medien-Kritik* heraus. Hier findet sich auch die allwöchentlich erscheinende Sprachkritik in Form einer Glosse. Diese Sprachglosse greift Begriffe auf, die in den Medien „Karriere“ machen, stellt sie in Frage und zur Diskussion. Neben der Kritik an öffentlich-rechtlichen und privaten Fernseh- und Hörfunksendungen und ihren Verantwortlichen bewertet *Medien-Kritik* die gedruckte Presse und die neuen Medien formal und inhaltlich.

Zwei Buchreihen des *F.A.Z.-Instituts* befassen sich mit Medien- und Kommunikationsthemen: die *Medienkritische Reihe* und die Reihe *Kommunikation heute und morgen.*

Das *Institut für Medienentwicklung und Kommunikation GmbH* wurde am 10. September 1987 in Frankfurt am Main gegründet. Alleinige Gründungsgesellschafterin ist die Frankfurter Allgemeine Zeitung GmbH.

Als Tochtergesellschaft der Frankfurter Allgemeinen Zeitung GmbH arbeitet das *IMK* auf kommerzieller Basis, erhält also keinerlei Zuwendungen aus anderen Quellen.

Institut für niederdeutsche Sprache

Schnoor 41
D-28195 Bremen

Tel.: (04 21) 32 45 35

Prof. Dr. Hermann Niebaum (Vorsitzender)
Dr. Wolfgang Lindow, Dr. Claus Schuppenhauer (Geschäftsführer)

Das *Institut für niederdeutsche Sprache (INS)* hat die Aufgabe, alle Belange niederdeutscher Sprache und Literatur in Dokumentation Analyse, Information, Dienstleistung, Kooperation etc. wahrzunehmen. Es ist also eine überregionale Kulturpflegeeinrichtung.

Das *INS* ist eine auf wissenschaftlicher Grundlage arbeitende, aber speziell der Gegenwartspraxis verpflichtete Zentralstelle zur Förderung niederdeutscher Sprache, Literatur und Kultur. Seine Tätigkeit erstreckt sich auf den gesamten niederdeutschen Raum in der Bundesrepublik Deutschland, reicht aber im Wege von Informations- und Erfahrungsaustausch, Kontakt und Kooperation weit über dessen Grenzen hinaus. Insoweit dient das *INS* auch der nationalen und internationalen Verständigung.

Im einzelnen hat das *INS* folgende Aufgaben:

- Sammlung, Ordnung und wissenschaftliche Analyse von niederdeutschen Sprachzeugnissen mit besonderer Berücksichtigung der Gegenwart;
- Aufbereitung der Arbeitsergebnisse für die Öffentlichkeit;
- Kooperation und Unterstützung aller Bemühungen um die niederdeutsche Sprache;
- Kontaktpflege mit ähnlichen Institutionen, auch außerhalb der Sprachgrenzen.

Dies Konzept einer überregionalen Kulturpflege- und Volksbildungseinrichtung auf niederdeutschem Gebiet hat sich längst als ausgesprochen sach- und bedarfsgerecht erwiesen. Das gilt hinsichtlich der Vergangenheit, weil das Bemühen um niederdeutsche Regionalsprache und -kultur seit mindestens 200 Jahren die Geschichte Norddeutschlands mitgeprägt hat, und erst recht hinsichtlich der Gegenwart: Einerseits zeigen die aus Norddeutschland, und zwar aus der regionalsprachlich orientierten Szene wie aus der breiteren Öffentlichkeit, eingehenden Fragen, Anregungen und Wünsche täglich aufs neue, wie gering das Wissen von der ureigenen Sprache, Literatur und Kultur Norddeutschlands ist, wie wenig ausgebildet deshalb die Fähigkeit, angemessen mit ihnen umzugehen – und wie stark dies als ein Mangel an heimatlicher Identität empfunden wird. Andererseits lehrt jeder Blick über Sprach- und Staatsgrenzen, daß die Pflege landschaftsgebundener Sprache und Kultur heute allenthalben immer wichtiger genommen und als ein Wert an sich verstanden wird. Offenbar handelt es sich bei diesem Interessen- und Wertewandel zugunsten alles Regionalen um eine Entwicklung, die mit der wachsenden Mobilität, Uniformität etc. der modernen Gesellschaft sowie mit der Bildung übernationaler Einheiten einhergeht.

Das *INS* gibt drei Periodika heraus: die *INS-Presse* (monatlicher kostenloser Pressedienst mit Artikeln zum Niederdeutschen), den *Veranstaltungskalender* (vierteljährliche chronologische Vorschau auf plattdeutsche Funk- und Fernsehsendungen, Theateraufführungen, Vereinsveranstaltungen, Volkshochschulkurse etc. im gesamten Sprachraum) und die *Plattdeutsche Bibliographie* (laufendes Verzeichnis der Neuerscheinungen und Neuauflagen auf dem Gebiet der deutschen Sprache und Literatur).

Das *Institut für niederdeutsche Sprache* ist eine Gründung und Einrichtung des eingetragenen Vereins gleichen Namens. Dieser hatte am 31.12.1990 98 korporative und 178 persönliche Mitglieder. Die weit überwiegende Mehrheit von ihnen ist im niederdeutschen Raum ansässig, eine Minderheit im benachbarten In- und Ausland, einige wenige sogar in Übersee.

Der überregionalen Aufgabe und ihrer kulturpflegerischen Bedeutung entspricht die Mischfinanzierung durch

a) Zuschüsse der Bundesländer Schleswig-Holstein, Hamburg, Niedersachsen und Bremen (Anteile gemäß Verwaltungsvereinbarung von 1979);
b) einen Zuschuß des Landschaftsverbandes Westfalen-Lippe (Festbetrag);
c) Eigenmittel (Mitgliedsbeiträge, Verkaufserlöse);
d) Spenden/Sondermittel (Wolfgang-Ritter-Stiftung u. a.).

Interdisziplinäre Vereinigung für Stottertherapie

Universitätsstraße 43
D-50676 Köln
Tel.: (02 21) 5 79 97 57
Ursula de Vries (Vorsitzende)
Stefan Siewing (Leiter der Geschäftsstelle)

Die *Interdisziplinäre Vereinigung für Stottertherapie e.V.* (*ivs*) ist eine Vereinigung von Stottertherapeut(inn)en, die unterschiedlichen Berufsgruppen angehören – Logopäd(inn)en, Psycholog(inn)en, Sprachtherapeut(inn)en, Sprachheilpädagog(inn)en etc. – und unterschiedliche Therapien für Kinder, Jugendliche und Erwachsene anbieten.

Die *Interdisziplinäre Vereinigung für Stottertherapie* wurde am 20.11.1989 gegründet. Sie ist aus dem *Arbeitskreis der Therapeuten Stotternder* hervorgegangen. Dieser Arbeitskreis führte seit 1979 insgesamt 12 Arbeitstreffen für Praktiker durch. Von Anfang an war es ein wichtiges Bestreben, die Abgrenzung der einzelnen Berufsgruppen aufzulösen und die Fähigkeiten und Kenntnisse aus den einzelnen Fachrichtungen für alle nutzbar zu machen.
Das Grundanliegen der *ivs* ist in der Satzung folgendermaßen formuliert: „Zweck des Vereins ist es, die therapeutische Versorgung Stotternder zu verbessern." Dieses Ziel soll unter anderem durch folgende Aufgaben erreicht werden:

- Organisation und Durchführung von Arbeitstreffen, zudem von Kursen, Seminaren usw.
- Interdisziplinärer Austausch, zum Beispiel durch enge Zusammenarbeit mit den betroffenen Berufsgruppen oder gegenseitigen Austausch des spezifischen Fachwissens (Vorträge, Kurse etc.).
- Zusammenarbeit zum Beispiel mit Verbänden, Vereinen, Ausbildungseinrichtungen.
- Öffentlichkeitsarbeit, zum Beispiel durch die Herausgabe von Informationsmaterial.
- Internationale Zusammenarbeit, zum Beispiel mit der *Niederländischen Vereinigung für Stottertherapie* und der *IFA* (*International Fluency Association*).

Die *ivs*-Geschäftsstelle ist primär eine „Informationsbörse“ über Stottern für Mitglieder, Nichtmitglieder, Betroffene und sonstige Interessierte. Zum Service gehören Informationen über aktuelle Seminare und Veranstaltungen, Verzeichnisse von Stottertherapeut(inn)en, Informationen über Literatur, Artikel und Filme, Stellungnahmen zu Therapien, Beantwortung von speziellen Anfragen, Stellungnahmen zu Zeitungsartikeln, die Herausgabe einer Pressemappe und der Verleih von Videofilmen.

Jährlich führt die *ivs Werkstattgespräche* durch, an denen seit 1992 nur noch *ivs*-Mitglieder teilnehmen können. Alle zwei Jahre gibt es die *Stotterkonferenz*, an der alle Interessierten teilnehmen können.

Die *ivs* ist ein eingetragener Verein und gemeinnützig. Die Finanzierung erfolgt durch Mitgliedsbeiträge, Seminargebühren und Spenden. Mitglieder können Logopäd(inn)en, Sprachtherapeut(inn)en, Sprachbehindertenpädagog(inn)en, Psycholog(inn)en mit klinisch-therapeutischer Ausrichtung, Ärzte und Ärztinnen u. a. werden.

Interdisziplinärer Arbeitskreis Sprache und Sprachstörungen

**Johann-Wolfgang-Goethe-Universität
Institut für Sonder- und Heilpädagogik (FB 04)**

**Senckenberganlage 15-17
D-60325 Frankfurt am Main**

Tel.: (0 69) 7 98 - 36 53 oder -21 17

Dipl.-Päd. Joachim A. Renner (Koordination)

Der im Jahr 1986 von Prof. Dr. Werner Radigk gegründete *Interdisziplinäre Arbeitskreis Sprache und Sprachstörungen (IAS)* bemüht sich um eine Förderung von Forschung und Lehre auf den Gebieten Sprachentwicklung, Sprachstörung und Sprachtherapie.

Dieser neue Ansatz zielt auf eine Zusammenarbeit naturwissenschaftlicher und geisteswissenschaftlicher Disziplinen auf den genannten Gebieten. Die Erfahrung der vergangenen Jahre hat gezeigt, daß der komplexe Zusammenhang von gestörtem und nichtgestörtem Erwerb und/oder Gebrauch sprachlicher Wissenssysteme einer interdisziplinären Grundlage für Theorie und Praxis bedarf.

Dabei geht es dem *IAS* um folgende Forschungsschwerpunkte:

a) Grundlagen
Neuere Entwicklungen in der kognitiven Wissenschaft erfordern eine Umorientierung der Grundlagenforschung in bezug auf den oben apostrophierten Zusammenhang. Neurobiologische (physiologische) und linguistische Theorien über Basis und Struktur von sprachlichen Wissenssystemen sind dabei unerläßlich für Begründungen und Präzisierungen sprachheilpädagogischer Fragen unter den beiden folgenden Aspekten.

b) Diagnostik
Im Zusammenspiel der genannten Wissenschaften können sich genauere diagnostische Verfahren entwickeln, so wie z. B. die Zusammenarbeit von Neurophysiologen, Psychologen und Linguisten zu einer äußerst präzisen und meßgenauen Testbatterie zur Ermittlung erworbener Sprachstörungen im Erwachsenenalter geführt hat. Die Verwendung bildgebender Verfahren (Kernspintomographie, Spektroskopie) zur Sichtbarmachung von Durchblutungs- und Stoffwechselveränderungen im menschlichen Gehirn in vivo wird in Frankfurt

einen Forschungsschwerpunkt bilden. So ist die Einrichtung einer Professur für medizinische Physik am Fachbereich Humanmedizin bereits beschlossen. Damit eröffnen sich neue Aspekte zur Erforschung der biologischen Grundlagen von Sprachentwicklungsstörungen und Sprachstörungen.

c) Therapie

Kenntnisse über Therapieverfahren und Rückbildungsmuster aus dem Bereich von Entwicklungsstörungen sind für Neurophysiologie und Linguistik ein wesentlicher Bestandteil der empirischen Evidenz. Umgekehrt geben Neurophysiologie und Linguistik für die Sprachheilpädagogik wichtige Informationen über die physischen Möglichkeiten und die Feindifferenzierung z. B. sprachlicher Störungen.

Es handelt sich also um Gegenstandsbereiche, bei deren Erforschung eine interdisziplinäre Zusammenarbeit von Sprachheilpädagogik, Linguistik und Neurophysiologie unabdingbar ist.
Die Ausrichtung eines solchen *Interdisziplinären Arbeitskreises Sprache und Sprachstörungen* stellt eine Neuentwicklung dar, die bisher keine vergleichbare Entwicklung an anderen deutschen Universitäten kennt, wo der Bereich „Sprachheilpädagogik" nur im Rahmen der sonderpädagogischen Ausbildung verankert ist.

Interkulturelle Fachkommunikation

Universität – GH Duisburg, FB 03
Lotharstraße 65
D-47057 Duisburg
Tel.: (02 03) 3 79 - 26 09 oder 26 04
Prof. Dr. phil. Bernd Spillner

Das Duisburger Forschungsprojekt zur *Interkulturellen Fachkommunikation* setzt sich zum Ziel, durch kontrastiven Sprach- und Kulturvergleich eine wissenschaftliche Beschreibung kulturell bedingter Unterschiede in Terminologie und Fachtextlinguistik zu leisten, interlinguale Äquivalenzen zu erarbeiten und in Pilotstudien Lehrmaterialien für die Fachsprachenvermittlung zu entwickeln. Neben wissenschaftlichen Beiträgen zur vergleichenden Sprach- und Kulturkunde und zur Fachtextlinguistik sollen dadurch die Fachkommunikation in Europa erleichtert, die Fachsprachenausbildung verbessert und die internationale Verständigung und die Einheit Europas vorangetrieben werden.

Die Erforschung der Fachsprachen hat in den letzten Jahren zunehmend an Bedeutung gewonnen. So liegen inzwischen zahlreiche Untersuchungen sowohl zu Fachsprachen einzelner Disziplinen als auch zu verschiedenen allgemeinen Aspekten der Fachsprachen vor. Besonders die letztgenannten sind zum Teil auch kontrastiv-vergleichend angelegt und berücksichtigen somit auch den Problemkreis der *Interkulturellen Fachkommunikation*.

Von Anfang an wird zumindest für die Terminologie die Internationalität im Sinne der einzelsprachenübergreifenden Geltung von Termini als theoretisches Desiderat für die Fachsprachen postuliert. Tatsächlich zeigt bereits eine grobe Betrachtung verschiedener fachsprachlicher Texte, daß dies zu einem guten Teil auch der Wirklichkeit entspricht und auch über den Bereich der Terminologie hinaus gültig zu sein scheint (z. B. quasi „standardisierte" Texttypen bzw. Textbaupläne für Zeitschriftenartikel in vielen Naturwissenschaften). Andererseits scheint es auch gravierende Unterschiede zwischen den fachsprachlichen Texten einzelner Sprachen zu geben, wie dies in einem ersten Ansatz bereits Kaplan (1966) aufgezeigt hat (unterschiedliche Typen von wissenschaftlichen Diskursmustern).
Die internationale Kommunikation von Wissenschaftlern geschieht zu einem großen Teil über fachsprachliche Texte, und zwar sowohl schriftliche (Monographien, Aufsätze) als auch mündliche (Vorträge). Eine erfolgreiche Kommunikation wird dabei zum einen durch den großen Anteil übersprachlich gleichartiger Strukturen vieler Fachsprachen erleichtert, andererseits sind die

strukturellen Unterschiede (über das gemeinsprachliche Niveau hinaus) Ursache für Mißverständnisse und demzufolge Kommunikationsstörungen.

Die Bedeutung der genauen Kenntnis der Fachsprachen auch in kontrastiver Sicht manifestiert sich ebenso im wachsenden Bedarf an fachsprachlichem Fremdsprachenunterricht. Die Fachsprachenforschung liefert die notwendigen Grundlagen für die Didaktik des Fachsprachenunterrichts. Schließlich spielt die Erforschung der Fachsprachen auch eine wesentliche Rolle im Bereich der technischen Dokumentation, der internationalen Standardisierung (Normierung), bei der Entwicklung von Bedienungsanleitungen und zur Erzielung einer besseren Textverständlichkeit wissenschaftlicher und technischer Texte.

Ziel des Forschungsprojektes *Internationale fachsprachliche Kommunikation* ist es, übereinstimmende und divergierende Strukturen in einzelnen Fachsprachen und fachsprachenübergreifend für verschiedene Sprachen zu ermitteln. Dazu werden zunächst einzelsprachliche Beschreibungen von Fachsprachen oder Teilaspekten von Fachsprachen erarbeitet. Diese werden dann miteinander verglichen und auf Gemeinsamkeiten und Unterschiede untersucht. Der Vergleich erstreckt sich auf alle sprachlichen Ebenen, also sowohl auf Terminologie/Lexik und Phraseologie als auch auf syntaktische Strukturen, Textstrukturen und Textsortenkonventionen sowie Argumentationsmuster und Stilkonventionen. Da der Bereich der Terminologie/Fachlexik durch die Fachsprachenforschung bereits relativ gut erschlossen ist, soll im Rahmen dieses Projektes der Schwerpunkt eher auf die Fachtextlinguistik gelegt werden (z. B. Charakterisierung einzelner Fachtextsorten, ihrer Makro- und Mikrostrukturen). Ebenso sollen nicht nur schriftliche, sondern auch (bisher von der Forschung wenig beachtete) mündliche Fachtexte untersucht werden. Forschungsgegenstand sind vor allem die Fachsprachen der Chemie, der Medizin, der Mineralogie und der Wirtschaftswissenschaft; Vergleichssprachen sind insbesondere Deutsch, Französisch und Italienisch.

Das Projekt wird derzeit noch aus Eigenmitteln finanziert.

Internationale Jugendbibliothek

Schloß Blutenburg
D-81247 München

Tel.: (0 89) 8 11 20 28; Fax: 8 11 75 53

Wolfgang Vogelsang (Präsident)
Dr. Andreas Bode (Direktor)

Die *Internationale Jugendbibliothek* (*IJB*) betreibt Lese- und Literaturförderung insbesondere für Kinder und Jugendliche gemäß den Richtlinien des Bundesjugendplanes. In ihrem Kinderbucharchiv sind 520.000 Kinder- und Jugendbücher in mehr als 100 Sprachen, darunter 60.000 internationale historische Kinderbücher aus dem Zeitraum 1587-1950. Die Studiensammlung der *IJB* umfaßt 30.000 Bände der internationalen Fachliteratur, 312 laufende Fachzeitschriften und 10.000 Einheiten Dokumentation. In der Ausleihbibliothek stehen für Kinder und Jugendliche 20.000 Bände in 12 Sprachen zur Verfügung. Weiterhin sammelt die *IJB* Plakate, Manuskripte, Originalillustrationen, Kinderzeichnungen und audiovisuelle Medien zur Kinder- und Jugendliteratur.

Als Serviceleistung werden mündliche und schriftliche Auskünfte erteilt, das Angebot umfaßt Recherchen zu Fragen der aktuellen und historischen Kinderliteratur und die Erstellung von Literaturlisten. Für Kinder und Jugendliche ist ein Malstudio eingerichtet, außerdem gibt es Buchdiskussionsgruppen, Sprachkurse und einen Chor.

Die Veranstaltungen der *IJB* richten sich sowohl an Kinder und Jugendliche als auch an Fachleute. Für erstere werden Buchdiskussionsgruppen, Autorenlesungen und Vorführungen verfilmter Kinder- und Jugendliteratur mit anschließender Diskussion organisiert; daneben gibt es Ausstellungen guter Kinder- und Jugendbücher deutscher und ausländischer Verlage. Für die Fachleute werden Fortbildungsseminare, Symposien und Konferenzen veranstaltet; an sie richten sich auch die Veröffentlichungen, vor allem Auswahlbibliographien interessanter und wichtiger internationaler Kinder- und Jugendliteratur. Die *IJB* wird von einem Verein *Internationale Jugendbibliothek e.V.* getragen. Als Zuwendungsempfängerin erhält sie ihre Mittel zu 100 Prozent vom Bundesministerium für Frauen und Jugend, vom Bayerischen Staatsministerium für Unterricht und Kultus und vom Kulturreferat der Stadt München.

Inter Nationes

Kennedyallee 91-103
Postfach 20 07 49
D-53175 Bonn

Tel.: (02 28) 8 80-0; Fax: 88 04 57; Telex: 17 22 83 08

Dr. Dieter W. Benecke (Vorstand, Geschäftsführung)

Inter Nationes fördert den kulturellen Dialog Deutschlands mit anderen Nationen. Dabei spielt die Darstellung der deutschen Kultur, auch der Sprachkultur, eine bedeutsame Rolle. Allerdings sind die gesamten Aktivitäten von *Inter Nationes* – Filme, Videos, Tonkassetten, Broschüren, Poster, Bücher usw. – auf das Ausland gerichtet; sie werden im Inland nicht verteilt bzw. sind hier nicht erhältlich.

Inter Nationes leistet einen Beitrag zur Förderung der deutschen Sprache im Ausland durch Medien im weitesten Sinne des Wortes. *Inter Nationes* produziert selbst oder kauft Bücher, Informationsschriften, Broschüren, Poster, Filme, Videos, Tonkassetten, Overheadfolien, die sich mit der deutschen Sprache und vor allem der deutschen Kultur beschäftigen, und stellt diese Medien allen Organisationen im Ausland zur Verfügung, die an der Verbreitung und Förderung der deutschen Sprache interessiert sind. Dieses sind die *Goethe-Institute* im Ausland, die *DAAD*-Lektoren, die deutschen Schulen im Ausland, die diplomatischen Vertretungen, nationale und internationale Kulturvereinigungen, Filmklubs, aber auch Privatpersonen. Daneben stiftet *Inter Nationes* in der Regel alle zwei Jahre einen Preis für kulturelle Werke, welche die Völkerverständigung fördern. Dieser Preis wird an Ausländer verliehen, die sich um den Kulturdialog ihres Landes mit Deutschland besonders verdient gemacht haben.

Inter Nationes erhält für seine Arbeit Mittelzuweisungen vom Bundespresseamt und vom Auswärtigen Amt; *Inter Nationes* selber hat die Rechtsform eines eingetragenen Vereins. 1990 waren 160 Mitarbeiter und Mitarbeiterinnen bei *Inter Nationes* beschäftigt.

Katholische Erwachsenenbildung im Lande Niedersachsen

Leibnizufer 13-15
D-30169 Hannover

Tel.: (05 11) 32 44 21

Alexandra Jürgens-Schaefer (pädagogische Mitarbeiterin)

Die *Katholische Erwachsenenbildung im Lande Niedersachsen e.V.* bietet Bildungsmaßnahmen zur „sprachlichen Kultur" überwiegend in folgenden Bereichen an:

- Deutsch für ausländische Arbeitnehmer (gefördert vom *Sprachverband* in Mainz)
- Deutsch für Aussiedler (im Rahmen von Orientierungskursen für Aussiedler gefördert aus Bundesmitteln und Maßnahmen nach dem Arbeitsförderungsgesetz)
- Deutsch für Asylbewerber (nach dem Niedersächsischen Gesetz zur Förderung der Erwachsenenbildung sowie aus Mitteln des Caritasverbandes, Spenden und Eigenmitteln)

Zudem werden Bildungsveranstaltungen nach dem Niedersächsischen Gesetz zur Förderung der Erwachsenenbildung durchgeführt in den Bereichen:

- Literatur, Kunst, Heimatkunde
- Plattdeutsche Sprache
- Frauen und Sprache (im Rahmen von Frauenbildung)
- Sprache und Journalismus (im Rahmen von Bildungsmaßnahmen zur Pressearbeit)
- Rhetorik

Katholische Landesarbeitsgemeinschaft für Erwachsenenbildung im Saarland

Mainzer Straße 30
D-66111 Saarbrücken

Tel.: (06 81) 6 44 66

Fritz Bersin (Vorsitzender)
Dr. Ursula Schneider (Studienleiterin)

Die *Katholische Landesarbeitsgemeinschaft für Erwachsenenbildung im Saarland e.V.* ist ein Dachverband von Einrichtungen der katholischen Erwachsenenbildung im Saarland. Er hat die Rechtsform eines eingetragenen Vereins.

Die *Landesarbeitsgemeinschaft* selbst führt zur Förderung der Sprachkultur hauptsächlich Fortbildungsveranstaltungen für Mitarbeiterinnen und Mitarbeiter durch. In einem „Aufbaukurs zum informierenden und überzeugenden Reden für Frauen" beispielsweise konnten 1991 Mitarbeiterinnen üben, andere zu informieren, Stellung zu beziehen und ihre Meinung überzeugend darzustellen.

In den Mitgliedseinrichtungen der *Katholischen Erwachsenenbildung* werden unterschiedliche Kurse und Seminare zur Förderung der sprachlichen Kultur angeboten, z. B.:

- Alphabetisierungskurse
- Deutsch für Ausländer/für Aussiedler/für Asylsuchende
- Rechtschreibkurse
- Rhetorikkurse
- Medien- und Theaterwerkstätten
- Mundartwerkstätten
- Literaturveranstaltungen

Seit Oktober 1989 gibt es im Saarland den *Offenen Kanal Hörfunk,* in dem jeder kostenlos sein eigenes Hörfunkprogramm machen kann. Um Voraussetzungen für eine vielfältige Beteiligung im *Offenen Kanal Hörfunk* zu schaffen, bieten vier in der Folge genannte Träger Hörfunkwerkstätten und eine Autorenwerkstatt an; darin wird Schreiben für den Hörfunk erlernt, verbunden mit Produktionsübungen.
An dem Gemeinschaftsprojekt sind beteiligt:

- die *Katholische Landesarbeitsgemeinschaft für Erwachsenenbildung im Saarland e.V.*
- die *Evangelische Akademie im Saarland*
- die *AV-Medienzentrale Mainz, Saarbrücken*
- das *Film-Funk-Fernseh-Zentrum der Evangelischen Kirche im Rheinland.*

Eine Übersicht über alle Einrichtungen der *Katholischen Erwachsenenbildung im Saarland* ist bei der *Landesarbeitsgemeinschaft* erhältlich.

Katholische Landesarbeitsgemeinschaft für Erwachsenenbildung in Hessen

Roßmarkt 12
Postfach 13 55
D-65533 Limburg

Tel.: (0 64 31) 29 53 49

Karl-Heinz Schmidt (Vorsitzender)
Kurt Knebel (Geschäftsführer)

Die *Katholische Landesarbeitsgemeinschaft für Erwachsenenbildung in Hessen e.V.* ist eine Landesorganisation, die nicht selbst Veranstaltungen durchführt; Veranstaltungen werden ausschließlich von den ihr angeschlossenen Mitgliedseinrichtungen angeboten. Diese Veranstaltungen decken verschiedene Bereiche der Sprachkultur ab.

Kurse in Deutsch für Aussiedler(innen) und Asylant(inn)en gibt es bei einer Vielzahl regionaler Bildungswerke.

Im Bereich der Leseförderung werden die Fachstellen für Büchereiarbeit in den Diözesen Fulda, Limburg und Mainz mit ihren angeschlossenen örtlichen Katholischen Öffentlichen Büchereien tätig. Zusätzlich werden Lesewettbewerbe organisiert.

Seminare in Medienerziehung werden von regionalen Bildungswerken, von Familienbildungsstätten und von den Referaten Medienarbeit in den Bistümern durchgeführt. Verschiedene Seminare werden angeboten, so z. B.:
- Filmseminare
- medienpädagogische Kurse mit Eltern, Lehrer(inne)n, Erzieher(inne)n
- Symbolsprache, Bildersprache usw.

Regionale Bildungswerke bieten Seminare zur Sprache in der Literatur an, insbesondere zur Sprache in der modernen zeitgenössischen Literatur.

Rhetorikkurse sind Gegenstand vieler Angebote vor allem im Bereich der Zielgruppenarbeit und leisten so einen Beitrag zur Sprecherziehung.

Die Finanzierung der Arbeit erfolgt überwiegend aus Mitteln der Bistümer Fulda, Limburg und Mainz sowie aus Teilnahmegebühren. Darüber hinaus fördern das Hessische Kultusministerium und das Hessische Sozialministerium die Bildungsarbeit.

Kinderzentrum München

Heiglhofstraße 63
D-81377 München
Tel.: (0 89) 7 10 09-0; Fax: 7 10 09-2 48
Prof. Dr. med. H. v. Voss (Direktor)
Dr. med. B. Renner, HNO-Ärztin (Leiterin der Sprachabteilung)

Das *Kinderzentrum München* ist eine ambulante Einrichtung des Bezirks Oberbayern, in welcher behinderte Kinder, auch hör- und sprachbehinderte Kinder, therapiert und betreut werden.

Der Beitrag zur Förderung der Sprache besteht in sprachtherapeutischen Maßnahmen, vorwiegend bei mehrfachbehinderten Kindern. Dabei stehen die logopädische Therapie bei Kindern mit Hör- und Sprachstörungen und die Elternberatung im Vordergrund.

Beteiligt am *Kinderzentrum München* sind:

- das Institut für Soziale Pädiatrie und Jugendmedizin der Universität München
- das Sozialpädiatrische Zentrum, Fachklinik und Ambulanz für Entwicklungs-Rehabilitation mit Genetischer Diagnostik- und Beratungsstelle des Bezirks Oberbayern
- die Aktion Sonnenschein Hilfe für das mehrfachbehinderte Kind e.V.
- die Deutsche Akademie für Entwicklungs-Rehabilitation e.V.

Geplant ist die Weiterentwicklung von Therapiekonzepten, soweit dies im Rahmen der praktischen Arbeit möglich ist, vorwiegend für die Bereiche „Frühe Spracherziehung bei hörgeschädigten Kindern“ und „Förderung von Kindern mit mundmotorischen Störungen“. Das *Kinderzentrum München* ist das größte sozialpädiatrische Zentrum in der BRD. Eine Adressenliste, in der alle sozialpädiatrischen Zentren der Bundesrepublik aufgeführt sind, ist über die *Deutsche Gesellschaft für Sozialpädiatrie*, Geschäftsstelle: *Kinderzentrum München* zu erhalten.
(→ siehe auch sozialpädiatrische Zentren S. 302.)

Die Finanzierung erfolgt über die Krankenkassen bzw. über den Bezirk Oberbayern.

Kirchliche Einrichtungen

Im kirchlichen Bereich existieren in großer Zahl katholische und evangelische Einrichtungen, die sich in der Bundesrepublik Deutschland mit der Förderung der sprachlichen Kultur befassen.

Wegen Terminschwierigkeiten kann in der vorliegenden Bestandsaufnahme nur ein Teil berücksichtigt werden, von dem man allerdings annehmen kann, daß er repräsentativ ist.

Evangelische Akademie Loccum (→ siehe S. 223)

Gemeinschaftswerk der Evangelischen Publizistik (→ siehe S. 237)

Arbeitsstelle für Erwachsenenbildung/Diözese Rottenburg-Stuttgart (→ siehe S. 159)

Katholische Erwachsenenbildung im Lande Niedersachsen (→ siehe S. 275)

Katholische Landesarbeitsgemeinschaft für Erwachsenenbildung im Saarland (→ siehe S. 276).

Katholische Landesarbeitsgemeinschaft für Erwachsenenbildung in Hessen (→ siehe S. 278)

Kölner Schule – Institut für Publizistik

Gut Schillingsrott
D-50996 Köln

Tel.: (02 21) 35 19 95; Fax: 35 23 62

Dr. Thomas von Randow (1. Vorsitzender)
Heinz D. Stuckmann (Geschäftsführender Direktor)

Die *Kölner Schule – Institut für Publizistik e.V.* wurde 1968 von einem kleinen Kreis von Journalisten, Wissenschaftlern und Studenten gegründet. Sie bildet Fachjournalisten für die Ressorts Wirtschaft und Politik bei Presse und Hörfunk aus.
Der Konzeption lag die Einsicht zugrunde, daß Journalisten angesichts der immer komplexer werdenden gesellschaftlichen Strukturen zumindest in einem wissenschaftlichen Bereich fundierte Sachkenntnisse besitzen müssen. Spezialisiertes Fachwissen allein aber reicht nicht aus. Darüber hinaus müssen Journalisten über möglichst umfassende Grundkenntnisse in anderen relevanten Wissensbereichen verfügen, damit sie ihr Fachwissen in übergreifende gesellschaftliche Zusammenhänge einordnen können. Denn Ziel der *Kölner Schule* ist nicht, Journalisten für Fachzeitschriften auszubilden. Vielmehr ist es ihre vorrangige Aufgabe, Journalisten auszubilden, die in der Lage sind, ihr Fachwissen auch breiten Bevölkerungsschichten verständlich zu vermitteln.

Die Ausbildung ist sehr praxisorientiert. Nach den ersten beiden Semestern schreiben die Schüler und Schülerinnen für die Medien. Die Texte werden in der Lehrredaktion mehrfach bearbeitet. Dabei steht – neben der korrekten Recherche – die sprachliche und strukturelle Gestaltung an erster Stelle. Die Schüler und Schülerinnen sollen lernen, verständliche Texte zu schreiben und stilistische Mittel bewußt einzusetzen (z. B. Spiel mit Interpunktion oder Umgangssprache, stilistische Funktionen von Redeformen und Tempora).

Die Ausbildung an der *Kölner Schule* ist in drei Blöcke gegliedert.

1. Praktische journalistische Ausbildung
   In diesem Bereich werden journalistische Arbeitsmethoden (wie Recherchieren, Archivieren, Interviewen) und journalistische Darstellungsformen (wie Nachricht, Bericht, Reportage, Feature, Kommentar) vermittelt. Neben der theoretischen Unterweisung im Unterricht stehen ständige praktische Übungen. Vertieft werden die praktischen Erfahrungen in Praktika bei den Medien.

2. Theoretische journalistische Ausbildung
   In diesem Ausbildungssektor werden Grundkenntnisse historischer, gesellschaftspolitischer, philosophischer und kommunikationstheoretischer Art vermittelt.
   Außerdem werden in regelmäßigem Turnus Diskussionsrunden mit Vertretern der verschiedenen gesellschaftlichen Bereiche und Institutionen – Parteien, Gewerkschaften, Arbeitgeberverbände, kirchliche Institutionen, Jugendorganisationen – veranstaltet.
3. Akademische Ausbildung
   Die Studierenden der *Kölner Schule* absolvieren ein Fachstudium an der Wirtschafts- und Sozialwissenschaftlichen Fakultät der Universität Köln, das mit „Diplom-Volkswirt sozialwissenschaftlicher Richtung" bzw. „Dr. rer. pol." abgeschlossen wird.

Die drei Ausbildungsbereiche sind in einem Studienplan ineinander verzahnt. Die zeitliche Gewichtung der einzelnen Blöcke orientiert sich an den Belastungen, die sich aus den jeweiligen Phasen des akademischen Studiums ergeben.

Die Ausbildung ist in vier Qualifikationsstufen gegliedert. Ein Abschluß nach jeder Phase ist möglich. Ziel der Ausbildung ist jedoch, daß alle Absolventen die Qualifikationsstufe IV erreichen.

Qualifikationsstufe I: Jungredakteur „Lokales" (drei Semester)

Qualifikationsstufe II: Redakteur in den Ressorts Wirtschaft und Politik bei den Pressemedien (vier Semester)

Qualifikationsstufe III: Redakteur im Bereich „Aktuelles" des Hörfunks (drei Semester)

Qualifikationsstufe IV: Fachjournalist für Politik und Wirtschaft bei Presse und Hörfunk (ein Semester)

Das Universitätsstudium beginnt nach der Qualifikationsstufe I.

Während der Ausbildung sind sechs Pflichtpraktika von mindestens acht Wochen zu absolvieren:

- Öffentlichkeitsarbeit I
- Lokalredaktion I

- Lokalredaktion II
- Öffentlichkeitsarbeit II
- Politische Wochenzeitung oder Ressort Politik bzw. Wirtschaft einer Tageszeitung oder Nachrichtenagentur (Parlamentsredaktion)
- Hörfunkredaktion

Es können weitere freiwillige Praktika absolviert werden. Über drei Viertel der Praktikastellen werden von der *Kölner Schule* vermittelt. Es werden ferner, wenn auch erst in begrenztem Umfang, Auslandsstipendien vermittelt.

Neben dem Ausbildungsprogramm werden in Zusammenarbeit mit Stiftungen Seminare durchgeführt, in denen am Journalismus interessierte Studierende bzw. Nachwuchsjournalisten in verschiedene Darstellungsformen und die entsprechenden sprachlichen Mittel eingeführt werden.

Um eine Auswahl der Bewerber nach sozialen Kriterien zu vermeiden, sind die Semestergebühren nach dem Einkommen der Eltern gestaffelt. In der Qualifikationsstufe I kann – bei entsprechenden Voraussetzungen – Schüler-BAföG bezogen werden; mit Beginn des Universitätsstudiums erhalten Studierende, die die Voraussetzungen erfüllen, die BAföG-Sätze für Studierende.

Die *Kölner Schule – Institut für Publizistik e.V.* ist ein gemeinnütziger Verein mit pluralistischer Zusammensetzung. Neben Lehrkräften und Studierenden sind Wissenschaftler, Publizisten sowie Vertreter relevanter gesellschaftlicher Gruppierungen als Mitglieder vertreten. Die Finanzierung erfolgt vorwiegend aus Studiengebühren, Landesmitteln und Spenden.

Kommission der Europäischen Gemeinschaften

Vertretung in der Bundesrepublik Deutschland
Zitelmannstraße 22
D-53113 Bonn

Tel.: (02 28) 5 30 09-0; Fax: 5 30 09 50

Dr. Gerd Langguth (Leiter)
Armin Czysz (Referent für Bildung und Kultur)

Am 21. Dezember 1988 gab die *Kommission der Europäischen Gemeinschaften* ihre Pläne für ein neues Programm – LINGUA – bekannt, mit dem die für die Verwirklichung des EG-Binnenmarktes wichtigen Fremdsprachenkenntnisse gefördert werden sollen. Die vorgeschlagenen Maßnahmen zielen darauf ab, die Bemühungen einzelner Mitgliedsstaaten auf diesem Gebiet zu unterstützen. Die erste Phase von LINGUA ist für einen Zeitraum von fünf Jahren – von 1990 bis 1994 – geplant, wofür ein Budget von schätzungsweise 250 Millionen ECU zur Verfügung stehen wird.

Die Pläne für LINGUA beruhen auf der Erkenntnis der Kommission, daß Fremdsprachenbarrieren abgebaut werden müssen, wenn das Recht auf Freizügigkeit und die Schaffung einer wahren EG-Bürgerschaft Wirklichkeit werden sollen. Fundierte sprachliche Qualifikationen sind auch für Unternehmen in der EG wichtig, wenn sie die Vorteile des Binnenmarktes optimal nutzen wollen. Schlechte Fremdsprachenkenntnisse haben bisher die Freizügigkeit von Menschen und Ideen behindert, ganz zu schweigen vom Wachstum der Unternehmen und des Handels in der Gemeinschaft.

Nach dem Willen der Kommission soll LINGUA zwei Hauptziele verfolgen: erstens die Entwicklung der Fähigkeiten der EG-Bürger, infolge der qualitativen und quantitiativen Verbesserung im Unterricht und beim Erlernen von Fremdsprachen (vor allem der neun Amtssprachen der EG) effizienter zu kommunizieren; zweitens die Entwicklung wirksamer Maßnahmen, welche gewährleisten, daß die Arbeitskräfte der Gemeinschaft das erforderliche Fremdsprachenniveau erreichen, damit ihre Firmen optimalen Nutzen aus dem Binnenmarkt ziehen können.

Die Kommission wendet ganz bewußt eine Strategie an, die eher auf die Diversifizierung des Fremdsprachenangebots im Unterricht und in den Ausbildungslehrplänen ausgerichtet ist als auf eine Vorrangstellung von nur einer oder zwei Sprachen. Die Kommission ist der Auffassung, daß angesichts der Vielfalt sprachlicher und kultureller Tradition in der EG alle ihre Amtssprachen verstärkt unterrichtet werden sollten.

Die Mitgliedsstaaten sollen daher aufgefordert werden, eine Reihe von gemeinsamen Grundsätzen anzuwenden. Dazu gehört, daß junge Leute ermutigt werden sollten, während ihrer Schulzeit oder Berufsausbildung ausreichende Kenntnisse in zwei EG-Sprachen zu erwerben. Die Kommission ist ferner der Ansicht, daß Schülern und Studenten Anreize geboten werden müssen, an Austauschprogrammen zwischen Schulen oder Hochschulen teilzunehmen, und daß eines der Kriterien für die Zulassung an Hochschulen ausreichende Kenntnisse in mindestens einer EG-Sprache – außer der Muttersprache – sein sollte. Darüber hinaus müßten alle Hochschulstudenten die Möglichkeit haben, neben ihrem Hauptstudienfach eine Fremdsprache zu studieren, wohingegen künftige Fremdsprachenlehrer Gelegenheit haben müßten, während ihrer Grundausbildung mindestens sechs Monate in dem Land zu verbringen, dessen Sprache sie später unterrichten wollen. Und schließlich sollen die Arbeitgeber dazu ermutigt werden, Maßnahmen für die Sprachausbildung ihrer Mitarbeiter als einen Teil ihrer innerbetrieblichen Ausbildung zu ergreifen.

Die Zuständigkeiten für die verschiedenen Aktionen des LINGUA-Programms sind in der Bundesrepublik Deutschland wie folgt verteilt:

Aktion I
Zielgruppe:
- Fremdsprachenlehrer und Fremdsprachenausbilder
- Fortbildungseinrichtungen

Ziele:
- Förderung berufsbegleitender Fortbildung für Fremdsprachenlehrer und Fremdsprachenausbilder
- Zuschüsse für Teilnehmer berufsbegleitender Fortbildungsmaßnahmen

Maßnahmen:
Zuschüsse zu staatlichen Programmen im Rahmen von Europäischen Hochschulkooperationsprogrammen (EKP) zur Zusammenarbeit zwischen Fortbildungseinrichtungen

Kontaktadressen:

- Fremdsprachenlehrer im schulischen Bereich:
  Sekretariat der Ständigen Kultusministerkonferenz
  Pädagogischer Austauschdienst (PAD)
  Nassestraße 8
  53113 Bonn 1
  Tel.: (02 28) 5 01-4 83 (Zentrale:-0)

- Fremdsprachenlehrer an Einrichtungen der Wirtschaft und der Volkshochschulen:
  Carl Duisberg Gesellschaft e.V. (→ siehe S. 176)
  Hohenstaufenring 30-32
  50674 Köln 1
  Tel.: (02 21) 20 98-2 92

Aktion II

Zielgruppe:
Fremdsprachenstudierende und Fremdsprachendozenten an Hochschulen

Ziele:
Qualitative und quantitative Verbesserung der Ausbildung von künftigen Fremdsprachenlehrern entsprechend den Förderungskriterien bei ERASMUS

Maßnahmen:

- Einrichtung eines europäischen Hochschulkooperationsnetzes
- Zuschüsse für Austauschprogramme von Lehr- und Verwaltungspersonal
- Vergabe von Teilstipendien für einen Studienaufenthalt von 3 bis 12 Monaten in anderen Mitgliedsstaaten der Gemeinschaft
- Förderung der Anerkennung von Studienleistungen

Kontaktadresse:
DAAD, Arbeitsstelle LINGUA (→ siehe S. 199)
Kennedyallee 50
53175 Bonn
Tel.: (02 28) 8 82-4 13

Aktion III

Zielgruppe:
Mit der Verbesserung der Fremdsprachenausbildung im wirtschaftlichen Bereich Beschäftigte

Ziele:
Verbesserung des Fremdsprachenunterrichts in der Wirtschaft, besonders in kleinen und mittleren Unternehmen

Maßnahmen:
- Entwicklung und Verbreitung von Methoden zur Ermittlung des Fremdsprachenbedarfs
- Entwicklung von Sprachlehrplänen und von Zertifikatsverfahren mit grenzüberschreitendem Charakter (gegenseitige Anerkennung der Verfahren)
- Pilotprojekte zur Entwicklung von innovativen, berufsspezifischen Lehrmitteln besonders in den weniger verbreiteten und unterrichteten Sprachen der EG
- Offene Fremdsprachenlernsysteme (einschließlich Multimediaprojekte)
- Studienbesuche von Vertretern kleiner und mittlerer Unternehmen und entsprechender Berufs- und Arbeitnehmerverbände sowie von Fremdsprachenlehrern und Fremdsprachenausbildern im Wirtschaftsleben

Kontaktadressen:
Bundesministerium für Bildung und Wissenschaft
Referat III A 4
Heinemannstraße 2-10
53175 Bonn 2
Tel.: (02 28) 57 21 10

Anträge direkt an:
LINGUA-Büro
10, rue de Commerce
B-1040 Brüssel
Tel.: (0 03 22) 5 11 42 18, Fax: (0 03 22) 5 11 43 76

Aktion IV
Zielgruppe:
Jugendliche in der Berufsausbildung und -fortbildung

Ziele:
Förderung des Austausches von Jugendlichen in der Berufsausbildung (bis 25 Jahre) zur Vertiefung und zum Erwerb von Fremdsprachenkenntnissen

Maßnahmen:
Mindestens zweiwöchige Austauschprogramme von Auszubildenden und vorbereitende Besuche von Lehrpersonen

Kontaktadressen:

- Berufliche Bildung, vollzeitschulischer Bereich:
  KMK, PAD
  Nassestraße 8
  53113 Bonn
  Tel.: (02 28) 501-0

- Duale Berufsausbildung:
  Carl Duisberg Gesellschaft e.V.
  Hohenstaufenring 30-32
  50674 Köln
  Tel.: (02 21) 20 98-2 92

Aktion V
Zielgruppe:

- Mit der Durchführung der LINGUA-Aktionen beauftragte Institutionen
- Gemeinnützige europäische Vereinigungen und Verbände, die vorwiegend im Bereich des Fremdsprachenunterrichts arbeiten und ständig in mindestens vier Mitgliedsstaaten der EG tätig sind.

Ziele:

- Koordinierung und Auswertung der LINGUA- Programme
- Untersuchungen zur Methodik des Fremdsprachenunterrichts und über die Verwendung von Fremdsprachen in den Medien

Maßnahmen:

- Förderung der Information über bestehende Programme und ihre Koordinierung
- Entwicklung neuer Programme auf europäischer Ebene
- Gründung von neuen europäischen Verbänden

Kontaktadresse:
LINGUA-Büro der EG
10, rue de Commerce
B-1040 Brüssel
Tel.: (0 03 22) 5 11 42 18, Fax: (0 03 22) 5 11 43 76

Kommunikationsberatung Deutsch
Universität des Saarlandes

Im Stadtwald
FB 8.1 Germanistik
D-66123 Saarbrücken

Tel.: (06 81) 30 21

Prof. Dr. Rainer Rath
Dr. Gerd Antos

Die Arbeitsstelle *Kommunikationsberatung Deutsch* wurde 1989 am Germanistischen Institut der Universität des Saarlandes eingerichtet. Im Mittelpunkt der Arbeit stehen die Lektorierung von Texten wie Behördenschreiben, PC-Textmodulen oder wissenschaftlichen Arbeiten von Studierenden und die Beratung bei Fragen der schriftlichen Kommunikation.

Dr. Antos leitet zusätzlich das „Forschungsprojekt: Textproduktion", in dem hauptsächlich die Textproduktion für den beruflichen Bedarf untersucht wird. Durch Kontakte zu Firmen und Behörden sollen die Entstehung technischer Anweisungen, die Organisation und die Strategien der Formularerstellung und die Telefonkommunikation in der Wirtschaft erforscht und dokumentiert werden. Auch die Erforschung und die Dokumentation der wissenschaftlichen Beschäftigung mit Textproduktion sind Thema dieses Projekts. Im Rahmen dieser Arbeit sind folgende Publikationen herausgegeben worden:

Antos, G./Augst, G. (Hrsg.): *Textoptimierung*. Frankfurt am Main: Lang 1989.

Antos, G./Krings, H. P. (Hrsg.): *Textproduktion. Ein interdisziplinärer Forschungsüberblick*. Tübingen: Niemeyer 1989.

Das langfristige Ziel ist ein Dokumentationszentrum über den beruflichen Bedarf an muttersprachlichen Kommunikationsqualifikationen in den Bereichen mündliche, schriftliche und technisch vermittelte Kommunikation (Telefon etc.).

Konrad-Adenauer-Stiftung
Institut für Politische Bildung

Schloß Eichholz
Urfelder Straße 221
Postfach 1331
D-50389 Wesseling

Tel.: (0 22 36) 7 07-0; Fax: 70 72 30

Dr. Dorothee Wilms (Vorsitzende)
Dr. Günther Rüther (Institutsleiter)

Das *Institut für Politische Bildung* (*IPB*) ist das für die politische Bildungsarbeit der *Konrad-Adenauer-Stiftung e.V.* zuständige Institut. Es ist eines von sieben Instituten, die insgesamt die Aufgabe haben, politische Bildung zu vermitteln, begabte junge Menschen zu fördern, durch Information, Kontakte und partnerschaftliche Hilfe die internationale Zusammenarbeit zu fördern, die europäischen Einigungsbestrebungen zu unterstützen, die Grundlagen für politisches Handeln durch Forschung auf historischem, sozial- und kommunalwissenschaftlichem Gebiet zu erarbeiten sowie Kunst und Künstler zu fördern und Publikationen herauszugeben.

Das *IPB* hat seinen Sitz im Schloß Eichholz bei Bonn. Am selben Ort befindet sich auch die Heimvolkshochschule Eichholz, eine Bildungsstätte, die Unterbringungsmöglichkeiten für ca. 120 Personen bietet. Darüber hinaus verfügt das Institut für Politische Bildung über Bildungseinrichtungen in den alten und den neuen Bundesländern. Diese Bildungswerke sind für die Bildungsarbeit in den jeweiligen Regionen zuständig, die Heimvolkshochschule Eichholz hingegen lädt „bundesweit" Interessierte nach Wesseling ein.

Die Angebote der Heimvolkshochschule Eichholz und der Bildungswerke werden in Halbjahresprogrammen veröffentlicht. Die Veranstaltungen sind allgemein zugänglich.

Zu den Arbeitsschwerpunkten des *Instituts für Politische Bildung* der *Konrad-Adenauer- Stiftung e.V.* zählen die systematische politische Weiterbildung (Politisches, Wirtschaftspolitisches und Kommunalpolitisches Seminar), spezielle Angebote zur Aus- und Fortbildung (kommunale Pressearbeit, Öffentlichkeitsarbeit im kommunalen Bereich, Rhetorik für die politische Praxis, Rundfunkworkshops), Fachtagungen für eine Vielzahl von Zielgruppen, Tagungen zur deutsch-amerikanischen Zusammenarbeit, Eichholzer Informationsforen, Tagungen für ältere Mitbürgerinnen und Mitbürger, Seminare für Studentinnen und Studenten, Workshops für junge Zeitungsmacher sowie Tagungen für Schülerinnen und Schüler der gymnasialen Oberstufe.

Unter dem Aspekt „Förderung sprachlicher Kultur" verdienen zumindest folgende Aktivitäten des *Instituts für Politische Bildung* Beachtung:

Trainings zur politischen Kommunikation (Rhetorik für die politische Praxis, Öffentlichkeitsarbeit im kommunalen Bereich, Argumentationstrainings für Frauen, kommunale Pressearbeit), spezielle Seminare für Studentinnen und Studenten, Workshops für Nachwuchsjournalisten, Fachtagungen für verschiedene Zielgruppen (z. B. für Lehrerinnen und Lehrer, für Redakteurinnen und Redakteure sowie für Schriftstellerinnen und Schriftsteller), nicht zuletzt eine Vielzahl an Autorenlesungen, darunter immer wieder solche im Rahmen von Lesereisen.

Die *Konrad-Adenauer-Stiftung e.V.* hat die Rechtsform eines eingetragenen Vereins. Sie ist durch Bescheid des Finanzamtes Sankt Augustin als besonders förderungswürdig und gemeinnützigen Zwecken dienend anerkannt. Die Tätigkeiten werden finanziert durch Zuwendungen und durch Spenden. Organe der *KAS* sind die Mitgliederversammlung, der Vorstand und das Kuratorium.

Legasthenie-Beratungsstelle
c/o Germanistisches Institut
der RWTH Aachen
Hamburger Straße 29
D-52062 Aachen
Tel.: (02 41) 80 60 78/7 16 61
Dr. Carl Ludwig Naumann, Johannes Stoffers M. A.
(Ansprechpartner)

Die Beratungsstelle für Lese-Rechtschreib-Schwäche (LRS)/Legasthenie ist eine Arbeitsgruppe des Germanistischen Institutes der RWTH, die forschungsgestützte praktische Hilfe anbietet. Sie informiert betroffene Eltern, Schüler(innen) und Erwachsene, aber auch Lehrer(innen) über die Legasthenie und berät sie. Sie stellt Diagnosen und bietet oder vermittelt individuelle Lerntherapie und Förderunterricht.

Diese Dienstleistung besteht aus vier zusammenhängenden Teilvorhaben:

1. Ortsverein Euregio Aachen (OEA) im Landesverband Nordrhein-Westfalen/Bundesverband Legasthenie.
Laufzeit: Seit März 1987; auf Dauer angelegt.

Der Elternkreis Legasthenie/LRS hat sich im Februar 1989 als Verein gegründet. Er ist Anlauf- und Beratungsstelle für Eltern, deren schulpflichtige Kinder Probleme mit dem Lesen und Schreiben haben.

Der Elternkreis trifft sich außer in der unterrichtsfreien Zeit in der Regel einmal im Monat. Gelegentlich berichten Gäste aus anderen Institutionen über ihre Arbeit mit Legasthenikern. Vor allem bietet der Elternkreis als Selbsthilfegruppe Sachinformationen und gegenseitige Beratung, er gibt Tips für den Umgang mit Institutionen wie der Schule und dient als Bindeglied zur außerschulischen Förderung, siehe vor allem hier die Punkte 2 und 4.

2. LRS-Supervisions-Seminar
Laufzeit: Seit Wintersemester 1987/88 durchgehend.

Studentinnen und Studenten, die für die außerschulische LRS-Förderung vermittelt werden, müssen mindestens ein Jahr für diese Arbeit zur Verfügung stehen und während dieser Zeit an dem Supervisions-Seminar teilnehmen, das auch in der vorlesungsfreien Zeit stattfindet.

Im Seminar werden Kenntnisse über die praktischen und theoretischen Grundlagen der LRS-Förderung vermittelt. Die Zahl der Studierenden und der zu betreuenden Schüler(innen) wächst stark an, so daß jetzt die fallbezogene Arbeit im Vordergrund steht. Kenntnisse über sprachwissenschaftliche und allgemeine Grundlagen der Arbeit mit Legasthenikern werden in gesonderten Vorlesungen und Seminaren vermittelt.

3. Lehrerfortbildung
Partner: Schulamt der Stadt Aachen, Frau Schulrätin Meuter-Schröder; Schulamt des Kreises Aachen, Legasthenie-Beauftragte der Stadt Aachen, Frau Rektorin Ute Ketteniss; Leitende Lehrlogopädin am Klinikum der RWTH, Frau Luise Springer; Schulpsychologischer Dienst der Stadt Aachen; Psychologischer Dienst des Kreises Aachen.
Laufzeit: Seit Mai 1988.

Lehrer(innen), die an ihren Schulen als LRS-Fachleute tätig sein möchten, werden für die schulische Förderung und Beratung ausgebildet. In zwei Sequenzen von 7 bzw. 8 halbtägigen Sitzungen (September 1988 bis März 1989, September 1989 bis Januar 1990) wurden theoretische und praktische Grundlagen der Arbeit mit legasthenen Kindern erarbeitet.

Die Schulämter von Stadt und Kreis stellten die Teilnehmer für jeweils die Hälfte der Seminarsitzung vom Unterricht frei. Die weiteren genannten Partner wirkten in unterschiedlicher Weise bei einzelnen Themen mit. Im Anschluß an die zweite Sequenz wurde zusammen mit den beiden (schul)psychologischen Diensten für besonders Interessierte ein Seminar zur Intelligenzdiagnostik gehalten.

Die zweite Sequenz, erstmals auch für den Kreis Aachen angeboten, hatte eine so heftige Nachfrage gefunden, daß nur die Hälfte der Interessent(inn)en am Seminar teilnehmen konnte. Unter anderem deswegen wurden mit einer Reihe von Grund-, Haupt- und Berufsschulen pädagogische Konferenzen von halb- bis zweitägiger Dauer zum Thema Legasthenie und Rechtschreibdidaktik durchgeführt. Weitere Fortbildungsreihen sind in Vorbereitung, zur Zeit vor allem für Schulen im Sekundarbereich.

4. Beratungsstelle für Lese-Rechtschreib-Schwäche/Legasthenie
Ansprechpartnerin: Sekretariat Elke Bosten (02 41/7 16 61, Telefonzeit 12-15 Uhr, sonst Anrufbeantworter).
Laufzeit: Seit März 1989; vorläufig bis März 1993.
Partner: Sprachmedizin (Neurolinguistik/Logopädie am Klinikum der RWTH),

Beratungsstellen und Therapeuten im Stadt- und Kreisgebiet und z. T. darüber hinaus, wie Lernwerkstatt „Lernen Fördern", 5010 Bergheim, Walter Zielniok, Landesverband Legasthenie Nordrhein-Westfalen.

Die Arbeit ist integrativ und berücksichtigt die jeweils individuellen Probleme der Schüler und Schülerinnen. Sie umfaßt z. B.:

- individuelles Funktionaltraining
- sprachtherapeutische Elemente
- Konzentrations- und Entspannungsübungen
- spiel- und gesprächstherapeutische Elemente
- Übungen zur Psychomotorik
- computerunterstützes Lernen

Die Förderung findet als Einzeltherapie oder in Gruppen statt. Die vielfältigen Erscheinungsbilder der Legasthenie machen eine umfassende Diagnostik notwendig. Dazu gehören:

- Gespräche mit den Kindern
- Gespräche mit den Eltern über die Lebens- und Entwicklungsgeschichte des Kindes
- Überprüfen der Lese- und Schreibfähigkeit
- gegebenenfalls psychologische Tests
- Gespräche mit den Lehrern und Lehrerinnen

Ein wichtiger Aspekt ist das Einbeziehen der Eltern in die Arbeit. Erst die Beratung und die Mitarbeit der Eltern können in der Regel einen dauerhaften Lernerfolg sichern. Mit Elternabenden und Gesprächen soll den Eltern geholfen werden, gemeinsam mit ihren Kindern die Lernstörung zu bewältigen.

Das Arbeitsamt hat – für praktische und wissenschaftliche Arbeiten zur Legasthenie – sechs Stellen bewilligt. Dieses ABM-Projekt diente u. a. zur Vorbereitung und Durchführung des Bundeskongresses Legasthenie im September 1990 in Aachen. Der Schwerpunkt der Arbeit liegt aber auf der Beratung, der Diagnostik, der Lerntherapie und der Elternarbeit. Die Nachfrage von Eltern und Jugendlichen ist stetig angewachsen, so daß zur Zeit mehrere Monate auf das erste persönliche Gespräch gewartet werden muß. Gefördert wird die Beratungsstelle aus Drittmitteln.

Lesen und Schreiben

Große Bergstraße 261
D-22767 Hamburg
Tel.: (0 40) 38 19 00
Dr. Jochen Klein, RA Klaus-Dieter Alt,
Gerald Pump-Berthé (Vorstand)

Lesen und Schreiben e.V. ist eine Therapieeinrichtung insbesondere für Kinder. Die Lerntherapie in Lesen und Schreiben für Kinder wird unter Einbeziehung der Eltern durchgeführt.

Normalerweise wenden sich die Eltern an den Verein, wenn sie sich durch die schulischen Lern- und Verhaltensprobleme ihres Kindes überfordert sehen und daher außerschulische Hilfe suchen. In Anamnesegesprächen mit den Eltern und in der Diagnostik mit den Kindern werden häufig folgende Problemzusammenhänge sichtbar:

- Lese- und Schreibprobleme (Lese-Rechtschreib-Schwäche, Legasthenie)
- Entwicklungsverzögerung im sensorischen und motorischen Bereich
- Sprachentwicklungsverzögerung (Wortschatz, Grammatik; Artikulationsstörung)
- Verhaltensauffälligkeiten, emotionale Störungen (resignativ – aggressiv; bewegungsarm – hypermotorisch)
- körperlich-organische Belastungen (Augen, Ohren, hirnorganisch, Gleichgewicht u. a.)

Inzwischen wurde deutlich, daß auch Erwachsene nach einer solchen therapeutisch orientierten Fördermaßnahme suchen. Das Klientel erweiterte sich um zahlreiche erwachsene Analphabeten.

In der Regel kommen die Schüler(innen) allein oder in Kleinstgruppen zweimal wöchentlich für 45 Minuten in die Therapiestation. Betreut werden die Kinder durch Pädagog(inn)en mit einer einjährigen Zusatzausbildung zum Schriftsprach- und Legasthenie-Therapeuten. Diese in der Bundesrepublik Deutschland bisher einzigartige interdisziplinäre Ausbildung wurde mit Unterstützung des Arbeitsamtes Hamburg vom Verein *Lesen und Schreiben e.V.* unter der Leitung von Dr. Jochen Klein durchgeführt.

Lesen und Schreiben e.V. arbeitet mit einer heilpädagogischen Lerntherapie, die auf neurologisch und psychologisch fundierten Konzepten aufbaut.

Sie setzt am jeweiligen Entwicklungsstand des Kindes an und zielt auf eine Verbesserung des Schriftspracherwerbs. Diese Therapie soll Kind, Eltern und Lehrkraft entlasten. Das Förderkonzept integriert in der Regel folgende Schwerpunkte:

- Verbesserung der Wahrnehmungs- und Bewegungsfunktionen (verbosensomotorische Voraussetzungen der Schriftsprache)
- Einbeziehung des Tast- und Bewegungssinnes zur besseren Koordination der Teilschritte des Lesens und Schreibens (Formerfassung, Bewegungsabläufe beim Schreiben, kontrollierte Artikulation, Einsatz von Handzeichen)
- Übungen zur Körpererfahrung: Entspannung, Rhythmik, Eutonie
- Verbesserung der Lese- und Schreibmotivation durch Orientierung an Handlungszusammenhängen der kindlichen Alltagswelt
- Individuelle und systematische Förderung der Lese- und Schreibleistung, ausgehend vom aktuellen Lese- und Schreibvermögen
- Verminderung psychischer Belastungen des Kindes durch Ermöglichung und Verstärkung von Lernerfolgen
- Förderung von Aufmerksamkeit, Ausdauer und Sozialverhalten
- Beratung und Aufklärung, auch psychologische Betreuung der Eltern

Laufend werden Vorträge von Vereinsmitgliedern/-mitarbeiter(inne)n in Schulen und Kindertagesheimen gehalten. Es werden Fortbildungsmaßnahmen für verschiedene pädagogisch-therapeutische Berufe angeboten. Materialien und wissenschaftliche Veröffentlichungen zur Arbeit erscheinen in Zeitschriften und im Selbstverlag.

Im Augenblick können bezogen werden:

- *Lesen- und Schreibenlernen im Entwicklungszusammenhang. Interdisziplinäre Beiträge* (Redaktion: Jochen Klein und Wilfried Küchler). Hrsg: Lesen und Schreiben e.V.; Hamburg 1989.
- Therapiekonzept von Lesen und Schreiben e.V.
- *Diagnostik zur Förderung – Aspekte und Materialien* (in Vorbereitung)

Lesen und Schreiben ist ein eingetragener Verein, der Anfang 1986 von betroffenen Eltern, Lehrer(inne)n und Therapeut(inn)en gegründet wurde. Er ist vom Finanzamt als gemeinnützig anerkannt. Die Finanzierung erfolgt durch die Eltern und zum Teil durch Stiftungen/Spenden.

logo – Institut für
Mediensprechen und Präsentation

Germaniaplatz 29
D-60385 Frankfurt am Main

Tel.: (0 69) 49 00 47; Fax: 49 32 05

Dr. Elisabeth Böhm (Inhaberin)

Seit 1988 gibt es in Frankfurt das *Institut für Mediensprechen und Präsentation* namens *logo*.

Das *logo*-Institut schult im wirkungsvollen Umgang mit Sprache, bildet Rundfunk- und Fernsehsprecher aus und trainiert Moderatoren und Journalisten auf dem Gebiet der Medienpräsentation. Sein Programm enthält auch Wirtschaftsrhetorik von der Verhandlungstaktik bis zum Medieninterview. Es wird in Semestereinheiten mit wöchentlichem Unterricht gearbeitet, daneben werden Wochenendseminare angeboten.

Außer der Lehrtätigkeit gibt es auch Forschungsgebiete. *logo* untersucht situative Parameter und akustische sowie optische Einflüsse auf die Sprechwirkung; Verhaltensforschung, Linguistik und Semiotik sowie Sprecherziehung finden dabei Anwendung. Ab Dezember 1991 erscheinen halbjährlich die Forschungs- und Lehrergebnisse in der institutseigenen Zeitschrift *logo-report*.

Die Mitarbeiter von *logo* kommen aus der Medienpraxis und verfügen über langjährige Erfahrungen im Umgang mit verschiedenen Sendetypen in Hörfunk und Fernsehen. Darüber hinaus sind sie wissenschaftlich-theoretisch ausgebildet.

Da die Art, sich oder ein Anliegen zu präsentieren, häufig über den Erfolg im Saal oder bei einem Fernsehauftritt entscheidet, bietet *logo* ein umfassendes praxisorientiertes und wissenschaftlich fundiertes Training an. Dabei gibt es verschiedene Schwerpunkte. Zu den Grundlagen zählen Atemtraining, Stimmbildung und Artikulation sowie eine mikrofongerechte Sprechtechnik. In fortführenden Studiengängen werden Textpräsentation, Moderation und Interview für den Hörfunk-Fernseh-Bereich angeboten. Die Fernsehpräsentation bietet Anleitung zum Auftreten vor der Kamera, zum Synchronisieren, zum Zeit- und Filmschnittsprechen und zur individuellen Zuschaueransprache. Weitere Seminarangebote sind: Freies Sprechen, Gesprächs- und Verhandlungsführung, Industrie-Rhetorik.

Vor Beginn des Grundkurses findet eine ausführliche Beratung statt, in der ein individuelles Trainingsprogramm zusammengestellt wird. Einmal im Monat werden am Wochenende Kompaktkurse abgehalten (vier Veranstaltungen pro Semester). Die Dozenten des *logo*-Teams und dafür verpflichtete Gastdozenten bieten Gruppenveranstaltungen zu unterschiedlichen Bereichen der Präsentation und der Kommunikation an.
Seit März 1990 ist *logo* auch in den neuen Bundesländern tätig. Es hält Kurse in Firmen zur Wirtschaftsrhetorik ab, bietet Schulungen für Presse- und Öffentlichkeitsarbeit an und trainiert die Kollegen der verschiedenen Rundfunk- und Fernsehanstalten im Mediensprechen.

logo ist ein privates Institut, das sich selbst finanziert; es erhält keine staatlichen oder öffentlichen Mittel.

Rundfunkanstalten

Nicht alle der angesprochenen Rundfunkanstalten konnten uns in der zur Verfügung stehenden Zeit die Darstellung ihrer Aktivitäten im Bereich der Sprachkultur zukommen lassen. Die Liste der in diesem Nachschlagewerk verzeichneten Rundfunkanstalten ist daher leider nicht vollständig. Wir nehmen allerdings an, daß die Tätigkeitsbeschreibungen von repräsentativem Charakter sind.

Bayerischer Rundfunk (→ siehe S. 162)

Deutsche Welle (→ siehe S. 196)

Deutschlandfunk (→ siehe S. 216)

Südwestfunk (→ siehe S. 310)

Westdeutscher Rundfunk (→ siehe S. 316)

Siegener Institut für Sprachen im Beruf

Fachbereich 3:
Sprach- und Literaturwissenschaften
Adolf-Reichwein-Straße 2
Postfach 10 12 40
D-57068 Siegen

Tel.: (02 71) 7 40 - 23 49; Fax: 7 40 - 23 30

Prof. Dr. Burkhard Schaeder (Leiter)

Das *Siegener Institut für Sprachen im Beruf* (*SISIB*) ist eine Einrichtung des Fachbereiches 3 „Sprach- und Literaturwissenschaften" der Universität – Gesamthochschule Siegen. Es widmet sich in Forschung und Lehre den Fachsprachen und der fachsprachlichen Kommunikation im Deutschen, Englischen und Französischen.

Die Aufgabenstellung des *SISIB* resultiert aus dem Umstand, daß es bei der Vermittlung fachlicher Inhalte zwischen Fachleuten unterschiedlicher Fachgebiete wie auch zwischen Fachleuten und Laien eine Vielzahl fachsprachlich bedingter Kommunikationsprobleme gibt. Das *SISIB* möchte durch Forschung und Lehre zur Lösung dieser Probleme beitragen.

Die im *SISIB* betriebene Forschung gilt der Analyse und Beschreibung von Fachsprachen und Fachsprachengebrauch, der adressatenspezifischen Informationsvermittlung, der Textrezeption, -produktion und -translation, der Textverständlichkeit sowie der Entwicklung von Konzepten und Materialien zur Vermittlung fachsprachlicher (insbesondere auch fachfremdsprachlicher) Kompetenz.

In der Lehre bedient das *SISIB* drei Studiengänge:

- Diplomingenieur des Maschinenbaus/Studienrichtung Internationale Projektierung,
- Magisternebenfach „Angewandte Sprachwissenschaft",
- Ergänzungsstudium „Zertifikat Sprache im Beruf".

Das Lehrangebot im Ergänzungsstudium, das 20 Semesterwochenstunden und Kurse u. a. in Fachbezogener Rhetorik, Verhandlungstechnik, Öffentlichkeitsarbeit, Textproduktion und Texttranslation sowie Kurse in den Fachfremdsprachen Englisch und Französisch und in Deutsch als Fachfremdsprache umfaßt, richtet sich an Studierende aller Fächer, an Berufstätige sowie an sonstige Interessierte außerhalb der Hochschule. Nach erfolgreichem Abschluß des Ergänzungsstudiums wird das Zertifikat „Sprache im Beruf" verliehen.

Über den Hochschulbereich hinaus pflegt das *SISIB* vielfältige Kontakte zu Industrie, Handel und Verwaltung. Zu den greifbaren Ergebnissen dieser Zusammenarbeit zählen firmen- bzw. berufsspezifische Sprachberatungen, Sprachkurse, Wörterbücher.

Sozialpädiatrische Zentren

Das größte sozialpädiatrische Zentrum in der Bundesrepublik Deutschland ist das

Kinderzentrum München
Heiglhofstraße 63
81377 München (→ siehe S. 279)

Weitere große sozialpädiatrische Einrichtungen sind:

Kinderneurologisches Zentrum
Gustav-Heinemann-Haus
Prof. Dr. H.-G. Schlack
Waldenburger Ring 46
53119 Bonn 1

Kinderneurologisches Zentrum
Prof. Dr. G. Groß-Selbeck
Gräulingerstraße 120
40625 Düsseldorf 12

Sozialpädiatrisches Zentrum
Dr. med. Dipl.-Psych. Horst Lison
Janusz-Korczak-Allee 8
30173 Hannover 1

Kinderzentrum Maulbronn
Prof. Dr. Dieter Karch
Knittlinger Steige 21
75433 Maulbronn

Sozialpädiatrisches Zentrum
Kinderklinik Cottbus
Dr. Vera Jacob
Thiemstraße 111
03048 Cottbus

Werner Otto Institut
Dr. med. Herbert Scheying
Bodelschwinghstraße 23
22337 Hamburg 63

Kinderneurologisches Zentrum Mainz
Prof. Dr. J. Pechstein
Hartmühlenweg 2-4
55122 Mainz

Eine Adressenliste aller sozialpädiatrischen Zentren in der Bundesrepublik Deutschland ist erhältlich bei der

Deutschen Gesellschaft für Sozialpädiatrie e.V.
Geschäftsstelle: Kinderzentrum München,
Heiglhofstraße 65, 81377 München

Sprachverband Deutsch für ausländische Arbeitnehmer

Raimundistraße 2
D-55118 Mainz

Tel.: (0 61 31) 9 64 44 - 0; Fax: 9 64 44 44

Heinz Seidel (Vorsitzender)
Gerhard Fiedler (Geschäftsführer)

Der *Sprachverband Deutsch für ausländische Arbeitnehmer e.V.* fördert seit 1975 Deutschkurse für die in der Bundesrepublik Deutschland lebenden Arbeitsmigranten.

Ziel der Sprachkurse ist die Förderung der sozialen und beruflichen Integration von ausländischen Arbeitnehmern und ihren Familienangehörigen. Dieses Ziel soll durch die Vermittlung oder Verbesserung der sprachlichen Kompetenz erreicht werden.

Für alle Kurstypen wird ein handlungsorientiertes Vorgehen im Unterricht vorausgesetzt. Ansatzpunkte des Unterrichts sind die Kommunikationsbedingungen und Kommunikationsziele ausländischer Arbeiter und ihrer Familien in zentralen Bereichen des Alltags, also der Kontakt mit Kollegen und Nachbarn, der Umgang mit Behörden und Institutionen, das Verhalten bei Einkauf und Wohnungssuche, Gespräche mit Ärzten, Lehrern usw.

Nach den seit dem 1. Juli 1988 gültigen „Grundsätzen für die Förderung von Sprachkursen" werden folgende Kurstypen gefördert:

- Allgemeine Sprachkurse mit bis zu 320 Unterrichtsstunden in vier aufeinanderfolgenden Kursen,
- Intensivsprachkurse mit bis zu 640 Unterrichtsstunden und der Möglichkeit von Team-Teaching oder einer sozialpädagogischen Begleitung,
- Sprachkurse mit Alphabetisierung mit bis zu 240 Unterrichtsstunden, wobei auch hier Team-Teaching oder eine sozialpädagogische Begleitung gefördert werden kann,
- Kurse, die mit der Prüfung zum Grundbaustein Deutsch als Fremdsprache enden.

Alle genannten Kurstypen können auch speziell für Frauen angeboten werden. Es besteht bei allen Sprachkursen die Möglichkeit, eine Kinderbetreuung während der gesamten Laufzeit des Kurses zu fördern.

Zur Erleichterung der sozialen und beruflichen Integration sollen die Sprachkurse die Voraussetzungen für die Teilnahme an einer anerkannten Berufsausbildung, einer Fortbildung oder Umschulung schaffen. Dabei gehen Maßnahmen der Bundesanstalt für Arbeit vor.

Der Verein hat insbesondere auch die Aufgabe, die organisatorischen und pädagogischen Voraussetzungen in den übertragenen Maßnahmen zu verbessern. Darüber hinaus entwickelt er sprachdidaktische Konzepte als Grundlage für die Arbeit der Träger. Er arbeitet mit wissenschaftlichen Instituten zusammen.

Der *Sprachverband* begutachtet kontinuierlich die einschlägigen Lehrwerke und spricht Empfehlungen für die Verwendung bestimmter Unterrichtsmaterialien aus. In Zusammenarbeit mit Fachleuten aus der Praxis wird die Entwicklung neuer Materialien initiiert und durchgeführt. Unterrichtsmaterialien, die speziell den Bereich der Alphabetisierungskurse betreffen, werden im *Materialdienst Alphabet* publiziert. Mit den *Extrablättern für den Unterricht* werden ergänzende Unterrichtsmaterialien für die anderen Kursformen angeboten.

Für die Durchführung von Sprachkursen werden von den Kursleitern eine allgemeine pädagogische Qualifikation und der Nachweis besonderer fachlicher Kenntnisse vorausgesetzt. Dafür werden spezielle Seminare angeboten, die vom *Goethe-Institut* und von anderen Trägern durchgeführt werden.

Der Bereich der Sprachkursförderung einschließlich der Kursleiterqualifikation wird durch die vom *Sprachverband* herausgegebenen Zeitschriften ergänzt. Darüber hinaus sollen mit diesen Publikationen Diskussionen in der Fachöffentlichkeit angeregt und dokumentiert werden.

Deutsch lernen – Zeitschrift für den Sprachunterricht mit ausländischen Arbeitnehmern erscheint seit 1975 und bringt in der Hauptsache Beiträge zur Didaktik und Methodik „Deutsch für ausländische Arbeitnehmer“ (DfaA) und zu den Rahmenbedingungen des Zweitspracherwerbs ausländischer Arbeitnehmer und ihrer Familienangehörigen.

Die Zeitschrift *Bildungsarbeit in der Zweitsprache Deutsch – Konzepte und Materialien* (künftig: *Bildungsarbeit in der Zweitsprache Deutsch*) erscheint seit 1984 mit dem Ziel, die Verbindung von Sprachvermittlung mit beruflicher, schulischer und fachlicher Orientierung und Qualifizierung darzustellen.

Die Sprachkurse werden von verschiedenen Trägern im gesamten Bundesgebiet durchgeführt. Insgesamt arbeitet der *Sprachverband* derzeit mit rund 500 Einrichtungen zusammen. Etwa 4500 haupt- und nebenberufliche Lehrkräfte unterrichten in den geförderten Kursen. Große Trägerorganisationen sind z. B. die *Arbeiterwohlfahrt,* der *Internationale Bund für Sozialarbeit*, die *Caritas* und das *Diakonische Werk* sowie die *Volkshochschulen.* Aber auch kleine Kursträger (etwa Initiativgruppen und Selbstorganisationen ausländischer Mitbürger) werden vom *Sprachverband* gefördert. Seit Gründung des Verbandes 1974 haben rund 654.000 Teilnehmer Sprachkurse besucht, allein 1990 etwa 82.000 in 6100 Kursen, für deren Förderung ca. 31 Mio. DM bereitgestellt wurden. Interessant ist die Tatsache, daß sich der Anteil der Teilnehmerinnen an den verschiedenen Sprachkurstypen ständig erhöht hat und inzwischen bei über 60% liegt.

Der *Sprachverband Deutsch für ausländische Arbeitnehmer* ist ein eingetragener gemeinnütziger Verein. Mitglieder des Verbandes sind der Bund und die Länder, vertreten durch die jeweiligen Arbeits- und Sozialminister, die Bundesanstalt für Arbeit, kirchliche und freie Wohlfahrtsverbände, überregionale Organisationen der Erwachsenenbildung, die Bildungswerke der Gewerkschaften, die Tarifpartner, die kommunalen Spitzenverbände und der Zentralverband des Deutschen Handwerks. Der *Sprachverband* wird vom Bundesministerium für Arbeit und Sozialordnung finanziert. Weitere Mitglieder können aufgenommen werden, sofern sie überregional arbeiten, gemeinnützig sind und ein begründetes Interesse des *Sprachverbands* an der Mitgliedschaft besteht. Über die Aufnahme entscheidet die Mitgliederversammlung auf Vorschlag des Vorstands.

Stiftung Lesen

Fischtorplatz 23
D-55116 Mainz
Tel.: (0 61 31) 23 08 88; Fax: 23 03 33
Dr. Fritz Fliszar, Ulrich Wechsler (Vorstand)
Prof. Hilmar Hoffmann, Rolf Zitzlsperger (Geschäftsleitung)
Dr. Solveig Weber (Öffentlichkeitsarbeit)

Die *Stiftung Lesen* wurde 1988 von 28 großen in Kultur, Bildung und Druckmedien tätigen Institutionen, Verbänden, Verlagen und Persönlichkeiten gegründet. Sie setzt die zehnjährige Arbeit der Deutschen Lesegesellschaft mit dem Ziel fort, das Lesen in breiten Bevölkerungsschichten zu fördern.

Durch ihre Projekte und Publikationen sowie mit der Thematisierung des Lesens in der öffentlichen und politischen Diskussion macht sie auf die Bedeutung der Kulturtechnik Lesen für Bildung, Information und Unterhaltung aufmerksam.

Der satzungsgemäße Zweck der Stiftung sind die umfassende Förderung des Lesens von Buch, Zeitschrift und Zeitung in allen Bevölkerungskreisen sowie die Pflege und Erhaltung einer zeitgemäßen Lese- und Sprachkultur. Zu den Aufgaben zählen im besonderen die Förderung von Sprache und Lesen in

- Elternhaus, Kindergarten und Schule,
- der kulturellen Jugendbildung,
- der Erwachsenenbildung,
- den Massenmedien (Medienerziehung).

Aufgaben der Stiftung sind ferner die Durchführung und die Förderung von Lese- und Leserforschung sowie die Kommunikationsforschung.

Bei den Projekten der *Stiftung Lesen* gibt es verschiedene Schwerpunkte, so den *Schwerpunkt Familie*, den *Schwerpunkt Kinder und Jugendliche*, *Hilfen für Erzieher und Lehrer* und *Leseanimation durch Medien und Kampagnen.* In Kooperation mit ARD und ZDF werden von der Stiftung „Leseempfehlungen" gegeben, die als Orientierungshilfen für interessierte Fernsehzuschauer fungieren sollen.

Die *Stiftung Lesen* führt Veranstaltungen und Seminare der unterschiedlichsten Art zur Leseförderung durch. Es werden Leseklubs und Literaturcafés eingerichtet und Ausstellungen organisiert, die auf entsprechenden Veranstaltungen – z. B. der Frankfurter Buchmesse – zu sehen sind.

Seit 1988 existiert bei der *Stiftung Lesen* eine computergestützte Dokumentationsstelle zur Leseförderung und Leseforschung. Durch die Herausgabe von Spezialbibliographien, durch individuellen Auskunftsservice und die kontinuierliche Aufarbeitung des nationalen und internationalen Forschungsstands zu medien- und kommunikationswissenschaftlichen Grundlagen, Modellen und Maßnahmen sollen Forschungslücken und -defizite entdeckt und geschlossen werden. Eine 200seitige Spezialbibliographie zum Thema „Buch und Lesen in der Kindheit", ein Gutachten im Auftrag des BMBW zum Stand der Leseforschung in sechs Industrienationen, eine Sammlung mit Zahlen, Daten und Fakten zum Leseverhalten sowie ein Band zur Comic-Forschung wurden bisher veröffentlicht. Dokumentationsbeispiele werden im Mitteilungsblatt *Forum Lesen* veröffentlicht.

In diesem von der *Stiftung Lesen* herausgegebenen Periodikum werden Fragen aus allen Bereichen des Lesens behandelt. Neben Berichten und Mitteilungen über die eigene Arbeit bietet die Publikation ein Forum für alle in der Leseförderung tätigen Organisationen. Kommentare prominenter Persönlichkeiten zum Thema vervollständigen den Leserservice. *Forum Lesen* erscheint vier- bis fünfmal jährlich und wird allen Zielgruppen, insbesondere Presse- und Publikationsorganen, zugänglich gemacht.

Die *Stiftung Lesen* arbeitet mit den sie tragenden und allen anderen für die Leseförderung engagierten Institutionen eng zusammen und ist zur Verwirklichung ihrer Ziele auf ideelle und materielle Unterstützung aller gesellschaftlicher Kräfte angewiesen.

In den neuen Bundesländern unterhält die *Stiftung Lesen* bisher zwei Regionalbüros (Adressen siehe unten). Alle bewährten Programme und Aktivitäten der Leseförderung sollen auch in den neuen Bundesländern unterstützt bzw. initiiert werden. Zunächst lagen die Arbeitsschwerpunkte in der Gründung von Leseklubs sowie der Veranstaltung von Informationsseminaren für Multiplikatoren der Leseförderung. Daneben wurde eine bundesweite Bücherspendenaktion für schwach ausgestattete Bibliotheken organisiert, in der annähernd eine Million Bücher zusammengetragen wurden. Gemeinsam mit Leseforschern aus Halle wird eine Untersuchung zum Leseverhalten nach der Wende durchgeführt; in Zusammenarbeit mit dem *Deutschen Kulturrat* führte die *Stiftung Lesen* eine Bürgermeisterumfrage zur Bestandsaufnahme der Kultureinrichtungen und -aktivitäten durch. In periodische Projekte der Stiftung wie den jährlichen Bücherfrühling, das europäische Autorensuchspiel und die Veranstaltungsreihe „Lyrik + Jazz“ sind die neuen Bundesländer bereits seit 1990 einbezogen.

Anschriften der Büros:

Stiftung Lesen
Frau Petra Fleischer
Schwerinsches Palais
Molkenmarkt 1-3
D-10179 Berlin
Tel.: (0 30) 2 38 65 29
Fax: (0 30) 2 38 65 29

Stiftung Lesen
Frau Ruth Stöbling
Literaturhaus Kuhtor
Ernst-Barlach-Straße 1
D-18055 Rostock
Tel.: (03 81) 2 55 81

Die *Stiftung Lesen* ist eine Stiftung des bürgerlichen Rechts und finanziert ihre Arbeit aus Spenden und Projektmitteln. Sie will ein Stiftungskapital ansammeln, dessen Erträge zu einer stetigen Verstärkung ihrer Aktivitäten führen soll.

Der Jahresetat der *Stiftung Lesen* lag 1991 bei ca. 3,9 Millionen DM. Die wichtigsten Einnahmequellen hierzu waren Zuwendungen der Mitglieder des Stifterrats und freie Spenden (ca. 60 Prozent), Projektmittel der öffentlichen Hand (ca. 25%), an Projekte gebundene Spenden der Wirtschaft (ca. 5%), sonstige Erlöse und Kostenerstattungen (zusammen ca. 10%).

Studentische Tagung Sprachwissenschaft

c/o Universität Hamburg
Institut für Allgemeine Sprachwissenschaft
& Indogermanistik, Fachschaft
Von-Melle-Park 6
D-20146 Hamburg

Die *Studentische Tagung Sprachwissenschaft* (*StuTS*) ist eine semesterweise stattfindende Veranstaltung, an der Studierende aus dem gesamten deutschsprachigen Raum teilnehmen, gelegentlich sogar interessierte Kommilitoninnen und Kommilitonen aus anderen Ländern. Da Sprachkultur ein sehr weiter Begriff ist, sind auch die vertretenen Studienrichtungen so breit gefächert wie die Herkunft der Besucherinnen und Besucher: Indogermanistik, „reine" Linguistik, Psychologie, Computerlinguistik, Phonetik oder vergleichende Sprachwissenschaft können genannt werden. Die Themen, mit denen sich die Arbeitsgruppen während der Tagung beschäftigen, gehen noch darüber hinaus, da die *StuTS* sich auch als gesellschaftlich und politisch interessierte Tagung versteht. So können sich Studierende umfassend und vielseitig über den Begriff „Sprache" in all seinen Facetten austauschen.

Die *StuTS* hat keine offizielle, institutionelle Organisation. Es gibt lediglich eine Gruppe von Studierenden, die aus Interesse am Studienfach die Tagungen organisieren. Die Tagung wandert somit – je nach Bereitschaft zur Organisation – von Stadt zu Stadt.

Der Ablauf der Tagung selbst ist dementsprechend zwar gegliedert, auch die Arbeitsgruppen sind vorbereitet, aber eine Änderung nach aktuellen Wünschen ist jederzeit möglich. In den Arbeitsgruppen selbst moderieren die teilnehmenden Studierenden Diskussionen zu einem bestimmten Schwerpunkt; Fachvorträge sind die große Ausnahme. Auf den täglichen Plena werden dann mit allen Tagungsteilnehmerinnen und -teilnehmern die Ergebnisse besprochen.

Die Finanzierung ist problematisch, da die *StuTS* völlig auf Spenden angewiesen ist. Diese kommen von Privatleuten, Stiftungen, Firmen oder Universitäten: Entsprechend karg ist gelegentlich die Ausstattung, zumal während des Semesters große Probleme bei der Raumvergabe bestehen.

Südwestfunk

Hans-Bredow-Straße
Postfach 8 20
D-76530 Baden-Baden
Tel.: (0 72 21) 92-0; Fax: 92 20 10
Peter Voß (Intendant)
Dr. Norbert Waldmann (Intendanz, Abt. Medienforschung)

Der *Südwestfunk* leistet Beiträge zur Förderung der sprachlichen Kultur durch spezielle Sendungen in Hörfunk und Fernsehen. Insbesondere sei auf die Sendungen im Bereich Literatur und Sprache auch im Schulfunk und Schulfernsehen verwiesen. Die Bandbreite ist sehr groß. Sie reicht bei Südwest 3 vom Schulfernsehen – z. B. „Literatur im Nachkriegsdeutschland“ – bis zu dem Literaturmagazin „Goethe, Schiller & Co“. Ähnliches gilt für den Hörfunk. Dort sind die meisten Angebote im Programm *S 2 Kultur* zu finden. Die SWF-Bestenliste gehört ebenfalls zu diesem Arbeitsfeld. Hier nennt jeder von 29 namhaften Literaturkritikern monatlich in freier Auswahl vier Buchneuerscheinungen, denen er „möglichst viele Leser“ wünscht, und gibt ihnen Punkte (7, 5, 3, 1). Der *Südwestfunk* tritt auch durch die Vergabe von Preisen und Auszeichnungen als Förderer in Erscheinung. So verleiht er den mit 15.000 DM dotierten Peter-Huchel-Preis für Lyrik, den er gemeinsam mit dem Land Baden-Württemberg gestiftet hat, und ebenso wird der gleichfalls mit 15.000 DM dotierte Preis des SWF-Literaturmagazins vergeben.

Im Bereich der Ausbildung von Mitarbeiterinnen und Mitarbeitern werden Veranstaltungen zu „Sprache im Hörfunk“ und „Sprache im Fernsehen“ – spezifiziert an bestimmten Programmgenres – angeboten.

Die Finanzierung erfolgt im üblichen Rahmen einer öffentlich-rechtlichen Rundfunkanstalt.

Technische Universität Dresden
Institut für Deutsche Fachsprache

Mommsenstraße 13
D-01069 Dresden
Sprachservice-Telefon: (03 51) 4 63-62 71
Prof. Dr. sc. phil. Ingrid Kelling

Das *Institut für deutsche Fachsprache* ist seit seiner Gründung im Jahre 1984 – längerer Tradition folgend – in Forschung und Lehre, mit Veröffentlichungen sowie Aus- und Weiterbildungsveranstaltungen im Dienste fachsprachlicher Kommunikation tätig.

Seit September 1991 stehen die Mitarbeiter des Instituts für Fragen bei Schwierigkeiten und Zweifelsfällen im Gebrauch der deutschen Sprache mit einem Sprachservice rund um die Uhr zur Verfügung. Ein Anrufbeantworter zeichnet die Anfragen auf; mit Fachwissen, Sachkenntnis und Aufgeschlossenheit für die Probleme wird die treffende Antwort oder eine passende Lösung gesucht, und die Anfragenden werden umgehend telefonisch, auf Wunsch auch schriftlich informiert.

Unsicherheiten beim anspruchsvollen Umgang mit der deutschen Sprache lassen sich nicht völlig ausschließen; Gründe dafür liegen unter anderem darin, daß das Regelwerk zum Gebrauch der deutschen Sprache historisch gewachsen und nicht frei von Widersprüchen ist. Die Regeln zum Satzbau, zur Wortbildung und Wortwahl, zur Rechtschreibung und zur Zeichensetzung sind nicht ohne weiteres überschaubar. Wie jede Sprache verändert sich die deutsche Sprache ständig; nach der Vereinigung der beiden deutschen Staaten ist das besonders in den neuen Ländern offensichtlich geworden.

Unsicherheiten im individuellen Sprachgebrauch lassen oft auf nicht gefestigte Entwicklungen der Sprache, auf schwankende Übergänge schließen. Auch die Mitarbeiter des *Instituts für Deutsche Fachsprache* verfolgen die sprachliche Entwicklung mit Spannung und interessieren sich für jede Anfrage.
Fehler im Sprachgebrauch werden aber trotz ihrer objektiven Ursachen nicht toleriert. Sie können das Ansehen des Sprechers oder Schreibers, der Institution, des Betriebes beeinträchtigen.
Aus diesem Grund wollen die Mitarbeiter des *Instituts für Deutsche Fachsprache* allen helfen, ihr gutes Image zu bewahren.

Verein Deutscher Ingenieure
VDI-Hauptgruppe Der Ingenieur in Beruf und Gesellschaft, Bereich Mensch und Technik
Graf-Recke-Straße 84
Postfach 11 39
D-40002 Düsseldorf

Tel.: (02 11) 62 14-4 74; Fax: 62 14-5 75

Dr.-Ing. Klaus Czeguhn (Präsidium)
Dr.-Ing. Peter Gerber (Direktor)
Dipl.-Pol. Volker M. Brennecke
(Referent für „Mensch und Technik“)

Der *Verein Deutscher Ingenieure* (*VDI*) hat im Bereich „Mensch und Technik“ eine Reihe von Richtlinien erarbeitet. Mit Sprachrichtlinien befaßte sich der Ausschuß Sprache und Technik. Aus dieser Arbeit sind verschiedene Publikationen hervorgegangen, die sich mit bestimmten Bereichen der Wortbildung und der Funktion des Fachwortes beschäftigen. Diese Richtlinienarbeit geschah auf ehrenamtlicher Basis. Seit einigen Jahren ruhen beim VDI die Arbeiten auf diesem Gebiet.

Folgende VDI-Richtlinien wurden veröffentlicht:

Nr. 2270: Adjektivbildungen mit ...los und ...frei. Sprachlicher Ausdruck für die Abwesenheit (1/1963)

Nr. 2271: Wörter auf -ung. Sprachlicher Ausdruck für ablaufende und abgeschlossene Vorgänge (3/1964)

Nr. 2272: Der Bindestrich. Schriftzeichen bei Wortzusammensetzungen (6/1966)

Nr. 2273: Adjektivbildungen mit -bar, -haft, -lich und -sam (12/1965)

Nr. 2274: Verben auf -ieren, -isieren und -fizieren. Endungen zum Eindeutschen von Fremdverben (1/1967)

Nr. 2275: Wörter auf -er; Täterbezeichnungen – Gerätebezeichnungen (9/1967)

Nr. 2276: Verben mit den Vorsilben be-, ent-, er-, ge-, miß-, ver- und zer- (8/1969)

Nr. 2277: Erweiterte Verben (1/1974)

Nr. 2278: Benennungen durch Personennamen (1/1976)

Nr. 3771: Zusammengesetzte Substantive in den technischen Fachsprachen; Determinativkomposita (9/1977)

Nr. 3772: Leistung und Funktion des Fachwortes in den technischen Fachsprachen (2/1981)

Verein zur Förderung sprachwissenschaftlicher Studien

Prenzlauer Promenade 149-152
D-13189 Berlin
(Geschäftsstelle)

Tel.: (0 30) 4 70 01 25 App. 18; 6 48 02 68

Dr. phil. habil. Erika Ising (Vorsitzende)
Dr. Karl-Erich Heidolph (Stellv. Vorsitzender)
Dr. Andreas Bittner (Geschäftsführer)

Am 11.9.1991 wurde der *Verein zur Förderung sprachwissenschaftlicher Studien e.V.* in Berlin gegründet. Er verfolgt als Ziele u. a.:

- Anregung, Vermittlung und Beratung von Forschungsaufgaben;
- Unterstützung bei der Beschaffung berufsbezogener Arbeit, insbesondere die Übernahme der Trägerschaft von Arbeitsbeschaffungsmaßnahmen (ABM) für Sprachwissenschaftler und andere in der Sprachwissenschaft Tätige, die arbeitslos oder von Arbeitslosigkeit bedroht sind, sowie die fachliche Beratung anderer Einrichtungen, die solche Maßnahmen tragen;
- Unterstützung des wissenschaftlichen Gedankenaustausches im Sinne berufsfördernder Maßnahmen;
- Initiativen zur sprachwissenschaftlichen und sprachkulturellen Öffentlichkeitsarbeit (einschließlich der Beratung von Medien und der Zusammenarbeit mit ihnen);
- Eintreten für die Erhaltung und sinnvolle Nutzung von Bibliotheken und Archiven (namentlich aus dem Bestand des *Zentralinstituts für Sprachwissenschaft*);
- Zusammenarbeit mit Universitäten und Hochschulen sowie mit staatlichen und kommunalen Stellen;
- Koordinierung der Vereinsaktivitäten mit denen anderer wissenschaftlicher Vereinigungen und Institutionen.

Der Verein finanziert seine Geschäftstätigkeit aus Mitgliedsbeiträgen, Einnahmen aus Leistungen sowie aus Zuschüssen und Spenden. Er hat 40 Gründungsmitglieder und ist offen für die Mitgliedschaft interessierter Kollegen und Kolleginnen.

Werner-Reimers-Stiftung

Am Wingertsberg 4
D-61348 Bad Homburg v. d. H.
Tel.: (0 61 72) 2 40 58
Konrad von Krosigk (Vorstand)
Dr. H. Günther (Studiengruppe „Geschriebene Sprache“)

Die *Werner-Reimers-Stiftung* trägt den Namen ihres Gründers, des Bad Homburger Industriellen Werner Reimers (1888-1965). In seinem Sinne fördert die Stiftung insbesondere den interdisziplinären wissenschaftlichen Gedankenaustausch. Sie betreut Symposien und Kolloquien, die im eigenen Tagungszentrum in Bad Homburg stattfinden, und trägt die Reise- und Aufenthaltskosten der Teilnehmer und Teilnehmerinnen. Von der Stiftung geförderte Studiengruppen und Arbeitskreise, die aus Wissenschaftlern und Praktikern bestehen, bearbeiten in längerfristigen Tagungszyklen bestimmte Forschungsbereiche.

Bis zum Ende der siebziger Jahre hatte die Stiftung einen Förderungsschwerpunkt „Sprache“. Das Thema „Wissenschaftssprachen und Umgangssprache“ wurde in einer Reihe von Tagungen zu den Themen „Fachsprachliche Texte – umgangssprachliche Kommunikation“ (1974), „Fachsprachliche Lexika“ (1975), „Die Sprache der Verwaltung“ (1976), „Wissenschaftliche Voraussetzungen zur Beschreibung natürlicher Sprachen“ (1976) und „Sprache und Logik der Quantenmechanik“ (1976) ausführlich bearbeitet. Die Ergebnisse der Tagungen sind in Einzelaufsätzen veröffentlicht.

Eine weitere Arbeitsgruppe unter der Leitung von H. Weinrich und H. Moser verfolgte in den Jahren 1975/76 das Projekt eines großen interdisziplinären Wörterbuchs der deutschen Sprache. Aus dieser Arbeit wurden veröffentlicht:
H. Weinrich, *Die Wahrheit der Wörterbücher*;
H. Henne/H. Weinrich, „Projekt eines neuen großen Wörterbuchs der deutschen Sprache. Thesen, Kommentar und Bericht über zwei Projektkonferenzen...“, in: *Zeitschrift für germanistische Linguistik* 4 (1976), 55-64;
W. Mentrup, „Projekt eines großen interdisziplinären Wörterbuchs der deutschen Sprache“, in: *Deutsche Sprache* 1976, 93-96, 188-90.

Seit Beginn der achtziger Jahre wird der Bereich „Sprache und Sprachwissenschaft“ auf Antrag gefördert. Dem Thema „Sprache“ widmet sich gegenwärtig hauptsächlich die Studiengruppe „Geschriebene Sprache“ unter der Leitung von H. Günther. Aus der Arbeit der Gruppe sind inzwischen mehrere Sammelbände hervorgegangen: *Schrift, Schreiben, Schriftlichkeit*, Tübingen

1983, *Schriftsystem und Orthographie*, Tübingen 1989, und *Zu einer Theorie der Orthographie*, Tübingen 1990. In Anbahnung befinden sich die Studiengruppen „Veränderungsprozesse im Deutschen nach der 'Wende' in der DDR" (Leitung: H. Glück, W. Sauer, K. Welke) und „Kindlicher Dysgrammatismus" (Leitung: G. Kegel). Seit 1989 fördert die *Werner-Reimers-Stiftung* die Studiengruppe „Die Dynamik des Dialogs" (Leitung: K. Foppa).

Auch in Kolloquien beschäftigt sich die Stiftung mit dem Thema „Sprache". In den Jahren 1986 bis 1991 wurden unter anderem Kolloquien zu folgenden Themen von der Stiftung gefördert: „Die Sprachproduktion und ihr Input" (W. Deutsch); „Die Beziehungen zwischen Geowissenschaften und Sprachwissenschaft im 18. und 19. Jahrhundert" (B. Naumann/F. Plank); „Gesucht: Eine Sprachpolitik für die Europäische Gemeinschaft" (F. Coulmas); „Neuere Ansätze zur Verbgrammatik des Deutschen" (P. Eisenberg/P. Suchsland); „Gehörlosengemeinschaften und Gebärdensprachen" (G. List); „Kognitive Linguistik" (G. Kegel); „Deutsche Sprachgeschichte im 19. Jahrhundert" (K. Mattheier); „Germanische Rest- und Trümmersprachen" (H. Beck); „Die Herausbildung einer Sprachpolitik der Nationalstaaten in Deutschland und Frankreich" (U. Maas/B. Schlieben-Lange); „Modelle und Entwicklungsförderung der Zweisprachigkeit" (U. Röhr-Sendlmeier).

Die *Werner-Reimers-Stiftung* finanziert sich aus den Erträgen des ihr vom Stifter hinterlassenen Vermögens, insbesondere Anteilen an der *P.I.V. Antrieb Werner Reimers GmbH & Co KG*, Bad Homburg v. d. H.

Westdeutscher Rundfunk

Appellhofplatz 1
Postfach 10 19 50
D-50600 Köln

Tel.: (02 21) 2 20-1; Fax.: 2 20 48 00

Friedrich Nowottny (Intendant)

1. Fernsehen

Die *Programmgruppe Schulfernsehen von WDR/West 3* veranstaltet zusammen mit dem *SWF* den Kurs *Telekolleg II/Deutsch.* Dieser Kurs gliedert sich in viermal 13 Lerneinheiten von je 30 Minuten.

In den ersten 13 Lektionen wird die Sprache als das wichtigste Verständigungsmittel der Menschen vorgestellt. Es wird untersucht, welche Faktoren zusammenwirken müssen, wenn die sprachliche Verständigung gelingen soll. Im zweiten Teil (14 bis 26) wird die Sprachbetrachtung fortgesetzt mit Analysen der sprachlichen Einheit „Text". Im Mittelpunkt der Untersuchung stehen Kommunikationsformen, die in der gegenwärtigen Sprachwirklichkeit eine breite Wirkung haben: Vortrag, Diskussion, Nachrichten und Interviews im Fernsehen.
Der dritte Block beginnt mit der Frage nach der Bedeutung literarischer Gattungen und wendet sich dann der Untersuchung einzelner Gattungen – Satire, Märchen, Fabeln, Roman, Novelle u. a. – zu. Anschließend werden die Funktionen der Literatur, die Literaturkritik und das Verhältnis der Literatur zu anderen Künsten erörtert.
Das letzte Trimester setzt in den Lektionen 40 bis 52 die Literaturbetrachtung fort: Lyrik, Roman und Drama vom 17. bis zur Mitte des 19. Jahrhunderts, Themen aus dem Naturalismus, Impressionismus, Expressionismus, der Exilliteratur sowie die Literatur nach 1945, wobei auch immer die Literaten der ehemaligen DDR berücksichtigt wurden.
Zu allen 52 Fernsehsendungen des Deutschkurses gibt es ein eigenes „Programm-Heft", ein Mittler zwischen Sendung und Arbeitsbuch. Ein kurzer Überblick über den Aufbau des gesamten Deutschkurses soll Orientierungshilfen geben und Problembewußtsein vermitteln.

In den *Schulfernsehsendungen* zu den Bereichen Medienerziehung/Deutsch/Kunst geht es vor allem um den Themenkreis „Sprache und Medien", so zum Beispiel in der Grundschulreihe „Die Nachrichten-Ente": Wie interessant muß ein Ereignis sein, damit darüber in Presse, Funk und Fernsehen berichtet wird? Wer entscheidet dort, in welcher Form über ein Ereignis berichtet wird? Wie unterschiedlich sind die Berichte über ein und denselben Vorfall in der Zeitung, im Radio und in der Fernsehsendung? In der Reihe *Der Stoff, aus dem die Filme sind* wird die Verfilmung von Romanvorlagen thematisiert (Vom Bestseller zum Kinohit/Vom Kinohit zum Bestseller). In der Reihe *Galerie der Autoren* kommen Schriftsteller zu Wort, die von Schülern zu einer Lesung mit anschließender Diskussion in die Schule eingeladen worden sind (in Kooperation mit dem *SFB*).

Die Sendereihe *Schauplatz Schule* befaßt sich mit dem Schulleben jenseits des Unterrichtsalltages und bietet Beiträge wie „Legasthenie ist kein Schicksal“, „Leselust statt Lesefrust“ und „Zeitung in der Schule“. Darüber hinaus ist eine Koproduktion des *WDR* mit *SWF, NDR* und dem *Goethe-Institut München* mit dem (Arbeits-)Titel „Erste Begegnung mit Deutsch“ in Vorbereitung. Vorgesehen sind 28 Sendungen à 15 Minuten, die für Kinder von Aussiedlern, ausländische Arbeitnehmer und auch für den Einsatz im Ausland (Sendeanstalten, Goethe-Institute, Einrichtungen von *Inter Nationes* usw.) konzipiert sind. Alle genannten (*WDR*-)Produktionen wurden und werden aus dem allgemeinen Gebührenaufkommen des *WDR* als einer öffentlich-rechtlichen Anstalt finanziert.

2. Hörfunk

Im Programm des *WDR-Hörfunks* wird der Umgang mit der Sprache in vielfältiger Weise – indirekt und direkt – thematisiert. Indirekt geschieht dies in Lesungen wichtiger Literatur („Wir lesen vor“, „Am Abend vorgestellt“, „Mitmenschen“, literarisches Feature u. a.). Die Sprachbetrachtung, die Sprachglosse taucht vor allem in den populären Magazinen auf („Morgenmagazin“, „Mittagsmagazin“, „Budengasse“, „Daheim und unterwegs“, „Kritisches Tagebuch“). Zur Zeit gibt es eine sprachkritische Reihe unter dem Titel „Im wahrsten Sinne des Wortes“ in „Daheim und unterwegs“.

Die *Programmgruppe Schulfunk und Bildungsprogramme* strahlt regelmäßig folgende Reihen aus, die sich die Förderung der Sprachkultur zum Ziel setzen:

Reihe *Literatur*, zirka 8 Sendungen à 25 Minuten pro Halbjahr, von Klasse 10 an; Schwerpunkte: „Gespräche über Bücher“ (Schüler sprechen mit Schriftstellern) und „Autor und Werk“ (Einführung in literarische Texte, mit Lesungen oder Dramenauszügen).

Reihe *Erzählungen*, zirka 8 Sendungen à 15 Minuten pro Halbjahr, von Klasse 7 an; wechselnde Schwerpunkte, 1991 „Erzählungen aus Lateinamerika“, 1992 „Russische Erzählungen in der Gegenwart“.

Reihe *Umgang mit Sprache*, zirka 8 Sendungen à 15 Minuten pro Halbjahr, von Klasse 2 an; Schwerpunkte: Annäherung an literarische Texte für jüngere Schüler, sprach- und literarische Ratespiele.

Reihe *Umgang mit Medien*, zirka 16 Sendungen à 15 Minuten pro Halbjahr für Schüler der Sekundarstufe; Schwerpunkte: Medienberichterstattung, elektronische Medien und Printmedien, Medien als Mittler zwischen den Kulturen, Werbung und Kommerz.

Darüber hinaus werden in den Reihen *Politische Bildung*, *Gesellschaft*, *Mitverantwortlich* und *Lernziel: Frieden* unter anderem regelmäßig Themen aus dem beschriebenen Umfeld behandelt. Beispiele: „Sprache und Beruf", „Politik und Humor", „Konflikte vor Gericht", „Sich kümmern um ...".

Zu verschiedenen Reihen gibt der *WDR* Lehrerbegleithefte heraus. Sie erscheinen zweimal jährlich und werden auf Anfrage kostenlos zugeschickt.

Die *Redaktionsgruppe Fremdsprachensendungen* strahlt täglich die Sendung *Vom Bosporus bis Gibraltar* und die *ARD-Fremdsprachensendungen* aus mit Berichten und Reportagen aus Italien, der Türkei, Griechenland, Spanien, dem ehemaligen Jugoslawien und Deutschland in den jeweiligen Fremdsprachen und in Deutsch.

Alle genannten (*WDR*-)Produktionen wurden und werden aus den allgemeinen Gebührenaufkommen des *WDR* als einer öffentlich-rechtlichen Anstalt finanziert.

3. Fort- und Weiterbildung

Der *WDR* bietet in seinem Fort- und Weiterbildungsprogramm regelmäßig Seminare an, die der Förderung der sprachlichen Kultur sowohl im allgemeinen als auch im engeren Sinne dienen:

unter dem Gesichtspunkt der Zusammenarbeit und Arbeitstechnik zum Beispiel „Präsentieren – informieren" für Mitarbeiterinnen und Mitarbeiter, die Gedanken, Pläne, Projekte und Ergebnisse vorstellen und vertreten müssen, die Besprechungen leiten oder daran teilnehmen, die im Zweiergespräch überzeugen müssen; „Rhetorik: verständlich und überzeugend reden" sowie „Argumentieren und Verhandeln" für Mitarbeiterinnen und Mitarbeiter, die häufig Besprechungen leiten, an Diskussionen teilnehmen und moderieren.

Unter programmbezogenen Gesichtspunkten finden unter anderem folgende Seminare statt: „Sprechtraining für Redakteurinnen und Redakteure“ für Programmitarbeiterinnen und -mitarbeiter aus allen Bereichen des Hörfunks und des Fernsehens, „Sprecherziehung“ für Redakteurinnen und Redakteure, Reporterinnen und Reporter, Moderatorinnen und Moderatoren von Hörfunk und Fernsehen, „Sprache und Verständlichkeit“ für Redakteurinnen und Redakteure, Autorinnen und Autoren insbesondere des Hörfunks, „Interviewtraining“ sowie „Interview-Praxis/Live-Gespräche im Hörfunk“ für Programmitarbeiterinnen und -mitarbeiter, außerdem „Reportage-Training“, „Rhetorik für Redakteurinnen und Redakteure“ und dergleichen mehr. Außerdem werden verschiedene Fremdsprachenkurse angeboten.

Westfälisches Studieninstitut für kommunale Verwaltung

Stühmerweg 10
D-48147 Münster

Tel.: (02 51) 23 06 78; Fax: 23 22 83

Karl Wiegard (Ltd. Direktor)
Dr. Dieter Büter (Sprachpfleger)

Das *Westfälische Studieninstitut für kommunale Verwaltung* in Münster ist eine Körperschaft des öffentlichen Rechts, getragen von einem Zweckverband. Zu diesem zusammengeschlossen haben sich die Städte Münster, Bocholt und Rheine, die Kreise Warendorf, Steinfurt, Coesfeld und Borken und der Landschaftsverband Westfalen-Lippe.

Das *Studieninstitut* bildet die Angestellten und die Beamten des mittleren Dienstes aus und bietet für alle angeschlossenen Verwaltungen Fortbildung an. In den Fachbereichen Ausbildung und Fortbildung arbeiten jeweils vier hauptamtliche Kolleginnen und Kollegen.

Seit 1978 hat Dr. Büter dort eine Stelle als „Dozent für Sprachpflege". Im Rahmen dieser Tätigkeit werden Konzepte für erwachsenengerechte Fortbildungsarbeit und für sprachliche Fortbildung in der Kommunalverwaltung entwickelt. Die Arbeit erstreckt sich auf drei Ebenen:

1. Gestaltung wichtiger, textreicher Vordrucke in verschiedenen Verwaltungen mit einzelnen Sachbearbeiterinnen und Sachbearbeitern.
2. Seminare, die in unterschiedlichen Formen schriftsprachliche Texte zum Thema haben:
   - Schriftsprache in der Verwaltung
   - „Amtsdeutsch" – die Besonderheiten einer Fachsprache
   - Verständliche Textgestaltung – ein Trainingsprogramm
   - Sprache im Vordruck
   - Bescheidtechnik (zusammen mit Juristen)
   - Die Ordnungsverfügung (zusammen mit Juristen)
   - Der Widerspruchsbescheid (zusammen mit Juristen)
   - Verständliche Darstellung gesetzlicher Vorgaben (zusammen mit Juristen)
   - Rechtsanwendung (zusammen mit Juristen)

3. Bemühungen, gesprochene Sprache in verwaltungsspezifischen Gesprächssituationen zum Gegenstand von Seminaren zu machen unter dem Titel „Gespräche mit Bürgern – erklären, erläutern, beraten".

Ein besonderes Projekt hat Dr. Büter 1981/82 zusammen mit der Stadt Münster durchgeführt: den Wettbewerb „Unsere Sprache".

Hervorzuheben ist auch das folgende Buch, das aus der intensiven Zusammenarbeit mit Juristinnen und Juristen hervorgegangen ist:

Büter, Dieter/Schimke, Hans-Jürgen:
Anleitung zur Bescheidtechnik. Wie Verwaltungsakte verständlich geschrieben werden. Bonn: Walhalla 1991.

In der Publikation wird versucht, rechtliche und sprachliche Aspekte verständlicher Formulierung der Textgattung „Verwaltungsakt" zu entwickeln.

Das *Westfälische Studieninstitut* mit einem Gesamthaushalt von ca. 2,5 Mio. DM finanziert sich durch Entgelte für Unterricht und Fortbildung und eine Umlage von 450.000,– DM.

Zentrale Fortbildung der Programmitarbeiter

Gemeinschaftseinrichtung ARD/ZDF
Unter den Eichen
D-65195 Wiesbaden

Tel.: (06 11) 59 05 44; Fax: 52 08 53

Dr. Ruth Blaes (Leiterin)

Die *Zentrale Fortbildung der Programmitarbeiter* (*ZFP*) ist eine Gemeinschaftseinrichtung von ARD und ZDF. Aufgabe der *ZFP* ist es, durch vielfältige Konzepte und Methoden und den Einsatz von Trainern und Experten aus Wissenschaft, Wirtschaft, Verwaltung und Programm Fortbildung für die Mitarbeiter der Träger in allen Bereichen zu entwickeln und durchzuführen. Der *ZFP* obliegen die zentrale Planung und Durchführung von Fortbildungsmaßnahmen für Programmitarbeiter aller Sparten und die Unterstützung einzelner Landesrundfunkanstalten bei eigenen Fortbildungsmaßnahmen.

Das Hauptziel der Arbeit ist die Stärkung der professionellen Kompetenz der Programmitarbeiter.

Es gibt folgende Arbeitsschwerpunkte:

a) die Vermittlung spezieller handwerklicher Fähigkeiten
b) das Einüben von Kooperation und Teamwork
c) die Vermittlung von Sachwissen
d) die Vorbereitung auf neue Entwicklungen
e) der Erfahrungsaustausch derer, die kreativ am Programm arbeiten

In allen Punkten werden sprachliche Kultur und Sprachkompetenz vermittelt und verbessert, z. B. in den Bereichen:

- Reportagetraining
- Moderationstraining HF und FS
- Interviewtraining
- Moderation mit Publikum im Studio
- Mit dem Ü-Wagen unterwegs – live draußen
- Hörfunknachrichten – Formen und Präsentationen
- Meine Sprache, mein Sprechen – Form-Inhalt-Diskussion
- Schreibschule

- Erzählen
- Schreiben fürs Sprechen HF und FS
- Talk-Show

1990 hat die *ZFP* über 150 Seminare veranstaltet, an denen 1600 Personen teilgenommen haben. Außerdem arbeitet die *ZFP* regelmäßig mit der *Gesellschaft für deutsche Sprache* zusammen.

Träger der *ZFP* sind die Landesrundfunkanstalten und das ZDF. Sie statten nach einem fixen Finanzierungsschlüssel die *ZFP* mit Finanzmitteln aus und kontrollieren die Tätigkeit der *ZFP*.

Zentrum für deutsche Sprache und Kultur

Kaufunger Straße 4
D-60486 Frankfurt am Main
Tel.: (0 69) 77 71 71 / 77 71 81; Fax: 77 40 26
H. Schoele, J. Hillmer-Pötter (Präsidium)
H. Thiel (Leiter)

Das *Zentrum für deutsche Sprache und Kultur* arbeitet in 3 Fachabteilungen:

1. Deutsch als Fremdsprache
   Hier führt es Sprachkurse für Ausländer und internationale Seminare durch. Ein Teil der Kurse wird vom Sprachverband Deutsch für ausländische Arbeitnehmer in Mainz finanziert.
2. Bildungsurlaube
   Das *Zentrum für deutsche Sprache und Kultur* organisiert internationale Begegnungen in Form von zweiwöchigen Sprachkursaufenthalten im Ausland, bei denen ein Seminarprogramm das Kennenlernen sozialer, politischer und kultureller Zusammenhänge des Gastlandes bzw. der -region ermöglicht. Ferner werden ähnliche Kurse von einwöchiger Dauer in Frankfurt angeboten.
3. Ausbildungsbegleitende Hilfen
   Im Rahmen des Benachteiligtenprogramms der Bundesregierung führt das Zentrum im Auftrag des Arbeitsamts Stützkurse für Auszubildende durch.

Die deutsche Sprache und die deutsche Kultur werden auf einer unmittelbaren und praktischen Ebene gefördert, d. h. in den Maßnahmen selbst. Zusätzlich kommt dieser Arbeit eine hohe sozialpolitische Bedeutung zu. Eine theoretische Förderung in Projekten, Seminaren, Preisvergaben etc. ist nicht möglich.

Das *Zentrum für deutsche Sprache und Kultur e.V.* ist ein gemeinnütziger Verein in privater Trägerschaft. Die Arbeit wird von sechs festangestellten Pädagogen und 15 freien Mitarbeitern geleistet.

Auswahlbibliographie

ASPEKTE DER SPRACHKULTUR. Mannheim 1984 (= Mitteilungen 10 des Instituts für deutsche Sprache, Mannheim).

BAUSINGER, Hermann: Zur Problematik des Kulturbegriffs. In: Wierlacher, A. (Hrsg.): Fremdsprache Deutsch I. München 1980.

BESCH, Werner / REICHMANN, Oskar / SONDEREGGER, Stefan (Hrsg.): Sprachgeschichte. Ein Handbuch zur Geschichte der deutschen Sprache und ihrer Erforschung. Bd. 2, 1. Halbbd. Berlin/New York 1984, S. 264-299.

BIERE, Bernd Ulrich: Verständlich-Machen. Hermeneutische Tradition – Historische Praxis – Sprachtheoretische Begründung. Tübingen 1989 (= Reihe germanistische Linguistik 92).

DEUTSCHE AKADEMIE FÜR SPRACHE UND DICHTUNG: Der öffentliche Sprachgebrauch. Bd. 1. Die Sprachnorm-Diskussion in Presse, Hörfunk und Fernsehen. Stuttgart 1980; Bd. 2. Die Sprache des Rechts und der Verwaltung. Stuttgart 1981; Bd. 3. Schulen für einen guten Sprachgebrauch. Stuttgart 1982.

FALLENSTEIN, Robert (Hrsg.): Sprachpflege in europäischen Ländern. Bergen 1989 (= Schriften des Germanistischen Instituts der Universität Bergen 11).

FIX, Ulla: Sprachpflege als sprachkulturelle Praxis und ihr Verhältnis zum Sprachästhetischen. – Anmerkungen zu einer theoretischen Voraussetzung sprachkultureller Aktivitäten (= LS/ZISW/A, H. 170, Berlin 1987, S. 60-78).

Dies.: Sprachkultur – Kommunikationskultur. Kenntnisse, Bedürfnisse, Einstellungen (= LS/ZISW/A, H. 209, Berlin 1991, S. 13-27).

FLEISCHER, Wolfgang / MICHEL, Georg: Stilistik der deutschen Gegenwartssprache, unter Mitarbeit von R. Gläser, W. Heinemann, U. Kändler, G. Starke. Leipzig 1975. ^{3}1979.

GNUTZMANN, Claus: „Sprachpflege“, „Sprachkritik“, „Sprachkultur“ – eine begriffliche Überprüfung am Beispiel des Englischen (= Sprachtheorie, Pragmatik, Interdisziplinäres. Tübingen 1985, Bd. 2, S. 353-363).

GREULE, Albrecht / AHLVERS-LIEBEL, Elisabeth: Germanistische Sprachpflege. Geschichte, Praxis und Zielsetzung. Darmstadt 1986.

Handbuch der Kulturpreise und der individuellen Künstlerförderung in der Bundesrepublik Deutschland 1979-1985. Im Auftrage des Bundesministeriums des Innern erstellt von Karla FOHRBECK. Zentrum für Kulturforschung/Bonn. Köln 1985.

HARTUNG, Wolfdietrich: Sprachkultur als gesellschaftliches Problem und als linguistische Aufgabe (= Sprachkultur. Jahrbuch 1984 des IdS. Düsseldorf 1985, S. 70-81).

HERINGER, Hans Jürgen (Hrsg.): Holzfeuer im hölzernen Ofen. Aufsätze zur politischen Sprachkritik. Tübingen 1982.

HOBERG, Rudolf: Sprachverfall? Wie steht es mit den sprachlichen Fertigkeiten der Deutschen? In: Muttersprache 2-3 (1990), S. 233-243.

HOLLY, Werner: Politische Kultur und Sprachkultur. Wie sich der Bürger politische Äußerungen verständlich machen kann (= Sprachkultur. Jahrbuch 1984 des IdS. Düsseldorf 1985, S. 196-210).

ISING, Erika (Hrsg.): Sprachkultur – warum, wozu? Aufgaben der Sprachkultur in der DDR. Autoren: E. ISING, A. KLEINFELD, J. KRAUS, K.-D. LUDWIG, D. NERIUS, J. SCHARNHORST. Leipzig 1977.

ISING, Erika / KLEINFELD, Annemarie / SCHNERRER, Rosemarie: Forschungen zu einer Theorie der Literatursprache und der Sprachkultur in der DDR (= Sprachwissenschaftliche Informationen, H. 7, Berlin 1984, S. 5-159).

ISING, Erika / KRAUS, Johannes / LUDWIG, Klaus-Dieter / SCHNERRER, Rosemarie: Die Sprache in unserem Leben. Leipzig 1988.

KINNE, Michael / STRUBE-EDELMANN, Birgit: Kleines Wörterbuch des DDR-Wortschatzes. Düsseldorf 1980.

KIRKNESS, Alan: Zur Sprachreinigung im Deutschen 1789-1871. Eine historische Dokumentation. T. I, II. Tübingen 1975.

LANGNER, Helmut: Stehende Ovationen. Einige Bemerkungen zu den Aufgaben der Sprachkritik und der Sprachpflege (= Sprachpflege und Sprachkultur, Jg. 39, 1990, H. 2, S. 39-42).

LERCHNER, Gotthard: Sprachform von Dichtung. Linguistische Untersuchungen zu Funktion und Wirkung literarischer Texte. Berlin u. Weimar 1984.

Ders.: Zum Wertungsproblem in der Beschreibung von Sprachvariation (= LS/ ZISW/ A, H. 149, Berlin 1986, S. 212-225).

Ders.: Stellen sprachliche Kreativität und Ästhetizität handhabbare Bewertungskriterien für Sprachkultur dar? (= LS/ZISW/A, H. 170, Berlin 1987a, S. 45-59).

LUDWIG, Helmut: Gepflegtes Deutsch. Unterhaltsame Sprach- und Stillektionen für die Alltagspraxis. Leipzig 1983.

MUTTERSPRACHE 3-4 (1986). Zeitschrift zur Pflege und Erforschung der deutschen Sprache. Themenheft: Sprachpflege – Sprachkultur. Hrsg. von der Gesellschaft für deutsche Sprache, Wiesbaden.

NERIUS, Dieter: Zur Geschichte und Bedeutung des Begriffes Sprachkultur in der Linguistik der DDR (= Sprachkultur. Jahrbuch 1984 des IdS. Düsseldorf 1985, S. 55-69).

POLENZ, Peter von: Verdünnte Sprachkultur. Das Jenninger-Syndrom in sprachkritischer Sicht (= Deutsche Sprache, Jg. 17, Berlin/Bielefeld/München 1989, H. 4, S. 289-316).

RICHTER, Günther: Kultur oder Kulturlosigkeit der gesprochenen Sprache? – Vorüberlegungen für einen linguistischen Beschreibungsansatz (= LS/ZISW/A, H. 170, Berlin 1987, S. 129-144).

RÖHL, Ernst: Wörtliche Betäubung. Neudeutscher Mindestwortschatz. Beinhaltet eine breite Palette von Schlag-, Hieb- und Stichwörtern. Zielgerichtet untersetzt mit einer Vielzahl von Anwenderbeispielen, Denkanstößen undundund. Kreativ aufgelistet von E. Röhl. Berlin 1986.

SCHARNHORST, Jürgen: Sprachkultur. Geschichte und Perspektiven (= Deutschunterricht. Berlin, Jg. 43, 1990, H. 5, S. 223-231).

SCHARNHORST, Jürgen / ISING, Erika (Hrsg.): Grundlagen der Sprachkultur. Beiträge der Prager Linguistik zur Sprachtheorie und Sprachpflege. In Zusammenarbeit mit K. HORALEK und J. KUCHAR. Berlin, T. 1, 1976; T. 2, 1982 (= Sprache und Gesellschaft 8/1 und 8/2).

SCHLOSSER, Horst Dieter: Die deutsche Sprache in der DDR zwischen Stalinismus und Demokratie. Historische, politische und kommunikative Bedingungen. Köln 1990.

SOMMERFELDT, Karl-Ernst (Hrsg.): Sprachwissenschaft und Sprachkultur. Tagungsband der Konferenz in Neubrandenburg am 10. und 11. Mai 1990. Frankfurt a. M./Bern/New York/Paris 1991 (= Sprache. System und Tätigkeit, Bd. 1).

Sprachnorm, Sprachpflege, Sprachkritik. Jahrbuch 1966/1967 des IdS. Düsseldorf 1968 (= Sprache der Gegenwart 2).

STICKEL, Gerhard: Meinungen zu Fremdwörtern am Beispiel der Anglizismen im heutigen Deutsch (= Mitteilungen des deutschen Germanistenverbandes, Jg. 31, 1984, H. 3/4, S. 5-15).

STURMA, Dieter (Hrsg.): Kultur und Kulturwissenschaft. Lüneburger Beiträge zur Kulturwissenschaft I. Universität Lüneburg 1991.

TECHTMEIER, Bärbel, u. a.: Thesen zur Sprachkultur (= ZfG, Jg. 5, 1984, H. 4, S. 389-400).

WEINRICH, Harald: Wege der Sprachkultur. Berlin 1988 (= dtv 4486).

WIMMER, Rainer (Hrsg.): Sprachkultur. Jahrbuch 1984 des IdS. Düsseldorf 1985 (= Sprache der Gegenwart 63).

WIMMER, Rainer: Neue Ziele und Aufgaben der Sprachkritik (= Kontroversen, alte und neue, hrsg. v. A. SCHÖNE, Bd. 4: Akten des VII.

Internationalen Germanisten-Kongresses Göttingen 1985. Tübingen 1986, S. 146-158).
ZABEL, Hermann: Verordnete Sprachkultur. Eine Bilanz der Bildungsreform im Bereich des Deutschunterrichts der Sekundarstufe II des Gymnasiums. Frankfurt am Main 1987.

Institutionenregister

Bisher sind in der Reihe »MATERIALIEN UND BERICHTE« der Robert Bosch Stiftung GmbH herausgegeben worden

Nr. 1:
Förderungsgebiet Gesundheitspflege
Wolfgang Köpcke, Wilhelm van Eimeren
Bestandsaufnahme, »Gesundheitssystemforschung«
– State of the Art Report »Health Systems Research«
Band 1 und 2
Februar 1979 (vergriffen)

Nr. 2:
Förderungsgebiet Wohlfahrtspflege
Ruth Pfriem, Jan Vink
Materialien zur interkulturellen Erziehung im Kindergarten
Oktober 1980
ISBN 3-922934-00-5 (vergriffen)

Nr. 3:
Förderungsgebiet Sozialwissenschaften/Stadtforschung
Walter Bodenstedt, Dieter Bullinger, Konrad Roesler
Betriebliche Investitions- und Standortprobleme und unternehmerisches Verhalten – Ergebnisse einer mündlichen Betriebsbefragung
März 1982
ISBN 3-922934-01-3 (vergriffen)

Nr. 4:
Förderungsgebiet Sozialwissenschaften/Stadtforschung
Walter Bodenstedt, Dieter Bullinger, Dietrich Henckel, Hiltrud und Karl-Heinz Nassmacher, Konrad Roesler, Erich Schock
Gewerbepolitik im Verdichtungsraum – Akteure und Instrumente im regionalen Wirtschaftsgeschehen
März 1982
ISBN 3-922934-01-1 (vergriffen)

Nr. 5:
Förderungsgebiet Sozialwissenschaften/Stadtforschung
Harriet Ellwein, Klaus Niedzwetzki, Andrea Petri
Wohnstandortverhalten auf städtischen Wohnungsteilmärkten
– Fallstudien und Analysen
März 1982
ISBN 3-922934-03-X (vergriffen)

Nr. 6:
Förderungsgebiet Sozialwissenschaften/Stadtforschung
Gerd-Michael Hellstern, Willi Laumann, Albert Osswald, Hellmut Wollmann u. a.
Wirkungsanalysen zur Wohnungsbau- und Modernisierungspolitik in Baden-Württemberg
Zur Evaluierung staatlicher Förderung und kommunalen Programm-Managements (1972—1980)
Erste Ergebnisse und Erfahrungen
Juni 1982
ISBN 3-922934-04-8 (vergriffen)

Nr. 7:
Förderungsgebiet Wohlfahrtspflege
Samir Akel, Maria Arnsberg, Gerda Leitmann, Hans Pfaffenberger, Friedemann Tiedt
Sozialarbeit mit Deutschen und Ausländern – eine Aufgabe für Aus- und Fortbildung
Materialien und Ergebnisse einer Bestandsaufnahme an Fachhochschulen für Sozialwesen und wissenschaftlichen Hochschulen in der Bundesrepublik Deutschland
September 1982
ISBN 3-922934-05-6

Nr. 8:
Förderungsgebiet Bildung und Erziehung/Wissenschaftsjournalismus
Wissenschaftsjournalismus und Journalistenausbildung
– Eine Bestandsaufnahme
Tagungsbericht zum 1. Kolloquium Wissenschaftsjournalismus vom 10./11. Dezember 1982 in Stuttgart-Hohenheim
September 1983
ISBN 3-922934-06-4 (vergriffen)

Nr. 9:
Förderungsgebiet Gesundheitspflege
Ursula Köhler-Sagerer
Optimale Standorte und Fahrzeugzahlen für den Rettungsdienst
– Eine empirische Untersuchung
Oktober 1983
ISBN 3-922934-07-2 (vergriffen)

Nr. 10:
Förderungsgebiet Gesundheitspflege
Hans J. Meldau, Peter L. Reichertz, Birgit Schwarz
Entwicklung eines deskriptiven Modells für die ambulante ärztliche Versorgung
Oktober 1983
ISBN 3-922934-08-0

Nr. 11:
Förderungsgebiet Gesundheitspflege
Georg Christian Schauwecker
Aufbau, Begleitung und Nachuntersuchung von Selbsthilfegruppen körperlich kranker und seelisch belasteter Menschen
Oktober 1983
ISBN 3-922934-09-9 (vergriffen)

Nr. 12:
Förderungsgebiet Gesundheitspflege
Zwischenbericht der Kommission Krankenhausfinanzierung der Robert Bosch Stiftung GmbH
September 1983
ISBN 3-922934-10-2 (vergriffen)

Nr. 13:
Förderungsgebiet Wohlfahrtspflege
Ausländer in der Ausbildung an Fachhochschulen für Sozialwesen
Dokumentation eines Kolloquiums der Robert Bosch Stiftung GmbH
April 1984
ISBN 3-922934-11-0

Nr. 14:
Förderungsgebiet Gesundheitspflege
Quality Assurance Programs in Different Countries
September 1984
ISBN 3-922934-12-9 (vergriffen)

Nr. 15:
Förderungsgebiet Bildung und Erziehung/Wissenschaftsjournalismus
Wissenschaftsjournalismus in den USA
Infrastrukturen, Ausbildungsangebote, Erfolgsgeheimnisse
Tagungsbericht zum 2. Kolloquium Wissenschaftsjournalismus vom 10./11. Februar 1984 in Stuttgart-Degerloch
August 1985
ISBN 3-922934-13-7

Nr. 16:
Förderungsgebiet Bildung und Erziehung
Ulla-Kristina Schuleri-Hartje, Paul von Kodolitsch, Jochen Schulz zur Wiesch
Ausländer und Verwaltung: Untersuchungen zum Fortbildungsbedarf in Behörden
August 1985
ISBN 3-922934-14-5 (vergriffen)

Nr. 17:
Förderungsgebiet Gesundheitspflege
Markus Schneider
Sozial tragbare Selbstbeteiligung in der sozialen Krankenversicherung
August 1985
ISBN 3-922934-15-3 (vergriffen)

Nr. 18:
Förderungsgebiet Gesundheitspflege
Friederike Lohse
Modellgestützte Analyse der Auswirkungen alternativer Systemgestaltungen der Gesetzlichen Krankenversicherung
Oktober 1986
ISBN 3-922934-17-X (vergriffen)

Nr. 19:
Förderungsgebiet Gesundheitspflege
Optionen für die Weiterentwicklung der Gesetzlichen Krankenversicherung
Dieter Heimsath
Bernd Hillebrandt
Oktober 1986
ISBN 3-922934-18-8 (vergriffen)

Nr. 20:
Förderungsgebiet Gesundheitspflege
Bonusoptionen in der Krankenversicherung
Peter Zweifel
Otto Waser
März 1987
ISBN 3-922934-19-6

Nr. 21:
Förderungsgebiet Gesundheitspflege
Verbesserung der gesundheitlichen und pflegerischen Versorgung im häuslichen Lebenszusammenhang
Bestandsaufnahme zum Förderungsbedarf
Marie-Luise Stiefel
April 1987
ISBN 3-922934-20-8 (vergriffen)

Nr. 22:
Förderungsgebiet Gesundheitspflege
Berufliche Motivation von Krankenpflegepersonal
Forschungsgruppe Schönhals/Johanna Taubert
September 1987
ISBN 3-922934-21-8 (vergriffen)

Nr. 23:
Förderungsgebiet Gesundheitspflege
Bibliotherapie
Arbeitsgespräch der Robert Bosch Stiftung
1985 in Stuttgart
Dezember 1987
ISBN 3-922934-22-6 (vergriffen)

Nr. 24:
Förderungsgebiet Gesundheitspflege
Qualitätssicherung in der stationären chirurgischen Versorgung
Siegfried Eichhorn
Wolfgang Schega
Hans-Konrad Selbmann
September 1989
ISBN 3-922934-23-4 (vergriffen)

Nr. 25:
Förderungsgebiet Gesundheitspflege
Qualitätssicherung in der Geburtshilfe
Hans-Konrad Selbmann
Hans-Jörg Eißner
Wilhelm Warncke
Februar 1989
ISBN 3-922934-25-0 (vergriffen)

Nr. 26:
Förderungsgebiet Gesundheitspflege
Von der Leistung zum Entgelt
Neue Ansätze zur Vergütung von Krankenhäusern
Günter Neubauer
Gertrud Demmler
Anneliese Sonnenholzner-Roche
Hans Unterhuber
Februar 1989
ISBN 3-922934-26-9 (vergriffen)

Nr. 27:
Förderungsgebiet Gesundheitspflege
Theoretische und empirische Analyse der Steuerungskapazität des Honorarverhandlungssystems im Gesundheitssektor
Eckhard Knappe
Vesa Laine
Stefan H. Schmitz
Adalbert Winkler
Dezember 1989
ISBN 3-922934-30-7 (vergriffen)

Nr. 28:
Förderungsgebiet Gesundheitspflege
Die Entwicklung der Beitragssatzstruktur und ihrer Bestimmungsgründe in der GKV
Christian Felkner
Peter Stein
Ulrike Stutzmüller
September 1990
ISBN 3-922934-32-3

Nr. 29:
Förderungsgebiet Gesundheitspflege
Häusliche Kinderkrankenpflege
Band I: Literaturüberblick und Erfahrungen in der häuslichen Kinderkrankenpflege
Band II: Ergebnisse der sozialmedizinischen und ökonomischen Begleitung
Dezember 1989
ISBN 3-922934-31-5 (vergriffen)

Nr. 30:
Förderungsgebiet Gesundheitspflege
Das Arztbild der Zukunft
Künftige Anforderungen an den Arzt –
Konsequenzen für die Ausbildung –
Wege zur Reform
September 1989
ISBN 3-922934-28-5 (vergriffen)

Nr. 31:
Förderungsgebiet Gesundheitspflege
Qualitätssicherungsprogramme in der operativen Gynäkologie
Ergebnisse der »Pilotstudie 1984«.
Siegfried Eichhorn
Helmut Koester
Hans-Konrad Selbmann
Dezember 1989
ISBN 3-922934-29-3 (vergriffen)

Nr. 32:
Förderungsgebiet Bildung und Erziehung/Wissenschaftsjournalismus
Wissenschaftsjournalismus und Öffentlichkeitsarbeit
Tagungsbericht zum 3. Kolloquium Wissenschaftsjournalismus vom 4./5. November 1988 in Berlin
Januar 1990
ISBN 3-922934-27-7

Nr. 33:
Förderungsgebiet Gesundheitspflege
Reform der Medizinerausbildung –
Widerstreit und Konsens
Beiträge und Ergebnisse der 2. Bad Boller Konsultation
im November 1989
Oktober 1991
ISBN 3-922934-35-8

Nr. 34:
Förderungsgebiet Gesundheitspflege
Leistungen und Kosten von Sozialstationen
Claudia Wohlleber
Adelheid Frank-Winter
Marlies Kellmayer
Februar 1991
ISBN 3-922934-33-1

Nr. 35:
Förderungsgebiet Gesundheitspflege
Motivation im Krankenhaus
Tagungsbericht des 21. Colloquiums zur Gesundheitsökonomie der Robert Bosch Stiftung am 14. und
15. Juni 1990 in Schwäbisch Hall
Dezember 1990
ISBN 3-922934-34 X (vergriffen)

Nr. 36:
Förderungsgebiet Gesundheitspflege
Public Health
Ansätze zu Aufbaustudiengängen in Deutschland –
Erfahrungen aus dem Ausland
Friedrich Wilhelm Schwartz
Bernhard Badura
Werner Hofmann
März 1991
ISBN 3-922934-36-6 (vergriffen)

Nr. 37:
Förderungsgebiet Gesundheitspflege
Was ist gute Krankenpflege in unserer
Gesellschaft wert?
Fachtagung für leitende Frauen und
Männer aus krankenpflegerischen Berufen
im März 1991 in Bad Boll
Dezember 1991
ISBN 3-922934-37-4

Nr. 38:
Förderungsgebiet Gesundheitspflege
Pflege braucht Eliten
Symposium zur Präsentation der Denkschrift zur
Hochschulausbildung für Lehr- und Leitungskräfte
in der Pflege
Tagungsbericht
April 1993
ISBN 3-922934-38-2

Nr. 39:
Förderungsgebiet Gesundheitspflege
Pflegeförderung
Zur Situation in der Bundesrepublik Deutschland
Matthias Grusdat
Paul Wolters
Stefan Domscheit
April 1993
ISBN 3-922934-39-0

Nr. 40:
Förderungsgebiet Kunst und Kultur
Förderung der sprachlichen Kultur
in der Bundesrepublik Deutschland
Positionsbestimmung und Bestandsaufnahme
Hans Bikes
Annette Trabold
April 1994
ISBN 3-922934-40-4

zu beziehen über
Bleicher Verlag GmbH & Co. KG, Postfach 10 01 23,
70826 Gerlingen
oder die
Robert Bosch Stiftung GmbH, Postfach 10 06 28,
70005 Stuttgart

Satz: LaserSatz Thewalt, D-69257 Wiesenbach